康熙传

KANGXI
BIOGRAPHY

白新良 著

岳麓书社·长沙

目 录

第一章　少年天子　雄心不已

一　冲龄即位　忍辱负重

顺治十一年三月十八日（1654 年 5 月 4 日），清兵入关刚刚十个年头，北京紫禁城景仁宫内，伴随着一阵嘹亮的哭声，顺治帝的第三个皇子降生到世间。此时，这个婴儿的父亲，年仅十七岁的顺治帝，正在忙于指挥千里之外的平定南明永历政权的战争，根本没有时间顾及此事。因而，这个男孩出生之日，宫中没有一点喜庆气象，谁也不曾想到，此后不过七年，这个孩子便继位为君，并为清朝政权的巩固和发展创造了不凡的业绩。

种种情况表明，不只诞生之初，这个孩子不受重视，而且此后六七年中，他也只是一个普通的皇子。首先，他的父亲顺治帝当时正值青年，刚刚进入生育年龄，而且已连生三子，谁会料到他还会生几个儿子？其次，他的生母佟氏，当时只是顺治帝的一个普通的妃子，而且出身汉军旗。虽然她的父祖两代早在入关前就已追随努尔哈赤和皇太极南征北战，卓有功勋，但是，由于清朝政权是一个以满洲贵族为主体建立的王朝，这就决定她一家在当时的贵族中只能处于较低的地位。这样，佟氏妃子的出身必然也会影响这个孩子在宫中的地位。再次，还应看到，这个孩子出生前后，主持宫中事务的是顺治帝的母亲孝庄皇太后。孝庄皇太后出身于蒙古科尔沁博尔济吉特氏家族。她在儿子亲政后，为了巩固自己在宫中的地位，处心积虑地扩大自己家族在宫中的势力。顺治八年八月，顺治帝刚刚十四岁，她就将自己的一个亲侄女立为皇后。顺治帝年少任性，和这个皇后关系不好，于顺治十年废掉了这个皇后。孝庄皇太后又打乱行辈，将自己的一个侄孙女立为皇后。此外同是出身博尔济吉特氏而入宫为妃者还有恭靖妃、淑慧妃、端顺妃、赠悼妃等四人。一时之间，顺治帝的后宫几乎成了博尔济吉特氏的天下。出于一家一姓的私心，孝庄皇太后满心盼望着这些侄女、侄孙女为她多生孙儿，以便将来承继大统。在这种情况下，顺治帝的满洲妃子所生之子她都不大喜欢，哪里还会喜欢这个出身汉军的妃子所生之子？因此这个孩子出生之初，佟氏妃子并未因生子有功而地位有所上升，她所生的孩子也像其他皇子一样被遣送出宫，与乳母别居西华门外的一座府邸，长期就养在宫外，使得他的父亲几乎将他遗忘。顺治十四年以前，顺治帝明明已经生了三个儿子，但在当年十月，他所宠幸的皇贵妃董鄂氏为他生了皇四子，他即刻认定这个儿子为第一子，还在不少场合说这个刚刚出生的婴儿就是将来的皇太子。

然而，事情的发展往往和人们的主观愿望相反。虽然孝庄皇太后为顺治帝连续娶了六个博尔济吉特氏家族女子作为后妃，但是，令她失望的是，这些后妃，顺治帝一个也不喜欢，当然更谈不上会给她生孙子。同样，顺治帝虽然极为宠爱他的董鄂氏，但是，这个孩子不过百日即因病殇逝。倒是几乎被遗忘的佟妃之子得以健康地成长了起来，并且还因一次偶然的机会而得到了祖母和父亲的青眼。这个佟妃之子五六岁时，曾在乳母的带领下和哥哥福全、弟弟常宁一起进宫向祖母和父母问安。眼见这个孩子天庭饱满、眉清目秀，神采焕发、声音洪亮，孝庄皇太后和顺治帝已起爱怜之意，而听其谈吐不俗，观其举止有礼，更使他们感到惊奇。这时，顺治帝又逗着问他们，将来长大了想干什么，当时常宁刚过周岁，自然未作回答。福全年龄较长，已懂人事，面对皇父所提这一重要问题，生怕回答错误，沉吟片刻，方才谨慎地回答道：愿在皇父之下做一个安分守己的亲王。倒是佟妃之子无所顾忌，回答道：我大了要像皇父一样，把天下治理好。这种回答，乍一听来，似显放肆不恭，但是，仔细一想，在十分盼望子孙成人后统治天下的帝王家庭里，却是最令人满意的答案。一个五六岁的孩子，出语如此不俗，顺治帝不由得暗暗称奇。从此，这个儿子给他留下了深刻的印象。

虽然佟妃所生之子于出生之后数年未曾受到孝庄皇太后和顺治帝的重视，但是，由于客观条件不断发生变化，机遇还是不断地向这个孩子靠拢，并且终因顺治帝英年早逝而使这种可能变成了现实。

顺治帝亲政后，由于统一全国的军事战争仍在继续进行，而且开国之初，各种事务也百废待兴，因而在将近十年的时间里，他一直非常忙碌。与此同时，婚姻和家庭中的挫折也严重地影响了他的精神和身体。至顺治十七年时，这个刚刚二十三岁的青年皇帝已被折磨得精疲力竭、骨瘦如柴、心力交瘁，自然易于招致疾病。顺治十八年正月初二，在京城士庶正在庆贺新年之时，顺治帝却因感染了被时人视为最可怖的天花而重病在床。为了使他康复，自孝庄皇太后以下，所有内廷臣工虽然用尽办法，但顺治帝过于虚弱，太医束手，至年正月初六日，终告不治。由于最高统治者的病危，清朝中央政权陷入了巨大的危机之中。

顺治帝病危是入关之后清朝最高统治机构中发生的头等重要大事，为了继续维持清朝政权对全国的统治，择嗣继立刻不容缓。为此，正月初六日深夜，顺治帝特召学士麻勒吉、王熙进入养心殿病榻之侧，让他们聆听遗言，撰拟遗诏。同时，诸王、贝勒及朝中亲信大臣也齐集养心殿东间，静候顺治帝确定继嗣人选。最初，顺治帝考虑自己诸子年幼，而统一全国的军事战争正在进行，继嗣皇帝应该年龄较大，因而提出让他的一个从兄弟作为继位人。按照这一设想，新的皇帝将从清太祖努尔哈赤的孙辈中考虑，并不固守父子相传的旧例。但是，他的这种设想遭到了上三旗大臣的反对。清朝政权开创之初，依靠八旗治国。在八旗中，镶黄、正黄、正白三旗由皇帝亲自统率，称为上三旗。其他镶白、正红、镶红、正蓝、镶蓝五旗分别由宗室旗主掌握，称为下五旗。如果将宗室亲王拥立为继位皇帝，将会发生连锁反应。

原来顺治帝统率的上三旗地位将要显著下降，而被立为新皇帝的宗室亲王所领之旗地位必定直线上升。顺治以前，在最高权力更迭之际，这种情况就已发生。现在，顺治帝又想重走老路，显然不利于清政权的统一和巩固，也将动摇上三旗大臣在清政权中已经形成的优势地位。同时，对于顺治帝的这种设想，他的母亲孝庄皇太后也持反对态度。三十多年来，最高统治者不是自己的丈夫就是自己的儿子，如果皇宫易主，自己往哪里摆？自己的几个嫡亲孙子又往哪里摆？出于这些考虑，她和上三旗大臣都坚决主张，尽管顺治帝诸子年幼，也要从这些孩子中择人继立。在征得顺治帝同意将继嗣范围缩小到顺治帝所生诸子的时候，他们又陷入了困境。当时，顺治帝在世诸子计有六人，他们是：皇二子福全（九岁）、皇三子玄烨（八岁）、皇五子常宁（五岁）、皇六子奇绶（三岁）、皇七子隆禧（二岁）、皇八子永干（二岁）。其中，皇二子福全年龄较长，母家出身满洲，但是令人遗憾的是，他的一只眼睛失明。皇三子年龄只比福全小一岁，但是母家又出身汉军。其他几个皇子，虽有母家出身满洲者，但是年龄又太小，有的还在襁褓之中，如选立为君，显然不利于清朝统治的巩固。

当孝庄皇太后和上三旗大臣都束手无策之际，正在钦天监任职的德国传教士汤若望向他们提出了以皇三子继位为君的建议。他所坚持的理由是："因为这位年龄较幼的皇子，在髫龄时已经出过天花，不会再受这种病症的伤害。”顺治帝正是因天花而致不起，因而，汤若望的这一建议，顺治帝深表赞同，也令在旁的孝庄皇太后和上三旗大臣顿开茅塞。皇三子此时虽已八岁，却一直未取汉文名字，为了用满汉文字向全国颁布遗诏，将要进入弥留状态的顺治帝特为他取名“玄烨”，并命苏克萨哈送至乾清门麻勒吉、王熙起草遗诏之处。至此，这个七年以来一直默默无闻的普通皇子的生命历程开始发生了重要转变。

继位新君确立之后，随之而来的是国家体制问题。自古以来，新君年幼即位，一般于下述数种方式中选择一种：母后临朝，委政外戚，亲王辅政，老君主指定重臣辅政。皇太极病逝时，顺治帝年方六岁，满洲贵族会议决定实行宗室亲王摄政，即由顺治帝的两个叔叔睿亲王多尔衮和郑亲王济尔哈朗共同辅政。其后，多尔衮将济尔哈朗剔除，自称摄政王，并擅自加封皇叔父摄政王、皇父摄政王等称号，其权力凌于皇权之上，致使清朝新政权一度出现了枝大于干，国家政治生活极不正常的局面。所幸多尔衮在顺治七年死去，顺治帝得以收回全部权力，否则必然出现皇室冲突。鉴于历史教训，顺治帝、孝庄皇太后和上三旗大臣皆不取亲王辅政。孝庄皇太后出身蒙古，母后参政、外戚入朝，只会产生新的矛盾。如若玄烨生母佟氏临朝，不仅其本人无此能力，其出身汉军一项即不会为孝庄皇太后和满洲宗室所接纳。因而母后临朝，委任外戚的方式，虽经考虑，终因易招致訾议，后果难测而被放弃。所以，可供选择的，只有大臣辅政一种方式，既可确保满洲贵族对政权中枢的控制，又可将遴选大臣的范围限于上三旗，同时辅政者必须接受宗室大臣的监督。

根据上三旗大臣的历史和现实表现，顺治帝和孝庄皇太后决定由索尼、苏克萨哈、遏必隆、鳌拜四人共同担任辅政大臣。

索尼（1601—1667），赫舍里氏，满洲正黄旗人。原为皇太极之嫡系，早年为清朝兴起立下过赫赫战功。皇太极死后，他与两黄旗大臣盟誓于盛京大清门，誓立皇子。顺治初年，多尔衮对其先加拉拢，见未为所动，又屡行打击，将其革职，遣守昭陵。顺治亲政后起复，授予内大臣兼议政大臣、内务府总管等要职，参议军政大事。他曾上疏顺治帝，历数京师内外败政弊端，奏请严饬查禁。顺治十八年，他已年逾六十，是素有威望的一等伯。其一生经历证明，他是位忠于皇室、政治上十分成熟的大臣，因而被确定为首席辅政大臣。

苏克萨哈（？—1667），纳喇氏，满洲正白旗人。其父苏纳，与皇太极之母孝慈高皇后同族。早年自叶赫投努尔哈赤，努尔哈赤以公主下嫁，因称额驸。苏克萨哈即公主所生之子，与顺治帝为表兄弟。原本隶属正黄旗，皇太极时期，黄、白易帜，遂同父母转为正白旗。他曾以军功署理牛录章京，屡建战功，骁勇过人。顺治初，两白旗地位随多尔衮势力增长，重占优势，为他乘机进取提供了机会。但他一心投身于军事，并不刻意钻营，因而在黄白两旗权力角斗中，他并未深陷进去。顺治帝亲政以后，他因“告发有功”，而晋为议政大臣、镶白旗护军统领，被封为拖沙喇哈番。他竭忠尽力，东征南进，战功无数，受到顺治帝的一再嘉奖和擢迁。顺治十三年，他受封二等精奇尼哈番，任内大臣，留在皇帝身边。顺治十四年时，孝庄皇太后一度身患重病，苏克萨哈又以内大臣身份终日奉汤送药，“昼夜勤劳，食息不暇”，更加得到皇室信任。顺治帝病危期间，他一刻不离左右，皇上的“特赦”御旨和为皇太子取名“玄烨”的圣谕，都由他亲自传送。为报知遇之恩，他曾真诚地要求以身陪殉，顺治帝让他以辅佐太子为重。他在正白旗极具影响力，而正白旗又原为多尔衮旧部，直到顺治八年以后才被收为上三旗，为了巩固两黄旗与正白旗的团结，防止发生新的动乱，在考虑辅政大臣人选时，特将其列为第二。

遏必隆（？—1673），钮祜禄氏，满洲镶黄旗人，为清朝开国功臣额亦都少子。早年随同父兄南征北战，天聪元年，以军功承袭其父总兵官世职。天聪八年，又被擢为头等侍卫，世袭不替。遏必隆以勇猛善战博得皇太极赞赏，并随两位兄长车尔格、图尔格一起由所隶属的镶白旗转入镶黄旗。崇德末年，他与索尼、鳌拜等黄旗大臣拥立豪格，不成，又同对天盟誓，誓辅福临。多尔衮摄政期间，革其官爵，抄没家产，将其逼回镶白旗，险些使之送命。直到多尔衮死后，遏必隆才重新受到重用，重返镶黄旗，先后受封多罗额驸、一等公、议政大臣、领侍卫内大臣。孝庄皇太后生病期间，他亲侍左右，废寝忘食，深得孝庄皇太后的赏识，嗣后被晋为少傅兼太子太傅。他一直是两黄旗重臣，被列为辅政大臣，名列第三。

遏必隆腰刀

鳌拜（？—1669），瓜尔佳氏，满洲镶黄旗人。父卫齐，为清朝开国功臣费英东之少弟。清朝初年，鳌拜随同父兄屡立战功。入关前征朝鲜，战松山；入关后逐李自成，剿张献忠，无不身先士卒，舍生忘死，冲锋陷阵，骁勇善战。皇太极去世后，两黄旗大臣盟誓誓立帝子，谓："吾属食于帝，衣于帝，养育之恩，与天同大，若不立帝子，则宁死从帝于地下而已。"鳌拜亦在其中。多尔衮摄政期间，这个身世显赫、性情桀骜不驯的青年将领不曾有丝毫阿附。尽管他为镇压明末农民起义军出生入死，功勋卓著，不但无人论功，还屡遭多尔衮报复，屡降罪责，乃至被三次论死。多尔衮死后，他以"军绩颇多，且为国效力之处，其功甚懋"，先后被任命为议政大臣，由一等侯晋二等公，领侍卫内大臣，得参与军政大事，成为顺治帝所倚重的两黄旗大臣。因而，顺治帝在病危时，命他与索尼、苏克萨哈、遏必隆并为辅政大臣，名列第四。

在确定辅政大臣的同时，孝庄皇太后大大加重了顺治帝遗诏中的自我责备之辞，并以顺治帝口气，先后为其开列了十四条罪状，其中有“纪纲法度，用人行政，不能仰法太祖、太宗谟烈”，“且渐习汉俗，于淳朴旧制，日有更张，以致国治未臻，民生未遂”；“于诸王、贝勒等晋接既疏，恩惠复鲜，以致情谊睽隔，友爱之道未周”；过分“委任汉官”，“以致满臣无心任事，精力懈弛”；下令裁减百官俸禄，而自己却修造宫殿，务极精工，“厚己薄人，益上损下”；效法亡明陋规，“设立内十三衙门”，重用宦官；“自恃聪明，不能听言纳谏”，“以致臣工缄默，不肯进言”；等等。显然，孝庄皇太后将遗诏作重要修改，目的在于重新调整清朝政府的大政纲领，以此协调包括辅政大臣在内的满洲旧臣的关系，争取贵族对康熙政权的支持。这份遗诏对凝聚清朝皇族的向心力，巩固和发展清朝统治，起了重要的作用，也预示着康熙朝初期，清朝将对顺治朝以来的统治路线进行重要的修正。

顺治十八年正月初七日（1661 年 2 月 5 日），子夜时分，顺治帝崩逝，终年二十四岁。遗诏宣示过后，辅政大臣即向皇天上帝和大行皇帝灵位宣誓就职，他们宣誓：“大行皇帝不以我们四人才能庸劣，在遗诏中任命我们四人担任辅政大臣，保护幼主。我们于此向皇天上帝和大行皇帝之灵位宣誓，一定要同心协力，辅佐政务，并在辅佐政务时，一心为公，不怕得罪人，不徇私舞弊，不援引亲信、拉帮结派，不与诸王、贝勒私相往来，受其贿赂，惟以一片忠心，报答大行皇帝的恩德。如果宣誓之后，心口不一，处处为自己打算以及有违背誓言的行为，甘愿受上天最严厉的处罚。”

为了防止发生各种意外事件并让各项国务活动纳入正轨，孝庄皇太后打破惯例，择定正月初九拥立玄烨即位，于是日黎明，派遣大臣分别向皇天上帝、神祇、太庙、社稷报告玄烨即位的消息。而后，玄烨身着重孝，到大行皇帝灵位前，行三跪九叩大礼，表示自己恭受遗命。随即又换上吉服，至祖母孝庄太皇太后所居慈宁宫行礼毕，至太和殿，升宝座。此时，钟鼓齐鸣，王以下文武各官一律身穿朝服，一齐向玄烨行叩拜大礼。同时，颁诏天下，宣布大赦，改明年为康熙元年，并颁登基诏书于天下。在孝庄太皇太后的主持下，八岁的玄烨开始了他长达六十余年的皇帝生涯。

由于玄烨少年即位，为强调其统治地位，树立其统治权威，正月十三日，孝庄太皇太后特别宣懿旨于诸王、贝勒、贝子、公、内大臣、侍卫、大学士、都统、尚书以及文武官员等，要求务必向新皇帝效忠，“与四大臣同心协力，以辅幼主”。大臣官员齐集正大光明殿，向皇天上帝及大行皇帝神位进行了宣誓效忠。

对于玄烨的顺利即位，孝庄太皇太后既高兴又担心。高兴的是，经过一番努力，终于使自己的嫡亲孙子得以继承皇位。因而玄烨继位之后，她对这个一直颇为陌生的孙子顿时亲近起来。在她看来，这个孩子是她最宝贵的，是她的命根子。因此，玄烨即位之初，孝庄太皇太后即让他搬入慈宁宫，与自己同住。她自己心甘情愿地做玄烨的教师与保姆，期待他健康成长为一个出色的君主。令她担心的是，这个孩子年方八岁，不知将来能否挑起管理国家的这副重担。带着这份担心，有一次，她试着问玄烨，年岁大了希望干什么呢？玄烨回答，希望天下安定，人民乐业，共享太平之福。寥寥数语，使得孝庄太皇太后大为高兴。

对未来，这个自小心怀大志的少年君主此刻充满了信心：他的身后，是最可信赖的祖母孝庄太皇太后，他的面前，站着父亲和祖母亲自挑选的经验丰富、忠于皇室的四位辅政大臣，是他继承父业、实现自己宏伟抱负的可靠后盾。

的确，他的祖母，这位年近半百、身历三朝的皇室女性，十八年前，靠着机智和谋略，使自己的儿子福临成为一国之君。如今，历史又一次将她推到这个少年天子的背后。她会呕尽心血，呵护她的嫡孙长大成人。她会以她丰富的经验、超人的才干、卓越的政治见解和高贵的气质将他培养成一个合格的君主。碍于“母后不得预政”的古训，她自己无法公开预政，不得不在顺治帝病笃之时，匆匆做出相互制约的四异姓大臣共同辅政的决策。她十分清楚，这实在是个“诸害取其轻”的不得已之计，危急的形势使她既要设法协调上三旗之间早已十分紧张的关系和地位，又要时刻提防天子大权再度旁落权臣之手。为此，她不得不采取一些措施来加以制约，包括“凡涉军政大事，四大臣议定后，须奏请太皇太后裁决”。她希冀四位大臣能够竭忠尽力，遵遗诏辅佐康熙帝。她希望，诸王、贝勒、贝子、大臣们都能服从调遣。只有这样，初登皇位的少年皇帝才能顺利度过这次政权更替危机，确保大清王朝的长久延续。

事实上，孝庄太皇太后的警觉与担心并非没有根据，大臣辅政这种非常态的政治体制注定了康熙朝政治从一开始便走上了坎坷之途。

居四辅臣之首的，是素有威望的一等伯索尼。这位出身于正黄旗的贵族将领，数十年效忠皇室，一向胆大心细，办事干练，加之数历荣辱沉浮，身经皇太极、多尔衮、顺治帝三个时期，尤其谙于宫中政治。可以说，功高、深孚众望的老臣辅佐皇权，没有什么令人不放心的。然而，此时的索尼已到花甲之年，体衰多病，开始走下坡路。昔日激昂进取的锐气雄风为晚年的暮气所取代。尽管他依然持重、坚定，但已无力应付日益复杂的内部争讦，面对大一统的中央政权，他似乎感到了一种弓矛剑戟无法统治的力量，能够护佑他承担起这首席辅臣大任的，唯有头脑中根深蒂固的“祖宗之法”。从辅政伊始，他便坚持实行了一套代表满洲旧贵族利益的落后、僵化、保守的政治方针。

位居索尼之次的苏克萨哈，出身于额驸之家，也曾是一位出入疆场的勇将。由于在黄白两旗的冲突中，没有卷进斗争旋涡，太皇太后在权衡上三旗利益关系时，便选中了苏克萨哈作为平衡满洲各旗势力的砝码。令人遗憾的是，苏克萨哈只是一员刚毅善战的猛将，他虽受到太皇太后的庇护，却不具备应有的政治经验和敏锐的眼光，文化素养极差。他贵族旧臣的阅历和身世，决定了他会像索尼那样坚定地维持满洲贵族利益，以昔日的“淳朴旧制”抵制千差万别的汉俗。在宫中，他以身处白旗的弱势，高居于出身两黄旗的遏必隆、鳌拜之上。这一切都预示着，在他的辅政生涯中，将面临无法摆脱的矛盾与冲突。

出身于满洲簪缨之家的遏必隆，是在性格上与前述两位辅政大臣相差极远的顺治宠臣。四辅臣中，他排位第三，除军功显赫外，还曾将女儿钮祜禄氏送入宫内，并助其立为贵妃，身列国戚。然而清廷中复杂的政治关系，使得遏必隆深感无力也不愿意插足满洲上层贵族残酷的内部角逐。他很少干预宫中军政要事，时常唯唯诺诺，随声附和，保持沉默，纵使有所不满，亦轻易不作流露。他出身将门，对政治知之甚少，更谈不上远见卓识。其位虽居鳌拜之先，却甘拜下风。一日上朝，他竟恭让鳌拜居前位。内部的争斗已使他变得思想僵化、胆小圆滑而少有魄力。后来，终于蜕变为鳌拜的应声虫。

四辅臣中排位最后的是镶黄旗护军统领鳌拜。在宫中，他因冒死效忠顺治帝而受到嘉奖，数遇优升，并被授领侍卫内大臣。孝庄皇太后病重时，他率侍卫“昼夜勤劳，食息不暇”，又得加封太傅、太子太保。加之他总是以维持满洲旧制为己任，而且重视武备训练，因而他不仅成为皇帝、皇太后的心腹，也深受清廷保守的上层贵族们的赏识。顺治末年，鳌拜俨然成为宫中颇具影响的人物。因而，尽管身居四大臣之要职，他却毫不满足。他认为无论是出身、功业、体魄，乃至心计，他绝不亚于排在他前面的三位老臣。凭着自己的抱负和能力，迟早有一天会出人头地。就这样，他踌躇满志，毫不逊让地登上了辅政大臣的舞台。

顺治帝亲政后，经过不断努力，到顺治末年，皇权不断得到加强。然而上三旗的势力也在不断扩张，旧贵族首领们对不断强化的皇权，以及顺治帝为达到这一目的而采取的一系列汉化措施进行长时间的抵抗。康熙朝的辅政大臣都是上三旗的王公贵族，地位显赫，不仅在本旗内有着举足轻重的影响，也是上三旗旧贵族的政治代表。他们留恋昔日的赫赫战功与高贵地位，但都缺乏犀利的政治眼光和处理国家事务的经验，他们的思想感情与中原地区高度发达的农业、商业、手工业经济格格不入。他们基本不具备良好的文化素养，既不了解也不理解博大精深的汉族文化，他们只是热切地希望由他们来维护各自的和贵族们共同的利益，维护和恢复祖制。

为了实行满洲贵族对中原的有效统治，四大臣对顺治帝入关后的朝政大纲及汉化路线进行了大幅度的修改，取而代之的是一系列“率祖制，复旧章”的活动，这样，康熙初年的政治呈现了明显的倒退色彩。

首先是十三衙门的废除。

顺治帝亲政后，加速强化封建集权，建立一系列中央机构。其中一项重大改革，是顺治十一年裁撤内务府，改设八监、三司、二局，统称“十三衙门”，兼用满人近臣与宦官。顺治十八年二月，辅政大臣执政伊始即向全国颁发诏谕：“满洲佟义、内官吴良辅阴险狡诈，巧售其奸。……各衙门事务任意把持，广兴营造，糜冒钱粮，以致民力告匮，兵饷不敷。……坏本朝淳朴之风俗，变祖宗久定之典章。”“十三衙门尽行革去，凡事皆遵太祖、太宗时定制行，内官俱永不用。”首倡者吴良辅也以“变易旧制”罪名论斩。随着十三衙门的废除，为处理宫中事务，内务府重新恢复，以御用监之职立广储司，尚膳监之职改采捕衙门，以惜薪司之职改内工部，又改御马监称阿敦衙门，将兵仗局改称武备院等。十三衙门的废除，在一定程度上减轻了宦官干政、奸人擅权的弊病。然而，废除的本意，则是在于维持满洲

“淳朴之风俗”，恢复“祖宗久定之典章”，用以削弱汉族的封建政治制度和宫廷传统的影响。此外，太监预政之弊并未由于十三衙门的裁撤而革除，不过改由三旗包衣充当内务府司职而已。

其次是罢免内阁、翰林院，复设“内三院”。这是四辅臣秉政后的另一项复旧举措。

顺治十五年，作为加强皇权的另一项改革措施，顺治帝采用了明朝中枢机构体制，裁去通称为“内三院”的秘书、弘文、国史三院，改立内阁，由内阁大学士主持中枢政务。与此同时设立翰林院，兼用满汉学士。此外，顺治帝对部分国家机构进行了重要调整。顺治十八年六月，顺治帝的改革方案再次被推翻。辅政大臣所颁诏谕称：“朕（当然不是康熙帝本人）兹于一切政务，思欲率循祖制，咸复旧章，以副先帝遗命。内三院衙门，自太宗皇帝时设立，今应仍复旧制，设内秘书院、内国史院、内弘文院，其内阁、翰林院名色，俱停罢。内三院应设满汉大学士、学士等官。”七月，内三院重新开设，各设满洲大学士一员，汉学士一员，并规定，一旦见缺满洲学士即应推补，汉学士则不必如此。康熙元年二月，翰林院并入内三院，其侍讲学士、侍讲也随之一并裁汰。此外，以不合旧制为名，辅臣又将顺治十六年并入礼部的理藩院独立设置，恢复其与六部并行的地位。

不仅如此，随着中央机构的复旧，清朝政府内部保守势力迅速扩张，先前顺治帝为加快封建化过程，缓解民族矛盾所制定的重用汉族官吏，笼络汉族地主士人的政策也摇摆不定，出现了日益严重的偏斜。

为巩固清朝政权对中原地区的统治，顺治帝曾经对汉族官吏采取了严加控制与笼络重用并行的政策，下令对明朝原各衙门官吏“俱照旧录用”，动员归隐山林的官员复出参政，对农民起义军首领甚至采取个别收买劝降的方式。不少汉族官吏当上了清朝的高官重臣，如吏部尚书孙廷铨、武英殿大学士吴正治等。

然而此时，以辅政大臣为首的清朝政府却以考满、京察、大计等各种方法对朝中及地方汉族官吏严加“甄别”“更定”。从康熙元年至四年，先后颁布了“停止京察”“俱着三年考满”制度，并“停止督抚每二年荐举之例”。根据考满结果来确定是继续留用，抑或降级、革职。这一制度的贯彻，在很大程度上制约、压抑了地位较低的汉族官吏，同时，也助长了官场上的腐败风气。由于考满对各级官员，尤其对府、州、县下层官吏的荣辱与前程具有举足轻重的意义，一时之间，贿赂舞弊、拉党结派成为风气。由于每年正月至四月是自陈考满时间，一到此时，奏疏频报，纷杂繁乱，严重干扰了正常的国家政务。康熙四年，御史季振宜接连三次上疏，直陈考满真相，并称考满使风气更加败坏，“钻营奔走，弊不胜言”。不得已，议政王大臣等会议决定：今后各官升转，照例论俸，停止考满。康熙六年，终于决定恢复以往“三年一次大计，六年一次京察”的旧例。

建立考满制度只是辅政大臣压抑汉族官员的较为和平的手段，而对于广大汉族各阶层人民，尤其是汉族知识分子，清朝政府则毫不手软地进行了残酷迫害和镇压。康熙初年的哭庙案、奏销案、《明史》案、通海案等震惊全国的事件正是清初满洲贵族势力打击汉族地主、知识分子而制造的一个又一个血腥大案。

顺治十八年初，顺治帝去世，哀诏到日，全国各省巡抚按例率属设位哭临。江苏吴县知县任维初贪贿浮征，滥用非刑，当地百姓积怨已久。得知世祖哀诏要传至江苏，并在文庙举行哭临大典，诸生金人瑞、倪用宾等人便商定手拟状稿，状告知县任维初。哭临当日，金人瑞等十八人率当地士绅千余，到文庙向江南巡抚朱国治呈递揭帖。然而，朱国治非但不主持公道，反将此事密奏于上，诬称当地士绅“集众千百，上惊先帝之灵”，并将十几个带头者系于牢狱。消息传至北京，辅政大臣立即派侍郎叶尼前往审讯，并将为首十八人一律凌迟处死。家中财产，尽被籍没。哭庙案为康熙朝第一次大冤狱，在全国尤其是江南地区引起了强烈的震动。

明末清初，江南名士多为讲学、论学而互相结社，一时蔚成风气。清朝政府对此早欲裁抑，只是苦于没有借口。此案一发，满洲贵族师出有名，立即以“大不敬”为名，滥加诛戮。受此影响，讲学结社之风几乎断绝。当时被杀者中，首为著名才子金人瑞。金人瑞，字圣叹，所批“六才子书”传诵甚广，他死之后，当地士庶无不痛惜，并为歌谣称：“天呀天，圣叹杀头真是冤；今日圣叹国治杀，他日国治定被国贼歼！”后来朱国治在云南被吴三桂所杀。

不久，另一场更大规模的打击汉族士绅的大案再次轰动了江南，这就是顺治十八年上半年发生的江南奏销案。

顺治十八年三月，辅政大臣颁布了各省巡抚以下、州县以上征催钱粮未完处分条例。条例规定，各地方官员，凡本地有拖欠钱粮，都应停止升转；限期未完者，将受革职、降级处分。几乎在同时，清朝政府又以财政紧张为借口下令赋税十年并征。一时之间，无论上下官吏、新老士绅的命运全都与钱粮系在一起，因而人们都将“新令”视为“陷阱”。

江南巡抚朱国治素行暴政，催征急迫，以图邀功。士绅凡有拖欠，即被诬为“抗粮”而遭题参，仅苏、松、常、镇四府被造名册题参者，竟达一万三千五百余人。辅政大臣闻报立即下令，将所列士绅尽革功名，将在籍者提解来京，送刑部从重议处，已故者提其家人。吴伟业、王端士、吴宁周、黄庭表、浦圣卿等名绅都被押解，拟送刑部。昆山探花叶方霭，所欠不过一文制钱，亦被列入“抗粮”名册，遭到羞辱，以致江南流传“探花不值一文钱”的民谣。同时，安徽、浙江等地也效法江南，一时冤狱四起，以致各狱中诸生竟无立足之地！许多地主、文士将田产视为大累，纷纷出售。一时田价大跌，竟有一月间斥卖祖业过半者。学校书院为之一空，而书生文人以逋负遭受杖击鞭笞则成为屡见不鲜之事。本来对清朝政府就极为不满的文人绅衿们更对满人统治产生了极深的抵触情绪，一度趋于缓和的满汉民族矛盾又复尖锐起来。

在当时各起案件中，影响最大的，则是康熙初年发生的庄氏史案。

天启年间，朱国祯撰写了一部明史，入清后，将书稿卖给了同里富豪庄廷鑨。庄廷鑨素无才德，又无子嗣，为留名后世，特聘当地知名文人茅元铭、吴之铭、蒋麟征、韦全佑等对书稿删改、润色并加以论断，并补以天启崇祯间史事，题为《明史辑略》，攘为己撰，并将参校者姓名列于书首。康熙元年，被黜原归安知县吴之荣侦知庄氏家资颇丰，便欲借此敲诈钱财，在遭到拒绝后，恼羞成怒，持庄氏私刻《明史辑略》向杭州将军松魁告发。松魁无意扩大事态，将案件下移巡抚朱昌祚。朱昌祚复遣督学胡尚衡处理此案。由于庄家得知消息，立即以重金疏通关节，终于使案情暂时平息，吴之荣因诬告和侵吞反被逐出吴江。嗣后，吴之荣心怀愤恨，决意大加报复，便携初刻旧版原书一部，上报刑部。康熙元年冬，朝廷急派刑部侍郎罗多等来到南浔，严加勘查。在钦差带领下，次年正月，清军官兵数百人开进湖州，紧闭城门，四处缉拿“要犯”，制造了震惊海内的杀戮惨案。

首先是庄氏家族，立即陷于灭顶之灾。庄氏一家百余口被逮，庄允诚被械至京，死于狱中，其子庄廷鑨已病故，被开棺戮尸。至最后定案，其弟庄廷钺一家十数口连坐，凌迟处死。家产籍没，妻子充边为奴。

由于不少学者士绅参与该书修订、作序、制版、售卖、购买，一些官员受贿后不予处理，所有干连人犯，都成了清政府缉拿和惩治的对象。其中前南明弘光朝礼部主事李令皙曾为该书作序，案发后被杀家人男女百余人，李令皙与子、侄四人皆被杀。列名庄氏《明史》修订者的，多为当时江南名士，其中有些人并未参加实际之修订，也都大难临头。茅元铭，明代著名文学家茅坤之后，平日闭门读书，庄廷鑨颇仰慕其名，故将其列于参评。茅氏因此得罪入狱。在狱中他与潘柽章、吴炎等一起，每日赋诗为事，见到满洲官员则大骂不止。恼怒的满洲钦差将茅氏七口判为死罪。同案被杀的，还有年轻有为的学子吴炎、潘柽章，都是晚明诸生。他们精通历史，综贯百家，立志仿司马迁《史记》，私修《明史》，并撰成史稿。顾炎武很敬慕两人，曾将自己终身积累的史料尽数借给他们，后来都湮没无存了。庄廷鑨之父见吴炎、潘柽章也在修《明史》，以为他们与庄氏不谋而合，也将吴、潘姓名列入参评。入狱后，吴炎、潘柽章受尽酷刑，牙齿尽落，后皆遇害。对两人之死，顾炎武十分悲伤，撰诗祭悼他们曰："一代文章亡左马，千秋仁义在吴潘。"其他江南名士，一旦姓名列于书中，也难逃一死，得以幸免的，只有查继佐、陆圻和范骧。查、陆、范三人都是浙中名宿，吴之荣首告庄氏时，竟诬称查继佐、陆圻、范骧三人为刻订书同谋，而继佐尤为主笔。查继佐等据理力辩，证明早在初刊该书时，即已发现自己被冒名，遂申报官府，后经多方奔走，又有广东总兵吴六奇出面亲保，查、陆、范三家一百七十六人才在受尽了狱中惊吓折磨之后，得以放归。

此次史案，不仅打击了江南文人士子，对于一些地方官吏也严惩不贷。杭州将军松魁，事发后与幕僚程维藩同被押赴京师，松魁以满人不识汉字，免死，削官回旗，程维藩被戮于市。提督梁化凤，系大功臣，数经辩解，方免一死。其幕僚徐秩三则成为替罪羊，丢了性命。前湖州知府陈永命、江宁知县陈永赖、湖州知府谭希闵、湖州府学赵君宋、湖州推官李焕、乌程县学王兆祯皆罹此难。一些与此案无关的无辜者竟也受到严重的中伤与惩治。南浔富人朱佑明，与吴之荣不和被诬，与其三子一侄同遭杀戮。

这场酷烈的文字大狱，始发于康熙元年（1662）春正月，决狱于康熙二年五月二十六日。这一天，杭州弼教坊大开杀戒，罹难者七十余人，书首列名十八人皆遭凌迟处死，杭州城内一时囚系曾达两千余人！只有告发者吴之荣，大受清廷褒奖。不但官复原职，还得到庄、朱两家籍没的部分产业，最后竟荣升至右佥都御史！

由于辅臣控制朝政，一意孤行，寻机制造大案惩儆汉族文人，使险恶之徒强诬滥咬，反而得势，将康熙初年满洲贵族的毫无遏制的民族压迫和思想专制推向极端。庄氏史案的审理结果在全国造成了十分恶劣的影响。一时之间，不少无赖、文痞仰承辅臣压抑汉族士绅的意图，纷纷赴官府讦告、诬陷，不少知名学者因著述中有某些“诋毁”清朝的悖逆之辞而受迫害。此后不久，又先后发生了孙奇逢《大难录》案、沈天甫逆书案、顾炎武《忠节录》案等。从表面上看，无论庄氏史案、孙氏《大难录》案，抑或顾氏《忠节录》案，各案发生均因无赖敲诈，而陷人以罪。但就其实质而言，这些恶性杀戮案件是出于辅政大臣蓄意镇压汉族学者文人的基本政策。这些案件的不断发生，严重地破坏了封建社会秩序的稳定。

在寻找借口对汉族士绅严厉打击的同时，对于汉族人民的武装反抗斗争，辅政大臣也变本加厉地予以血腥镇压。顺治十八年五月，山东发生了著名的于七领导的胶东农民起义。受其影响，登州、莱州一带的农民纷纷响应。辅政大臣立即派军镇压，斗争持续了一年多。胶东大地遭清军残酷血洗，沿海居民被强迫迁入内地，各旗兵马分驻登、莱、胶三处，同时大肆搜捕“于七党”，仅莱阳一县被杀农民即达数百人，凡与于七有往来者，皆系于狱，当地士绅被牵连者亦达数十百家。栖霞、莱阳两地农民受害最甚，“一日俘数百人，尽戮于演武场中，碧血满地，白骨撑天”。浙江按察使宋琬，因受到族人、于七仇人宋一炳“与逆贼于七通谋”的诬告，也被械送刑部狱中，直至康熙八年“公（宋琬）投牒自讼，冤始尽白”。

辅臣专权极大幅度地背离了顺治朝以来的加强中央集权、加速汉化的基本路线，导致了皇权的暂时削弱，同时也造成了汉族人民尤其是知识分子与清朝政府严重的隔阂和对立。全国形势不断恶化，康熙初年，清朝政府陷入深深的危机之中。

二 计擒鳌拜 出手不凡

康熙初年，在因民族关系处理失当而使清朝统治陷入危机的同时，原来就矛盾重重的满洲上层贵族集团内部，因争夺个人权势和派别私利，相互之间的倾轧日益加剧，冲突进一步尖锐。

长期以来，黄、白旗之间一直存在着较深的积怨，这种积怨的根源，大约要追溯到四十年前皇太极施行的一次改旗活动。在努尔哈赤时期，努尔哈赤自将两黄旗，由皇太极将正白旗，杜度（后来是豪格）将镶白旗。皇太极继位后，为了巩固自己的地位，对努尔哈赤时期各旗在满洲政权中的地位重新调整，将原来的两白旗改为两黄旗，并置于自己的控制之下；将原来的两黄旗改为两白旗，由阿济格、多尔衮、多铎统辖，并随之变更了八旗的装饰和排位次序。从那时起，旧日的两白旗由普通旗晋升为皇上亲辖之旗，为其后来的发展奠定了重要基础；而原来地位高贵的两黄旗却因努尔哈赤去世被强改为两白旗，不仅在政治上丧失了原有的优势，在物质分配上也开始受到限制。因而，自天聪年间起，两白旗便与皇太极属下的两黄旗结下了不解之怨。

崇德八年，皇太极去世。此时，为争夺最高权力，黄、白四旗之间再次进行较量，并且发生了“两黄旗大臣盟于大清门”，誓立皇子的事件。多尔衮摄政期间，两白旗的政治地位再度上升。顺治七年，多尔衮病逝，为壮大皇室力量，消弭长期以来的黄、白旗矛盾，顺治帝将正白旗归入上三旗，白旗在八旗中的优越地位再度得到确认。

随着顺治帝的去世和分别出身黄、白旗两个政治集团的辅政大臣的上台，黄、白旗间的矛盾又一度明朗化。以鳌拜为首的两黄旗势力向以苏克萨哈为首的正白旗发出了挑战，要求重新分配入关后黄、白旗各自得到的土地。早在顺治元年，为了确保其在中原的稳固地位，满足旗兵供给和旗民生活需求，清朝政府于顺治元年、二年、四年三次大规模圈地，土地以八旗左右翼次序实行分配。由于摄政王多尔衮居住永平府，因而将镶黄旗应得土地分给正白旗，将右翼之末的保定、河间、涿州等二十多处土地分给镶黄旗。居住在北京以北一带的正白旗得到了较多的“善地”，从而播下了黄、白旗日后冲突的种子。多尔衮死后，未得到好地的镶黄旗旗民便开始有不平之论，但由于时隔既久，圈地已停，各旗旗民安居乐业，不平之论被放置不提，这种局面维持了二十余年。康熙五年正月，隶属镶黄旗的鳌拜突然提出：“八旗自有定序，镶黄旗不当处右翼之末，当与正白旗蓟、遵化、迁安诸州县分地相易。”从而揭开了这次换地之争的序幕，引发了一系列惊骇朝野的大臣相戮的惨案。

大规模换地对社会秩序和康熙政权统治的危害显而易见，但是，辅臣的政治集团利益使得黄旗的三大臣不顾朝野和民众的一致反对，乘辅政之机挑起事端。索尼对镶黄旗的矛头所指十分清楚，鳌拜上台后的日益专横虽也令他十分厌恶，但此次换地，重要目的在于排斥苏克萨哈，打击白旗势力，曾受过多尔衮迫害的他并不完全反对此举。事事附和的遏必隆，明知换地并不真正符合镶黄旗的根本利益，也不赞成调换土地房产，并试图阻止鳌拜的行为，但他一向惧怕鳌拜，不敢与他相抵牾，结果还是同意了鳌拜的主张。

在索尼与遏必隆的支持下，鳌拜以八旗名义上奏，要求更换土地，同时又拟旨命大学士、户部尚书苏纳海会同直隶总督朱昌祚、巡抚王登联一起，前往镶黄、正白两旗所在地，开始办理圈换土地事宜。

户部尚书苏纳海反对换地，先后以康熙三年有旨停止再圈地和屯地难以丈量为由，要求皇帝明诏禁止。朱昌祚在前往蓟州圈地时，目睹了旗民百姓所遭受的痛苦和各旗官丁产生的冤怨，上奏指出：由于圈地，无业穷民不下数十万，田地荒芜，粮草尽绝，民心不稳，恳请“断自宸衷，即谕停止”。与此同时，巡抚王登联也在奏疏中力言“所在田地，极目荒凉”，“妇子老幼，环泣马前”之状，并指出圈地后所造成的徭役困难，“乞敕部臣从长酌议，俾两旗各安旧业，畿东亿万姓俱免播迁”。一时之间，黄白两旗、举朝上下都在议论勘地之扰。消息传入后宫，孝庄太皇太后听到十分生气，在辅臣朝见太皇太后时，她非常严厉地责备了辅臣们这样再次圈地扰民，并提出要立即制止这件事，但事实上并无效果。

少年康熙帝也很反对这次圈换土地的做法，但他对这群向来目无君上的辅臣无可奈何，也无力阻止他们的一意孤行。十二月，康熙帝亲自召辅政大臣询问此案。苏纳海、朱昌祚、王登联不肯遵旨圈地，径自返京，并上疏要求停止圈换的举动，大大惹恼了独断专行的鳌拜。他看到苏纳海三人不肯阿附自己，立即下令将他们囚禁，并定要置于死地而后快。会议中鳌拜亟言三人罪情重大，必置重典，索尼、遏必隆都随声附和，唯有苏克萨哈默默无言。康熙帝并不支持圈地，因此以不按律文为由不允所奏。

鳌拜等自康熙帝处出来，即称旨：“苏纳海若有意见，即应陈奏。既奉差拨地，种种奸巧不愿迁移，迟延藐旨。朱昌祚、王登联身为总督、巡抚，各有专任职掌，拨地事，不照所委料理，妄行具奏，又将奏疏与苏纳海看，且疏内不止言民间困苦，将旗下不愿迁移之处，一并具题，情罪俱属重大。苏纳海、朱昌祚、王登联俱着即处绞，其家产籍没。”就这样，苏纳海、朱昌祚、王登联成为满洲上层贵族争权夺势、相互倾轧的牺牲品。以己之私，导致朝中三大臣丧命，鳌拜滥施辅臣大权，草菅人命，其凶狠和狂妄之性更加暴露。对三大臣的冤情，索尼和遏必隆当然心中有数，但为了打击对手苏克萨哈，遏制正白旗势力的发展，他们只有借助鳌拜的力量以不断巩固自己和两黄旗在朝廷中的优势地位。三大臣被杀后，鳌拜再次称旨，镶黄旗共迁壮丁四万六百余人，圈拨正白旗旗地及民地二十万三千垧；正白旗迁移壮丁二万二千六百十一人，划拨土地十一万一千八百五垧。黄、白两旗的换地之争，以鳌拜为首的两黄旗占据了绝对的优势，终于以镶黄旗全面胜利、三大臣抗旨丧命而告终，与此同时，鳌拜势力在满洲上层贵族内部得到了前所未有的扩张。

然而，黄、白旗之间的权势之争并未就此结束，以鳌拜与苏克萨哈两辅政大臣为代表的满洲贵族间的角斗不仅没有停止，而且在次年达到了高潮。以鳌拜为代表的贵族势力无视皇帝和太皇太后，不仅屡屡矫旨，而且将议政王大臣会议和吏部、户部、刑部紧紧抓住，成为他谋求权力、打击异己的工具，对康熙皇权造成极大威胁。

康熙六年三月，首席辅政大臣索尼提出：顺治帝十四岁开始亲政，现今皇帝将年满十四岁，品行和年龄都与当年的顺治帝相仿，所以请皇帝亲秉帝权，改由辅臣协理朝政。索尼所言，一方面由于少年皇帝已基本长大成人，有能力亲理朝政；更重要的是，这位政治经验丰富的老人已预感到辅臣政治将走入绝境，朝中正酝酿着一场巨大的政治危机。

作为首席辅臣，索尼深得皇帝与太皇太后的信任。康熙四年九月，太皇太后亲自将索尼孙女（领侍卫内大臣噶布拉之女）赫舍里氏册为皇后，为康熙帝完成了大婚典礼。但索尼明白自己年老力衰，身染重病，恐怕无法完成重托。此外，辅政大臣之间矛盾重重。受过多尔衮无情打击的索尼与苏克萨哈早有宿怨，为阻拦将索尼孙女册为皇后，苏克萨哈甚至以“年庚不对”至太皇太后面前启奏。为此，索尼对苏克萨哈更加嫌恶，因而当鳌拜多次矫旨，不择手段地挑起换地事端时，索尼即予默许，借鳌拜之手既压制了白旗，也报复了苏克萨哈。然而，在打击苏克萨哈的同时，鳌拜势力也日益增强，一场流血的换地之争使鳌拜一跃成为四辅臣中最具实力的强硬人物。他残暴狠毒，根本无视皇权，屡屡矫旨，无论皇帝还是首席辅臣都已无力对其制约，已成为辅臣政治的最大隐患。遏必隆目光短浅，胆小怕事，由他辅佐皇帝，不可能有所建树。他对索尼、苏克萨哈妒忌有加，而面对鳌拜的专横，只是唯唯相附，不敢违抗。苏克萨哈原本便与鳌拜事事相忤，如今更是旧隙新仇，势不两立。辅臣政治的背后，皇权削弱、辅臣分裂的局面已经威胁了清朝统治的发展，因而索尼及时地提出应由康熙帝亲理朝政的主张。

索尼的担心并非没有道理。换地以来，鳌拜每每借康熙帝打击异己。他蔑视皇权，独揽朝纲，致使原来稍为平息的八旗之间的矛盾冲突日趋尖锐，难以调解。看到辅臣根本无法正常共同理政，年轻的康熙帝下决心走上亲政的道路。

康熙六年六月，首席辅臣索尼病逝。七月，康熙帝“躬亲大政，御太和殿，文武官员上表行庆贺礼”，结束了七年来大臣辅政、皇权旁落的局面。

然而，鳌拜并不畏惧这个刚刚亲政的皇帝，靠着自己的党羽和黄旗亲族的支持，他仍紧握辅政大臣的权力，不愿归政。他不仅要将康熙帝变成听凭自己摆布的傀儡，还要借皇帝之手，除掉苏克萨哈这个心腹之患，扫清自己独揽朝政的最后障碍。

七月十三日，就在康熙帝亲政的次日，苏克萨哈上奏疏，自言希望前去先皇陵寝守陵，交回辅臣大权，归政于皇帝。苏克萨哈本为一刚愎自用的草莽武将，功勋累累，尽忠于皇室，朝中大臣对他多有畏惧。但两黄旗的三位辅政大臣对他始终藐视，即使在满洲上层贵族统治者眼中，他也不过是一个得太皇太后宠爱的粗人。苏纳海、朱昌祚、王登联被杀，使苏克萨哈的势力大大削弱。他深深感到自己已无力与鳌拜相抗争，但是他仍不愿意向鳌拜妥协。康熙六年，弘文院侍读熊赐履上疏，直言朝政之积弊，鳌拜心中极为不安，多次派人对苏克萨哈说："恐御前有奸恶之辈，暗害忠良，我等应将太祖、太宗所行事例敷陈。"苏克萨哈非常冷淡，不肯列名复奏，却经常"自行启奏"要求康熙帝早日亲政，并向孝庄太皇太后表示："夕归政于皇上，朝即具疏恳往陵寝居住。"苏克萨哈的本意是表达他交回辅臣大权，归政于皇帝的心愿，然而他的行动不啻将了鳌拜一军。恰在此前，遏必隆也多次表示要归政于皇帝，从而使鳌拜陷入进退失据的境地。一旦皇帝批准了苏克萨哈的请求，鳌拜与遏必隆便也将面临退出政治舞台的局面，多年来精心编织的专权美梦以及结党营私、打击异己开创的局面都将付诸东流。他当然不甘心如此结局，决定彻底除掉这个对手。为此苏克萨哈付出了惨重的代价。

苏克萨哈的奏疏呈于康熙帝宣布亲政的第二天，当时朝纲政务尚未清理，年轻的皇帝尚无法运用自己的权力。苏克萨哈选择时机的不适，使得事与愿违，不仅康熙帝难以理解，朝野上下也多有责备之词。鳌拜立即借机称旨发难：你们受先皇帝遗诏，辅政七年，现在我正要你们出力，苏克萨哈却奏请守陵，以度余生，不知有何逼迫之处，在这里又有何无法生存的问题！随即将苏克萨哈及其子孙、兄弟尽数拘捕下狱。同时鳌拜迅速授意亲信阿尔岱善绞尽脑汁，网罗罪名。经过多次密谋，终于拼凑成了"二十四大罪状"，并借议政王大臣会议之名，呈奏皇帝。这二十四条罪状中，有些确系苏克萨哈平日所犯之罪，但其中绝大部分显然都是强行编织，夸大其辞，牵强附会，断章取义。议政王大臣会议提出，应将苏克萨哈革职，凌迟处死。苏克萨哈之子、侄、亲弟之子等"无论已到岁数，未到岁数，皆斩立决"，其家产籍没。

康熙帝明白，鳌拜怨恨苏克萨哈，一向与他争辩是非而积以成仇。这累累"罪状"无非要借机罗织罪名，置苏克萨哈于死地，因此，康熙帝以"核议未定"为由不准议政王大臣会议的奏请。由于剪除仇人十分心切，鳌拜急不可耐地向康熙帝施加压力。他在朝堂上肆无忌惮地挥臂喊叫，迫使政治经验尚不丰富的皇帝同意了他们的请求。苏克萨哈立即被处绞刑，他的七子一孙遭到杀害，家产籍没。

一个屡建功勋，深得顺治帝、孝庄太皇太后信赖的朝廷重臣，仅以一纸辞呈便招致了杀身灭族之祸，这与康熙初年发生在中原大地上的各起文字狱实在颇有相似之处，只是这场发生在满洲上层贵族集团内的冤狱更具有明显的政治色彩罢了。

苏克萨哈之死再次说明，一方面，朝廷内一股十分霸道的势力正在极力与刚刚亲政的皇帝对抗，迫使这位年轻皇帝必须将其剪除；同时，随着索尼与苏克萨哈之死，满洲贵族集团内部的分裂日趋表面化，实行彻底的封建皇权专制也势在必行。七年前，由顺治帝和孝庄皇太后匆匆筹划的辅臣政治，终于因它自身固有的、无法调解的矛盾和日益残酷的自戕而走上绝路。随之而来的，是长达五十四年的康熙帝亲政的新时代。

虽然康熙帝终于亲操政柄，然而当时他所面临的，不仅是迫在眉睫的疆域的统一问题，还有令人担忧的严重的满汉矛盾、凋敝的社会经济以及满洲上层贵族间的冲突和分裂。数年来，四辅臣把持朝政，使顺治帝入关以来建立不久的封建皇权统治变得衰弱。取而代之的，是满洲上层贵族集团，尤其是地位特殊的上三旗严重的倾轧和对权势毫无遏制的追求。朝堂上皇帝形同虚设，辅臣间刀斧相加，各派势力分门立户，朋党萌生。对中原地区，辅臣们始终以维护满洲旧制为宗旨，实行了一系列压迫人民、反对汉化、坚持异族统治的强硬政策，以致到康熙六七年间，全国各地天灾人祸接踵而至，刑狱繁兴，怨声载道。吴、耿、尚三藩在云贵、福建、广东各拥重兵，割据一方，分庭抗礼的野心日益彰明；台湾由郑氏大军占据，自成政权；西北则有蒙古准噶尔上层指挥下的富有侵略性的大军的威胁。

最严重的问题来自朝廷贵族重臣内部，以鳌拜集团为首的挑战皇权的势力仍在继续活动。

苏克萨哈被鳌拜及其朋党借康熙帝之手处以绞刑，遂使鳌拜一伙“今日归政于皇上，明日即将苏克萨哈灭族”的预谋得逞，在皇帝左右，如今只站着鳌拜和遏必隆两位辅政大臣。遏必隆依然处处迁就鳌拜，尽管他明知自己往日助纣为虐，为朝野所憎恶，也为日后的出路感到担忧，但鳌拜一日不肯真正归政于皇帝，自己也一日不敢将辞呈奏上。鳌拜则依然骄横跋扈，对亲政的康熙帝，可以争执顶撞，高声质问，甚至依旧多次越权矫旨。索尼死后，他更加事事凌驾于各臣之上，“班行奏章，鳌拜皆前列”，有时甚至将旧日奏稿呈上皇帝，试图强迫康熙帝顺从己意。当着皇帝的面，他常常高声呵叱部院大臣，施威震众，甚至拦截奏章，从来无视君臣之礼。为杀掉苏克萨哈，他气势汹汹，又争又吵，要挟康熙帝，迫使皇帝改变自己的决定。甚至在康熙八年的新年朝贺典礼上，他竟然身着黄袍，仅顶戴与皇帝有所不同。

数年来，鳌拜倚仗自己的权势培植亲信，打击异己，以部臣是否对自己顺从阿附来决定亲疏去取。他虽位居四辅臣之末，但非常谙于争权夺势，终于将朝政大权操于他一人之手。他网罗亲信，广植党羽，在朝中形成一股欺藐皇权、操纵国政的势力。

辅国公班布尔善是倚仗鳌拜结党营私的权臣。他利用权力擅改票签，决定拟罪、免罪。他追随鳌拜，结交奸佞之徒，康熙六年配合鳌拜杀了苏克萨哈，罗织了著名的“二十四大罪状”。由于他帮助鳌拜剪除异己有功，被擢为领侍卫内大臣，拜秘书院大学士。正白旗副都统玛尔赛曾经跟随鳌拜其弟穆里玛平定李来亨，在宫中一向与班布尔善一起谄媚鳌拜，深得赏识，被擢为工部尚书。户部尚书苏纳海被诛后，鳌拜一心欲将自己的党羽塞入户部，便不顾户部已奉旨补入尚书之事实，援顺治年间曾设满洲尚书两员旧例，迫使皇帝同意将玛尔赛补为户部尚书，又命其兼任正白旗蒙古都统。玛尔赛在户部与尚书王弘祚常有矛盾，不能独断专行，心中不满。大学士班布尔善便借一次户部失职过失之机，单独票拟将王弘祚革职，清出户部，为玛尔赛泄私愤。八年正月，玛尔赛病逝，鳌拜又请皇帝予以封谥，康熙帝未允，鳌拜竟擅自将他谥为“忠敏”。

鳌拜家族更是权重一时，其弟穆里玛于康熙二年被封靖西将军，因镇压李来亨农民军有功，擢阿思哈尼哈番；另一弟巴哈任议政大臣，领侍卫内大臣，其子讷尔都娶顺治女儿为妻，被封和硕额驸。儿子那摩佛官居领侍卫内大臣，班列大学士之上，其后受袭二等公爵，加太子少师。他的侄子、姑母、亲家个个高官厚禄，甚至跻身于议政王大臣会议。

鳌拜还将自己的心腹安插于内三院和政府各部，一时之间，“文武各部，尽出其门下”，朝廷中形成了以鳌拜为中心，以穆里玛、塞本得、讷莫、班布尔善、玛尔赛、阿思哈和噶褚哈为主力的党羽集团。凡事在家与亲信议定后，方才施行，甚至各大臣、衙门各官上奏经皇帝批准的奏稿，也要带回另议，并商量对策。

对部臣，鳌拜向来以“相好者拔之，不相好者陷害之”为宗旨。凡是拂逆己意的，他都要加害报复。大臣费扬古一直与鳌拜不和，其子侍卫倭赫及侍卫西住、折克图、塞尔弼四人一同在御前当值，对鳌拜不表示敬畏之意，终因小事惹来杀身之祸。鳌拜仍不罢休，又诬费扬古“守陵怨望”，将他连同另两子尼侃、萨哈连处死，仅幼子色黑以“不知情”免死，被流放至宁古塔。折克图之父、西住之兄、塞尔弼之同祖兄都以子弟所犯重大，不即请旨治罪，分别革职鞭责。鳌拜并下令，籍没费扬古家产，由鳌拜兄弟穆里玛吞并。一次鳌拜的马被窃，他不仅捕杀了窃马贼，连御马群牧长也一并杀掉。为独揽朝政，鳌拜甚至控制议政王大臣会议。康熙七年议苏克萨哈罪时，鳌拜担心大学士巴泰会提出反对意见，于是根本不让他知道此事。蒙古都统俄讷、喇哈达和宜理布在议政时与鳌拜意见常有相左，鳌拜气愤已极，便下令不许他们再参与会议。

康熙六年六月，内弘文院侍读熊赐履应诏上万言书，亟陈康熙初年以来朝政得失，国计民生。熊赐履首先分析了康熙帝登基以来的政治、经济、社会生活等形势，指出全国百姓已经相当贫困，以致逃难不止。官府催征“私派倍于官征，杂项浮于正额”，“蠲征则吏收其实而民受其名，赈济则官增其肥而民重其瘠”，究其原因，是吏治腐败。地方推举人才，仅以催科为政，视表面乖巧而定优劣，甚至以送礼薄厚确定人选。朝中大臣对此不加鉴别，知情也不举发，致使无耻之徒久窃威权。熊赐履提出必须首先甄别督抚，“督抚廉则监司廉，守令亦不得不廉；督抚贪则监司贪，守令亦不敢不贪”，因而必须坚决清除地方的“贪污不肖者”。

熊赐履提出了整顿朝纲的建议，认为：康熙元年以来，“国家章程法度，其间有积重难返者，不闻略加整顿，而急功喜事之人，又从而意为更变，但知趋目前尺寸之利以便其私，而不知无穷之弊已潜倚暗伏于其中”。法令朝举夕罢，“以致盈庭聚讼，甲令游移”，形成“职业堕废而士气日靡”“学校废弛而文教日衰”“风俗僭移而礼制日废”的世风。熊赐履指责朝风腐败：“各衙大小臣工大率缄默依阿，绝少实心任事之人，甚至托老成慎重之名，以济尸位素餐之计；树议者谓之疏狂，任事者目为躁竞，廉静者斥为矫情，端方者笑为迂腐”，要求康熙帝亲自“立振颓风”，整肃朝纲。熊赐履还提出皇帝应躬行节俭、熏陶德性、崇儒重道、举行经筵，学习传统治国理论。

熊赐履对辅臣擅政以来国家政治弊端的大胆直言，立即受到朝野大臣的称许，康熙帝对此也十分重视。然而鳌拜等却因熊赐履的奏疏语皆有所指，心中十分厌恶，因而在朝见皇帝时，提出要治熊氏妄言之罪。康熙帝驳斥鳌拜道：“这是朝臣在讲国家政事，于你并没有伤害。”反将熊赐履擢升为内秘书院侍读学士。其后熊赐履又多次直言进谏，提出“朝政积习未除，国计隐忧可虑”“设施措置，犹未足以大厌服斯人之望”，并建议康熙帝召见儒臣，讲求治道。鳌拜对熊赐履既恨又怕，立即称旨，令熊氏讲清“积习隐忧”“未厌人望”之所指。又称旨严饬熊赐履“不能实在指陈，妄行冒奏，以博虚名”，并以“所陈无据”为由，下部议处，降二级调用。同时鳌拜要求皇帝申禁言官，不得上书陈奏。然而，这时的康熙帝已经逐渐走向成熟，他一面驳斥了鳌拜，一面将被鳌拜擅降二级的熊赐履官复原位。一年以后，熊赐履升任翰林院掌院学士兼礼部侍郎。

对于鳌拜的专横跋扈，朝野贵族、部臣早已有目共睹，十分反感。皇帝亲政以后，他仍贪恋权柄，迟迟不愿归政于康熙帝，同时仍旧恣意妄为，下到侍卫，上至辅臣，凡不合己意，便设法谋害打击，乃至论诛抄家，子孙连坐，使部臣们敢怒而不敢言。亲政的康熙帝对此更是厌恶之至。熊赐履对朝政直言不讳的批评和要求皇帝崇尚汉族礼仪的建议，对鳌拜等人提出的公开指责，使康熙帝开始对朝廷政治进行冷静的考察与反思。熊赐履奏疏案标志着康熙帝的亲政进入了一个新阶段，年仅十六岁的康熙帝此时已深感鳌拜处处“欺朕专权”，另有所图了。为真正实现全面亲政，他必须摆脱辅臣的纠缠与控制，从辅臣政治的阴影下彻底走出来。一方面，他认真地总结八年辅臣当朝时期清朝统治路线的利弊得失，另一方面，开始有计划地做好彻底清除鳌拜集团的准备。

康熙帝采取一系列汉化政策，加强其皇权统治的地位。他首先恢复了八股文取士的传统科举制度。康熙二年，为抵制汉制，清朝政府停止了以八股文会试，并减试一场，三场考试改为两场，改用策论表判。康熙七年七月，恢复旧制，以笼络人才，招揽汉族地主知识分子。康熙八年三月，康熙帝亲自至太学释奠儒学先师孔子，讲解《周易》《尚书》。为整顿吏治，他恢复京察大计，严格审查各地督抚要员，诏谕各省督抚不论满汉，挑贤能者推用，革去不称职者，并重新限定各省督抚举荐属员额数。为纠正各地官吏扰民之弊，康熙帝甚至停派巡仓御史，并下诏清理各地刑狱，释轻囚，减重罪。在经济上，康熙帝施行了发展经济、改善民生的政策。他下诏查处前明废藩房屋田产，变价出售给原来的佃户，同时加强了对矿山、关榷、山林的管理。在军事上，康熙帝一面笼络三藩，对他们分别晋爵加封，一面认真地筹划对策。

康熙帝戎装像（青年时期）

与此同时，鳌拜作恶多年，树敌过多，使各种反对势力开始集结到康熙帝一边，康熙帝也开始着手清除鳌拜的准备。考虑到鳌拜作为顺治帝的顾命大臣名重一时，而且多年以来鳌拜一直致力于网罗亲信，纠集势力，宫廷内外多置耳目，公开缉拿恐激起事端，因而寻找有利的时机和选择适当的方式，是这场决斗的关键。早在康熙六年七月，为了对其加以迷惑，康熙帝对“遏必隆于所有一等公外，授为一等公；鳌拜于所有二等公外，授为一等公”，“遏必隆所有一等公，命其子法喀袭替；鳌拜所有二等公，命其子那摩佛袭替”。康熙七年，加鳌拜太师，其子那摩佛加太子少师。康熙八年春，鳌拜称病，要康熙帝前往探视慰问，康熙帝带着随从和托走进鳌拜府中，来到他的床前。和托看到鳌拜面色略带惊慌，忙一步上前，揭开卧席，见席下藏着一把腰刀。康熙帝见状笑着说：“刀不离身，这是满人的习惯，没什么值得大惊小怪的。”说罢，回到宫中，便立即将皇后的叔父索额图召进宫内。

索额图，满洲正黄旗人，索尼第三子，初为侍卫，康熙七年授吏部右侍郎。从康熙八年五月起，康熙帝多次以下棋之名召其商讨对策。索额图召集了一群身强力壮的少年卫士，在宫中练习布库（摔跤）游戏。这是一种男孩子们比角斗气力的游戏，每次练习，康熙帝都在一旁观看，即使鳌拜进宫入奏，也不回避。鳌拜以为康熙年少贪玩，每与众少年相嬉戏，心里十分坦然，并不在意。在即将采取行动之前，康熙帝不露声色地以各种名义将鳌拜亲信派往外地。康熙八年五月十六日，鳌拜因事入奏，康熙帝便将鳌拜的罪恶一桩一桩讲给这些少年卫士们听，并命令他们待鳌拜觐见时将他立即拿下。一个欺上凌下、作恶多端的权臣，最后竟被一群少年卫士抓获归案。

一个十六岁的青年帝王，不顾凶险的形势，凭着他过人的聪敏、沉着、果敢，以令人难以置信的、迅雷不及掩耳的速度，干净利落地清除了这个不可一世的权臣，完成了清史上这一惊人之举。据清史专家推测，这一重大决策，很可能由康熙帝自己做出，而未向太皇太后或其他大臣透露。他以坚定的意志，在两年的时间里有计划、有步骤地实现了自己的目标，以一个真正的皇帝身份去统治这个强大的、统一的封建帝国。直到很久以后，康熙帝这场漂亮的决斗仍被人们作为传奇故事来颂扬。人们将年轻的康熙帝描绘成具有超人智慧和组织能力的神奇人物。每年宫中都要演出这部“智擒鳌拜”的短戏，以纪念这次皇帝战胜贵族权臣的胜利。

康熙八年五月十六日，康熙帝亲自列数鳌拜集团种种罪恶，诏令刑部勘捕鳌拜及其同党。他严厉地斥责鳌拜“通同结党，以欺朕躬”，“恐身干物议，闭塞言路”，“凡用人行政，欺朕专权，恣意妄为”，“上违君父重托，下则残害民生，种种恶迹，难以枚举”。

康亲王杰书等奉旨勘问鳌拜，凡列罪三十款，其中包括欺君擅权、引用奸党、结党议政、聚货养奸、巧饰供词，擅起先帝不用之人、杀苏克萨哈、擅杀苏纳海、更换旗地、奏阻立后、谬用济世、禁止科道陈言违旨擅谥、旧疏呈览、呵叱大臣、逼令他人迁坟等，皆属严重罪行。康熙帝亲自参加了审讯，所列俱为事实。诸大臣以其所犯罪行重大，拟将鳌拜革职立斩，并连诸子兄弟，发妻子为奴，籍没家产。在事实面前，鳌拜已无话可说，只求皇帝开恩免死。他脱下衣服，露出他为清朝政权多年血战所留下的处处伤痕，恳求康熙帝从轻发落。康熙帝对这个身历三朝的老臣不忍加诛，只准了革职、籍没、拘禁。其弟巴哈、兄赵布泰、子那摩佛都一并免死，革职拘禁。鳌拜之弟穆里玛、侄塞本得则被削职处斩。

处处附和鳌拜的遏必隆等人以不行纠核鳌拜罪行、藐视皇上获罪，受到应有的惩罚。康熙帝指出：遏必隆明知鳌拜罪行而从不上奏，阿南达每进奏时，则称赞鳌拜为圣人，命“一并严拿勘审”。经康亲王杰书等勘问，列举遏必隆嫉妒册立皇后，对鳌拜不行劝阻，不予争执，致苏克萨哈被杀等，凡二十一款。遏必隆自知罪责难逃，即表示“今皇上如杀则死，如留则生”。议政王大臣会议以其“欺君误国”“审问时不以实供”，提出应拟“革职”“立绞”，妻子为奴。康熙帝则以其“并无结党之处”而免死，仅革去太师及公爵。

对鳌拜党羽，则根据不同情况，分别加以处理。首恶大学士班布尔善以及阿思哈、噶褚哈、泰必图、济世等，以“倚附权势”“结党行私”“表里为奸，擅作威福，罪在不赦”而被处死，其他多数党羽，如苏尔马、阿南达等人，皆从轻处置，或“免死，宽其籍没”，或“从宽免死，照旧留任”。康熙帝发布诏谕，告诫这些党羽随从和依权附势的内外文武官员：“自后务必洗心涤虑，痛改前非，遵守法度，恪共职业”。康熙帝以惩重宽轻、区别对待的方法加以处置，既惩戒了奸党，也分化瓦解了鳌拜集团的势力，最大程度地保证了中央政权的稳定。

康熙帝这个青年君主，在亲政两年后，彻底剪除了鳌拜集团这股保守的贵族势力，成功地向世间展现了政治上早熟的帝王特有的气质和胆略，为清朝政府强化统治和加强皇权赢得了时机，扫清了道路。一场发生在满洲贵族统治集团内部，惊心动魄的夺权之战就这样以皇权的彻底胜利而告终。

擒拿鳌拜，掌握全部中央政权之后，康熙帝又采取各种措施，清除鳌拜多年擅权所造成的各种严重后果。

首先，颁旨平反苏克萨哈等人的冤案：“苏克萨哈奉皇考遗诏辅政，虽系有罪，罪止本身，不至诛灭子孙后嗣……深为可悯。其白尔黑图等并无罪犯，因系族人，连坐诛戮，殊属冤枉。”为此，他下诏恢复了苏克萨哈二等子爵，发还其家产，令其幼子苏常寿承袭。案内各革职官员恢复原职。

康熙八年七月，康熙帝昭雪苏纳海等人冤案。颁旨曰：“朕阅处分原任户部尚书苏纳海等原案，并无大罪，鳌拜等但以为拨地迟延，遽行拿问，多端文致诬陷，不按律文，任意将无辜处死。原任总督朱昌祚、巡抚王登联于拨换地亩时，见民间旗下困苦，因有地方之责，具疏奏文。辄以为非其职掌，越行干预，亦不按律文，冤枉处死。伊等皆国家大臣，并无大罪，冤死深为可悯，理应昭雪。”后追谥三人，谥号分别为“襄愍”、“勤愍”、“悫愍”，并各荫其子入监读书，任以官职。与此同时，对鳌拜执政内枉杀擅免之官员，也命吏部等分别考察昭雪、补用、恢复原官。

其次，对于四大臣辅政时期的一系列错误政策和路线，康熙帝也进行了较大程度的纠正与调整。其一是恢复内阁制度，废除内三院，建立正式的辅助皇帝处理政务的机构，班居六部之上，大学士兼殿阁之衔。同时恢复了翰林院的独立地位。其二是开始整顿吏治，惩治贪官污吏。对鳌拜专权期间，全国水旱频仍，盗贼未靖，贪官污吏肆行朘削，以致百姓财尽力穷，民不聊生的严重局面予以揭露，并要求各级官吏必须时时注意民间疾苦，务须“纪己洁清，摒绝馈受”，对不思尽职，唯图利己，嘱托行贿，苟图幸进者，今后一律从重治罪，决不姑贷。他还下令恢复官吏甄别考察制度，颁布了管理官员的有关条例。大学士、尚书及三品以上官吏，自陈优劣，三品以下官员，由吏部会同都察院详加甄别。在外各总督、巡抚由吏部、都察院查明任内功过、称职与否，详加明奏。同时要求加强监察作用，纠举交通近侍、妄行干求、诬陷他人之徒，弹劾惩罚贪虐官吏，并从朝廷上下及外地各省中清除、降处了一批不称职的高级官吏。

再次，康熙帝也开始着手调整对广大汉族人民、士绅的政策，其中最重要的便是诏令永停圈地。康熙八年六月，他颁旨称：“自后圈占民间房地，永行停止，其今年所已圈者，悉令给还。……至于旗民，无地亦难资生，应否以古北口等边外空地，拨给耕种。”并令新满洲以官庄余地拨与耕种，指圈之地仍归民有。至此，入关以来这项扰民特甚的弊政终于停止，其他各项也都逐渐纳入正轨。

三　御门听政　威在权后

康熙帝亲政后，面临的是较为严重的政治动荡和经济凋敝。为彻底扭转危急局面，康熙帝坚定地实行加强皇权统治，实现国家统一，维护疆域安定的基本国策，施行一系列重要措施，建立了新的统治秩序。从此，清朝统治逐渐由乱入治，由危转安，终于开创了政治稳定、经济繁荣的局面。其中，康熙帝果断实行、坚持始终的一项卓有成效的举措，便是御门听政。

御门听政，指中国古代封建皇帝临朝公开听取奏报，处理政务。在清朝，则专指皇帝每日御乾清门，听部院各衙门面奏政事，并咨询政务、披览奏章、颁发谕旨，部院衙门各官员齐集或分班启奏的制度。清代御门听政之制，始于顺治帝，至康熙朝，更加完善、严格。每日清晨，诸臣奏事，均俟集左门外，预将报单交乾清门值日侍卫班领。届时，皇帝御乾清门，升座，各部奏事毕，侍读学士两人诣奏案前，奉各部奏函以退，学士一人捧折本函恭设于案，启函依序奏启。后来又根据具体情况和季节变化，分别将乾清宫东暖阁、懋勤殿、瀛台勤政殿，以及畅春园澹宁居、南苑东宫前殿设为御门听政的场所。如康熙早年，每逢夏日，常避暑瀛台，因而听政地方就改在瀛台勤政殿。康熙二十六年以后，康熙帝常驻畅春园，因此，这里也就成了他的另一个主要听政地点。

平定“三藩之乱”前，军务繁重，局势不稳，康熙帝“昧爽视事，惟恐有怠军务，孜孜不遑”，听政时间始于每日黎明，结束于辰时之前。以治国兴邦为己任的康熙帝每日未明求衣，辨色视朝，于凌晨赴乾清门听取部院各衙门官员面奏政事，颁发谕旨，“盛暑祁寒未曾稍辍”。每逢另有祭祀或其他活动，更是将时间提早，御门听政却并不推迟。康熙帝或前往中和殿“视享太庙祝版”，或在太和殿视朝，接见朝觐内外大臣，往往安排于凌晨，不影响准时赴乾清门听政。即使外出巡幸，各部院每日照例陈奏，由内阁专使专程转送。鞍马劳顿之余，康熙帝仍不间断听政及处理折本，避暑山庄及各地行营都成为临时听政场所。白天巡视地方民俗、百姓生业，夜间起身，黎明听政。康熙二十三年十月十五日，康熙帝南巡途中，驻跸山东沂州，因当日折本至二鼓未到，十分着急，说：“奏章关系国政，最为紧要，朕凡在巡幸之处，奏到随即听览，未尝一有稽留。”折本于四鼓递到，康熙帝连夜听览，终于次日黎明前将其“听断发落”。康熙四十五年六月间，他北巡视边，途中仍于辰时御行宫听政。不仅严格审阅各部折本，并随时向进奏官员询问“沿途田禾美恶及黄河情形”。康熙五十四年二月二十六日，他出巡霸州返回京城南苑，当日下午即“御行宫，召满汉大学士、学士、九卿大臣”前来奏报，并与诸大臣详细讨论当年会试之事。

康熙的御门听政形成了清朝中期以前严格有序的宫廷早朝制度。他不仅自身多年坚持“昧爽视事，无有虚日”，对早朝官员的要求亦十分严格，亲自规定了早朝制度：“满汉大小官员，除有事故外，凡遇启奏事宜，俱着一同启奏……其无启奏各衙门官员，亦着每日黎明，齐集午门前，俟启奏毕同散。都察院堂官及科道官员，无常奏事宜，俱着每日黎明齐集午门。查满汉部院官员有怠惰规避者，即行题参”，并称“官员无故不到者，皆罚俸一月，诈称上朝者，罚俸一年”。

由于每日御门听政时间过早，大多数朝臣难以适应，遇风寒雨雪，远道或老年体弱者更是深感不便。大臣们多次提出“分启奏之班，停齐集之例”的陈请。一些大臣甚至建议仿效先制，将御门改为三或五日一次，并将时间推迟，认为“自古君王从无每日亲御听政，即使定期视朝，也未如此早的”。但平定“三藩之乱”前，康熙帝并不为所动，不仅始终坚持惯例，而且还与大臣们要求相反，有时还为政务所迫，一日两次御门，商议紧急政务，召见封疆大吏，或颁布重要谕旨。康熙十八年七月十八日，京师地震，已听政回宫的康熙帝立即命传内阁九卿各官“入乾清宫，面奉上谕”。康熙十九年五月，为整饬吏治，康熙帝一日三御乾清门，齐集部院各衙门“掌印不掌印各官”，“各抒己见，即行陈奏”。康熙二十二年十月，为复核当年秋决重犯，他于巳时再御内殿，听取大学士面奏，并颁布谕旨。他甚至要求改每日一次听政制度为“九卿诸臣一日两至乾清门，有应商议之政，以便咨询”，在内阁大学士、九卿的一致反对下，只得作罢。

随着“三藩之乱”被平息，军务稍事减缓，长期紧张的政治局势亦得到初步改善。在大臣们的请求下，康熙二十一年九月，康熙帝决定对黎明进奏时间稍做变更，将御门听政与经筵日讲时间调换，“每日御朝听政，春夏以辰初刻，秋冬以辰正初刻为期”，以减轻“庶僚早起风寒之累”。康熙帝又决定减免年力衰迈、身患疾病官员入奏。但同时强调：“九卿、詹事、科道、原系会议官员，仍每日于启奏时齐集午门。”从此，辰时听政成为清朝的基本御门时间。经过康熙初年的朝中内乱，青年康熙深知勤理朝政的重要，二十三年五月，他拒绝了大臣关于减少御门的建议，严肃谕曰：“致治之道，务在精勤，励始图终，勿宜有间。……若必预定三日五日，以为奏事常期，非朕始终励精之意也。”

每逢政务紧迫，年节亦被淡化，甚至临时改变年终封印日期。康熙十八年，地震、旱灾严重。康熙帝每日御门听取各地官吏奏报，下旨紧急赈济。同时严敕各地官吏全力救灾。整个十二月，康熙帝十数次于听政时商研赈灾事宜。虽依旧例已于十七日封印，但康熙帝照常御门听政，曰：“今虽封印，若言官有事条陈，仍听来奏。”至除夕，康熙帝仍御门未停。大学士徐元文等奏请：“上因直隶一隅睿念焦劳，未尝少释。虽当岁末，日亲政事无异平时。臣等皆悚惧不宁……臣等以明日元旦，其疏今晚始停送进。”康熙帝则答曰：“仍照常送进。”

御门听政是康熙帝亲政后为建立新的朝政秩序而实行的一套严格、完整的君臣理政制度，正如他所自陈：“朕自御极以来，日夜孜孜，以乂安生民为念。……朕自幼读书，览古人君行事，始终一辙者甚少，常以为戒，惟恐幾务或旷，鲜克有终。以故宵衣旰食，祁寒盛夏，不敢稍间。”康熙帝数十年“躬亲庶政，宵旰弗遑”的作风，证明了他建立强大的清王朝的决心与能力，深得朝野敬佩，成为康熙一朝朝政风气的表率。

按照惯例，每天清晨，各部院尚书、侍郎等奏事官员皆须赶至听政之处，将本部日常事务上奏皇帝。有些问题康熙帝当时就作出决定，令有关部门具体贯彻执行。遇到重要问题，康熙帝要当面询问细节，征求各方见解，并令有关部门再作调查商议。如康熙四十五年四月十二日，大学士等会同户部奏上有关钱价甚贱，需要平抑之事。康熙帝当即做出和平收买，并将贩钱抬价者治罪的决定。同年十月，为拿获贩卖大钱人犯一事，刑部侍郎鲁瑚与九门提督陶和气发生争执，并于康熙帝听政时面奏请旨。康熙帝让两人充分述说理由后，严厉指斥刑部“真为悖谬”，并将该案交给都察院办理。除口奏外，许多重要、复杂或需要保守机密的事，各部要具本奏上，待面奏完毕，由大学士们处理。其他如九卿、詹事、科道、三法司诸官吏，有时也参加听政时的面奏。其中尤以九卿最为活跃。九卿，就是吏、户、礼、兵、刑、工六部的尚书，加上都察院左都御史、通政使和大理寺卿的合称。他们有时为各地的重要事情面奏汇报，更多的是准备回答皇帝的有关询问，或奉皇帝的旨意一起商讨公务。

与各部院衙门官员面奏政务相比，参与朝政更多的，对康熙帝听政影响更大的，是皇帝身边的内阁大学士、学士们。每天各部官员启奏完毕，陆续退下后，他们留在案上的奏章被内阁的侍读学士取走，接着便由另一位读本满学士捧来当时需要大学士、学士们面奏的本章，也叫作折本。折本是康熙帝事先选出，需要与大学士、学士们商酌的各部进呈之本章，重要性和机密程度都高一些。这些本章大多已经由学士们作了初步批示，即经过了“票签”。御门处理折本，就是皇帝与大学士们一起商议票签的内容。经过商讨和修改，确定出最后的票签结果，由康熙帝用朱笔批出。如康熙二十二年十一月十七日御门听政，待部院官员退下后，康熙帝与大学士、学士们开始商议折本，先后议了为吏部题补翻译汤古忒、广东督粮道蒋伊捐纳加级之事等几件折本。康熙五十四年二月二十六日，皇帝与大学士温达、松柱及学士邹士璁等先后议论时政、处理折本达十八件之多。大学士们请旨诸事大多由康熙帝决断定夺。

康熙帝的御门听政，内容主要有：对国政发出垂询，颁发谕旨或对重要国事做出公开安排、审理；听取各部院大臣、九卿、地方督抚陈奏各地政务；与内阁大学士、学士共同商讨国家要政，处理进呈折本；考察、任免重要官吏，召见述职或陛辞之官员。通过御门听政，以康熙帝为代表的清朝中央集权统治进一步巩固。可以说，御门听政是维护国家统一、发展社会经济、安定民心、整顿吏治的重要保证。

首先，在平定三藩叛乱、维护国家统一等重大问题上，御门听政发挥了重要的作用。

清除鳌拜集团后，这位青年皇帝还未来得及彻底扭转凋敝的经济形势，便不得不投入为维护国家统一而进行的征伐三藩叛乱的战争。鉴于历史教训，康熙帝十分清楚藩镇势力对清廷统治的威胁，日趋紧迫的局势迫使他必须果断抉择。自康熙十二年起，康熙帝多次在御门听政时发出撤藩谕旨："谕平西王吴三桂，令其迁移家口。命礼部侍郎折尔肯、翰林院学士傅达礼前往云南"，"搬移各藩诸大臣及各藩家口"入京，"稍有迟疑，必加重处"。

平定三藩实现统一与河务、漕运是康熙帝"夙夜廑念，曾书而悬之宫中柱上"的三大要务。康熙二十年以前，统一问题实列三大要务之首，是听政的中心，也成为国家政治的焦点。由于康熙帝能够及时对旧制进行实事求是的调整，并不断协调政府各部的职能，准确把握了战机，终于使平叛战争按照预先部署顺利进行。康熙帝特别注意在战争中运用区分处置的方法瓦解吴三桂一党。他在御门听政时曾反复对启奏官吏们强调，招抚瓦解是其"再四筹维、最关重要"的战略，针对吴军成员的不同情况，制定了一系列区别对待的方针，以加速叛军士兵、将领的分化："恶逆渠魁吴三桂，与胁从之人无涉。其下人员，如能悔罪投诚，概行宽免"，"各路大将军、将军等军前投诚，皆赦其前罪，论功叙录，加恩安插”，“如逆党中有素受吴三桂恩，不忍将伊子孙加害，幡然悔悟，携来投诚者，不惟宥罪，且当叙功”，“又有一等人，心切归诚，因系念妻子在滇，不忍分割者，许令一面密通消息，一面撤兵回滇，潜为内应。功成之日，一并议叙，庶可速其来归”。对吴氏族戚“同谋叛逆，原非胁从，……若加胁从等字，反而生疑，不如声明其罪，许其革面归诚”。在指挥平定“三藩之乱”的战争中，御门听政的作用十分重要，康熙帝每于朝中直接面对大臣，从而得以对国情做出正确判断，明了战事变化及需要，果断决策。由于能及时颁发谕旨，调整策略，修正章制，朝廷对战局达到有效控制，保证了战争的最后胜利。

为早日实现国家的统一，这一时期的康熙帝十分注意在听政中研究和解决边疆问题。早在平定三藩以前，康熙帝即以其远见，全面部署兵力，积极发展东部沿海军事力量并亲自精心筹划攻打台湾。为避免重蹈康熙初年的覆辙，保证战事取胜，进行平定三藩叛乱的同时，康熙帝已开始调遣将领兵马，着手准备。在听政中，他反复考察、召见福建官吏及军队将领。康熙十八年的听政中，他加紧了对福建政治、军事的指示：八月，特命福建打造船只，“船只关系武备，务宜坚固，不可徒省，有误军兴”；十一月，专御乾清门，召见福建兴化总兵高鼎，并嘱其赴闽后“整理兵马，剿灭海寇”；十一月，一次便命李承恩、祖弘勋等十名将领“星速赴任”福建，以便一俟三藩战事告捷，“进取台湾”之役可立即开始。康熙帝特别下诏加强海禁，以使台湾断绝粮米，从而加快攻打台湾的进程，使福建清军于次年春，水陆并进，迅速攻克金门、厦门及周边岛屿。郑经死后，康熙帝立即诏令福建总督姚启圣、水师提督施琅“相机进取”，命曰：攻打台湾“关系重大，着该将军、总督、巡抚、提督同心，速乘机会，灭此海寇”，“务期剿抚并用，底定海疆，毋误事机”，“不拘何项钱粮，尽见在者，准其动用，毋致贻误”。二十二年七月，由于兵部不准施琅请授部下官职，康熙帝下急旨："目今进取台湾，正在用人之际，福建总督、提督、巡抚凡有所请，俱着允行"，"凡所需钱粮等物，刻难迟误……令其随宜给发"。在统一台湾的过程中，康熙帝利用御门听政果断起用人才，严格挑选将领，并亲自御门调度，终使台湾回归，完成了统一大业。

御门听政也是康熙帝了解各地民情，颁发诏谕，及时处理灾情的重要方式。康熙帝亲政初期，全国灾害频仍，生产凋敝，残破的经济严重威胁着政局的稳定。在其执政的数十年中，这位君主谨记"前史之乱起于饥"的历史教训，指出"百姓足，君孰与不足；百姓不足，君孰与足，此古今不易之理"，因而将蠲租赈贷、抚民救灾视为稳定统治和争得民心的要政。

无论王公大臣还是六部官员，凡奉差外出归来朝奏，康熙帝多向其问及沿途田禾生长、米价涨落、地方被灾及当地官府赈灾情况。入京奏报的各地方官员则必须详细奏报当地岁收丰歉、农民疾苦、赋役缴纳情形。康熙十八年至二十年间，北方各地遭受严重旱灾，询问灾情、商讨对策是当时御门听政的重要内容之一。其中，对饥民安置、疾疫救治、清理冤狱等事关民生的问题，康熙帝多次命大学士会同各部院详议，"各抒己见，一并奏议"。众多的京官被差往各地赈灾，康熙帝严加敕谕，并责令制定散赈条规，"务期贫人均沾实惠，毋受豪强嘱托，致有滥冒偏枯"。为解决蒙古苏尼特旗等地干旱饥荒问题，在听政中，康熙帝多次召见理藩院大臣，命议政王大臣等会议，颁布诏谕，并遣官员前往勘查灾情，输送银米。当得知蒙民有因饥荒而沦为盗贼时，康熙帝一方面慎重地予以赦免，一方面向理藩院官员提出须从长计议，战胜灾害："今虽赈以银米，止可度今岁，后将若何?""此事重大，应预为久远生全之计。"由于赈济及时有序，一度"饥荒至极"的蒙古地区安然渡过难关，避免了蒙民的"死亡离散"，保证了边疆的稳定。

治理黄河亦是御门听政的一个重要内容。御门听政中，在任用官吏、征民筹款、确定治理方案等细节问题上，君臣看法经常相左，康熙帝与九卿争执的情况多有发生。特别是康熙四十五年一场有关治河工程的君臣之争。

至康熙朝后期，黄河顺畅，海口大通，运河不再倒灌。但多水季节，淮水仍多为害，并威胁黄河、运河堤岸。河督张鹏翮、两江总督阿山奏请于高堰三坝修建大型水利工程，即溜淮套工程。陈奏预计：一旦工程完竣，“淮河之水势既分，不但泗州、盱眙积水消减，而洪泽湖之水不致泛滥，亦可有利于高堰”。此项计划规模庞大，耗资颇多。在论证中，康熙帝与阁臣、九卿等反复就工程的设计、分式、筹款及河工差遣等问题反复进行商讨。九卿、阁臣毫不熟悉河务，难以审定这一重大工程，而康熙帝有着较丰富的治河经验，于是九卿提出，皇帝此次应亲临河上，指授方略。然而，康熙帝却以出巡扰民实无必要为由，不予同意。尽管九卿多次提出皇帝必须出巡，但康熙帝断然拒绝九卿之请，使这场乾清门之争成为僵局。不得已，腊月二十七日，皇太后亲下懿旨：“开河之事，关系万民生命，皇帝当亲往指示为是。”在皇太后施加的压力下，康熙不得不向群臣妥协，并有了次年春季的第六次南巡之行。这场争论始于正月初十日，结于腊月二十九日，历时近一年。在清代统治史上实为罕见。正是这次南巡，康熙帝视察了溜淮套工程现场，发现其既“毗连山岭，不可疏凿”，又“毁田产，抑且毁冢墓”，是一项不适当、不合理的选择。这个原本连皇帝本人也认为“既有利于小民，即当亟开为是”的溜淮套工程被断然取消。

康熙帝充分利用了御门听政公开处理河务，不仅一系列治河方略和重要决策得以及时、充分地实行，同时也避免了一些重大失误，从而彻底改变了清初以来，河害肆虐、经济萧条、人民流离的状况，出现了“四十年安澜”的局面。

康熙帝御门听政的另一个重要内容是对朝纲的整饬，对内外官吏的考察和奖惩除授。

康熙帝亲政以后，特别注重严厉整顿吏治，首先是对朝奏风气的纠正。对启奏官员，康熙帝要求其“立志尽职”，“凡有所见，即在朕前直陈无隐”。他明确指出内外大臣朝奏必须恪守职责：大学士是国家大臣，“凡事当直言，是即是，非即非”，不可唯诺逢迎；科道为朝廷耳目之官，必求知无不言，言无不尽，方称其职；巡抚是封疆大吏，当诚心为朝廷效力，对地方有益，不当口出大言，欺世盗名。他经常抱怨章疏有助于政事者少，而草率塞责者多，为此，康熙帝不得不在听政中花气力扭转，褒扬言官直行参奏，严禁粉饰遮掩。康熙十九年三月，为会推江西按察使，“众口争执，至午不决”，结果，御史唐朝彝因持反对看法而遭吏部革职。康熙帝则不仅认为“朝彝无罪”，还因为他能在事关重大的问题上直言指摘而视他为“朴实可用之人”加以任用。相反，当浙江布政使石琳奏报政务，多举琐事时，康熙帝当即训道：你身掌地方大权，应举事关民生当举当废的大事入告，怎能以这些琐事塞责！由于康熙帝的身体力行，勤勉听政，又严戒臣下敷衍从事，康熙一朝朝奏风气大有改变。

康熙亲政之初，内外官吏营私作弊现象严重，“大小臣工所行不公不法”，政令不通，民怨颇多。吏治不清，成为清朝实现长治久安的巨大障碍。康熙帝虽多次警告诸臣：如依旧作恶，不加省改，“或事情发觉，或经朕访出，虽欲宽免，国法俱在，决不饶恕”。但在听政中，他深感颓败之风的严重：“部院无事无弊，大臣无人无私，外省之弊较内更多。”为整饬吏治，纠正政风，康熙帝坚持将兴廉惩贪作为听政的一项长期内容。康熙十九年五月十五日，他一日三御乾清门，会集部院官吏，俭省政务，整顿朝风，并颁发重要诏谕：“朝廷致治，惟在端本澄源；臣子服官，首宜奉公杜弊。大臣为小臣之表率，京官为外吏之观型。大法则小廉，源清则流洁。此从来之不易之理。如大臣果能精白乃心，恪遵法纪，勤修职业，公尔忘私，小臣自有所顾畏不敢妄行。在外督抚各官，自应慎守功令，洁己爱民。”平定三藩、统一台湾后，各地方员缺较多，急需官吏。他多次下诏不拘品位，推举廉官，每日于听政时亲自考察，量才征用，将大量人才派往各省。对外省新任督抚，康熙帝每借听政加以告诫，“凡外任官员，不受贿赂者绝少，理应稍知餍足”，要求其到任后“洁己奉公”“小心办事”“爱恤兵民”“不可徇私偏听专信”。

与此同时，对贪赃枉法、纵容犯罪、民愤甚重的官吏，康熙帝采取了坚决制裁、严惩不贷的政策，并在敕修《大清会典》中，将“贪酷”列为考核官吏之首项。值得注意的是，他亲自处置的贪酷之官中，不乏身居高位的满洲大臣。康熙二十四年十一月，山西巡抚穆尔赛因其贪酷已极，遭到弹劾，九卿审议却再三庇护。听政中，康熙帝多次追问此事，强调：“治国莫要于惩贪。”由于九卿会议此案明显偏袒，又未详明议罪，以至康熙帝在听政中严正指出：“真有弥天之手，朕不行立断，谁肯执法耶！治天下以惩贪奖廉为要，廉洁者奖一以劝众，贪婪者惩一以儆百。”对作恶多端的两江总督噶礼，朝野早已颇为怨愤，然苦于其倚仗权势，无力绳之以法。康熙五十一年，康熙帝不顾其母曾为自己乳母之情面，谕令审查其罪行，主持大臣却因瞻徇怕事而仅处以革职。康熙五十三年四月，当刑部奏上噶礼奸诈无恩、阴谋弑母时，康熙帝愤责道：“噶礼断不可留！居官既无状又不孝，况恶迹甚多！……九卿虽承问，谁敢言其应杀？能言者即是去得之人！且满洲中从无一人似此者，凡满洲应共杀之！”他曾借从重处置康亲王杰书家人辱骂职官一案，申明其惩恶的决心：“朕止论事之是非，不论其为何人也”，“朕恨贪污之吏，更过于噶尔丹，此后澄清吏治，如图平噶尔丹，则善矣！”康熙帝的奖惩分明、果断除恶，不仅对满洲官吏极具约束、威慑，而且警示、争取了更多的汉族官吏，以至当时出现了“吏治清明，廉吏接踵起”的局面。

御门听政之所以对康熙之治起过巨大作用，还与康熙帝鼓励臣下坚持不同意见、体恤臣下有着密切关系。作为一代杰出的君主，康熙帝一方面全力强化他的皇权统治，同时，也十分注重与大臣、随从间的感情联络，以此巩固和协调君臣关系。他深知大学士、九卿及大吏们的真诚直言对他准确判断形势、公允处理国政至关重要，而上通下达、直接交流则是避免君臣阻隔、防止奸佞专权的关键。他所希望的是“上下一心，满汉文武皆为一体，情谊常令周通，隐微无有间隔”的局面，因而无论在听取奏报还是处理折本时，康熙帝皆要求大臣：“不要一切附会迎合朕意”，“一切政事皆国计民生所关，最为重大，必处置极当乃获实效。朕每详览奏章，内有所疑，或折五六本、七八本咨询尔等者，务欲得至当耳”。每当所批奏章有误，被大学士纠正，他则表示赞许，以消除大学士们的顾虑。康熙二十六年，祖母孝庄太皇太后的辞世，给康熙帝的身体、精神带来很大打击，以致其后很长时间在御门听政中“深觉迷愦”，力不从心，“甫有所言，旋即遗忘”。为了防止延误国事，他特要求各大学士、启奏大臣：“朕恐有阅视未详者，启奏本章大臣各官当愈加谨慎。至大学士、学士等亦宜各尽心勤慎，细加看视。”

凡在乾清门确定之事，康熙帝往往要求立即施行。但有时“己意已定”，仍遇大臣反对。只要确有道理，则准允更变。他曾坦诚言明：“朕从来不惮改过，唯善是从。……尔等亦议政之臣，宜各抒胸臆，直言无隐，但求事当于理，互相商酌，即小有得失，亦复何伤？朕焉有议事而加罪者乎！”在他的带动下，康熙一朝，特别是中期以前，大学士们与皇帝的关系较为协调，尽职尽责，“勤劳甚殊”。“凡有上谕，一字未妥，必行改正，不肯草草放过”，甚至为票拟奏章与康熙帝争执，“若有所言，不让地步”。

在听政中，康熙帝多次论及明朝弊政，以为“明朝末世，君臣隔越，以致四方疾苦、生民利弊无由上闻”，并言“君臣果能一心图治，岂忧天下哉！从来此等光景未易多得，然朕与诸臣何可不交勉之”。因而与大臣紧张处理政务之余，康熙帝亦非常注意体恤、爱惜大臣下属，温谕朝臣，呵护随从，以此增进君臣感情。

他对明朝皇帝“常处深宫，不与臣下相见，而惟与宦竖相处”十分反感，为防止宦官对大臣的伤害和干扰，康熙帝一方面严禁宦官干政或滥施权势，一方面明确表示不蹈明朝覆辙：“彼时，人主不出听政，大臣官员俱畏太监。……朕岂肯以权假此辈，致伤臣工乎？……今尔等六人，与朕总系一体，不时面见，有启奏事，即可启奏，何惧太监之有？”

随着国家形势的好转，朝奏制度亦有所改善。不仅年老体病大臣被减免入奏，每逢酷暑严寒，早朝形式亦简化。康熙五十三年六月，天气酷热，康熙帝诏谕每日晨奏文武大臣“早朝食祭肉毕即散……晚朝着免”，并命“该班巡守人等脱帽着短衫而坐，热甚，解衣露体亦无妨也。朕出时亦不必遽着衣帽”，“驿递人马交困，应着少缓，限于次日日出前到”。

康熙帝以典学勤政与仁慈宽厚影响着满汉臣僚，也得到了人民的敬重和爱戴。因而当他劳累成疾，诏谕暂停御门听政时，各部院官员仍每日冒风寒“俱赴左门请安”，探询病情。为此，康熙帝亦颇为动情，对大臣道：“君臣谊均一体，分势虽悬，而情意不隔。安危欣戚，无不可相告语者。堂陛之义，固宜如是也。”

御门听政中，康熙对大臣们的“感情投入”的确得到了回报，大大增强了广大臣工对他的向心力，他的统治也因此而得到了巩固。康熙帝数十年如一日地坚持御门公开听政、亲理机务这一勤奋务实的治国方式，在中国历朝封建帝王中确为罕见。清朝前期中国社会之所以能较快地出现经济稳定发展，国家统一强盛的局面，与这位封建帝王不懈地推行这一重要的理政制度有着密不可分的关系。

第二章 学以致用 有智乃勇

一 童稚发蒙 琢璞成玉

康熙帝出身于帝王之家，按理来说，其早期教育应当受到重视。但是，由于他童年时期不受父亲顺治帝喜爱；即位之后，他的祖母孝庄太皇太后又从固有的民族偏见出发，“甚厌汉语，或有儿辈习汉俗者，则以为汉俗盛则胡运衰，辄加禁抑”；与此同时，几个辅政大臣也把开发康熙帝智力视为对自己权力的威胁，因而，康熙虽身为帝王，很长一段时间里，不但无人为他聘请名儒教授汉文，甚至也没有正式的师傅教授满文。这样，一些宫女、宦官便成了他最初的发蒙塾师。其中，为他教授满文的，是一个名叫苏麻喇姑的宫女，而教他汉文的，则是姓张和姓林的两个太监。

苏麻喇姑原是孝庄皇太后的侍女。她心灵手巧，清兵入关后，朝廷下令汉人易衣冠，向天下颁发标准式样，即出其手制。她早年奉命侍候顺治帝。康熙帝年幼时，她又承孝庄太皇太后之命，对他加以“诲迪”，还手把手教他满文。因为她是康熙帝的师傅，康熙帝和宫中上下人等对她都十分尊重。她一生未婚，康熙帝特将皇十二子允祹交她抚养，同时照料她的生活起居。一直到康熙四十四年，她才去世。

为了感念她的教育之劳，在她去世之后，康熙帝特以嫔礼将其葬于昭西陵之侧。一直到清末，允祹一系子孙还对她的坟茔按时祭扫。

张、林两太监原来都是读书士人，明朝末年，自宫入宫，成为宦官。康熙帝年幼时，他们充当了康熙帝汉文师傅的角色。在他们的辅导下，至康熙八年时，康熙帝学完了“四书”。这些成就，对于注重子孙早期教育的汉人官宦来说，固然不值一提，但是在当时四辅政大臣专权，提倡“率祖制，复旧章”的政治气候下，能够将康熙帝培养到如此水平，对于教者和学者来说，都是不小的成绩。还值得提出的是，由于张、林两人原是读书之人，明朝末年，又亲身在宫中供役多年，熟谙掌故，因而在教读康熙帝汉文书籍之暇，他们还给他介绍了许多明末宫廷轶闻逸事。这些故事都内容真实、情节生动，极便于年幼的康熙帝理解和接受。因而，一直到康熙帝老境来临之际，他还将这些牢记心头。有时，他还如数家珍似的向臣下和身边人员讲述。

也许正是这样灵活生动的教育方式，激发了年幼的康熙帝的求知欲望，促使他如饥似渴地读书，向人求教，希望从书中和年长者口中得到自己所不知道的新鲜知识。因而，人们尽可不必为这个杰出的君主早年未曾受过正规教育而感到遗憾，倒是应该庆幸康熙帝遇上了两个深懂儿童心理的长者。如果教读康熙帝的是几个整日板着面孔、满口诗云子曰的冬烘夫子，还不知道康熙帝被他们教成什么样子呢。

康熙帝在两个太监的教读下，虽然学到了不少知识，但是，随着自己年龄的增长，出于强烈的求知欲望以及治理国家事务的使命感，他又极不满足。为此，他设法避开太皇太后和辅政大臣，私自延师教读。一些野史笔记即记载了他私自延师的生动情景。据《清朝野史大观》卷一中的《南士》篇载，康熙初年，一个南方举子赴京应试，因为名落孙山，打算收拾行李南归。一天夜里，忽听敲门声甚急，开门一看，原来是几个衣着华丽的奴仆拥着一个富翁前来延师。互相寒暄之后，富翁表明来意道：“先生您的道德文章，我闻名已久，十分仰慕，我有一个侄子，想请您教读，不知您意下如何?”这个南方举子推辞道：“我是南方一个无名之辈，此次赴京，应试不第，即将南归，哪里配为人师？再说我也不愿干这一行。”那个富翁恳请道：“我的嫂子守寡多年，膝下仅此一子，非常希望找一个好的先生教他成材，先生居此，一面教读，同时静候三年之后下科考试，也不致太过寂寞。”

由于富翁的反复恳请，南方举子总算答应了他的要求。临别时，富翁和他约定，某天夜间将派人来接，随即告辞而去。至期，果然有一个老家人带着几个健仆牵马接他，将他扶上马，替他抬着行李，点着火炬而去。一路所行，都是这个南方举子未曾经过之路。不久，他们进入一个高宅大院，转了几个弯子，进入一处房间。奴仆们卸下行李，请他安歇，同时还嘱咐他不要到处乱走动，如果饥渴，告诉服侍下人，他们自会备办。这使南方举子更加奇怪。次日，那个富翁携其侄子来给先生行礼，看他侄子的样子，眉清目秀，发卷覆额，不过十几岁的一个孩子。富翁对先生说：“我的嫂子非常溺爱这个孩子，使他养成了睡懒觉的习惯，因此前来上课的时间要晚一些，您可千万不要因此对他加以责罚。”从此之后，每天中午过后，这个学生必来学习。虽然来得晚，但是这个学生却极为聪明，和一般富家子弟资质大不相同。这使先生十分喜欢并尽心教他。那个富翁对先生也极其尊敬和关心，所上饭食皆上等菜肴；同时，还经常前来嘘寒问暖。教读脩金，不但十分丰厚，而且还不用先生费心，按时寄往他的家中。先生只是从家书中得知收到了多少银子，家中一切平安，不要挂念等等。

倏忽三年过去，会试考期来临，这个南方举子向富翁提出想去参加考试。富翁多方挽留，对他说：“像您这样的才华，何必忧虑前程呢，请您千万再教三年吧！”南方举子无奈，只好又教了下去。眼看三年又过，不禁口出怨言。这时，富翁前来向他赔礼说：“承您多年教育，我的侄子已经成人。您急于科举中试，我也十分理解，不敢再挽留您了。几天之后，我们想送您参加会试。”南方举子听罢大喜，便安下心来等待。一天夜里，仆人把他领到一个地方，告诉他先在这里待一下，天明时就送他出去。不大一会儿，听到上面传呼他的名字，随即就有四五个宦官领他前行。南方举子十分吃惊地左顾右盼，所经之处，都是一座座极其壮观的宫殿。到了一个殿内，南方举子抬头一看，发现自己的学生正高踞龙椅之上，原来自己教读六年之久的那个学生就是当今天子康熙帝，不觉又惊又喜又惧，急忙俯伏下跪。康熙帝随即传旨请起，特赐其为翰林。这些情况，虽然正史未予记载，但是野史笔记却言之凿凿。考虑到康熙帝清除鳌拜集团之后，即治理天下，并使朝政逐步纳入正轨和其一生好学的情形来看，这未必无据。果真如此，对于康熙帝的童稚发蒙并将其琢璞成玉，这个不知名姓的南方举子可以说功不可没了。

二　经筵日讲　知古观今

清除鳌拜集团之后，康熙帝真正掌握了国家政权。数年之中，他夙夜孜孜，宵旰勤政，以饱满的热情和旺盛的精力投入各种国务的处理之中。但是，不久，他即感到，不懂治国理论，没有专业知识，而单靠一腔热情，并不能实现国家长治久安的宏伟抱负。这样，为了解决理论知识和理政实际需要之间的矛盾，清除鳌拜集团之后不久，他即开始进行学习治国理论和谋略的经筵日讲活动。

早在清朝以前，中国历代封建君主即将经筵日讲确定为封建君主自我教育的基本方式。经筵日讲的主要内容则是被尊为经典的几部儒家书籍和有关历代王朝兴废的一些历史著作。其中儒家经典如“四书五经”，基本上都是成书于封建社会早期。由于这些书籍的作者和传授者都是儒家阵营中一些最杰出的思想家，其中所阐发的治世思想，对于封建君主施政，有着普遍的指导意义。正因如此，封建统治者经过长期的选择，将其确定为社会的指导思想。宋代以后，又将之作为帝王自我教育的主要教材。至于历史著作，则因其包括历代王朝兴废的史实和经验教训，更为封建君主临政治国所必需。因此，凡是有政治责任心的君主，无不对之加以重视并将之作为自我教育的重要内容。在中国封建社会中，一些封建君主即曾通过努力学习儒家经典和历史著作并将之用于实际政治而取得成功，有的还成为千古称颂的明君。可见，学习儒家经典和历史著作，对于帝王掌握治国理论、治国谋略以及了解世道治乱都有着重要的意义。

早在康熙以前，清朝统治者即注意学习儒家经典和历史著作。入关前，清太宗皇太极曾先后设立文馆、内三院，致力于儒家经典和历史著作的翻译、学习和应用；入关以后，顺治帝也对之表示重视。从顺治十四年始，顺治帝还仿效历代帝王先例，专开经筵，于仲春、仲秋请学问渊博的高级官员为自己讲解儒家经典。尽管这些活动当时仅仅处于开始阶段，但是，对于开拓少数民族出身的帝王心智，争取汉族知识分子的合作，加速统一进程，无疑都发挥了积极的作用，而且对于康熙时期经筵日讲的全面开展也产生了重要的影响。

顺治帝去世后，中央政权中保守势力的抬头延缓了自皇太极以来清朝统治者学习儒家经典的进程。康熙帝即位时，清朝政权已基本确立了其对全国的统治，兼之当时康熙帝本人年龄尚幼，正宜结合其早期教育及时举行经筵日讲，使其比较系统地学习各种治国谋略，以便日后挑起管理国家事务的重任。有见及此，康熙帝即位半年之后，工科给事中王曰高首先疏请举行经筵大典，“以光圣德，以端化源”。而后，康熙二年四月和康熙四年三月，又相继有福建道御史王鼐、太常寺少卿钱綎等提出了大致相同的建议。但是，由于当时是上三旗四个辅政大臣掌权，基于固有的民族偏见，特别是为了保持自己的既得利益，以四辅臣为代表的满洲勋旧将重用汉官、仿效明制视为对“祖制”的背叛。在此思想指导下，对于这些要求，他们全然不予理睬。这样，几年之中，不但由顺治时期开始的经筵活动被无形地搁置起来，而且，连一个宫中正式的教读师傅也没有给康熙帝配备。

康熙六年七月，康熙帝开始亲政，举行经筵日讲以学习传统治国理论与谋略问题就愈迫切，不少臣子又为此纷纷上言，要求速开经筵日讲。如康熙帝亲政数日之后，吏科给事中蔺挺达即上疏要求诏令礼部制定经筵日讲具体办法，选择老成清正、学识渊博的臣工朝夕侍从，尽心启导，并于康熙政务之暇，取“四书五经”及《资治通鉴》等典籍为之讲解阅读，无间寒暑。次年三月，福建道御史李棠奏请“早开经筵，以光典礼”。五月，贵州道御史田六善亦疏请康熙帝于听政之暇，每日阅读汉唐宋元四代史册数条，对于其中一切用人行政、官员升降赏罚、理乱兴衰的事例反复讨论，以使“圣德日新，大智日广”。康熙八年四月，兵科给事中刘如汉也疏请“先行日讲，而后举行经筵，选择儒臣，分班进讲”。可以说，举行经筵日讲已经成了臣下的普遍要求。然而，这时康熙帝虽名义上已经亲政，实际大权却仍操于以鳌拜为代表的辅政大臣之手。

为了达到长期专权的目的，他们把以开发康熙帝智力、培养其治国能力为目的的经筵日讲视为对自己权力的威胁，对之仍然采取不予理睬的顽固态度。对于在议开经筵日讲中态度积极、影响较大者，还枪打出头鸟，予以惩处。如康熙六年六月，康熙帝亲政前夕，内弘文院侍读熊赐履上疏康熙帝，进言他宜趁青年时期，选择道德学问都出类拔萃的知名学者，作为自己的师傅，“证诸六经之文，通诸历代之史”，以作为制定政策、治理天下的依据。康熙七年九月，他又再次上疏，指出“讲学勤政，二者不可偏废，对于现在治理天下最为重要”。他还建议康熙帝将之提到君德成就、天下治乱的高度加以重视。由于他对经筵日讲态度积极，而且将其意义也阐释得十分深刻，鳌拜等人极为愠怒。他们利用手中的权力，摘取其奏疏中涉及辅政大臣的只言片语，指为语含讥讽，企图借此加罪。这样，尽管其时康熙帝已经步入青年时期，但是由于鳌拜等人的无理阻挠，经筵日却仍像康熙帝亲政以前那样未曾举行。正因如此，治国方向并不明确。至康熙八年时，虽除台湾之外，中国大陆皆已在清朝政权控制之下，但因在中央是鳌拜专权，地方上又是三藩割据，兼之各级官吏竞相贪污，人民生活极为痛苦，民族矛盾和阶级矛盾都十分尖锐，整个中国仍然处于一片混乱之中。

康熙八年五月，康熙帝经过周密布置，一举剪除了专权擅政达八年之久的鳌拜集团，全面控制了中央政权。为了真正挑起管理国家事务的重任，学习儒家经典和历史知识以取得治国经验刻不容缓。康熙九年十月，他诏令礼部为经筵日讲做准备工作。几天之后，礼部遵旨议复，经筵日讲均照顺治十四年例，于次年开始举行。与此同时，根据康熙帝的御旨，选拔讲官、撰拟讲章等项也在紧张的准备之中。康熙十年二月，经康熙帝批准，首先任命了一批通熟儒家经典和各种历史知识的满汉官员担任经筵讲官。在他们之下，又从翰林院选出十人充当日讲官员。当年二月，首开经筵。四月，初行日讲。这样，在清除鳌拜集团之后不到两年，康熙帝即开始了自己的经筵日讲活动。

为了从儒家经典和历史著作中汲取营养，学习传统的治国理论和治国谋略，对于经筵日讲，从一开始，康熙帝即极为重视。首先是热情主动，持之以恒。长期以来，对于经筵日讲，历代帝王多持敷衍态度。对于经筵，因系礼仪活动不得不参加。对于日讲，则因由君主视政事之忙闲自行决定而百般推托。偶尔有个别君主一生之中进行几次日讲，便被史臣诩为盛事。而康熙帝却一反历代君主之所为。就经筵而言，自康熙十年二月至其去世，半个世纪的时间里，除因巡幸、出征偶未举行之外，从未停止。就日讲而言，虽然这一活动开始不久便已在次数上超过了历代君主，但是康熙帝却仍然只嫌其少，不嫌其多。为了争取更多的学习时间，他一再要求打破惯例，增加日讲次数。

康熙十一年闰七月，伏期刚过，因为秋季经筵尚未届期，日讲活动无法开展。为此，康熙帝谕示讲官："方今秋高气爽，正是学习的好时光，本月二十五日你们即可开讲。"康熙十二年二月，他又要讲官改变间日进讲旧例，每日进讲。他说："君主治理天下，筹划谋略，无不以讲学明理为先务。……向来隔日进讲，我觉得还不满足。自今之后你们要每日进讲，才能使学习不致间断。"当年五月和康熙十四年十一月，他又先后谕示打破寒暑停讲惯例，"学问之道，必无间断，方才有益，以后即逢寒暑也不必停讲""眼下天气还不算冷，你们还是照常进讲"。康熙十四年底，他再次谕示讲官不必于次年春季经筵后始行日讲，"正月二十日后，即行进讲"。随着日讲活动的开展，康熙帝的热情愈益高涨。先是巡幸南苑期间，以讲官侍从，日讲于南苑东宫前殿。后来，又发展到万寿节祭祀之前的斋戒日和因病不能御门听政的空闲时间也不辍讲。与此同时，为了争取日讲能收到较好的效果，对于日讲时间的安排，康熙帝也颇费心思。三藩叛乱期间，因为军务紧急，康熙帝一般是起床之后来不及用膳就开始御门听政，而后再行日讲。以致到日讲之时已近中午，饥肠辘辘，影响学习。后来三藩平定，台湾统一，紧急政务减少，为了提高日讲效果，从康熙二十二年八月始，康熙帝特将日讲安排在御门听政之前。一般情况下，每日上午均为日讲和御门听政时间，偶尔当日没有启奏本章而不行御门听政，也不辍讲。个别时候，因为政务较少，时间尚早，还一日两讲。他自己说："读书应该持之以恒，不断积累，才能提高认识，发现新境界。常常见人读书希望立竿见影，结果一曝十寒，不能收到任何效果。"正是这种热情主动的学习态度和持之以恒的学习精神，使得康熙帝在学习上虽然起步较晚，但在学习效果上，却大大超过了历代君主。

在十五年的时间里，他系统学习了《尚书》《易经》《诗经》《资治通鉴》《通鉴纲目》等儒家经典和历史著作，创造了日讲近九百次的纪录，日讲成为康熙帝前期学习文化知识和治国理论的主要方式。对于讲官，康熙帝也十分尊重。日讲之初，由于康熙帝知识未开，讲官进讲一度是康熙帝学习儒家经典和历史著作的关键环节。为此，日讲之前，日讲官须预选内容，撰写讲章，缮成正副两本，将正本呈给康熙帝。日讲时，为了照顾康熙帝的接受能力，日讲官须对内容详加解释并阐发其中义理，还须设法启发其联系实际政治，负担相当沉重。对此，康熙帝全力合作，日讲时，常常要求讲官不必忌讳，大胆讲解，偶有失误，也予以谅解。对于讲官本人，也体恤备至。日讲之后，每赐御制书画卷轴以示慰劳；寒暑令节，也常常赠给貂裘、绸缎、果品之属以联络感情；遇有优缺，从速升转；如有疾病，还遣医诊治并赐药物；去世之后，又遣使吊唁致赙，赐予美谥，录用子孙。康熙帝的这些行动，使得日讲官员普遍地感激涕零，实心报效，从而使经筵与日讲都收到了较好的效果。

其次是认真踏实，重视质量。日讲之初，康熙帝的态度极为认真。每次日讲之后，都坚持课下复习。他说："人君学习，如不认真领会，讲官进讲之后，就扔在脖子后面，那是徒慕虚名，不能真实受益。你们进讲之后，我大都再读两三遍，一直到彻底明白方才罢休。"他又说："朕自幼读书，只要一字不明白，就反复查阅思考，以免自误。"这些，足可看出他早年讲课后用功之勤。后来，随着康熙帝文化知识的提高，他又给自己提出了更高的要求。康熙十四年四月，他谕示讲官："以后进讲之时，讲官讲过后，再由朕加以复讲。如此互相讨论，方可真正学到知识。"从此之后，约有两年时间，每次讲官讲毕，例由康熙帝加以复讲。复讲虽能督促康熙帝日讲时专心听讲并考察其记忆和理解程度，但就学习方式而言，尚属被动。因而，从康熙十六年四月开始，每次日讲，均由康熙帝先讲，或讲其中一节，或讲全文，然后再由讲官进讲。这样，为了准备亲讲，每次日讲之前，康熙帝必须预习日讲内容。正是通过这种方式，康熙帝逐渐培养起自学能力。而对于讲官日讲中的过分颂扬之词，如什么“媲美三王，跻隆二帝”“道备君师，功兼覆载”等，康熙帝或者谕示删除，或者谕示改撰“劝诫箴规”之词，并且还一再谕示讲官以后再撰讲章，其中不得出现过分溢美之词，“但取切要，有裨实学”。

再次是目的明确，联系实际。康熙帝举行经筵日讲，目的在于汲取治国经验。因而在日讲活动中，他极为注意思想内容。日讲之初，他虽然允许讲官注重词句训诂，但同时又要求他们只以明白书理为限，不得漫无边际，多为援引，以免自己如入迷宫，不知所归。他说：“书中义理原自完备，惟在注解明白，加以反复玩味，自然旨趣无穷。若多为援引，反至书理不能明白了”，“读古人书，应当了解其主要内容，才能掌握要旨”。康熙十六年以后，他进一步谕示讲官，在日讲中以阐释其中义理为主。他对讲官说：“你们每天起早进讲，皆是天德王道修齐治平之理。朕孜孜向学，无非是明白道理，以便治理天下。因此，请你们再行进讲，务必阐发其中义理。”与此同时，他也十分注重将其思想内容和实际政治相联系。他说：“朕阅读书籍，并不单是记诵优美字句，而是想怎样将之用于实际政治。”在这一思想指导下，他常常将日讲活动和实际政治结合起来学习；在施政时，也有意识地联系以往日讲内容。其中，仅以日讲结合实际政治而言，例子便不胜枚举。如康熙十六年五月一次日讲后，他即联系讲章内容发表议论：孟子所谓一曝十寒，对于使用君子、斥退小人，亲近贤者、疏远谄佞的道理，分析得十分透彻，人君需要牢记。康熙十七年九月，在讲官讲授《尚书》时，他又说，上古至治之世，君臣同心同德。后世君臣之间，彼此之间互相恭维而不推心置腹，天下治理不好，就是这个原因。

总之，在整个日讲活动中，凡与当时政治有关者，康熙帝几乎都曾论及。另外，为了使日讲内容和实际政治联系更密切，康熙帝还主动要求增加新的讲授内容。如康熙十五年十月，他向讲官提出，每看

《资治通鉴》，事关前代得失，对于治国十分有益，应和“四书”一起讲解，还应考虑如何选择其中部分撰拟讲章。考虑到《资治通鉴》一书部头巨大，讲官提出，朱熹所作《通鉴纲目》一书，内容本于《资治通鉴》，且又“提纲分目，尤得要领”，“拟从《纲目》中，择切要事实进讲。讲章体裁，首列纲，次列目，每条之后，总括大义，撰为讲说。先儒论断可采者，亦酌量附入”。从此，学习和实际政治密切相关的历史知识也成了康熙帝日讲的重要内容。不久，因为《通鉴纲目》一书过于简单，不能满足康熙帝的要求，根据他的谕示，从康熙十九年四月起，讲官又将《周易》和《资治通鉴》参讲，一直到康熙二十三年，从未中止。结合各种历史经验教训，如外戚专权、太后临朝、权臣专制、宦官乱政、藩镇割据、异族入侵、农民起义等日讲内容，康熙帝发表了许多的议论。所有这些，都对康熙帝的思想及其施政产生了十分重要的影响。

日讲之外，为了取得治理国家所必需的知识，康熙帝还坚持自学。在自学中，他刻苦勤奋。据他自己后来回忆道：“十七八岁时，更热爱学习。每天五更时分，即起床读书。傍晚刚将国务处理完，又开始学习。以致劳累过度，痰中带血，也不停止学习。”康熙十六年十一月，他专选张英、高士奇等入直南书房，辅导自己学习《春秋》《礼记》《资治通鉴》等书并学习书法、诗词等，从而使之成为日讲之外的另一项重要学习活动。为了督促自己自学，他在座右铭中自箴：“无一日不写字，无一日不看书，义理自然贯通。若画地自限，岂登高行远之意哉。”利用自学，至康熙二十四年时，他已系统地精读了对于治理天下尤为重要的《资治通鉴》《通鉴纲目》《纲目大全》等书，“不但错误者悉加改正，即阙漏者也都予以增补”。这时，随着他自学能力的提高和年龄的增长，日讲逐渐成了影响他自学的一种形式。这样，康熙二十五年闰四月，他以每日日讲时讲官均诣讲筵行礼，仪节繁琐，为时良久，有妨其披览载籍而下令停止日讲。至此，除经筵因系典礼仍然按期举行外，坚持了十五年之久的日讲活动停止下来。从此，康熙帝开始了以自学为主的新阶段。

作为康熙帝长期坚持的一个重要制度，经筵日讲对其本人思想及施政都产生了重大的影响。概而言之，一是对其本人行为起了一定的约束作用，二是为其巩固统治提供了丰富的经验，三是为其制定政策提供了依据。所有这些，对于将康熙帝造就成一个成熟的政治家，对于清朝统治的巩固和康乾盛世的到来都发挥了重要的作用。

在中国封建社会里，封建君主拥有至高无上的权力。由于权力的腐蚀，绝大多数君主几乎都将儒家经典中关于君主自我克制的论述撇在一旁。在生活上穷奢极欲，纵情声色；在政治上不是专横武断、倒行逆施，就是贪于晏安、怠于政事，听凭宦官、女宠胡作非为，从而导致了一次又一次的社会大动乱，严重地阻碍了社会的进步和发展。这些都给康熙帝以极其深刻的影响。他感到君主本人的思想和行为对天下治乱而言起着关键的作用：君主一个想法错误，有可能导致全局性的失误；君主一天理事不谨慎，有可能使子孙后代受祸无穷。为了防止历史上多次发生的社会动乱再度重演，保持长治久安，对于儒家经典中“修身齐家治国平天下”的论述，他倍觉亲切。他曾多次指出，一定要严格约束自己，才能管理别人。因此，无论是处理国事还是对待个人生活，他都能对自己严格要求。在理政活动中，几十年的时间里，他一直是朝乾夕惕，兢兢业业，未明求衣，逐日听政。如逢水旱、地震、星变、日月蚀，还皆加修省。对于个人生活，他也极力克制自己的享乐欲望，厉行节俭。宫中用度一缩再缩，至康熙三十年以后，整个皇宫用度，“尚不及明末一个妃嫔所用之数”，“至于宫中衣用开销，至康熙三十六年，还赶不上明末宫中一年衣物之开支”。与此同时，他还努力在制度上约束自己。从康熙十年始，他专开起居注馆，以日讲官兼摄，逐日记录自己的各种活动，并且一直坚持到康熙末年。此外，他还常常自敲警钟：“君主势位崇高，何求不得，然而却须有一种敬畏之意，自然不致差错。即使有差错，也能改正。如任情胡来，一点也不谨慎，没有不出问题的。”正是因为康熙帝系统地接受过儒家思想教育，才能从巩固统治的大局出发，自觉地对自己的行为加以限制。就此而言，不能不承认经筵日讲发挥过重要的作用。

经筵日讲为康熙帝治理天下，巩固统治也提供了丰富的经验。清除鳌拜集团之初，尽管康熙帝已将中央权力置于己手，但是四辅政大臣专权之后，内则朝政混乱，外则民生凋敝，兼之三藩各拥重兵，呈半独立的割据状态，整个形势依然颇为严峻。对于这个出身少数民族的青年君主来说，为了应对随时可能出现的各种事端，通过经筵日讲以取得统治经验是当务之急。对此，当时讲官熊赐履即看得极为清楚。他向康熙帝进言，国君管理全国，事情繁忙，如果不于平时弄通大道理、大原则，事到临头，必致手忙脚乱，无法应付。康熙帝对此极表赞成。他说，天下要务，都要靠君主一人处理，一定要读书明理，胸中有数，才可能立即做出正确决定。正是从这些思想出发，康熙帝才异常积极地投身于经筵日讲之中，也正是由于长期坚持日讲，康熙帝取得了丰富的治国经验。否则便无法解释这个少数民族出身的青年君主何以能够完成平三藩、定台湾、服蒙古、败罗刹的大业，并将天下治理得颇有成效。就此而言，在将康熙帝造就成为一个杰出的封建地主阶级政治家方面，经筵日讲也起了重要的作用。

除此之外，值得重视的是，由于长期坚持经筵日讲，康熙帝对儒学的思想体系和精神实质的理解程度较各代君主来得更全面和深刻。因而，他在施政时，比较注意抓住其基本点及其积极方面作为自己制定政策的依据，而对其中消极、过时的部分则加以扬弃，从而也对康熙朝政治产生了积极的影响。作为封建社会上升阶段形成的一种思想，儒家思想的基本特征是在思想上倾向中庸，在政治上主张阶级调和，在治世手段上强调礼制。这些，虽不像法家思想那样激进，对于封建政权的建立，也不像法家思想那样作用直接，但是对于封建社会的巩固和发展，却起到了包括法家在内的其他各家所不能起到的作用。而且，由于儒家学说形成于封建社会早期，虽极力论证封建制度之合理性，但是作为封建地主阶级在野派的一种思想，其中也不乏对封建君主制度的披露和指责之词。同时，还提出了一些积极的治世方案，如“尚德不尚威”的思想，“民为贵，社稷次之，君为轻”的民本思想，“轻徭薄赋”“使民以时”的仁政思想等。应该说，这些都是儒家学说的积极方面。西汉以后，封建统治阶级虽然适时地将儒家思想确立为正统思想，但是，由于地主阶级日趋反动和最高统治者腐朽不学，除大乱之后的个别君主曾将这些方案作为临时措施予以实行外，多数君主不过是摘其枝叶而忽略其基本内容，更不用说注意到它的积极方面了。

和历史上多数君主不同，康熙帝在施政中基本上是以儒家学说的基本内容为指导，就此而言，已较历代君主高出一筹；而且，他还颇为注意利用儒家思想的积极方面指导施政。终其在位，对于国计民生，他一直极表关心。六十年中，蠲赈不绝。对于吏治，则注意整顿，一再严禁各种额外剥削，如火耗、摊派、杂税等。对于刑狱，则慎之又慎。而同时，对于儒家学说中一些明显过时的内容，如井田、封建、车战等，他也不因为是圣人之教而泥古不化，强力推行。在他的影响下，雍乾两帝又相继将此奉为国策，一直坚持了一个多世纪，有力地推动了经济的发展和社会的进步，直接促成了康乾盛世的到来。因此，可以说，对于康熙帝各项积极政策的制定，经筵日讲也发挥过重要的作用。

总之，经过经筵日讲的陶冶熔铸，康熙帝已不再像擒拿鳌拜时那样，仅是一个聪颖机敏的少年天子，而是已经成长为一个胸有韬略、志在天下的政治家。他像一只于云端展翅的鲲鹏，怀着必胜的信心，随时准备迎接狂风暴雨和来自各方凶猛敌手的挑战。

三 崇尚科学 身体力行

在努力博览经史以学习传统治国理论的同时，根据社会发展的现实需要，康熙帝还积极学习和国计民生有关的自然科学知识。这些，不但在中国历代帝王中绝无仅有，使得康熙帝的政治成就大大超出了他的同行先辈，而且使其在中国自然科学发展史上也占有重要的地位。

早在亲政之初，康熙帝即已对自然科学产生了浓厚的兴趣。康熙初年，清朝政坛上曾经发生了一场有名的历法之争。明朝以来，由于长期袭用13世纪下半叶郭守敬等人编制的《授时历》，误差积累日益严重，交食不验时有发生，节气推算也常常发生差错。为此，崇祯年间，崇祯皇帝采纳大学士徐光启的建议，聘请德意志传教士汤若望主持改进历法，并修成《崇祯历书》一百三十七卷。但是此例未及推行，明朝即已灭亡。顺治二年，摄政王多尔衮遂将此历改名《时宪历》，颁行于世。同时，还将历局与钦天监合并，任用汤若望掌钦天监监印。

顺治帝亲政后，对汤若望更是宠信有加，称玛法（满语意为爷爷）而不名。利用顺治帝的信任，汤若望等积极传教。很快，信徒激增，影响迅速扩大，引起了正统封建儒生的不满。顺治帝去世后，四辅政大臣掌权，对于顺治时期的各种政策多所更动。借此机会，新安卫官生杨光先上疏，对汤若望所编新历加以非难和指责。为此，四辅政大臣将汤若望逮捕下狱，改以杨光先为钦天监监正，吴明烜为副，废除《时宪历》，改行新历法。然而，由于杨光先无知不学，历法推算连年出错，甚至还出现一年两春分、两秋分的笑话，并因此而受到西方传教士南怀仁的批评和攻击。此时康熙帝已经亲政，为了弄清是非，康熙七年十二月，康熙帝命大学士图海等会同钦天监正马祜督同测验立春、雨水、太阳、火星、木星。结果，南怀仁计算，无一项不正确；吴明烜计算，则无一项不错。康熙帝遂下旨将杨光先、吴明烜革职，任命南怀仁为钦天监监副，复用《时宪历》。通过这一事件的处理，康熙帝深深地感到，作为一个最高统治者，也必须通晓科学技术，才能更好地统治全国。正是在这种思想指导下，亲政之后不久，康熙帝开始学习自然科学。

数学是天文历算的基础和工具，为了使自己在天文历算上成为内行，康熙帝首先刻苦学习数学。中国古代的数学计算一直居于世界先进行列，但自宋元以后，由于统治者不加重视，数学科学不但发展十分缓慢，而且不少原已发明的计算方法也湮没失传。与之相反，随着资产阶级的兴起，西方各国数学科学却迅速发展，后来居上。有鉴于此，康熙帝遂以供奉内廷的西方传教士南怀仁、安多为师，学习数学。当时，康熙帝已经开始经筵日讲，学习传统治国理论和谋略的任务已经十分沉重，但是，为了掌握数学知识，“三藩之乱”前两年多的时间里，康熙帝仍以极大的热情，把完成计划内的学业以外的时间完全用于研究数学，以浓厚的兴趣连续两年专心致志地投身于这项研究工作。

在这两年中，康熙帝了解了主要天文仪器、数学仪器的用法，学习到了几何学、静力学、天文学中的一些基础知识。后来虽因“三藩之乱”爆发，康熙帝暂时中断了学习，但出于对自然科学知识十分浓厚的兴趣，康熙帝一有空闲时间就练习已经学过的知识。三藩叛乱平定之后，清朝统治日益巩固，中国社会进入了和平发展的新时期。因为紧急政务相对减少，康熙帝比以前更加热心地学习西方科学。为了这一目的，除南怀仁、安多之外，他又将西方传教士徐日昇、张诚、白晋、苏霖等请入宫中，讲解天文历算以及与之有关的欧几里得原理与阿基米德几何学。为了消除语言障碍，康熙帝还专为他们配备满、汉教师，辅导他们学习满、汉文字。为了使讲课收到满意的效果，康熙帝还下旨让内廷官员将传教士进讲的内容整理成稿，由传教士在进讲时口授文稿内容。在进讲过程中，康熙帝态度认真，不但聚精会神地听讲，不懂就问，而且还于课后认真复习。法国传教士白晋于《康熙帝传》一书中，曾经记载康熙帝认真学习的详细情形，并对其刻苦钻研的精神表示了十分的钦佩。

随着康熙帝学习自然科学知识的日渐深入，他对有关国计民生的各种自然科学知识，如兵器制造、地图测绘、医学、农学等也都产生了广泛的兴趣。为此，他多次表示欢迎懂科学的西方传教士前来中国。在他的授意下，康熙二十一年，南怀仁在致西欧耶稣会教士的一封信中呼吁道："凡擅长天文学、光学、静力学、重力学等物质科学之耶稣会教士，中国无不欢迎。"在康熙帝的招徕下，洪若翰、白晋、张诚、苏霖同时来华，供奉内廷。康熙三十六年，康熙帝又以法国传教士白晋为使，回欧招聘教士。

于是，康熙三十八年，又有马若瑟、雷孝思、巴多明等人来华。即使在清朝政府因教规问题和罗马教皇严重对峙期间，康熙帝也没有放松争取西方科学人士来华的努力，并先后授意西方传教士沙国安、德里格、马国贤等致书罗马教皇，希望选通天文、律法、算法、画工、内科、外科的教士来中国效力。与此同时，康熙帝则如饥似渴地投身于各种自然科学的学习和试验之中。据白晋、张诚等法国传教士所见，康熙帝出巡，经常"利用刚会使用的天文仪器，在朝臣们面前愉快地进行各种测量学和天文学方面的观测。他有时用照准仪测定太阳子午线的高度，用大型子午环测定时分，并推算所测地的地极高度。他也常测定塔和山的高度或是感兴趣的两个地点间的距离"。

对于民生攸关的农学，他也极感兴趣，并做过深入的研究。他亲自培育过御稻米和白粟米两种优良品种。其中，御稻米不仅气香味腴，而且生长期短，北方也能种植，南方则可以连收两季。他还做过南北作物移植的试验，北京丰泽园、热河避暑山庄种有南方的修竹、关外的人参，山庄的千林岛遍植东北的樱额，每到夏天，硕果累累。

对于医学，他也极有兴趣。为了学习有关知识并进行研究，他在宫中专门建立实验室，从事医学研究。对于一些先进的医疗技术，他还极力加以推广，如他发现种人痘，对于防治天花比较有效，即在边外四十九旗及喀尔喀蒙古积极推广。开始种人痘时，上年岁的人都觉得很奇怪，但是由于他坚持推行，收到了较好的效果。他还冲破封建礼教束缚，谕令西方传教士巴多明将《人体解剖学》一书以满汉两种文字译出。

至于兴修水利、兵器制造、地图测绘等项知识，因为和巩固统治关系极为密切，更为他所关心。如对治理黄河，他不但于“前代有关河务之书，无不披阅”，而且还趁六次南巡之机，实地视察河工，同时又广咨水情。经过十多年的努力，他终于摸索出了一套治理黄河行之有效的好方法，从而改变了黄河连年溃决的现状，出现了四十年的安澜局面。对于地理测量，他的态度也十分积极，每次巡幸或者出征，他都注意携带仪器进行测量。在此基础上，从康熙四十七年至五十六年，他又组织一批中西学者对全国进行实测，编制了《皇舆全览图》。

同时，他也极为重视军事科技的发展。三藩叛乱期间，他曾谕令西方传教士南怀仁研究改制火炮，并亲至卢沟桥阅视新炮的实弹演习。三藩叛乱平定后，他仍对之表示重视并诏令继续铸造，分别配备于全国各战略要地。由于长期钻研自然科学，在一些领域中，他还颇有发现。如康熙四十二年十一月，他根据实测结果认定据西洋新历推算本月初一日食时刻略有失误，并怀疑可能是“算者有误，将零数去之太多”。康熙五十年，他又根据实测发现当年夏至是在“午初二刻九分”，而不像西洋历推算的“午初三刻”。总之，康熙帝对于自然科学的兴趣始终不衰，学习自然科学成了康熙帝终身爱好的事业。

和经筵日讲一样，学习自然科学也对康熙朝政治产生了一定的影响。首先，通过学习，康熙帝使自己在自然科学领域成为内行，取得了主动权，从而在各种政策决策甚至具体事务处理中都比较容易分清是非，接近实际，避免或少走了不少弯路。以黄河治理为例，清朝初年，黄河几乎频年溃决，河患成了一个极大的社会问题。虽然朝廷每年拨出大量库银整修治理，但都收效甚微。之所以如此，最高统治者对治河规律茫然无知是一个重要原因。为此，三藩叛乱平定后，康熙帝集中精力研究河务。他一方面博考前代文献，另一方面又多次前往视察其中关键环节并亲自动手测量，与此同时，还屡集廷议，综观全局，从而在治河中收到了较好的效果，也产生了巨大的社会效益。其次，康熙帝重视自然科学也在一定程度上改变了长期以来封建士人“重道轻艺”的错误倾向。

两千多年以来，中国历代帝王大多只重视政治、军事和思想，只研究治人，不研究治物；只研究驾驭百姓，不研究自然科学。受此影响，封建士人皆以为儒家经典无所不包，兼之各种自然科学学习起来异常吃力，倒不如啃上几本儒家经典，通过科举考试步入仕途，显亲扬名，光前裕后，从而形成了一种顽固的“重道轻艺”的错误倾向，严重地阻碍了生产力的发展和社会的进步。而康熙帝却以帝王之尊对自然科学表示重视，努力学习，积极推广，在当时社会上产生了深远的影响。在他的带动下，许多士人投入数学、天文学、医学、水利、工艺等自然科学各领域的研究。他们有的努力发掘中国古代科学遗产，有的致力于创新，在一定程度上缩小了中西科技之间的差距，同时，对于自然科学的发展和中国社会的进步，也起了积极的推动作用。

第三章　平定三藩　运筹帷幄

清除鳌拜集团之后，康熙帝如饥似渴地学习传统治国理论和各种科学知识并将之运用于治国实践，从而使入关以来的各种弊政次第得以纠正，国家治理也逐步纳入正轨。恰在此时，镇守云南的平西王吴三桂，镇守广东的平南王尚之信（袭父尚可喜之职）和镇守福建的靖南王耿精忠却发动了一场遍及大半个中国的武装叛乱。这样，一场生死搏斗又给康熙帝提供了一个理论联系实际、施展其文韬武略的绝好机会。正是这场历时八年的战争，锻炼了康熙帝，使他成长为一个成熟的政治家，同时，也使清朝政府的统治进一步巩固下来。

一　南国烽烟　临危不乱

“三藩”是清初统治者分封的平西王吴三桂、平南王尚可喜和靖南王耿仲明三个藩王。他们的形成和发展经历了几十年时间，对明清之际的国内政局产生过重要的影响。吴三桂、尚可喜及耿仲明都是降清的明朝将领。远在清朝入关以前，孔有德、耿仲明与尚可喜即已率部投降清太宗皇太极，充当清兵与明军作战的急先锋。皇太极分封三人为王，孔有德为恭顺王，耿仲明为怀顺王，尚可喜为智顺王，极力加以笼络。明朝覆没，镇守山海关的明宁远总兵吴三桂引清兵入关，击败李自成农民军主力，清兵长驱直入占据北京，奠定了一统中原、君临天下的基础。清摄政王多尔衮为嘉奖吴三桂的巨大功劳，加封他为“平西王”，地位在孔、耿、尚三王之上。

吴三桂、孔有德、耿仲明和尚可喜虽然在清朝兴起和入关作战过程中立过汗马功劳，但是，出于固有的民族偏见，当时的摄政王多尔衮却对他们怀着深深的戒备心理，在将李自成主力消灭以后，即召回四王，调赴辽东驻扎。一年以后，清兵攻陷南京，消灭南明弘光政权。与此同时，各地抗清武装风起云涌。这时，清朝政府才调四王入关作战。顺治六年，清朝政府改封孔有德为定南王，耿仲明为靖南王，尚可喜为平南王，命他们带兵南下进攻南明桂王政权。耿仲明因部下隐匿逃人，顺治六年在南下途中自缢身死，后由其子耿继茂袭爵。顺治九年，南明将领李定国围攻桂林，驻守桂林的孔有德兵败自杀。至此，清初四个汉姓王只剩下三位。

吴三桂入关后镇守汉中，剿灭了当地的抗清武装。顺治八年，吴三桂受命进军四川；次年，平定四川。顺治帝给吴三桂加俸千两，以示褒奖，并将自己的一个姐姐嫁给吴三桂的长子吴应熊。吴三桂成了皇亲国戚，与清廷的关系更加密切。

至顺治十三年，全国形势已趋于稳定，除云贵的永历政权和东南沿海郑成功继续抗清外，其他地区基本平定。顺治十四年九月，永历政权孙可望因与李定国火并，难以立足，向五省经略洪承畴投诚，清廷得以尽知永历政权内部的情况。顺治帝诏令吴三桂出征云贵，务必消灭永历政权，实现清朝的一统江山。十二月中旬，吴三桂与定西将军李国翰从汉中出兵，经四川，直取贵州。同时，征南大将军赵布泰由广西奔贵州，靖南大将军罗托和五省经略洪承畴取道湖南入贵州。在清朝三路大军的合围下，李定国仓猝应战，节节失利。顺治十六年二月，清朝三路大军会师云南，惊慌失措的永历帝只好再度逃亡。吴三桂率军紧追不舍，磨盘山一场恶战，清军击败了李定国的主力。永历帝与李定国仓皇撤入缅甸，从此云南就归入清朝统治。

收复云贵，吴三桂立了头功。此时除了东南沿海的郑成功集团，全国各地均已纳入清朝版图。如何统治南方各省和安置三王，就成了清朝统治者亟须考虑的问题。

仔细权衡之后，顺治十六年三月，顺治帝命吴三桂镇守云南，监视在缅甸活动的南明军残部。命尚可喜镇守广东，与次年七月移镇福建的耿继茂一道对付郑成功集团。这样，吴、尚、耿三藩驻地就确定了下来。

吴三桂当时四十七岁，在长期的政治、军事斗争中，他的个人利益已经和清朝融为一体，因而清朝政府对他也就一改外示优宠而心怀戒备的心理，放手使用。顺治十六年十月，顺治帝正式下诏授予吴三桂治理云南军政事务的广泛权力，举凡云南文武官员的任命与升迁、钱粮兵饷的支配都归吴三桂管辖，吏兵两部不能干预。对尚可喜、耿继茂也有相同的诏示。

清室如此厚待吴三桂，他当然要更卖力地效忠清室。顺治十七年四月，他上疏朝廷，请求进兵缅甸，擒获永历帝以清除后患。八月，顺治帝诏令内大臣爱星阿为定西将军，率部协同吴三桂征讨永历帝与李定国。当时永历帝已落入缅甸人手中，吴三桂率军连败李定国与白文选，十二月，从缅甸人手中捕获永历帝。康熙元年四月，吴三桂命人将永历帝缢死于昆明城外的篦子坡，南明政权最后亡于吴三桂之手。为了清朝政权的巩固与发展，吴三桂效尽了犬马之劳，他本人也因此晋封亲王，成了清兵入关后第一个膺此殊荣的汉人，永历帝的鲜血又给吴三桂的王冠增加了一道耀眼的光环。康熙元年十二月，在吴三桂全权掌握云南以后，清朝政府又锦上添花，把贵州也交给他全权管理。

虽然三藩在入关统一战争中为清朝政府立下了汗马功劳，但是，随着大陆的统一，三藩与中央政权之间的矛盾也逐渐尖锐并且最后导致了三藩叛乱。

首先，三藩都拥有实力雄厚的军队。平南王尚可喜和靖南王耿继茂、耿精忠父子（康熙十年，耿继茂去世，由长子耿精忠袭爵）各握有八旗汉军十五佐领，绿营兵六七千人，总计各掌握军队万余人。吴三桂实力更大，他一人握有八旗汉军五十三佐领，绿营兵一万二千人，还有援剿四镇，总计丁口十万。康熙初年，清王朝总兵力不过五十万有余，而三藩军队竟占了十分之一。兵多，粮饷耗费自然惊人，中央政府为此背上沉重的财政包袱。以顺治十七年为例，仅云南一省俸饷支出即高达九百余万两，加上广东、福建两省，一年共需两千余万两，而中央政府财政收入只有八百七十五万两，“竭天下之正赋，不足供一省之用”。

其次，三藩可操纵地方官员的任免。三藩只要向吏部、兵部备案，就可自行任免本省文武官员。康熙二年，吴三桂上疏请求在云贵两省的督抚敕书中，加入“听王节制”四字，更是企图凌驾中央政府之上，使自己成为名副其实的土皇帝。吴三桂甚至可以向全国选派官员，称为“西选”，当时“西选之官几满天下”。

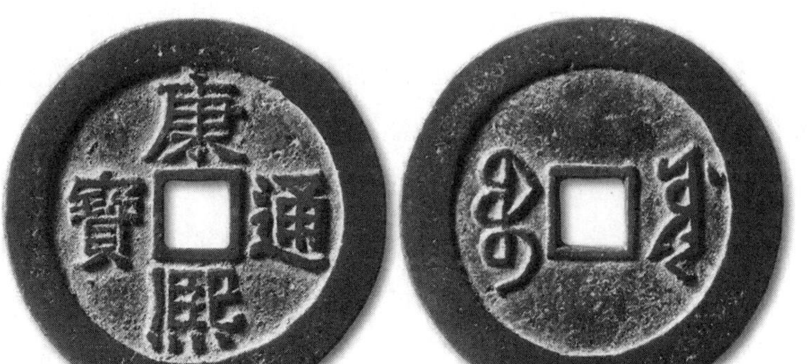

康熙通宝

再次，三藩从事非法经营活动，垄断地方财源。三藩在各省都侵占大批土地，广设藩庄，加收田赋。吴三桂鲸吞明黔国公沐氏的七百顷庄田后，仍不满足，又将云南府的卫所公田尽行圈占。尚藩在广东创办总行、总店，垄断民间商业。耿藩在福建霸占盐田，独占盐的生产和销售。尚藩、耿藩还置中央政府禁令于不顾，组织商船从事走私贸易。吴三桂敛财手段也丝毫不逊色，他把云贵两省的盐井、金银铜矿的开采统统垄断，并且私铸钱币，流通各省，号称“西钱”。

随着三藩势力的增长，他们和中央政府之间的矛盾也日益尖锐。对三藩而言，他们不但要保持自己的特权，还要进一步扩大这种特权，并使这种特权世世代代传承下去。中央政府面对三藩日益膨胀的军事、政治和经济势力，越来越感到不安。以康熙帝为代表的清朝中央政府先后采取各种措施，限制三藩势力的发展，而后在推行这些措施的基础上，正式下达了撤藩的诏令。

早在顺治年间，一部分有识之士即纷纷上疏朝廷要求收回三藩特权，对其势力加以抑制，但是这些呼声还没有引起执政者的重视。康熙初年，朝廷开始拆散吴三桂党羽，削弱其实力，先后把云贵总督赵廷臣调任浙江总督，把张勇调任甘肃提督，王辅臣调陕西提督，马宁调山东提督，李本深调贵州提督，吴得功调湖广提督，严自明调广东提督，王进功调福建提督，刘进忠调潮州总兵。康熙六年，左都御史王熙又奏请裁减三藩军饷，“省饷额百余万”。

裁兵减饷的目的是削弱其军权，更是限制藩王的权势。康熙二年，随着西南的平定，清廷示意吴三桂缴还大将军印。从康熙五六年起，吴三桂上报吏部、兵部拟增补的官员，清廷大多不予批准，以解除吴三桂“西选”的特权。康熙六年五月，吴三桂以目疾为由，上疏朝廷请求辞去总管云贵两省事务。吴三桂想以此试探朝廷的态度，并且解除朝廷对他的疑虑。亲政伊始的康熙帝，早将三藩同河务、漕运列为三件大事，“夙夜廑念，曾书而悬之宫中柱上”，接奏后毫不迟疑，当即御批同意。至此，吴三桂总管云贵两省的权力被清政府收回。这一打击非同小可，吴三桂仅剩下高贵的亲王名号，内心怏怏不快，对朝廷更加不满了。

在剥夺吴三桂总管云贵事务的权力后，康熙为了安抚他，于康熙七年正月，将其子和硕额驸吴应熊提升为少傅兼太子太傅。同时，康熙帝还提升耿继茂的儿子耿聚忠、耿昭忠及尚可喜的儿子尚之隆为太子少师，以图拉拢和安抚三藩。这种软硬兼施的政策产生了一定的效果。康熙十一年，吴三桂六十大寿，吴应熊携妻子和儿子，一同赴昆明祝寿。吴三桂十分高兴，对部属方光琛等说："可见朝廷不疑我，汝辈其慎之。"

吴三桂和中央政府之间的关系虽然一度有所改善，但要朝廷彻底消除对吴三桂等三藩的疑忌则是不可能的。三藩之变前夕，原南明弘光政权的官员查如龙，向吴三桂献血书，煽动他叛清。虽然查如龙被吴三桂解送进京，凌迟处死，而且此事与吴三桂也没有关系，却让朝廷感到三藩是清朝统治的隐患。这样，三藩之撤已如箭在弦，势在必行。

康熙十二年二月，尚可喜上疏朝廷，请求归老辽东，由其长子尚之信留镇广州，承袭平南王爵。这对久思撤藩的康熙帝来说不啻天赐良机。康熙帝决心抓住这一难得的机会，顺水推舟，拉开撤藩的序幕。他果断地给尚可喜下达了撤藩谕旨，把尚的功劳夸奖了一通，批准他回辽东养老，但不同意让尚之信留镇袭爵。一句话，就是要走可以，必须全藩撤回。尚可喜表示服从朝廷的安排，"拜命之后，即缮书称谢，遂陆续题报起程日期、家口、马匹数目"，并着手迁移事宜。

吴三桂、耿精忠获知尚藩被撤的消息，颇为惶恐。他们根本没有撤藩的思想准备，尚藩之撤，对他们无异于当头一棒。吴应熊探知朝廷在讨论撤销尚藩，迅速派人去昆明告知吴三桂，劝其父效法尚藩，以图自保。

吴三桂与幕僚商量以后，令谋士刘玄初起草辞藩疏，但刘认为朝廷早想撤藩，一旦吴三桂主动提出，康熙帝马上会借此顺水推舟，将吴调离云南，故此万万不可。而吴三桂却错误地估计了形势，仍然陶醉在自己的功劳簿上，骄横地说："予疏即上，上必不敢调予，具疏所以释其疑也。"康熙十二年七月初三日，吴三桂上疏康熙帝，自请撤藩。七月初九日，承爵才两年的靖南王耿精忠迫于形势，也上疏请求撤藩。几天之内，连续收到吴三桂、耿精忠的撤藩奏疏，对康熙帝来说正是求之不得，他当即做出同意撤藩的御批，并且诏令议政王大臣等会同户、兵二部详加讨论，落实撤藩的具体问题。议政王大臣会议一致同意撤回耿藩，但对是否撤回吴藩，出现了两种针锋相对的意见。户部尚书米思翰、刑部尚书莫洛和兵部尚书明珠等少数官员主张将吴藩将士家口全部迁移，在山海关外酌量安插；为保持云南的安定，建议暂遣满洲官兵戍守，等满洲官兵抵达云南后，吴藩就起程。而以内弘文院大学士图海、索额图为首的多数官员则认为，吴三桂镇守云南以来，边疆安宁，况且派遣满洲官兵接替防守，一撤一遣，对沿途百姓是不小的负担，权衡利弊，还是以保留吴藩为妥。两种意见各持一端，相持不下，最后只好上奏康熙帝，由他裁决。

年轻的康熙帝已经经历了同鳌拜斗争的洗礼，变得果敢而富有经验。他熟谙中国历史，深知藩镇割据对国家统一的危害，三藩蓄谋已久，不早撤，必将养痈成患。他对大臣们说："今日撤亦反，不撤亦反，不若早发。"于是，康熙帝正式下旨，宣布三藩并撤。

八月，康熙帝分别派遣礼部右侍郎折尔肯、翰林学士傅达礼去云南，户部尚书梁清标赴广东，吏部右侍郎陈一炳往福建，会同督抚、提督办理撤藩事宜。康熙帝还专门给吴三桂拟了一道手诏，其中有言："王夙笃忠贞，克摅猷略，宣劳勠力，镇守岩疆，释朕南顾之忧，厥功懋焉。但念王年齿已高，师徒暴露，久驻遐荒，眷怀良切。近以地方底定，故允王所请，搬移安插。"

九月，撤藩诏旨送到云南。吴三桂本想挟云南，要旨慰留，冀得世守藩封，如明朝的沐氏般永镇滇中，可万万没有想到康熙帝竟会如此不留情面，特别是利用他的上奏顺势而就，这使他追悔莫及，愤愤不已。撤藩，使他从权力的顶峰跌落下来，这是他无论如何不能接受的。自从进入云南之日起，他便将这块土地视为自己的家园，苦心经营了十几年，他怎肯轻易抛却？眼看大树要倒，倚之庇荫的吴三桂党羽纷纷劝他举事，皆谓王爷功高不酬，反欲夺滇，是朝廷不义。谋士方光琛最先煽动说："王欲不失富家翁乎？一居笼中，烹饪由人矣！"他的侄儿、女婿向他进言："王威望、兵势举世第一，戎衣一举，天下震动。只要把世子、世孙（世子指吴应熊，世孙指吴世霖）想办法从北京接回来，可与清朝划地讲和，这就是汉高祖'分羹之计'也。如果迁于辽东，他日朝廷吹毛求疵，我们只能引颈受戮！不如举兵，父子可保全！"吴三桂也不甘心坐以待毙，于是派心腹李恕、张镳赴京召回儿子吴应熊。但吴应熊不想跟从父亲造反，不愿返回云南。李恕等人只能秘密将吴应熊的庶子吴世璠带回云南。吴世璠安然返回昆明，吴三桂稍得欣慰，于是，开始积极策划谋反之事。

为了给朝廷撤藩设置障碍，九月初七日，折尔肯一行刚刚抵达昆明的归化寺，吴三桂就暗中鼓动一些人向他们请愿，要求留吴三桂在云南。折尔肯大怒：吴王自请移家，你们谁敢说保留。他命有司逮捕为首的人。这一活动失败后，吴三桂又对撤藩采取拖延态度。表面上，吴三桂招待折尔肯、傅达礼很周到，但折尔肯同他商量全藩起程日期，吴三桂就以各种借口敷衍搪塞，有意拖延。此时康熙帝早已派大臣为其在辽东准备好了安置地，并委派户部郎中席兰泰、兵部郎中党务礼等前往贵州，负责办理吴藩搬迁时所需夫役、船只、人马和粮草。十一月初四日，吴三桂又上疏恳请增拨地亩，康熙帝立即准奏。这样，吴三桂黔驴技穷，只好假意向折尔肯、傅达礼表示，预定于十一月二十四日全藩起程北迁，以之迷惑朝廷。与此同时，吴三桂加紧进行叛乱的准备。他对全国形势作了一番分析，在他看来，清朝开国名将多半去世，无人与他匹敌。而他自己“才武不世出，地险财富，所属亲军与各营统兵诸将、健卒，皆百战之余，素得其死力，即他直省平日所植党，兵起，当无不从命”。出于这一估计，吴三桂与他的心腹吴应麒、吴国贵、高大节及女婿夏国相、胡国柱等商讨谋反方案。有人提出在搬迁途中起兵：“至中原，据腹心，以制指臂，长驱北向，可以逞志。”但吴三桂认为失去云南这个根本，一旦起事不顺利，将进退失据，前途难料，于是加以否决。更多的人主张在云南就地起兵，虽然从云南打往北京，需要经过艰苦的作战，但根本稳固，无后顾之忧，较为稳妥。吴三桂遂加以采纳。大计已定，吴三桂遂密令云贵各要塞心腹将领，严守关口，封锁消息。

在吴三桂紧锣密鼓的谋划中，时间一天天过去，虽然吴三桂定了搬迁日子，但并未见其有搬迁的举动，钦差大臣折尔肯、傅达礼十分着急。十一月十五日，两位钦差会同云南巡抚朱国治拜谒吴三桂，吴三桂照例摆出一桌丰盛酒宴款待，却闭口不提搬迁之事。朱国治忍不住试探地问：“三大人候久，王若无意，三大人自去候旨。”刚才还是笑容可掬的吴三桂，听了这话，勃然大怒，指着朱国治骂道：“吾挈天下以与人，只此云南是吾自己血挣，今汝贪污小奴，不容我住耶?”“云南是吾自己血挣”，一语道出吴三桂的心思，积久以来的怨气终于爆发。自此，他和钦差大臣的关系势同水火。折尔肯与傅达礼商量，决定由傅达礼回京复命，但他走出百里便被守军截住，只得返回。形势一天天紧迫，吴三桂谋反，如箭在弦，一触即发。

康熙十二年十一月二十一日凌晨，平西王吴三桂召集亲信将领和昆明文武官员去王府开会，公开宣布起兵反清，杀死了巡抚朱国治，囚禁了包括钦差大臣折尔肯、傅达礼在内的一批不从命的官员。吴三桂自称“天下都招讨兵马大元帅”，建国号为“周”，以翌年为周元年。接着，带着大队人马来到昆明城郊的篦子坡。哭祭永历帝的墓，誓师北伐。颇具讽刺意味的是，十二年前正是这位平西王发兵从缅甸人手中俘虏了永历帝，也是他下令将永历帝缢死于篦子坡。可如今，当平西王的藩封将被清廷撤除时，吴三桂摇身一变，竟成了忠心耿耿的明朝遗臣、反清复明的坚贞斗士。

誓师北伐之前，吴三桂又命手下精心炮制一篇《反清檄文》，把自己打扮成“仗义兴师，勤王讨贼”的英雄，自我吹嘘，自我标榜。又编造“寄命托孤”哺育朱三太子的弥天大谎，以欺骗视听，掩盖其反清的真正目的。吴三桂印制大量的《反清檄文》，派人分送各地。同时，亲自致书平南王尚可喜、靖南王耿精忠，约他们共同起兵，并向贵州、四川、湖南、陕西等省他的旧部去信，鼓动他们起兵呼应。

十二月初一日，吴三桂发兵北伐，以吴国贵、夏国相为前驱，兵锋直指贵州。

康熙帝自派出钦差后，一直密切注视事态的发展。派往贵州为吴三桂搬迁置办粮草、船只的萨穆哈、党务礼获知吴三桂起兵，设法躲过吴三桂的封锁，疾驰十一昼夜，于十二月二十一日回京告变。吴三桂叛清的消息，顿时震动了朝野。

康熙帝紧急召议政王大臣等会议，商讨对策。原先对是否撤吴藩，朝臣就有两派，现在又发生了新的争执。反对撤藩者把吴三桂叛乱归咎于主撤者，大学士索额图力主将前“议三藩当迁者，皆宜正以国法”。敢作敢为、英明果断的康熙帝断然否决了索额图的意见，自己承担了全部责任，他说：“此出自朕意，他人何罪?”他又说：“朕自少时，以三藩势焰日炽，不可不撤，岂因吴三桂反叛遂诿过于人耶?”他不想像汉景帝那样诛晁错，推诿过失，而是竭力保护主张撤藩的大臣，不断表明他已做好平乱的心理准备。

在朝廷商讨对策之时，吴三桂兵锋已直指贵州。总督甘文焜在贵阳闻讯，欲拒守抵抗，而督标将兵早被吴三桂收买，反挟总督从叛。甘文焜自度不支，东奔镇远，企图召湖广兵扼守险隘，使之不出贵州。但镇远知府张维坚、副将姜义已接到吴三桂的书信而响应，甘文焜走投无路，自缢于吉祥寺前。十二月二十八日，吴三桂驰至贵阳，提督李本深献城投降。吴三桂兵不血刃，轻取贵阳，贵州旋踵而下。吴三桂任命李本深为贵州总管大将军。

面对吴三桂咄咄逼人的攻势，康熙帝立即从军事、政治等各方面做出周密部署，反击吴三桂的叛乱。

广西与贵州相邻，康熙帝授已故定南王孔有德女婿孙延龄为抚蛮将军，线国安为都统，命他们固守自卫，防止吴三桂向广西进攻。同时，针对四川的危急状况，他诏令西安将军瓦尔喀率全部骑兵，星夜赶赴四川，坚守由滇入川的险路隘口。接着康熙帝又命都统赫业为安西将军，护军统领胡礼布为副将军，率署前锋统领穆占、副都统颜布等随同瓦尔喀由汉中入川。

康熙帝再命前锋统领硕岱率精锐保守荆州，以固军民之心。同时，康熙帝任命多罗顺承郡王勒尔锦为宁南靖寇大将军，率兵增援。以多罗贝勒察尼、都统觉罗朱满等八人参赞军务，都统范达礼、王国诏，副都统鲁西巴图鲁等十四员大将同往。荆州自古以来是兵家必争之地，康熙帝派重兵据江固守，以遏制叛军北进之路，是稳定战局的重大决策。

又以山东兖州地近江南、江西、湖广，山西太原地近陕西、四川，均属交通要道，康熙帝诏令副都统马哈达统兵进驻兖州，扩尔坤领兵驻太原，“秣马以待，所在有警，便即时调遣”。又在距潼关、郧襄皆近的河南府设立中转站，命副都统塞格率兵驻守，“所在有警，俱可策应”。对各地驻军的增援区间，预先做好统筹安排。如湖北告急，则安庆出兵支援，河南兵移驻安庆，再调他兵驻守河南。如四川告急，则西安出兵支援，太原兵移驻西安，再调他兵驻守西安。如福建告急，则江宁、江西兵支援，兖州兵移驻江宁，再调他兵驻守兖州。

为准确及时掌握前方战况，康熙帝诏令兵部创设专门的情报通信机构。每隔四百里设置一站，昼夜不停地传送战报和康熙帝的诏令。这套情报输送系统的效率极高，从陇西至京师往返只要九天，荆州、西安五天，浙江四天。每天，康熙帝收到前线战报三四百份，对前方将士勇怯、吴军动向了如指掌。吴三桂听说以后，大为沮丧，哀叹道："休矣，未可与争也。"

在调兵遣将，布置兵力的同时，康熙帝也采取政治攻势，尽力孤立和瓦解吴三桂军事集团。首先，他当机立断下令停撤平南、靖南两藩，召回前往广东、福建办理撤藩的钦差大臣梁清标、陈一炳。并亲自给尚可喜、耿精忠每人一道手谕，加以安抚。其次，对现任直隶各省原吴三桂属下文武官进行安抚，概不株连治罪，使其安心职守。再次，将吴应熊暂行拘禁，以防其内外勾结，泄露军情。并在康熙十二年十二月二十六日下达讨吴诏书，通告全国。诏书揭露："吴三桂径行反叛，背累朝豢养之恩，逞一旦鸱张之势，横行凶逆，涂炭生灵。理法难容，神人共愤。"宣布剥夺吴三桂平西王王爵，并且号召叛军"即或误从贼党，但能悔罪归诚，悉赦以往，不复究治……其有能擒斩吴三桂头，献军前者，即以其爵爵之；有能诛缚其下渠魁，及兵马城池，归命自效者，论功从优叙录"。此诏一出，无异于宣判了吴三桂的死刑。这样，在康熙帝的亲自领导下，打响了平定"三藩之乱"的战斗。

康熙十三年正月，吴三桂正式称周王，废弃康熙年号，改元利用，同时自铸钱币，名曰"利用通宝"，废除康熙铜钱。尽管他在《反清檄文》中宣称奉朱三太子起事，但此时，他将这些谎言也抛到了脑后。他的这种做法，引起了不少明末遗民的不满，以至于不少原来对他寄予希望的遗民先后离他而去。到了湖南，吴三桂聘原明朝少卿李长祥为顾问，问及反清方略，李长祥劝他："亟改大明名号以收拾民心，立思宗（崇祯皇帝）后裔以鼓舞忠义。"方光琛和胡国柱两人坚决反对，吴三桂遂不采纳，李长祥见状，不辞而去。不久，吴三桂听说昔日的故友谢四新在安徽徽州，便派人潜往徽州延聘。谢四新是当时的一位名士，在辽东时就为吴三桂所仰慕，两人还有一段交情。谁知，这一回谢四新不但不领吴三桂的盛情，反而作了一首语词辛辣的诗回复他。诗中写道：

李陵心事久风尘，三十年来讵卧薪。
复楚未能先覆楚，帝秦何必又亡秦。
丹心已为红颜改，青史难宽白发人。
永夜角声应不寐，那堪思子又思亲。

这入木三分的讽刺，使吴三桂无地自容，气得他大骂谢四新是“薄福小人”。

由于吴三桂反叛蓄谋已久，因而叛乱之初，一度在军事上颇为得心应手。康熙十二年十二月，叛军轻取贵州以后，马不停蹄，分兵两路，东路以马宝和吴国贵为先锋，吴三桂亲自殿后，进军湖南；西路由王屏藩率领，进攻四川。东路吴军进军神速，所向披靡，相继攻陷沅江、常德、澧州、衡州，然后挥师直逼长沙。偏沅巡抚卢震早已逃亡，副将黄正卿、参将陈武衡将城池献给吴军，投降了吴三桂。常德、长沙“扼湖湘之险，当水陆之冲”，两城相继失陷，湖南形势陡转。不久，辰州又落入吴三桂之手。康熙十三年三月初，吴应麒与胡国柱水陆大军齐进，直逼湘北重镇岳州。守城参将李国栋“私行纳款”，把岳州献给了吴军。这样，在短短的三个月时间里，吴三桂连陷湖南重镇，各地守将或奔或降，湖南全境遂落入吴三桂之手。吴军在湖南节节胜利，湖北的一些将领也纷纷起兵响应。三月十五日，襄阳总兵杨来嘉在谷城宣布起兵。十九日，郧阳副将洪福在郧阳反叛。而四川的情况更加糟糕。王屏藩率军刚进四川，四川提督郑蛟麟与川北总兵官谭弘便合谋响应，几乎与此同时，四川巡抚罗森、总兵官吴之茂也叛降吴三桂。康熙帝派往四川的各路大军还未完全到达，四川已全部纳入吴三桂的控制之下。吴三桂封谭弘为川北将军，郑蛟麟为总督将军，命令他们一出汉中，一下夔州。陕西、湖北两省都处在危机之中。

吴三桂起兵之初，即曾致书耿精忠、尚可喜和广西将军孙延龄，煽动他们一同起兵，反叛清朝。在他看来，撤藩侵犯了三藩的共同利益，他深信其他各藩也会像他一样采取行动。果不其然，康熙十三年二月十七日，孙延龄首先揭起叛旗，随后，三月十五日，耿精忠也在福建起兵。只有平南王尚可喜断然拒绝，并将吴三桂的来使连同“逆书”一同解往北京。但是不过一年多，康熙十五年二月，他的儿子尚之信起兵作乱。二藩及广西反叛，使得叛乱进一步扩大到南方绝大多数省份。

获知孙延龄和耿精忠反叛的消息，康熙帝颇为震惊，当即下诏声讨两人的罪行，剥夺孙延龄的将军职衔和耿精忠的王爵，并出兵征讨。康熙帝诏令平南王尚可喜、两广总督金广祖与广西提督马雄共同征剿孙延龄。但粤兵未至，广西已经全部沦陷。与此同时，又委命康亲王杰书为奉命大将军，率师讨伐耿精忠，调定南将军希尔根统兵由江西、平南将军赖塔由浙江、平寇将军根特巴图鲁由广东三路进剿福建。为了各个击破，康熙帝又把耿精忠与吴三桂区别对待，征剿同时派使臣周襄绪、陈嘉猷前往招抚，对于耿精忠“在京诸弟，照旧宽容，所属官兵并未加罪”。

闽、桂皆叛，湖南又是吴三桂的军队，尚可喜居于广东，三面受敌，形势十分危急。此时尚可喜年过古稀，体弱多病，已经没有精力处理紧急军务。他对嗜酒如命、残暴少恩的长子尚之信很不放心，不想把王位传给他。四月，他接受谋士金光的建议，向康熙帝奏请由次子尚之孝袭爵。本来撤藩首先是从尚藩开始的，而这次康熙帝马上表示同意。康熙帝深知，现在形势危急，最重要的是笼络住人心，调动各方面的力量，以对付叛军。康熙帝批准了尚可喜的奏请，使他对清廷更加忠心耿耿。

就在尚可喜准备把王爵移交给尚之孝的时候，广东潮州总兵刘进忠与耿精忠勾结，于康熙十三年四月二十日公开叛乱，自此广东也燃起了叛乱的战火。尚可喜一面将刘进忠叛乱的消息报告朝廷，一面派其子尚之孝、尚之节统兵讨伐刘进忠。康熙帝为表彰尚可喜对朝廷的忠心，于康熙十四年特赐进爵亲王，同时加封尚之孝为大将军，并指定由尚之孝承袭亲王爵。对于朝廷的礼遇，尚氏父子当然极为感激，竭尽所能遏制广东叛军的势力，但是广东的形势日益恶化。台湾郑经派大将刘国轩率众万余人，与刘进忠联合，从东面向广州步步进逼。叛将高州总兵官祖泽清，与吴三桂派来的广西叛将马雄、董重民一道从西面威胁广州。尚军抵挡不住，节节败退，至康熙十四年底，叛军将广州团团包围，广州岌岌可危。吴三桂乘尚军连连败退，而清朝援军尚未到达之际，派人游说尚之信，以答应封其为王、世镇广东为诱饵，鼓动尚之信反叛。康熙十五年二月二十一日，尚之信发动政变，囚禁其父尚可喜，公开倒向吴三桂。

这样，吴三桂起兵仅三个月，便已占有滇、黔、蜀、湘四省，不久，桂、闽、粤等省又相继叛清，长江以南狼烟四起。恰在此时，京畿地区也连续发生了几起反清事件，严重威胁着清朝中央政府的安定，康熙帝不得不采取措施，稳定京畿和大后方的形势。

康熙十二年十二月，吴三桂叛乱的消息传入北京，即在京畿一带引起强烈震动。而后，由于八旗劲旅先后奉调南下，京城空虚。利用这一时机，有一位名叫杨起隆的人，组织了一千多旗下奴仆、佃户和下层市民，他们相约以额前都裹白布、身扎红带为标记，定于康熙十三年元旦之日，以放火为号，在京师内城一起举事。就在他们即将举事之时，消息走漏。康熙十二年十二月二十二日，图海、祖永烈亲自带兵前去擒拿。经过一场短暂的格斗，拿获了案犯三十余人。接着，又下令关闭城门，搜捕起义人员。杨起隆闻风而逃，不久也被拿获，被处以死刑。一场变故就这样迅速地平定下去了。康熙帝为稳定人心，集中力量对付吴三桂的叛乱，对被捕的起义人员采取从宽处理的原则，从而使京城很快安定下来。

杨起隆叛乱刚平定下去，康熙十三年四月初，侍卫关保密报河北总兵官蔡禄密谋叛乱，以响应吴三桂。河北毗邻京畿，一旦举事，必将危及京师。康熙帝当即派遣内大臣阿密达领护军速赴蔡禄防地怀庆，以察其情，并授其全权处理。这样，在蔡禄还未将士卒鼓动起来之际，阿密达已率部迅速包围了他的衙署。蔡禄令部下施放箭矢，并发火炮，企图负隅顽抗。阿密达指挥若定，率部冲进衙署，将蔡禄父子一举擒获。四月二十四日，蔡禄父子被押解北京，一场叛乱又被扑灭于萌芽之中。

事过不久，长城脚下忽然传来警报，康熙十四年三月，蒙古察哈尔亲王布尔尼兴兵作乱，前锋直逼张家口。察哈尔系京畿近邻，布尔尼叛乱对京师构成严重威胁。因为京师的军队几乎全部南下，已无兵可派，康熙帝十分忧虑。这时，康熙帝祖母孝庄太皇太后提议“图海才略出众，可当其责”。康熙帝立命多罗信郡王鄂札为抚远大将军，图海为副将军，率师征讨布尔尼。图海临危受命，出一奇策，把八旗家奴武装起来，组织了一支战斗力颇强的“家奴军队”。四月二十二日，图海率军与布尔尼在达禄交战。布尔尼在山谷间布置伏兵，列阵以待。鄂札与图海率家奴分头进击，冒着布尔尼的炮火，奋勇向前，冲乱了布尔尼的阵脚。布尔尼的部属都统晋津阵前倒戈，反攻布尔尼，布尔尼大败而逃。与此同时，科尔沁和硕额驸沙津也率兵来援，将布尔尼及其弟罗不藏全都杀死。五月，奏捷于朝廷。布尔尼叛乱的平定，使得京畿和大后方的形势进一步稳定下来。因而尽管此后一段时期内整个形势依然十分严峻，但是由于大后方的稳定，国家中枢机器照常运转，从而为最终平定“三藩之乱”奠定了重要基础。

二 艰难相持 剪敌两翼

康熙十三年三四月间，吴三桂攻占湖南，兵锋直抵长江南岸。同时，还向全国各地“散布伪札，煽惑人心”。在他的煽动下，不到一年时间，孙延龄、耿精忠、王辅臣相继反叛。一年以后，布尔尼又叛于蒙古察哈尔部，尚之信反于广东。叛乱的烽火燃遍全国，形势对吴三桂极为有利。此时，清兵还处于紧张调动之中，假如当时吴三桂渡江北上，一鼓作气向北京进军，清廷肯定穷于应付，前景就难以预料。吴三桂却驻足于长江南岸，企图划江而治，致使清军从容部署，出现了数年相持的局面。

攻下常德后，吴三桂就将被扣的钦差大臣折尔肯、傅达礼放还，通过他们向康熙帝提出与清朝政权划江而治。同时，他又游说西藏达赖喇嘛，要他从中斡旋，达赖喇嘛遂向康熙帝奏言：“若吴三桂力穷，乞免其死罪；万一鸱张，莫若裂土罢兵。”为了静候清廷的回音，吴三桂驻军长江南岸的湖北松滋，三月不动兵。对此，他的部属十分担忧，纷纷要求北进。谋士刘玄初将吴军与清军的强弱形势作了一番对比，特别提醒吴三桂：如今云南一隅之地，比不上东南一郡，朝廷调集吴越的财富、山陕的勇士，奔赴荆襄江汉之地，而王爷却停止军事行动，企图与朝廷作持久战，岂不像弱者与强者拼后劲，贫者与富者斗财富吗？吴军的前景是很不乐观的，但是吴三桂自有他的如意算盘。在他看来，康熙帝毕竟不过是二十几岁的年轻皇帝，未经战事，没有经验，现在吴军大兵压境，康熙帝难道不考虑一下他的“裂土罢兵”的建议吗？

接到由折尔肯、傅达礼带回的吴三桂的奏章，康熙帝不禁怒火中烧，他本来还期待吴三桂“悔过自新，束身待罪”，对被拘禁的吴三桂长子吴应熊“未忍加诛”，但读完吴三桂的奏章，见其“语词乖戾，妄行乞请”，“诸大臣咸以吴三桂怙恶不悛，其子孙即宜弃市，义难宽缓”。此时，恰好杨起隆叛乱刚被镇压，吴应熊终究是一个隐患，康熙帝就诏令处死了吴应熊、吴世霖父子，还毁掉了吴三桂在关外的祖坟。对于达赖喇嘛的请求，也予驳斥：“三桂乃明时微弁，父死流贼，摇尾乞降。世祖章皇帝优擢封王，其子尚公主，朕又宠加亲王，所受恩典，不但越绝朝臣，盖自古所罕有！吴三桂负此殊恩，构衅残民，天人共愤。朕乃天下人民之主，岂容裂土罢兵！但果悔罪来归，亦当待以不死。”康熙帝将吴三桂视为不共戴天的仇敌，杀掉吴应熊父子，断了吴三桂的后路。

获知其子被杀的当天，吴三桂正在饮酒，一听到此消息，登时脸色大变，双手发抖，酒杯从手中滑下来，掉在地上摔个粉碎。晚年丧子使他也尝到切肤之痛，他老泪纵横，长叹一声，说：“今日真是骑虎难下啊!”他原想康熙帝会顾及其子与清廷的关系而不致伤害，可如今子孙都赴了黄泉，他似乎有些后悔，但已成骑虎之势，只好拼个鱼死网破。吴三桂几个月驻足不前，给了清政府以充分调动兵力的时间，康熙帝调动的各路大军已抢占了江北要塞，堵住吴军北上的通道。

既然清朝大军抢占了江北要塞，吴三桂想强渡长江，北图中原就颇为困难。于是吴三桂就派大军转攻两翼，一路由四川直奔陕西，一路由长沙东攻江西。同时，在长江南岸以岳州为中心构筑防御体系，扼制清兵南下的势头。岳州位于洞庭湖畔、长江南岸，是长江中游的水陆要冲和湖南的门户。固守岳州，既可截断长江水路交通，又可以确保湖南的安全，所以吴三桂派骁勇善战的心腹将领吴应麒把守。又在澧州、石首、华容、松滋等处屯驻重兵，与岳州呈掎角之势。

从长沙东进江西的吴军，力图打通与福建耿精忠会合的通路。吴三桂女婿夏国相率军先后攻陷袁州、萍乡、安福、上高等地，在江西一路连下三十余城。康熙帝很着急，诏命安亲王岳乐为定远大将军，统兵入江西。岳乐系清太祖努尔哈赤之孙，饶余亲王阿巴泰的第四子，曾跟从豪格出征张献忠，屡立战功，后袭父爵，有勇有谋。他率师出征，抵达南昌后，陆续收复了安福、都昌、上高、新昌、抚州、余干、东乡诸地，江西一路报捷。此时湖南仍是吴军堡垒，康熙帝诏命岳乐率师从江西攻湖南。岳乐认为："江西为广东咽喉，当江南、湖广之冲，今三十余城皆陷"，吴三桂又于醴陵建造木城，增调总兵十余人，兵七万，并有"猓猓兵"三千，固守萍乡等处，"若撤抚州、饶州、都昌诸路防兵尽赴湖南，则诸路复为贼有"。他希望等完全平定江西后再挥师湖南。康熙帝采纳了他的建议。岳乐又乘势收复了广信、饶州、景德镇、浮梁、乐平、泰和、庐陵、永新等地，且分兵抵御自福建入江西的耿精忠部。不久，岳乐督师围攻萍乡，夏国相率部死守，清兵久攻不下，双方僵持，进入胶着状态。

康熙十三年底，王辅臣叛于宁羌。吴三桂西进之师马上进攻陕西，企图与王辅臣会合，共同北进，逼近北京。为了配合西北战场的攻势，吴三桂自常德赴松滋，亲自部署和指挥作战，他调来了大批战船，分布虎渡河上游，截住荆州清军的咽喉。吴三桂扬言要决堤灌荆州，致使荆州清军人心惶惶。清军严防荆州，以防万一。但吴三桂的真正意图是用声东击西之计，吸引荆州清军的注意，使之不敢轻举妄动。他在暗中却分出岳州的部分精锐，会同叛将杨来嘉、洪福等进入湖北的谷城、郧阳、均州、南漳等地，以打通西北的通道，联络王辅臣。但是，这一行动遭到清军有力的阻击，清军统帅勒尔锦令贝勒察尼等全力抗击企图北进的吴军，使得吴三桂的诡计未能得逞。而从四川入陕西的吴之茂、王屏藩也进展缓慢，未能与王辅臣会合。

但荆州的压力丝毫未减。吴三桂久驻松滋，从各地增援兵力，致使镇守荆州的多罗顺承郡王勒尔锦频频向康熙帝告急。吴军主力源源不断地西调，岳州、长沙一带的防守出现了漏洞。安远靖逆大将军贝勒尚善向康熙帝上奏，建议清军同时向岳州、长沙发起攻击，以撕破吴军的防线。

康熙十五年，岳乐率师攻克萍乡，做好进攻长沙的准备。应岳乐的请求，康熙帝拨调南怀仁督造的二十门大炮以及七十艘战船，加强清军的战斗力，又命提督赵国祚统领绿营兵三千，屯垦都督陈平率部两千，随同岳乐出征。康熙帝把夺取长沙看作是夺取湖南的第一大战役，他诏令荆州、岳州地区的清军将领紧密配合，相机夺取岳州。

康熙十五年三月初一日，岳乐率师进逼长沙。吴三桂闻讯，忙率诸将从松滋增援。岳乐军在长沙东面的官山背后扎营，吴三桂在城西岳麓山下扎营，双方总兵力超过二十万，营垒绵延数十里。岳乐分遣十九路兵马，从城北铁佛寺至城西南布阵，吴三桂见状也派十九路兵迎战。吴军猛将王绪首先率部冲进清军阵营，清军迅速将王绪部包围起来。城上观战的吴军见王绪所部偃旗息鼓，以为全军覆没，大惊失色。忽然，他们听见喊声大作，枪声急如战鼓，清兵纷纷落马。众人正在狐疑之际，王绪已率军杀出重围，获胜而回。吴三桂侄儿吴应贵和女婿夏国相统领的一路吴军，却遭遇清军的迎头痛击，搏战当中吴应贵被流矢射中，穿透了两腮，堕马落地，多亏夏国相拼死苦战，才将他救回。清军乘胜追击，至长沙城下为象阵阻挡。战斗持续到中午，双方仍杀得难解难分。恰在此时，天降大雨，双方只好鸣金收兵。是役吴三桂三路获胜，其余杀伤相当，但其大将吴应贵伤重而死，吴三桂大为沮丧，转而入城自守。岳乐遂扎营掘壕，与吴军对峙。

在岳乐进攻长沙之时，三月初九日，大将军多罗贝勒尚善率水陆大军向岳州发起进攻。吴三桂的水军拥船数百只，横列君山等处迎战。尚善指挥清军英勇作战，击败君山的守军，将战略位置极为险要的君山抢占，击退增援的吴军，获吴水师船五十只。十八日，多罗顺承郡王勒尔锦率清兵数万从文村渡过长江，在石首虎渡口焚毁吴军营盘，水师直逼太平街。二十七日，又在太平街击败吴军。此时，因为吴军皆调援长沙，岳州一带兵力单薄，故清军连连得手。但清军渡江后，迁延不进，给吴军以喘息之机。吴军很快从松滋增援岳州，向来胆怯的勒尔锦不思迎战，急忙从太平街撤走，又以天热酷暑难耐为由，率部退保荆州。尚善水师也未能切断吴军饷道，不得不退回原先的阵地，岳州之围很快解除了，清军丧失了一次很好的机会。此后，在湖南战场上，清军与吴军就在长沙、岳州相持。

除湖南战场外，还有以王屏藩、王辅臣占据的四川与陕西、甘肃大部分地区为右翼的西部战场，以耿精忠占据的福建，攻取浙江、江西为左翼的东部战场。鉴于湖南战场相持不下的局面，康熙帝不断调兵遣将，在一个时期内，把主要精力用于平定西部和东部战场的叛乱。

吴三桂占据四川以后，一直企图北上陕甘，形成南北夹击清军之势。当时镇守平凉的陕西提督王辅臣和镇守甘州的甘肃提督张勇都是吴三桂的旧部，他派人去游说王辅臣和张勇起兵叛清，却遭到两人的拒绝。

虽然王辅臣和张勇上疏清廷表示忠诚，却不能完全打消康熙帝对西北地区汉族将领的疑虑。而且西北地域辽阔，战略位置重要，直接影响清朝后方的稳定。经过慎重考虑，康熙帝决定派刑部尚书莫洛前往陕西，负责西北战场的军政事务。为此，他特加莫洛为武英殿大学士，仍以吏部尚书兼管兵部尚书事，兼任陕西经略，“假以便宜，相机行事”，吏兵两部不得掣肘。

当时湖南、四川都已落入吴三桂之手，康熙帝命王辅臣跟随勒尔锦征讨湖南，后莫洛上疏请王辅臣仍驻平凉，随大军一同进川。王辅臣似乎也明白康熙帝的意图，是要将他调离平凉，以免生乱。为了消除康熙帝对他的猜忌，王辅臣上疏请求进京叩见康熙帝，“密陈韬略”。大敌当前，康熙帝“以边疆正资弹压”，谕告他叛乱平定之后再来京师。王辅臣又上疏说对湖南地形很熟悉，请往湖南征战。但康熙帝先已批准了莫洛的奏疏，决定还是让王辅臣坚守平凉，与莫洛同攻四川。两次奏请都未得批准，王辅臣心中有些不快。对于莫洛经略陕西，凌驾于其上，他也颇不痛快。他从平凉前往西安，向莫洛陈述用兵方略，但莫洛反应冷淡，显出轻蔑之意，王辅臣更加怀恨在心。康熙十三年八月，王辅臣一再要求莫洛给他添兵马，但莫洛先将王辅臣所部固原官兵的好马尽行调走，后方给他两千劣马，这大大影响了王部将士的心情。经略莫洛率师进攻四川，在陕西汉中与四川保宁交界的地区受阻，四川叛军又切断了清军的饷道，驻守广元的清军断饷已一个月，形势危急。康熙十三年十二月初，莫洛率部至宁羌州，驻扎南教场，与王辅臣的后营相距只有二里左右。初四日，王辅臣的标兵突然向莫洛营地发起袭击，箭矢、炮火齐发，莫洛猝不及防，被一颗鸟枪子弹击中，当场倒地死亡。莫洛所部章京、笔帖式也大都死于乱军之中，其余标兵、运粮兵两千人都被王辅臣收降。

定西大将军董额得知王辅臣叛乱，不敢派兵征剿，忙回师汉中，同时派人飞奏康熙帝。康熙帝览奏，颇为震惊。为了招抚王辅臣，使战略位置极为重要的大西北不再燃起叛乱的战火，康熙帝迅速派王辅臣的儿子王继贞返回陕西，向王辅臣转达赦免无罪的旨意。同时又派科臣苏拜携带他的招抚谕旨前往陕西，会同总督哈占商酌，择干练人员，前往王辅臣处招抚。十二月二十三日，康熙帝又给王辅臣发出一道长篇敕谕，用老朋友的口吻情词恳切地规劝王辅臣悬崖勒马，接受朝廷的招抚。在力争招抚的同时，康熙帝还在军事上严加防备。他下令征调鄂尔多斯蒙古兵三千五百人，归化城土默特兵七百人，前往西安驻守备征。并遣驻守北京的部分八旗兵赴西安协守。奔赴西安的各支大军，部分留于西安，其余全部赴定西大将军董额军前，接应广元、保宁的清军撤回汉中。又调副都统穆舒浑及云贵总督鄂善、副都统希福率兵驰赴兴安（今陕西安康），加强战略要地的防守。

王辅臣接到康熙帝的招抚诏书，读到“名为君臣，情如父子”之句，颇为感动，但是王辅臣担心，康熙帝虽然对他表示友好，可莫洛之死，他罪责难逃，将来一旦追究，他依然逃不了惩罚。这时吴三桂听说宁羌兵变的消息，也极力拉拢王辅臣。他封王辅臣为平远大将军陕西东路总管，并赠送了二十万两白银充作兵饷。同时，指示大将王屏藩、吴之茂由汉中援助王辅臣。

吴三桂的重金利诱，促使王辅臣下决心抗拒清廷，投向吴三桂。他劝降秦州副将陈善，占据战略重地秦州（今甘肃天水），然后毁掉陕甘两省边界的凤县偏桥，截断清兵粮道，自率旧部返回平凉。陕西清军被迫从汉中撤出，王屏藩则率部攻占汉中、兴安等重镇。固原、定边、巩昌（今甘肃陇西）、阶州（今甘肃陇南）、文县、洮州、岷州、临洮等地守将相继叛变。康熙十四年二月五日，王辅臣率部进攻甘肃省城兰州，兰州游击董正己趁机据城叛乱。兰州“外控西陲，内接临、巩，为秦州要区”，此城一失，西北震动，陕甘顿时大乱。陕甘两省黄河以东地区都被叛军控制，清军只守住西安一府和邠、乾两州。

招抚失败，西北叛乱蜂起，一发不可收拾，康熙帝忧心如焚，他想驾临荆州，亲自与吴三桂决战。他对身边的大学士说：“今王辅臣兵叛，人心震动，丑类乘机窃发，亦未可定。前者各将军大臣，不遵指授，互相观望，迁延不进，以致逆贼得据大江之南，贼渠未灭，故又有此变。朕欲亲至荆州，相机调遣，速灭贼渠吴三桂，若吴三桂既灭，则所在贼党，不攻自息。”但议政王大臣等会议则认为：皇帝身系天下，而京师又是根本，故不宜轻出，只可居中运筹，从中调停。康熙帝也觉得不无道理，才打消了亲征的想法。

虽然西北叛军很猖獗，但甘肃提督张勇、总兵孙思克、西宁总兵王进宝、宁夏总兵陈福仍然效忠清廷。康熙帝决心倚重汉将平定西北之乱。康熙十四年三月，授张勇靖逆将军，并谕部臣，总兵以下皆受张勇节制，并加孙思克左都督，王进宝都督同知，陈福陕西提督。张勇指挥河西各路清军向叛军发起凌厉的攻势，先后收复安宁、金县、洮州、河州，在巩昌俘获叛军四百七十三人。康熙帝屡谕嘉奖。就在张勇逐步实施收复计划之时，康熙十四年十二月，宁夏发生兵变，陕西提督陈福被乱军杀死，张勇失去了一位助手。张勇马上退兵巩昌，为了增强实力，当即向康熙帝推荐天津总兵赵良栋，奏请将其调任宁夏提督，康熙帝即予准奏。张勇、王进宝、赵良栋、孙思克长期驻守河西，故并称“河西四汉将”。

当时，清军与吴三桂在荆州和岳州隔江对峙，闽广叛军也极为嚣张，吴三桂有意将平凉的王辅臣、东南的耿精忠、尚之信，与自己的主力联合起来，协同作战。对此，康熙帝看得很清楚，他一方面诏令清军堵住从四川方向来的吴三桂援军，另一方面加紧对陕甘叛军的剿灭。对待王辅臣，康熙帝依然采用恩威并用、剿抚结合的方针，力图尽快将其平息。他深知王辅臣是陕甘事变的关键人物，明确指出：“底定全陕，惟在速取平凉，逆贼王辅臣一日不灭，则秦省百姓一日不安。”按照康熙帝的部署，康熙十四年三月，定西大将军董额率军包围秦州，攻战近三个月，至闰五月底攻克秦州，守城叛将巴三纲逃走。与此同时，西宁总兵王进宝包围兰州，兰州为河西五郡的咽喉要地，叛军与清军展开了激烈的战斗。后来，城中粮道被断，叛军总兵赵士升于六月底投降。秦州、兰州相继被攻克，一举扭转了清军在西北战场上的颓势。张勇乘势招降巩昌叛军一万多人，先后收复延安、肤施、保安、定边等地。

在清军节节胜利之际，康熙帝第二次给王辅臣发去招降敕谕。其中有言：“平逆将军又取延安，兰州、巩昌以次底定。大兵云集，平凉灭在旦夕。”大兵交战之时，百姓多遭杀戮，“朕甚不忍，今复敕尔自新。若果输诚而来，岂惟洗涤前非，兼可勉图后效”。不久，王辅臣回复康熙帝，有意归降，但又担心朝廷将来变卦，心存疑惧，故而不敢立即投降。康熙帝认为他是“借端推诿，希冀缓兵”，诏令张勇、董额速取平凉。在康熙帝的严辞督责下，董额、毕力克图、阿密达等部于八月十五日围攻平凉。

吴三桂获知平凉被围，非常着急，马上命令四川叛军增援。王屏藩率大军进犯秦州，吴之茂率部进屯单家口等处，吴三桂又遣军数千赴平凉助王辅臣。吴军入陕甘，而围攻平凉的清军又观望不前，以致贻误战机，陕甘形势再度恶化。眼看清军的有利战机要丧失殆尽，康熙帝当机立断，马上委任大学士图海为抚远大将军，援以全权，总辖陕西满汉大军，前赴平凉，剿灭王辅臣。

康熙十五年二月，图海率领数千清军精锐，驰赴平凉，开始了围攻平凉的战斗。他首先整肃军队，鼓舞士气，分发饷银，清军士气大振。此时，从各路来的围攻平凉的清军已达十余万人，诸将勇气倍增，纷纷请命攻城。图海却不同意，他说：“仁义之师，先招怀而后攻伐。吾奉天威讨兹凶竖，无虑不克，顾念城中数十万生灵，无非朝廷赤子，遭贼劫掠至此，覆巢之下，杀戮必多。俟其向化归诚，以体圣主好生之德，不亦美乎！”图海对王辅臣很了解，王辅臣骁勇善战，一旦真刀真枪地干，清军损失势必很大，所以他贯彻康熙帝的剿抚并用的思想，采取围而不攻、攻心为上的战略。

在平凉城北，有一座叫虎山墩的山冈，这是平凉通往西北粮道的咽喉，且登临其上，可以俯瞰全城，地理位置极为险要，王辅臣派重兵把守。要破平凉，必先得此山冈。图海率部轮番强攻，战斗极为激烈，清兵损伤惨重，叛军也战死两名总兵。在图海的督战下，清兵终于拿下了虎山墩，断绝了平凉城的饷道，平凉城遂在清军的掌握之中。清军在虎山墩上架上大炮，轰击平凉城内，王辅臣的将士们惶惶不可终日。图海感到招降王辅臣的时机已经成熟，便派幕客周昌进城劝降。周昌与王辅臣手下参将黄九畴、布政使龚荣遇是同乡，利用这层关系，周昌成功说降了王辅臣。图海当即奏报朝廷，康熙帝览奏大喜，对王辅臣依然宽大处理，履行诺言，恢复王辅臣原职，加太子太保，并升为靖寇将军，命其戴罪立功，其部下一律赦免。

康熙十五年六月，王辅臣接受招降，西北其他叛军迎刃而解，吴之茂、王屏藩率部逃回四川，张勇、王进宝、赵良栋等清将跟踪追剿，一路杀败叛军，收复陕甘许多失地。到八月初，陕西只有汉中、兴安两处叛军，其余皆为清兵所有，西北就此平定。于是，康熙帝命图海与王辅臣留镇陕西，命前锋统领穆占为征南将军，率陕西、河南满汉各军前往荆州，助剿吴三桂。

西北王辅臣等叛乱的平定，剪除了吴三桂在西北的羽翼，使吴三桂失去了一条有力的臂膀，清军很快从西北战场抽身，得以集中兵力对付湖南的吴三桂和福建的耿精忠。

康熙十三年三月，耿精忠叛变后，将整个福建据为己有。耿军分兵三路：以总兵曾养性出东路，进攻浙江；以总兵白显忠出西路，进攻江西；以藩属都统马九玉出仙霞岭，进攻浙江金华、衢州。仙霞岭地处福建、浙江、江西三省交会处，是一极其重要的战略要地。耿精忠企图占领江西，与湖南的吴三桂叛军连成一片。同时，为了壮大自己的实力，耿精忠约台湾郑经重返大陆。康熙十三年三四月间，郑经派大将刘国轩率兵数万人，从福建沿海登陆，迅速占领了漳州、海澄、同安、诏安、泉州、建宁等处。耿郑联盟，一时间声势颇为浩大。

康熙帝以康亲王杰书为奉命大将军、贝子傅喇塔为宁海将军，会同平南将军赖塔、定南将军希尔根共同进剿。康熙十三年九月，康亲王杰书率师进入浙江，驻军金华，与耿军展开争夺战。到年底，耿军已占据浙、赣三十余城，清兵则分占南昌、杭州、衢州、吉安、袁州、九江、金华、广信等战略要地。清军先是在江西、浙江与耿军作战，后来逐步向福建推进。

在江西，定南将军希尔根与安亲王岳乐联合作战，进展比较顺利。先后收复龙泉、西塘、建昌、宁州等地，康熙十四年四月，招抚叛军七万人。五月下旬以后，又收复武义、新城，招降泰和、龙泉、永新、庐陵等县。

康亲王杰书在浙江与耿军也展开了激烈的战斗。康熙十四年正月，清军在白马、黄塘源等处击败耿军，收复永康、缙云两县。不久，清军在处州附近的桃花岭与耿军鏖战一天，耿军溃败，清军乘机收复处州，夺取仙居。处州是战略重地，耿精忠对清军攻占处州颇为不安，四月，他派兵发起反击，必欲将处州夺回。驻守处州的清军顽强抵抗，击退耿军的进攻。

五月，耿军利用清军后撤休整之际，发起全线反攻。闰五月，耿军攻陷武义县，威胁金华，又派军分三路进攻处州，同时又再次攻陷饶州，直接威胁南昌。康熙帝命岳乐速回南昌固守，定南将军希尔根又夺回饶州。围攻处州的耿军也被击败，清军乘胜收复松阳县。八月，康亲王杰书出奇兵攻占台州、黄岩、乐清。在永嘉上塘，清军大败曾养性部，歼灭耿军一万多人，阵斩耿军将佐六十余员，随后又收复青田。

在清军连连胜利之时，康熙帝为尽快解决福建问题，诏令安亲王岳乐、康亲王杰书招抚耿精忠。康熙十四年八月，岳乐派陈廉劝告耿精忠接受招抚。耿精忠同意归顺，康熙帝即向耿精忠颁发敕谕，其中有言："念尔变乱，必有所由，或为逼迫所致，故复下赦书，遣尔弟耿聚忠赍至军前，明谕朕意，尔若即悔罪，率众归诚，当复尔王爵，仍旧镇守，所属人员职任俱各如故，兵马人等照前安插；倘能剿除海寇，共奏朕功，仍优叙加以爵赏。"耿聚忠携带康熙帝的招抚谕旨，前去见耿精忠，耿精忠却拒绝接见。于是，清军与耿军的战斗再度展开。

康熙帝采纳浙江总督李之芳的策略，分三路直捣福建耿军巢穴，诏令李之芳固守衢州、金华；命傅喇塔进攻温州曾养性部；命康亲王杰书移师衢州，进征福建。此时，湖南的长沙、岳州会战即将展开，吴三桂突然派大将高大节、韩大任出醴陵，袭占吉安。吉安是通往湖南及南康、赣州的交通要道，此地一失，对进攻福建的清军是个极大的威胁。康熙帝诏令简亲王喇布统兵十万围攻吉安，吴军粮断援绝，高大节病死，韩大任率部于康熙十六年三月突围，清军四面堵截，韩大任部在江西无处容身，被迫于康熙十七年二月向康亲王杰书投降。

康熙十五年七月，康亲王杰书、总督李之芳、平南将军赖塔率师抵达衢州。衢州位于衢江右岸，顺流而下可通金华，溯流而上可至仙霞关，为通向福建的咽喉之地。耿精忠派大将马九玉、林福率兵数万人分驻衢州西、南面，全力阻止清军入闽，双方在此展开激烈的厮杀。十五日，赖塔率兵夺得耿军屯粮基地大溪滩，马九玉听说粮道被断，慌了手脚，不敢再战，率部逃往仙霞关。清军乘胜追击，攻克常山。马九玉退回仙霞关途中，又遭遇李之芳设下的埋伏，只得弃仙霞关，率三十余骑逃跑。守关副将金应虎开城投降，清军长驱直入，杀入福建。此时，定南将军希尔根在江西击败耿精忠大将白显忠，白显忠被迫降清。而耿郑联盟又完全破裂，郑经派军在沿海展开猛烈攻势，一路攻下漳州、泉州、汀州、邵武等地。耿精忠腹背受敌，陷入穷途末路的境地。

九月底，康亲王杰书进占延平（今福建南平），福州指日可下。耿精忠闻知后大惊，派儿子耿显祚同前被扣押的使臣周襄绪、陈嘉猷一道向康亲王乞降。十月四日，康亲王杰书率师进入福州城内，耿精忠献上官兵册籍，俯首投降。捷报传到北京，康熙帝当即批准，耿精忠仍保留靖南王爵，率所属部众随大兵征剿台湾郑经。福建其他叛军随之相继投降，福建遂定。

郑经的军队失去耿军的依托，直接与清兵交战，一路溃败，逃回台湾。福建沿海十余县都被收复，闽地悉平。

广东的尚之信见耿精忠投降，知道大势已去，十二月，他派人携密信，前往简亲王喇布军前乞降。康熙帝获悉尚之信的密信，当即下达敕谕，招抚尚之信。康熙十六年四月底，镇南将军莽依图率兵入粤，五月四日，尚之信率省城文武官员“归正”，并派其弟尚之瑛到韶州迎接莽依图入城。清兵轻而易举得了广东，康熙帝闻讯大喜，诏谕尚可喜爵位由尚之信承袭。尚之信归降后，原来跟随他一起反叛的原两广总督金光祖、原高雷总兵官祖泽清、潮州总兵官刘进忠全都反正，归降清廷。

经过三年的相持，康熙帝运用剿抚并用的谋略，指挥清军一一剪灭了吴三桂的两翼，收降了王辅臣、耿精忠、尚之信，赢得了军事上的主动权。康熙十六年正月，吴三桂派从孙吴世琮带兵诱杀了企图降清的孙延龄，控制了广西的局势。吴三桂虽然兵力还很强大，但只控制湖南、广西、四川、云南、贵州五省，而且各方都是清军大兵压境，大有四面楚歌之势。决战即将展开，吴三桂马上就要走向穷途末路。

三　横扫叛逆　彻底撤藩

从康熙十二年底至十六年初，战争持续了三年多，康熙帝指挥清军已经从最初的被动状态中摆脱出来，战争开始转入战略反攻阶段。清军形成了对吴三桂势力的逐步包围，从湖南北部的岳州、长沙和南部的粤湘边界，西北从陕西到四川，对吴三桂的势力发动了攻击。

广东尚之信投降后，使吴三桂感到后路有被切断的威胁。为了巩固后方，吴三桂派出七员大将统兵三万进至湘粤边界的宜章，分兵进攻乐昌、南安，进而夺取韶州（今广东韶关），以控制湘粤的交通咽喉。康熙十六年五月，吴三桂大将马宝、胡国柱对韶州展开猛攻。康熙帝充分意识到韶州对广东的重要性，韶州一失，广东的局势就很危险。他当即诏示镇南将军莽依图与尚之信从速增援韶州，不得丢失。莽依图从广州急赴韶州，积极加强防御，同时派重兵确保饷道畅通。马宝、胡国柱等大兵包围韶州却始终不能攻克。九月二十四日，马宝率吴兵万余人渡河攻击莲花山，围攻江宁将军额楚的兵营，额楚指挥士卒奋勇抗击，莽依图率部由城内杀出，击破吴军四座大营，吴军败走帽峰山。莽依图指挥清军乘胜追击，收复仁化等地，马宝等逃入衡州。韶州既定，广东局势就此稳定。

广东平定后，清军对湖南采取南北夹攻之势，北边以长沙、岳州为重点，南边从广东、江西进兵，攻取湖南的吴军据点衡州。

康熙十五年三月的岳州、长沙大战，清军由于准备不足，进攻失利。此后，康熙帝就不停地调兵遣将，加强清兵进攻两地的作战能力。

西北战事一结束，康熙帝就调征南将军穆占率西北劲旅万余人加入湖南战场。穆占军至荆州，清军统帅勒尔锦又增拨在荆州的满洲、汉军、蒙古、绿营兵共六千人，令其率领转赴岳州、长沙。康熙十六年正月，穆占至岳州，随后又赴长沙。二月，讨逆将军鄂内奉命率舟师增援岳州。康熙帝频繁调动兵马，使清兵在数量上与吴军大致相当，在岳州、长沙一带聚集了几十万军队。

康熙十六年二月初，穆占率兵抵达长沙外围，会同安亲王岳乐围攻长沙。三月初一日，穆占率部向长沙发起猛攻，前锋杀败出城迎战的吴军，直抵城下。恰在这时安亲王岳乐的军队，或十或二十，不成队列，干扰了穆占军的后路，不仅导致攻城中辍，而且造成重大伤亡。吴三桂为摆脱在湖南三面被围的困境，于四月率主力退驻衡州，派马宝、胡国柱率兵三万至湖南南部的宜章，妄图进犯广东。康熙帝一面诏命镇南将军莽依图、侍郎舒恕分别守韶州、南安，协助湖南战场；另一方面诏令穆占会合简亲王喇布规取衡州、永兴，“遏贼后路，如此则粤东得以宽缓，而粤西欲降者亦可乘间来归”。十一月十四日，穆占领兵自江西永新攻入茶陵。茶陵距衡州很近，从茶陵经洣水，入湘江，南行即到衡州。康熙十七年初，穆占又连克郴州、桂阳，招降桂东、兴宁、宜章、临武、蓝山、嘉禾、永兴等城，从而彻底粉碎了吴三桂进犯广东的企图。清军在湖南东南部建立了巩固的据点，将湘东南、广东、广西连成一片。

当时，吴三桂已在衡州称帝，为了确保衡州的安全，于是就调马宝、王绪、胡国柱等率精兵数万于康熙十七年四月进攻永兴。穆占屯兵郴州，派护军统领哈克三、前锋统领硕岱增援永兴。清军行至距永兴六十里的盐沙岭，遭到吴军重兵埋伏。清军大队人马进入谷中，谷口被堵住，进退两难，吴军在岭上施放火器，猛烈轰击，清军死伤惨重，损失万余人，护军统领哈克三、都统宜理布战死。前锋统领硕岱率兵入城死守，情况十分危急。康熙帝为此忧心忡忡。直到吴军得知吴三桂死讯后撤退，战局才转危为安。

康熙帝在派遣穆占驰骋湖南东南地区的同时，决定趁吴军主力远在衡州、宜章、永兴之间，诏令清军加紧对湘北重镇岳州的进攻。康熙十七年闰三月，康熙帝优封在湘潭率众投诚的吴军水师将领林兴珠为侯爵，授建义将军，留于安亲王岳乐军前"剿抚贼党"。林兴珠建议水师联合围困岳州，以半数船只泊于君山，断常德之道，其余船只泊于香炉峡、扁山、布袋口诸处，并沿九贵山陆路立营，以断长沙、衡州之道。如此，"贼可不战而毙"。康熙帝欣然采纳，于五月初一日开始施行。他认为："岳州为湖南咽喉要地，必此地恢复，则长沙、荆州之兵始能进"，故"击破逆贼，规定湖南，在此一举"。同时嘱咐清军将领攻克岳州以后，乘虚速取常德、澧州等城，勿使贼有备。于是，康熙帝调湖北、河南、陕西、安徽等地清军参加围攻岳州之役，并集中沙船等五百多艘。"岳州贼船仅四十余只，我船甚多"，清军船只在数量上已经超过吴军。

清朝大军云集湖湘，龟缩在衡州城内的吴三桂，眼见地盘一点点缩小，府库日渐空虚，心中无限悲凉。穷迫之中，他萌生了称帝自娱的念头，以为即便不能流芳百世，也不枉英雄一场。在他的授意下，众人相率劝进，又让人写了一篇辞藻华丽的劝进表。吴三桂便在众人的拥戴下做起了大周皇帝，上演了一幕称帝的闹剧。

康熙十七年三月初一日，是吴三桂选定称帝的吉日。事先，他命人在衡山雁峰寺侧筑坛，置办御用仪仗等一应物件。当时，战火正炽，来不及建造宫殿，只草草建造庐舍万间暂作宫殿，没有黄琉瓦，就用黄漆涂抹。是日清晨，五色彩云当空，吴三桂大喜，以为获得了上天的庇佑，便骑马来到衡山脚下。他头戴翼善冠，身穿朱衣，登上祭坛行衮冕礼，祭告天地，宣布登基。

典礼完毕，吴三桂乘辇转到衡山的岳神庙。他早听说岳神庙藏有一灵龟，寿有百岁，当地人把它奉为神物，借以占卜凶吉。吴三桂打算借龟卜安抚人心，说明他的登基顺天应人。他把全国山川地图放在神座前，将龟放在地图上，心中默默祈祷。谁知，神龟蹒跚而行，却总不出地图上的长沙、岳州、常德之间，最后竟爬回云南再也不动了。连占三次，都是如此，吴三桂的心情顿时沮丧起来。

回到宫中，吴三桂便坐到皇帝宝座上，宣布国号大周，改元昭武，以衡州为都城，改名为定天府。他封吴应熊庶子吴世璠为太孙，加郭壮图为大学士，仍守云南。晋升胡国柱、吴应麒、吴国贵、吴世琮、马宝等为大将军，封王屏藩为东宁侯，其余皆按等次晋爵。正当他大封文武官员之际，本来晴朗的天空狂风骤起，暴雨倾盆，把朝房吹倒了一半，瓦上的黄漆也被淋坏，肃穆的气氛顿成潦倒之势，吴三桂只能自叹晦气，草草结束了仪式。

吴三桂还没有过足皇帝瘾，可他那垂暮之躯已不堪风雨的吹打，郁闷之中，寝食不甚留心，竟染上急性的“下痢”，一病不起。八月十七日，六十七岁的吴三桂等不到孙子吴世璠来到衡州，一命呜呼了。

吴三桂病死以后，他的心腹大将经过商议，公推吴国贵总理军务，并派胡国柱回云南，迎接吴世璠奔丧。康熙十七年十月，吴世璠在贵阳即位，给吴三桂上尊号太祖高皇帝，其父吴应熊为孝恭皇帝。在风雨飘摇中，吴世璠当了皇帝，但吴军大势已去，不久，清军就在湖南战场上横扫吴军，两个月内，收复湖南大部分地区，清军直捣巢穴已指日可待了。

获知吴三桂病死，康熙帝大为兴奋，赋诗一首，以示庆贺。诗曰：

遥天今日捷书来，万里欢声动地开。
从此黎民皆乐业，军威应振凯歌回。

康熙帝利用这一大好时机，诏令靖寇大将军贝勒察尼（尚善病故，察尼代之）等“水陆夹击速取岳州”，并发江南子母炮一千，调荆州水师营张忠及其标兵、岳乐军每佐领二三人，及江西总督董卫国军二千五百人赴岳州。九月，在康熙帝的严旨督责下，清军从水陆两路将岳州城包围，城内粮饷不继。十月下旬以后，吴军多次突围寻求粮饷，均未得逞。

在此之前，清军在加紧进攻岳州的同时，即屡屡向吴军宣传朝廷的招抚政策，以分化瓦解城内的吴军。降清不久就被授予侯爵的林兴珠，发出告示，现身说法，鼓动吴军投降。他指出吴三桂已是穷途末路，危在旦夕。他号召被胁从的吴军将士、百姓，当此逆贼危急之秋，或擒斩“老贼”（吴三桂），“以膺分茅之宠”；或“剪其羽翼，率众输诚”；或投献郡邑，纳土来归，“皆当荣封侯爵”。在清军强大的政治攻势下，岳州城内的吴军纷纷投诚。林兴珠之后，又有吴军总兵陈华、李超、王度冲，水师总兵陈珀，游击刘鹏等先后投降。

康熙十八年正月十八日，困守岳州的守将吴应麒，见粮竭援尽，大批吴军向清军投降，军心涣散，便率数万人弃城逃遁。十九日凌晨，清军在蔡毓荣、桑格等率领下浩浩荡荡开入岳州城，对抗五年，岳州终于被清军收复了。

康熙帝闻讯，欣喜万分，当即挥毫赋长诗一首，抒发他的情怀。他于诗序中写道："逆贼吴三桂既经天诛之后，不数月而岳州恢复……今赖皇天之眷佑，祖宗之威福，群臣尽力，将士用命，前后恢复闽海、两粤以及湖南岳阳诸处，擒斩巨魁殆尽，望风归正不可胜数，所余小丑势如破竹，解吾民之倒悬，行有日矣。"他已经看到胜利的曙光，直捣敌巢为期不远了。

收复岳州后，湖南战场上出现了清军诸路并进的大好形势。驻守长沙的胡国柱逃往辰龙关，吴应麒撤往辰州（今湖南怀化）。岳乐率部进占长沙，并乘胜南下，收复湘潭。荆州清军分两路渡江，一路由署都统多谟克图率领，攻占太平街、虎渡口、松滋、枝江、宜都；一路由顺承郡王勒尔锦率领，取澧州、常德。简亲王喇布攻下华容、安乡，又于康熙十八年二月十三日收复衡州，驻守衡州的吴国贵、夏国

《蔡毓荣南征图卷》（局部），描绘清军攻占辰龙关的情景

相、马宝率部撤至武冈。清军一路南下，又收复耒阳、祁阳、宝庆（今湖南邵阳）。这样，湖南除吴应麒、胡国柱、吴国贵等占据的辰州、武冈、新宁外，绝大部分地区都被清军占领。

湖南大局既定，康熙帝着手进兵四川、贵州、云南。他重新调整了各路大军的方位与任务：勒尔锦回驻荆州，调度荆州、岳州、彝陵（今湖北宜昌）、襄阳等处军务，进兵归州（今湖北秭归）、巴东等地，扑灭山贼，规取兴安，以配合陕西军队进占四川；察尼进取辰州、沅州，调度澧州以南军务，以打通进黔要路辰龙关；岳乐进取武冈，攻取另一入黔门户枫木岭；喇布与穆占合兵取永兴，并拨精兵每佐领三四名，由希佛率赴将军莽依图军前，支援广西，开辟新的入滇路线。此前，康熙十八年正月，广西巡抚傅弘烈、镇南将军莽依图率军在南宁将吴军彻底击溃，广西全省已经收复。八月，岳乐、穆占合军进攻武冈枫木岭，因傅弘烈从敌后截断饷道，进展顺利，吴国贵中炮身亡，吴军放弃武冈逃回云贵，清军随即占领武冈、枫木岭等地。康熙十九年初，大将军察尼指挥清军向辰州发起攻击，派兵从间道夺取辰龙关。三月，吴应麒、胡国柱从辰州逃往沅州，然后又退回贵阳。湖南吴军至此全部肃清。

当清军以摧枯拉朽之势横扫湖南的时候，康熙帝便计议攻取四川。当时，王屏藩拥军数万驻守兴安、汉中等地，吴之茂驻守松潘，实力相当雄厚。以大将军图海为首的驻陕满洲将领，每想起前次保宁之役，屯兵坚城之下，被吴军抄后路、断粮道，便心有余悸，裹足不前。汉族将领宁夏提督赵良栋有韬略，有胆识，态度积极，毅然请缨。他于四月上疏说："今湖南既定，宜取汉中、兴安，规四川。臣愿精选所部步骑五千，独当一路。"康熙帝览奏大喜，命图海筹划进兵方案。图海于八月起草了一个九月四路进兵收复汉中、兴安的计划，但因将领意见不一，未能贯彻执行。面对满洲将领的怯懦，康熙帝一改初衷，决定以绿营兵将为主，平定汉中、兴安，进取四川。

同年十月初十日，康熙帝使人赍敕赴陕西，面谕将军张勇、王进宝，提督孙思克、赵良栋：“各率所属绿旗兵平定汉中、兴安，恢复四川。”“尔等官兵前进，则满洲大兵亦即相继进剿，接运粮饷，不至匮乏。”“自古汉人逆乱，亦惟以汉兵剿平，彼时岂有满兵助战哉！”十月中旬，王进宝、赵良栋分别出兵。王进宝以平王辅臣功授奋威将军，兼平凉提督。他先收复陕甘交界的凤县、两当，十月下旬，进兵武关、鸡头关，收复汉中府，迫使王屏藩退守保宁。赵良栋于十月下旬击败吴之茂，乘胜克复进川要道阳平关。十一月，赵良栋、王进宝会师宁羌（今陕西宁强）大安驿，“疏请两路分兵”。康熙帝当即准奏，授赵良栋为勇略将军，由他和王进宝督率诸军杀入四川。同时，调湖北巡抚张朝珍标兵千人，并武昌、汉阳绿营兵一千二百人，令湖广提督徐治都统率，自湖北宜都溯江而上，攻取重庆。

康熙十八年十二月，赵、王两人从大安驿出发，分两路进军四川。赵良栋入川，西向白水坝，于康熙十九年元旦黎明跃马横刀，浮水渡江，大败吴军。正月十一日至成都二十里铺，守将率众迎降，从而顺利收复成都。康熙帝奖其功，提升赵良栋为云贵总督，加兵部尚书，仍领将军。赵良栋分遣游击冶国用等收复雅安府及象岭、建昌诸卫，又平定叙州、纳溪、永宁诸城。与此同时，王进宝指挥清军进攻保宁。他率先冲至城下，城上吴军挽弓欲射，王进宝撩起衣襟，大喊：“为什么不射我？”吴军相顾失色，清军一举攻占保宁，王屏藩、陈君极走投无路，自缢身死，吴之茂被活捉。康熙十九年二月，徐治都收复夔州、云阳、重庆等地。清军势如破竹，收复四川大部分地区。

为了夺取平叛的最后胜利，康熙帝严惩一批临战退缩、不思进取的满洲勋贵，选拔新的将领，重组了进军云贵的三路大军。

顺承郡王勒尔锦坐守荆州，消极避战，“不能竭力底定地方，但敛取督抚司道县官财物，希图回家为富足之计”。康熙帝解除其兵权，削去贝勒爵位，下狱监禁。另外，还将失陷岳州的都统朱满、失陷镇荆山的贝子准达、不奉命赴援的额驸华善，以及擅离职守托故回京的将军舒恕、左都御史多诺、兵部侍郎勒布、参赞军务阿范等人削爵籍产，逮捕治罪。

康熙十九年三月，康熙帝下诏调安亲王岳乐、康亲王杰书回京。以贝子彰泰接替岳乐，代为定远平寇大将军，统兵由湖广进云贵。加湖广总督蔡毓荣为绥远将军，总督湖广全省绿营兵马，作为彰泰大军的开路先锋。又以平南将军赖塔统率广西满汉大军及广州的部分精锐，由广西进军云南。勇略将军赵良栋统领川陕满汉八旗、绿营兵，从四川进攻贵州。这样，清军就完成了从湖广、广西、四川三路进剿云贵的战略部署。

在大军出征之前，康熙帝再次颁布招抚令，通告云贵大小文武官员人等："当时倡叛，罪止吴三桂一人，所属人员均系胁从。……争先来归，到各路大将军、将军等军前投诚，皆赦其前罪，论功叙录，加恩安插。"同时，康熙帝还分别给胡国柱、马宝、郭壮图、夏国相、吴应麒等人写了专敕，力争他们投诚，以瓦解吴军的斗志。

康熙十九年九月，郭壮图派马宝、胡国柱、夏国相等将突袭四川，连陷泸州、叙州、永宁、建昌等地，已经降清的谭弘、彭时亨等趁机再叛，赵良栋一时无法南下，只得在四川与叛军角逐。但吴军向四川分兵，削弱了其在云贵的防守力量，为清军中路、南路进兵云贵提供了有利时机。康熙帝及时把握战机，于九月初八日令贝子彰泰"率兵速取贵阳，分兵以取遵义"，又于九月初十日令赖塔"由南宁直进，速定云南"。

九月十二日，蔡毓荣率绿营兵先行，彰泰催大军随后，一路收复了镇远、清平、平远。十月二十一日，进抵贵阳城下。吴世璠自忖难以抵抗，连夜逃回昆明。吴世璠的侍郎郭昌、原贵州提督李本深等相继归降清军。清军轻取贵阳。十一月，贵州全省平定。康熙二十年正月，彰泰、蔡毓荣又挥师入云南。

广西的赖塔于康熙二十年正月初一日，从西隆州出发，大败吴将何继祖，收复安隆所。又于二月初二日大败吴将詹养于贵州西南端的黄草坝，打开了入滇门户，并乘胜收复曲靖、马龙州、易龙所等地。二月十五日，赖塔与彰泰会师于交水城。两军联合，水陆并进，十九日进抵昆明郊区四十里外，在归化寺附近立营。二十一日，清军击败出城迎战的数万吴军，阵斩胡国柄等将官九员，清军进趋昆明城下，掘壕围城。

在四川方面，康熙帝重新起用王进宝，“驰赴保宁，兼守汉中”，以对付叛将谭弘父子的骚扰。并调换指挥不得力的满洲将军吴丹、鄂克济哈，命赵良栋就地歼灭马宝、胡国柱、夏国相等部，防其归援云南。在清军凌厉攻势下，吴军纷纷向云南逃遁，赵良栋指挥清军从后面追击。五月，收复泸州、叙州、永宁。七月，又取建昌，乘胜渡过金沙江，进入云南武定州继续追剿。胡国柱由鹤庆入云龙州，穷蹙自杀；马宝逃至姚安，被迫投降；夏国相逃至广南，势穷乞降。赵良栋完成追剿任务后，于九月率军抵昆明，与彰泰、赖塔两军会师。

赵良栋到昆明后发现，先到的两位大将军离云南城四十里安营，一面临湖，一面抵山，并未设兵湖中，断其水路，致贼寇米粮照旧运行，城内并无危急，而清兵十余万，围城七月未下，粮饷供应比较困难。因此，他主张“就近速战”，并要求担任主攻。他对贝子彰泰说：“我等大兵连营四布，不就近速战，迨至日久，米粮不继，满兵无妨，绿旗兵何以存立耶?”他还建议：“降者宜分别收养，不宜尽发满洲为奴。”而彰泰却不以为意，幸好赵良栋已奏闻康熙帝，康熙帝同意他的策略。

在康熙帝的督促下，十月初八日，彰泰等进抵城下扎营，加紧对昆明城的围攻。二十二日夜，赵良栋率陕西绿营兵六千人，亲冒矢石，破南坝，取玉皇阁，进逼新城。吴军据桥死守。赵良栋伏马兵于南坝两岸，分步兵为三队，营壕墙外，自持大刀督阵。二十五日夜，赵良栋率师攻桥，吴军负隅顽抗，郭壮图亲自督阵。吴军三度攻进壕墙，都被伏兵击退，赵良栋乘胜夺桥而进，追至三市街，再败吴军。这时，彰泰令诸军悉进，在归化寺大败吴军。二十八日，吴世璠、郭壮图及其子郭宗汾自杀。二十九日，吴将线緎等率众出城投降。三十日，清军开进昆明城内。

至此，持续八载的平叛战争顺利结束。康熙二十年十一月十四日深夜，捷报传入京师。亲王以下及文武官员都齐集乾清门行庆贺礼，年仅二十八岁的康熙帝心潮起伏，挥毫写就《滇平》一诗，以“回思几载焦劳意，此日方同万国欢”之句，抒发他长期辛劳获胜后的喜悦心情。

“三藩之乱”平定以后，采取措施清除叛乱影响便提上了康熙帝的议事日程。这场旷日持久的大规模战争使他受到锻炼，更加趋于成熟。他总结自己战争前后的变化是：“前者，凡事视以为易；自逆贼变乱之后，觉事多难处，每遇事必慎重图维，详细商榷而后定。”因此，他对战后撤藩采取了区别对待、分期分批的方针，稳步进行。

康熙十九年三月，四川、湖广、广西已平定，清军即将进兵云贵时，康熙帝暗中着手处置尚、耿两藩问题。

尚之信归顺朝廷后，康熙帝指望他出兵湖南，协助满洲兵剿灭吴三桂，然而他却心怀二意，几次拖延不出兵，不听朝廷的调遣。尚之信的护卫张永祥、张士选赴京揭发他的罪行：“吴三桂反，尚之信欲其父尚可喜从贼，迫之不已，尚可喜愤死，尚之信遂降贼。及其归正，仍怀两端，上（康熙帝）数命进兵潮州、湖南，尚之信不行，永兴危急，亦坐视不救。后虽出师，辄自引退。总兵官时应运、水师游击张瑜，出剿贼，尚之信俱密止之，令顿兵不进。……冒兵饷，擅杀无罪人。甚至希邀异数，毁讪乘舆。”这时，清朝平叛即将取得全面胜利，从情理而言，尚之信再次谋叛，难以想象，但却引起了康熙帝的警觉。三月初六日，他命刑部侍郎宜昌阿、郎中宋俄托等以巡视海疆为名，赴广东秘密调查。都统王国栋、两广总督金光祖、广东巡抚金儁，分别检举尚之信，王国栋甚至还伪造尚之信之母舒氏、胡氏的《告变疏》。尚之信当时在广西武宣参与平叛，康熙帝命将尚之信秘密逮捕至京师。尚之信之弟尚之节、藩下长史李天植一怒之下杀死王国栋，尚藩八千藩兵从广西遁归。这样，反而加重了尚之信的罪责。八月二十八日，清廷对尚之信及其家族、有关人员做出处理：尚之信不忠不孝，法当处斩，但因曾授亲王，从宽赐死；尚之节、李天植按律正法；其母舒氏、胡氏因尚可喜之故，从宽免死，并免籍没；尚之孝、尚之璋、尚之隆也从宽处理，革职枷责。由于掌握时机，措施得当，因而未大动干戈就顺利解决了尚之信。接着，康熙帝又着手撤销尚藩建制。闰八月十二日作出决定：将尚之信标下十五佐领分入上三旗，驻防广东；三总兵标下兵丁，裁一留二，另设将军管辖。此后，又将尚之孝、尚之隆等家下所有壮丁分为五佐领，隶汉军镶黄旗下。

康熙帝对耿精忠的处理更加慎重。早在康熙十六年十一月，耿藩参领徐鸿弼、佐领刘延庆即派人赴京，控告耿精忠归顺后仍蓄谋造反，列罪状五款。因当时平乱战争正在进行中，叛军投诚者日益增多，若处置耿精忠，将引起已投诚者和未投诚者的恐慌，影响招抚政策的实施，故康熙帝留疏不发，暗中策划调虎离山之计。康熙十九年初，他诏令康亲王杰书，设法诱使耿精忠入京朝见。杰书遵诏开导，耿精忠于四月上疏自请陛见。康熙帝立即准其来京，并借机削夺耿氏兵权，授藩下都统马九玉为福建将军，管辖耿藩部属。

同年八月，耿精忠入京后，康熙帝将以往有关耿精忠罪状的留疏交法司勘问，但并未按部议立即将他黜爵磔死。康熙二十年九月，平叛战争接近最后胜利时，康熙帝将耿氏家口编为五佐领，连同耿昭忠、耿聚忠，一同归入汉军正黄旗下。次年正月，以逆党之罪将耿精忠凌迟处死，其子耿显祚斩首，部将曾养性等八人凌迟处死，黄国瑞等十五人斩首。

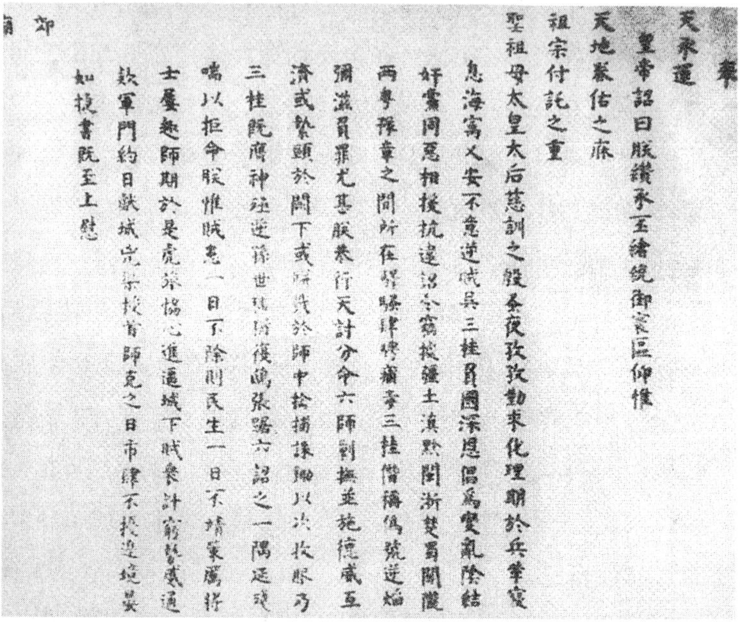
奉
天承運
皇帝詔曰朕纘承丕緒統御寰區仰惟
天地眷佑之庥
祖宗付託之重
聖祖母太皇太后慈訓之殷夙夜孜孜勤求化理期於兵革寢
息海寓乂安不意逆賊吳三桂負國深恩倡為變亂陰結
奸黨同惡相擠抗違詔令竊據疆土滇黔閩浙楚蜀關隴
兩粵豫章之間所在響應肆其狂悖三桂僭稱偽號逆焰
彌滋負罪尤甚朕恭行天討分命六師剿撫並施德威互
濟或繫頸於闕下或駢戮於師中捦捕誅鋤以次收服乃
三桂既膺神殛逆孫世璠復竊據偽號六詔之一隅延殘
喘以拒命朕惟賊患一日不除則民生一日不靖爰厲將
士釐勦師期於是虎旅協心進逼城下賊衆計窮勢蹙遂
款軍門約日獻城兇渠授首師克之日市肆不擾邊境晏
如捷書既至上慰
卯

平定吴三桂后清政府善后诏谕

吴藩在战争中已被彻底消灭。吴三桂是这次叛乱的发动者，康熙帝对他恨之入骨。虽然平定叛乱之日，他已死去多年，但康熙帝仍然诏令剖棺戮尸，付之一炬，以其骨灰分发各地，以示惩戒。他的部下，虽然大都投降，有的还委以官职，此时也秋后算账，根据情节轻重，分别处死、流放或者革退。吴藩下属人员都发到东北远至黑龙江宁安地区为站丁，终身及世代不得为官。

通过上述步骤，撤藩基本完成。康熙帝为清除隐患，于平定云南之后，诏令将分布在福建、浙江、广东等地的耿精忠、尚之信属下旗员撤回京师，重新安置。一般的旗员均革职入旗，以原品随旗上朝，世职不准承袭。

平叛、撤藩后，康熙帝将选任官员的大权收归中央；划一军队编制，在荆州、广州、福州增设八旗驻防，广西、云南则派绿营镇守；将三藩财产没收归官，充作军饷。同时，陆续革除滇、粤、闽等处的三藩虐政。如吴三桂及其藩下官兵在云南侵占的民田，康熙帝下令“悉革除之”；尚、耿两藩私征市税，仅广东每年即达数百万两，康熙帝令粤、闽督抚一律豁免；尚藩部属侵吞的“大市小市之利”，归还百姓。

康熙帝亲政之初，三藩割据南方，这一局面的形成，固然有其历史的必然性与合理性。但是当国内战争宣告平息，国家重新回到和平发展的轨道上，藩镇割据的存在就对清朝中央政权构成极大的威胁，成为国家统一的障碍。为了改变这种状况，康熙帝抓住时机，坚持撤藩。在三藩发动叛乱后，尽管叛军气势汹汹，康熙帝也毫不迟疑地调遣军队，大张挞伐。与此同时，他还讲究策略，抓住重点、区别对待，对叛乱势力进行分化瓦解、各个击破，从而扭转战争初期颇为被动的局面，取得平叛战争的最后胜利，结束了中国半个多世纪以来的动乱局面。平定“三藩之乱”，巩固了清朝的统治，开创了长期安定的政治局面，为清代社会经济与文化事业全面走向恢复和繁荣创造了一个良好的客观环境。

第四章　权谋道统　使民载舟

清朝以少数民族入主中原。入关之初，在血腥镇压汉族人民武装反抗的同时，还在政治上制定各种政策，对广大汉族人民进行残酷的民族压迫。因而，在相当长的时期中，满汉民族矛盾一直颇为尖锐。康熙帝亲政后，为了巩固统治，采取措施消除广大汉族士庶的敌对心理势在必行。同时，有鉴蒙古北控沙俄，南临京师，土地广袤，战略地位极其重要，进一步加强控制也是势所必须。为此，康熙帝先后进行了笼络遗民、消泯满汉矛盾、怀柔蒙古的活动，清朝政权也因此进一步巩固下来。

一　特科取士　笼络遗民

在中国历史上，每一次新旧朝代的更替，都会使社会产生波动或动荡。各种政治力量和利益集团重新组合。有的人为旧朝尽忠，不惜战死疆场；有的人投靠新朝，得以保命封官；还有的人不死也不降，栖身于新朝，却不与当局合作，以遗民自居。这些人由于立身行事合于传统的忠义伦理，往往能赢得社会的认同和尊重，具有很大的影响力，甚至还有一定的政治能量。如何有效地统治这些遗民，关乎新生政权的稳固，社会秩序的建立和安定，因此这一问题为历代统治者所重视。

明清易代之际，面对社会的巨大变化，那些曾是明朝臣子的士大夫，也不可避免地要进行新的社会角色选择。从大的方面讲，他们要在生与死之间表明立场。看到故国沦亡，家园罹难，国恨家仇使不少人举起复明的旗帜，奋起反抗，如陈子龙、黄道周、瞿式耜等，都捐躯于抗清战场，做了千秋鬼雄；也有的人吟咏着“愧无半策匡时难，惟有捐躯报主恩”“洵知世局难争讨，愿判忠肝万古留”的绝命诗句，自尽而亡。他们都以“死”表达了对大明王朝的耿耿忠心。

更多的人则选择的是生。在清廷成为中原实际统治者的现实情况下，由明入清的人无论是否愿意，都在客观上沦为清朝的统治对象了。然而他们的政治立场并不一致，有的人甘为顺民，出仕新朝，做了所谓的“贰臣”；有的人则坚守气节，不仕新朝，以遗民自居。这就是当时士人所谓“出”与“处”的不同，而后者的人数要远远超过前者。

清初遗民之多，堪比元初。这是因为清与元都是异族入主中原，长期接受以儒家思想为核心的传统文化教育的士人，华夷之别的观念根深蒂固，有一种天然的民族意识。同时宋明理学的兴盛，也造就了士人的忠君思想。而明崇祯帝的自缢殉国和清初实行的残酷的民族压迫政策，使由明入清的士人忠君思想和民族意识更为强烈，因此，明遗民也就格外的多。

清初明遗民有许多避世之道：有的隐身山林，如大思想家王夫之，隐姓埋名于瑶族居住区的山林之中，直至身死。有的闭门独处，如徐枋栖身乡间，“前二十年不入城市，后二十年不出户庭”。有的削发为僧，遁入空门，屈大均有诗云：“今日东林社，遗民半入禅。”还有的人佯狂作痴，使酒骂座，如归庄抗清失败后归乡，佯狂终身，而屈大均“使酒谩骂，若不可一世”。

明遗民无论采取何种立身行世之道，无非都是要坚守气节。为此，他们绞尽脑汁，不惜一切代价。吕留良自谓平生最畏惧贵人、名士和僧人，但为了躲避清廷的征召，却毅然削发为僧，称自己是僧乎不僧、俗乎不俗之人。阎尔梅说那些佯狂骂座之人，是“海内误传能骂座，听来原是哭思陵”，正道出遗民既要全躯自保，又要坚守气节而迫不得已才采取迥异于一般士人的行世之道的苦衷。

明遗民隐居不仕绝非不关心政治，他们吟诗作赋、研经铸史，以各种形式抒发对故国故君的思念，寄托政治情怀和政治理想。顾炎武著《日知录》，“意在拨乱涤污，法古用夏，启多闻于来学，待一治于后王”，代表了当时许多遗民学者的治学目的。他们积极从事经世致用之学，在清朝统治者看来是对清朝建立稳固统治的潜在威胁。清统治者有鉴于此，自入关之后就采取了一些笼络遗民的措施，如顺治二年、顺治十三年都曾颁发举士的谕旨，诏征山林隐逸，并特别强调征故明的文武进士、举人。但由于清室在入主中原的过程中，实行了残酷的民族镇压和民族歧视政策，士人们耳闻目睹了“嘉定三屠”“扬州十日”等民族迫害的暴行，民族抵抗情绪还很强烈，所以这些措施，在当时收效不大。

康熙帝亲政以后，年纪虽轻，却颇具政治头脑，深知只有进一步争取和分化汉族知识分子，才能缓和满汉矛盾，实现社会的稳定。因此，康熙帝实行了一系列消除满汉畛域的政策，其中非常重要的一项内容就是笼络遗民。开博学鸿词科和延揽遗民助修《明史》是其争取遗民的重要谋略。

开博学鸿词科是在康熙十七年正月，当时，康熙帝下了一道谕旨：

> 自古一代之兴，必有博学鸿儒，备顾问著作之选。我朝定鼎以来，崇儒重道，培养人才。四海之广，岂无奇才硕彦、学问渊博、文藻瑰丽追踪前哲者？凡有学行兼优、文词卓越之人，不论

> 已仕未仕，在京三品以上及科道官，在外督、抚、布、按，各举所知，朕亲试录用。其内外各官，果有真知灼见，在内开送吏部，在外开报督、抚，代为题荐。

由此开始了大张旗鼓地举荐士人的活动，其中不少遗民被中央大员或地方高官列入举荐名单。坚持了三十多年遗民身份的人，又重新面临着“出”与“处”的选择。当时“三藩之乱”虽未彻底平息，但清廷已取得决定性的胜利，复明的最后一线希望已在破灭之中。于是，遗民队伍发生了清入关以来最大的一次分化，一部分人不改初衷，坚辞举荐；另一部分人则应征入仕，改变了遗民身份。遗民队伍的分化，标志着康熙帝笼络遗民谋略的成功。

坚辞举荐的人以顾炎武、黄宗羲、李颙、魏禧、傅山、杜越等为代表。顾炎武听说有人要举荐他，坚定地说：“刀绳俱在，毋速我死!”使想举荐他的人打消了念头。黄宗羲也通过门人向要举荐他的官员表示荐其赴征就是促其自杀，那官员只好作罢。李颙、魏禧和傅山则因拒荐不允，被地方官强迫赴试。李颙被抬至行省，绝食六日，并欲自刎，终被放还。魏禧被送至南昌，蒙被卧床，称病不起，也被允归乡。康熙帝对他们并不责难，只是叹息网罗人才之难。傅山和杜越被强行抬至京郊，仍拒不入城，康熙帝只得自己找了个台阶，没让他们参加博学鸿儒的考试，就授给他们中书舍人的职衔，然后就任他们返回故乡了。

那些听荐赴征的士人更受到优待。本来，参试人员已于康熙十七年十一月到京，康熙帝考虑到冬天夜长昼短，担心影响他们的文思，特意推迟了考试时间，让他们暂时住在京师，待来年春暖时节再行策试，在此期间，每人发给月俸银三两、米三斗，使之无饥寒之忧。

康熙十八年三月初一日，候试人员在体仁阁正式应试。开考之前，主考人先在心理上给他们以优越感，对他们说：“你们都是被举荐的有才学的人，本不必考试，但是考试更能显出你们的才学，所以皇上十分重视你们。”为了不影响思绪，康熙帝特命不设监考人员。考试进行到一半时，又赐宴席招待他们，除了美味佳肴，还有大学士和掌院学士各两人陪宴。宴罢继续考试，不限交卷时间，有的人至深夜才交卷。

考试的题目也非常简单，只要求作歌功颂德的《璇玑玉衡赋》和《省耕诗》各一篇。阅卷时也多方迁就，简直是宽大无边。如严绳孙称眼疾，只作了《省耕诗》一首，康熙帝认为史馆不能没有此人，就把他列入录取范围了。朱彝尊、潘耒等人的诗句或不通或违韵，也都被一一录用了。

这次博学鸿儒科，共荐到一百七十人，实际参加考试的共一百四十三人，最后康熙帝亲自圈点录取了五十名，其中，一等二十名，二等三十名，统授翰林职衔。其中，布衣之士朱彝尊、李因笃、潘耒、严绳孙等皆授翰林院检讨，使之处显要之位。康熙帝还特赐未被录取的布衣孙枝蔚、邓汉仪等七人内阁中书的职衔。遗民在这次考试中处处受到优待，最后的录取结果也是山林隐逸之士多于一般缙绅。可见康熙帝如此兴师动众、大张旗鼓地开设特科，可见其真实用心即在于笼络遗民。

通过此次考试，康熙帝有效地争取到了一部分遗民的转变。那位只作了一首诗的严绳孙，最初显然是不想考中的。在被康熙帝录取并进入明史馆后，他还表示要效法陶渊明不为五斗米折腰。但只过了两年，他被选为日讲起居注官，得以亲近皇帝，便从此对康熙帝感恩戴德，自称再也不能以以前的狷介清高来辜负皇上的知遇之恩了，表示一定要兢兢业业，恪尽职守。可见其已完全是以清朝臣子的腔调讲话了。朱彝尊是明朝万历时期户部尚书、武英殿大学士朱国祚的曾孙。清兵入关后，他积极参加秘密抗清活动，后客游大江南北，成为著名文学家。在应试之前，他还赋诗要求“释此归飞鸟”，意谓放他归乡。

但被录取并列入一等，授予翰林院检讨之职进入明史馆后，他非常荣幸地说：“以布衣身份得登此位，真是不多见的！”此后他又出典江南乡试，入直南书房，于是对康熙帝感激不尽，写了许多诗歌，都是歌功颂德之作。

康熙帝笼络遗民的另一谋略是延揽他们帮助官方纂修《明史》。清廷网罗遗民参与清代官修《明史》的活动，主要表现在如下四个方面：

其一，聘请与修。最具代表性的是万斯同，他曾被征博学鸿儒，“力辞得免”，后于康熙十八年底受聘于《明史》总裁徐元文。徐元文欲援当时史馆例，授给其翰林院纂修官，给以七品俸禄，但他不要官衔，不领俸禄，以一般平民百姓的身份，住在徐元文家中，诸纂修官所交史稿，皆由其复审。徐元文罢职后，继任者张玉书、陈廷敬、王鸿绪，皆礼聘其客居官邸，继续刊修史稿达二十余年，直至康熙四十一年死于职中。因此，有人称其“隐然操总裁之柄”，是《明史》的实际主编。此外还有如刘献廷为万斯同所转引参史事，王源为徐元文延至其家修《明史·兵志》等，也是遗民直接纂修《明史》的事例。

其二，征求史料。史馆开局后，清廷立即采取措施广泛征集史料，各纂修官也积极向民间搜集史料。毛奇龄曾向明史专家张岱征集藏书。叶方霭先是请黄宗羲入馆修史，被拒后，又请朝廷派人专程到黄家誊抄其所著明史著作。黄宗羲对史馆的工作也积极配合，万斯同赴史馆时，黄宗羲让他带去了其父黄尊素所著《大事记》《时略》和他自己写的《续时略》等。王世德的《崇祯遗录》、黄虞稷的《千顷堂书目》、费密的《荒书》等都是这时被征入史馆的遗民明史著作。这些史料在《明史》纂修中起了很大作用。《明史》的一些篇章就是以它们为蓝本的，如《地理志》多取材于黄宗羲的《今水经》，《食货志》滥觞于王原的《明食货志》，《艺文志》则是对《千顷堂书目》

的剪裁增删。

其三，征询意见。黄宗羲虽不入史局，但遇有重大问题，史局必定会向他咨询。顾炎武也多次被史官请教。他们与史馆人员往复书札，讨论有关问题，提出建议和主张。如黄宗羲有《移史馆论不宜立理学传书》，认为道学无以为名，《宋史》立《道学传》乃元儒之陋，《明史》不宜立理学传。他的主张受到史馆的重视。当时，总裁徐元文倡立理学传，史官朱彝尊等表示反对，汤斌出示了黄氏的信，史馆遂决定不立理学传。此外，许多史实的记载也多依黄说。顾炎武向史馆总裁徐元文和史官潘耒提出的修史以邸报为本的建议，也被史馆采纳了。

其四，送审史稿。康熙十八年以后，史馆借助遗民之力审核史稿甚多，除请万斯同长期从事此工作外，许多志稿还请在某一方面有精深造诣的遗民学者把关。如吴任臣所修的《历志》，有徐敬可、刘继庄、杨道声为之增定。黄宗羲审定吴任臣等所修《历志》后，梅文鼎又以自己所修《历草通轨》补订黄稿，摘出舛误五十余处。

以上四项，足见清廷是如何争取遗民对《明史》纂修的支持的。遗民史家大都具有广博的学识和精深的专业素养。顾炎武、黄宗羲等都著有丰富的明史著述，因此才能在史局问难时，答疑解惑，纠谬补正。万斯同更是公认的明史专家，他于《明十三朝实录》几能成诵，于邸报、野史、家乘无不遍览熟悉，随举一人一事问之，即详述其曲折始终，若悬河之泻，毫无滞碍。其助手与其审定史稿时，凡有史事未明出处者，向其质问，他迅即以纸条作答"在某书某卷某叶"，助手检书查阅，总是丝毫不差，可见其于明史之熟悉程度。此外，审定《历志》的梅文鼎也是当时著名的历算学专家。这些人的专业知识，无疑会对《明史》的质量起到把关作用，可以说《明史》至今被认为是比较可信的史书，与这些专家当时的努力分不开，与清廷争取遗民的政策和康熙帝的谋略也是分不开的。

遗民对官修《明史》从漠然视之到积极合作，是由他们既坚持民族思想，又承认清为天下之主的既成事实，这一特殊的政治态度决定的。一方面，当时社会局势已基本稳定，随着经济的恢复和发展，以及残明势力的消失，清室对中国的统治已成客观现实，作为长期接受传统文化教育的士人，在救世济民的抱负和关心“天下生民之休戚”的责任感驱使下，回到社会现实中来，回到政治舞台中来，已为大势所趋；另一方面，民族思想仍在不同范围内以各种方式影响着士人，眷怀故国、高蹈不仕被看作坚守民族气节和忠义伦理的高尚行为。这两方面构成了遗民的特有心态：既不能远离社会现实，又不能与清廷合作得太直接、太露骨。纂修《明史》正符合这种心态，因为纂修《明史》虽然是一种与当局的合作，但它还有另一层意义，即为保存故国之史尽力。

如不食清朝俸禄的万斯同，在史馆总裁的官邸襄助《明史》纂修二十余年，自称就是要“修故国之史以报故国”。出于同样心态，黄宗羲虽拒绝清廷的征聘却积极为史馆提供史料和审定史稿；顾炎武向其外甥史馆总裁徐元文提出修史的有关建议，却又表明“此虽万世公论，却是家庭私语”。其实他们把成就故国之史的希望寄托于清廷，这已表明承认了清廷的统治地位。当然，遗民在朝代更替、社会动荡之际，秉承传统文化的精神，保持气节，不仕异代，始终没有与清廷正面合作，是无愧于心的。同时他们又不胶执、颓废，他们把经世致用的思想落实在研治《明史》上，于文化、于社会均有所贡献，这是值得肯定的。

从康熙帝方面来说，遗民的每一点转变都说明他的谋略的成功。他能够容忍屡次拒荐的遗民以布衣身份参与官方的修史事业，能够以官方的名义向遗民征求史料、咨询意见，可见其利用修史笼络遗民的用心良苦。

事实上，明遗民无论是否应征了博学鸿儒，是否纂修了《明史》，他们的思想在康熙帝笼络遗民的政策下，都在发生着变化。

顾炎武虽始终未仕清廷，但他晚年显然已改变了对清廷的敌对情绪。康熙十八年前后，他曾就关辅地方的民生问题致信他在清廷做官的外甥徐氏兄弟。信中称康熙帝为“庙堂之上”，说自己以望七之龄，不顾自己的身份“贡此狂言”，可见他已把解决问题的希望寄托在康熙帝身上。

黄宗羲虽然没有接受史馆的邀请，却为史馆输送了两位得力人才，一位是他的儿子黄百家，一位是他的学生万斯同，他还赋诗勉励万斯同担负起评定一代之史的重任。他晚年与清朝官员多有往来，曾执教于清奉天督学兵科给事中姜希辙家，又应海宁县令许三礼之请在当地公开讲学。黄氏在文章中多次赞誉康熙帝为“圣天子”。

甚至连当初八次拒荐、绝食六日，以死辞征的李颙，在康熙帝的感召下，也改变了态度。康熙四十二年，皇帝西巡至西安，首先问及李颙，希望能见到他。李颙推病不出，但还是让儿子带着自己所著《四书反身录》《二曲集》奏进。康熙帝对李颙之子说：“你父读书守志，可谓完节，朕有亲题‘操志高洁’匾额和手书诗帖给他，以表扬他的志节。”一个奏呈著作，一个题赠匾额，可见这时康熙帝与明遗民之间隔阂已不那么大了。

二　消泯满汉　尊重汉俗

在采取特殊措施笼络遗民的同时，康熙帝还进一步采取措施，对政治机构进行改革，改变各种民族压迫政策，尊重汉族人民习俗，以缓和和消除当时颇为尖锐的满汉民族矛盾。

首先是仿效汉族王朝进行政治机构改革，提高汉族官员的政治地位。清朝政权以少数民族崛起于东北，原有一套独特的政权机构。皇太极时期，随着形势的发展，汉族人民成为主要统治对象，原有政权机构逐渐不适应需要，因而先后设立文馆、内三院、六部等机构。入关以后，多尔衮、顺治帝又相继仿效汉制，先后设置内阁、翰林院、十三衙门等机构，从而进一步加强了中央集权。然而，这些政治改革，招致了满洲勋旧的不满和反对。顺治帝去世之后，他们立刻以“率祖制”“复旧章”为名，通过顺治帝遗诏自责的形式，对顺治帝加速汉化的“罪行”进行清算。同时，辅政大臣还采取措施，陆续取消了许多入关后仿效汉族王朝设置的政府机构，恢复了一些在关外时原有的统治方式。其主要者，一是废除十三衙门，罢内官，恢复内务府以管理皇室事务；二是恢复理藩院与六部平行并列的地位；三是取消内阁、翰林院，恢复内国史院、内秘书院、内弘文院等内三院；四是停止明初以来科举考试中的八股文“制义”考试，只考策论表判。

平心而论，顺治时期仿效明朝建立的政治机构和制定的一些制度，既有比较先进的内容，也有腐朽落后的方面。辅臣执政时期进行的一些变动，有的是倒退行为，如取消内阁和翰林院；有的则是合理的，如改十三衙门为内务府，恢复理藩院与六部同阶等。但是需要指出的是，辅臣改动政治机构的目的就是拒绝明朝的政治制度，恢复入关前的旧有制度，这些显然不利于社会矛盾的缓和和清朝政权的巩固。康熙帝亲掌政权之后，即刻适应形势需要，开始了恢复汉制的政治活动。

康熙帝恢复汉制，首先从中央机构入手。清除鳌拜集团之后不久，康熙帝下诏将内三院复改为内阁，并另设翰林院。其中，内阁置满汉大学士四人，内阁大学士“勋高位极”，“赞理机务，表率百僚”，成为事实上的中枢机构。这些机构的建立，不但在一定程度上限制了议政王大臣等会议的权力，同时，也改变了清初以来武臣专权的不正常局面。在中央机构恢复汉制的同时，康熙帝还划一了满汉官员的品级。清室入关以后，在中央机构中实行满汉复职，亦即中央机构正副职官员，满汉同职，各占一半。例如，内阁设大学士满汉各两人，协办大学士满汉各一人；六部尚书、左右侍郎满汉各一人；都察院，左都御史及左副都御史俱满汉各一人。入关之初，满汉官员虽然职务相同，但品级却不一样。满官级别一般高出同职汉官二三级，有的甚至高出四五级。如满大学士、尚书、左都御史俱为正一品；汉大学士原为正五品，提高之后为正二品，汉尚书、左都御史俱为正二品，相差二级。再如，部院中的满郎中为正三品，汉郎中则为正五品，竟相差四级。这种同职异级制度，带有明显的民族歧视色彩，从而引起了广大汉官的强烈不满。

南书房原址

顺治十五年七月，顺治帝下诏改革官制，划一满汉官员品级。但是不久后，辅臣执政，又将满汉官员的品级差距予以恢复。清除鳌拜集团之后，康熙帝又提出这一问题，令有关大臣讨论。康熙九年三月，议政王大臣等经过会议，认为满汉官员品级“应行划一”，提出“将满官品级照顺治十五年之例，其现在品级仍准存留，以后补授之时照此定例补授”。康熙帝即予批准。随后，又修成《品级考》，刊刻遵行，将满汉官员及提升手续俱行划一。在此同时，对于汉官，康熙帝也格外倚任。康熙十六年，他专设南书房，先后吸收了数十名文化素养较高、政治经验丰富的汉臣入侍其中，除了辅导自己学习经史文学之外，也让他们参与起草诏旨、咨议政事的重要活动。这样，通过政治机构改革，汉族官员地位进一步提高。与之同时，他通过打击党争、改革旗务等活动，进一步限制八旗旗主及满洲勋旧的离心倾向，从而使得中枢机构中的满汉矛盾大为缓和，康熙帝的皇权也进一步得到加强。

其次是着手改变入关以来多年推行的民族高压政策。第一是严禁圈地，限制满洲亲贵掠夺汉族士民土地的欲望。清兵入关之初，为了解决大批八旗兵丁的生计，保证满洲亲贵的特权地位，顺治元年十二月，摄政王多尔衮正式颁布圈地令，令户部清查近京各州县的官田和无主荒地，分给东来诸王、勋臣、兵丁。为了杜绝满汉争执，多尔衮令“满汉分居，各理疆界”。但是，在实际执行中，由于满洲贵族坚持“务必使满汉界限分明”，满汉土地应“互相兑换”的圈换政策，圈占的范围远远超过了最初的规定，许多有主田地、房屋都被圈占。史载“圈田所到，田主登时逐出，室中所有，皆其有也。妻孥丑者携去，欲留者不敢携。其佃户无生者，反依之以耕种焉”。

顺治二年十一月，清朝政府又进行第二次大规模圈地，且将圈占的地区扩大到河间、滦州、遵化等府州县，下令凡无主之地俱行查明给予八旗下耕种。顺治四年，清朝政府又以去年八旗所圈土地之内薄地甚多，而今年东来八旗人等又无地耕种，因此宣布近京府州县不论有主无主土地“并给今年东来满洲”。连续三次大规模圈地，都引起了近京地区人民的强烈反抗。顺治四年三月，多尔衮被迫宣布，“永行禁止”圈占田地。但是，由于满洲兵丁不善经营及农奴怠工，所圈之地很快由肥变瘠，于是又以坏换好，于圈占之外复行圈换。这样，旗地准备圈换而无意经营，民地怕被圈换而不敢经营，严重破坏了社会生产，引起了广大汉族人民的强烈不满，激化了民族矛盾。因此，康熙帝亲政后，立即将之作为当务之急，予以解决。

第一，在清除鳌拜集团之后一个月，康熙帝即正式颁布了永停圈地的谕旨。从此，大规模地圈换土地才停止下来。但是，小规模的圈占仍然不时发生。康熙二十四年四月，顺天府尹张吉午上疏，要求从该年开始，凡是民间开垦田亩，永免圈取。户部讨论后，对此要求予以否定。由此可以看出，户部仍在支持、纵容圈地。康熙帝得知此事，又重申永禁圈地并诏谕，如果旗人需要拨给土地，即从户部现存的旗地余田中拨给。这样，经过康熙帝的三令五申，持续几十年的圈地最后停止下来。

第二是修订逃人法，制止投充。入关以前，关外仍然盛行农奴制。因此，统治者规定，允许汉族无地民众投充旗下为奴。入关以后，还继续坚持这一制度。这样，随着大规模圈地活动的进行，大量汉族人民，甚至一些地主都失去土地，被迫投旗为奴。此外，还有一些汉族地主为了图谋利益，也依附势要，带地投充。一些流氓无赖则更是借机浑水摸鱼，暗以他人土地投充满人。满洲贵族及其帮凶也趁势逼迫汉人投充，以及通过战争掠夺和市场购买，不少满洲贵族都拥有大量奴仆。而在满洲贵族的残酷剥削和压迫下，大量农奴逃亡。为了保证满洲贵族对农奴的占有，清朝政府多次颁布和修订逃人法，对逃人尤其是窝主以及牵连人犯予以严厉制裁。满洲贵族将逃人视为自己私有财产，故而累次制定法律，皆轻处逃人而严惩窝主。兼之以地方无赖又勾通旗下奸人，冒充逃人，妄指平民为窝主，进行敲诈勒索，甚至将无辜百姓私自填入投充档案，然后指为逃人索诈财物，更使狱讼不绝，社会秩序混乱，广大汉族士庶官吏深受其苦。因而顺治年间，不少汉官冒死上谏，要求轻处窝家，重惩讹诈。对此，清朝政府不但不予以考虑，反而对上疏汉官也严厉惩罚。一时之间，民族矛盾空前尖锐。康熙初年，有鉴原先制定的逃人法产生了不少弊端，辅政大臣曾经对之加以修改，严惩讹诈，轻处窝主。但是，由于此类案件的处理权控制在满洲王公和各地将军之手，所以问题并没有完全解决。康熙十一年八月，左副都御史任克溥上疏，要求将逃人案件审理权就近交于各地督抚处理。康熙帝立即予以准奏，停止圈地，修订了逃人法后，大规模的投充也逐渐停止，从而使一度十分尖锐的满汉民族矛盾得以缓和下来。

第三是采取措施调和满汉，并使满洲人渐习汉俗，以消除满汉两个民族的心理隔阂。其一是在祭祀对象和礼仪上仿效汉俗，入关以前，满洲人的主要祭祀形式是祭堂子，即"于静室总祀社稷诸神祇"。凡有大事，满洲人必祭堂子。清室入关后，除了继续祭堂子之外，又加上许多汉族的祭祀项目。康熙年间，各种汉族祭祀习俗，如祭城隍之神、祭孔子、祭禹陵、祭真武东岳城隍、祭历代帝王、祭太岁之神、祭五岳等，都全面进行。其祭祀项目之多、次数之繁，即使是历代汉族君主也难以企及。还应指出的是，康熙帝还坦诚地承认清朝对明朝的继承关系，对明皇陵、王墓一律加以保护并多次亲祭明孝陵，为其书写了"治隆唐宋"匾额，博得了广大汉族人民的好感。

其二是在风俗习惯上尊重汉俗。康熙时期，除了坚持剃发之外，其他方面，大多从民所欲，甚至在一些方面还效法汉俗。举例而言，裹足本为汉人风俗，满洲起于东北，并无妇女裹足之俗。皇太极时期，先后多次下令所属地方汉人妇女不得裹足。康熙三年，清朝政府又重申裹足禁令并加重处罚措施。康熙帝亲政后，左都御史王熙上疏，要求宽民间女子裹足之禁，康熙帝明知裹足有害，但是为了顺应汉俗，特准其请。受此影响，此后，满洲上层妇女亦渐习裹足之俗。再如，汉族有行乡饮酒礼的习俗。所谓乡饮酒礼，就是地方上那些"年高有德"的缙绅每年以尊贤养老为名聚会欢宴，共商地方大事——劝善、惩恶、荐举人才等，实际上是地方缙绅干预地方政事的一种方式。清室入关后，满洲地主经济迅速发展，满洲缙绅的作用已不容忽视。康熙九年十一月，康熙帝从顺天府丞高尔位之请，准予满蒙汉军中年高德劭、能作宾介者，亦与汉人一体举行乡饮酒礼。再如买良民为奴是满洲旧俗。入关以后，这种落后习俗也带入中原，并因圈地、投充、战争而泛滥，从而使广大汉族人民深受其害。因而，康熙八年，康熙帝诏令禁止，违禁不改，从重治罪。后来，他又多次重申这一禁令。

康熙帝的这些决定，对于改善满汉民族关系，对于满洲上层社会的进步和旧有习俗的革除，都起了一定的积极作用。又如，康熙帝还下令祭祀孔子时满官同汉官一样斋戒陪祀，满洲官员遇父母丧时亦同汉官一样离任守制。所有这些措施都有利于消除满汉之间的隔阂，增加彼此之间的认同心理。总之，经过康熙帝的不懈努力，康熙二十年以后，满汉矛盾已经由当时社会的主要矛盾降为次要矛盾，满汉民族融合的步伐也进一步加快，并进入了共同维护统一、推动社会进步的新时期。

三　怀柔蒙古　重铸长城

康熙帝执政期间，北部边疆很不太平。沙俄殖民主义势力不断东侵，蚕食中国领土，严重威胁着中国北部边疆的安宁；厄鲁特蒙古之一部噶尔丹乘机勾结沙俄发动叛乱，企图称霸全蒙古。面对这种形势，为加强蒙古各部与中央政权的联系，以巩固国家统一，遏制沙俄进一步东侵和噶尔丹的叛乱活动，康熙帝在蒙古地区采取了推行盟旗制度，建立黄教中心，发展农牧业生产，实行满蒙通婚，举行木兰秋狝，建设驿站，兴建避暑山庄等一系列有效的政治、经济、军事措施，逐步把蒙古各部建成戍守祖国边疆的坚固长城。

在蒙古各部推行盟旗制度，是康熙帝吸取前朝经验，加强对蒙古各部的管理，稳定北部边疆社会秩序的一项重要措施。盟旗制度起源于入关前的皇太极时期。皇太极为了在战略上完成对明朝的包围之势，采取伐抚并举的措施，统一了漠南蒙古各部，将东到吉林，西到贺兰山，南临长城，北到戈壁的漠南蒙古各部如科尔沁、翁牛特、郭尔罗斯、札赉特和克什克腾等，纳入清政权的控制之下。为加强对其内部的管理，皇太极便将八旗军政合一、兵民合一的组织形式，推行到漠南蒙古各部，分旗设盟，并在中央设置理藩院监督管理，这就是盟旗制度。

皇太极执政期间，已在漠南蒙古编置十九旗。每旗从本旗王公贵族中挑选一人，由皇帝直接任命为札萨克。札萨克，汉语叫旗长。札萨克既是世袭的封建领主，又是清政权的官吏，代表清政权管辖一旗的事务。为加强对各旗的管理，皇太极还在漠南蒙古各旗实行会盟制度，在旗之上设置正副盟长各一人。盟不是旗之上的行政机构，盟长不能直接管辖、干预各旗内政，但必须代表理藩院对盟内各旗实行监督。盟长定期召集各旗旗长聚集到盟所，检查各旗执行清廷法令等情况。入关之后，清政权继续在漠南蒙古推行盟旗制度。顺治年间，又增编了二十四旗。至此，漠南蒙古已达六盟四十三旗。康熙帝继位后，不仅在漠南蒙古地区又增编了五旗，而且还把这一行之有效的措施推广到喀尔喀蒙古。

喀尔喀蒙古，原为成吉思汗第十六世孙格埒森扎扎赉尔珲台吉后裔所属，游牧在东起呼伦贝尔，西至阿尔泰山，南到戈壁，北到贝加尔湖一带辽阔的土地上。皇太极时期，喀尔喀蒙古就已臣附清室。清朝初期，喀尔喀蒙古形成车臣汗部、土谢图汗部、札萨克图汗部三大部。崇德元年，皇太极遣大臣到喀尔喀蒙古，劝其归附。崇德三年，喀尔喀三大部开始向清朝政府纳贡，每年贡一峰白骆驼，八匹白马，史称“九白之贡”。顺治十二年，清朝政府按照八旗制度设置喀尔喀左右翼八札萨克。车臣汗部、土谢图汗部及赛音诺颜部属左翼，札萨克图汗部属右翼。双方关系更加密切。

康熙元年，右翼札萨克图汗部发生内乱，札萨克图汗旺舒克与其所属罗布藏台吉自相仇杀，旺舒克战败身亡，其兄绰墨尔根自立为汗。因未经清朝政府敕封，部众不服，大多投向土谢图汗，从此埋下了左右两翼不和的种子。康熙九年，康熙帝下诏废除绰墨尔根的非法汗位，由札萨克图汗旺舒克的弟弟成衮袭封汗号。成衮袭封汗位后，向土谢图汗索要本部属民，土谢图汗拒不归还，从而引发了喀尔喀蒙古左右翼两汗的人口纠纷。成衮无奈，两次派人到北京，希望清朝政府出面调停解决。当时康熙帝正忙于内部事务，无暇顾及喀尔喀争端。成衮又请求达赖喇嘛出面干涉，但土谢图汗无视达赖喇嘛劝阻，仍不归还札萨克图汗人畜。在事情得不到合理解决的情况下，成衮只好向噶尔丹寻求支持。为了防止厄鲁特蒙古噶尔丹借机勾结沙俄插手喀尔喀蒙古内部事务，使事情复杂化，在内部事务安定之后，康熙二十五年，康熙帝派理藩院尚书阿喇尼和达赖喇嘛五世代表噶尔旦西勒图共赴喀尔喀蒙古，在库伦以会盟的方式解决两翼人口纠纷问题。会盟，是清朝政府在蒙古各部或札萨克之间定期集会，协调关系，共同商量解决重大问题的形式。在清朝政府官员的斡旋下，两翼汗达成了和解协议，将离散人口各归本札萨克，并在佛像面前发誓永不背盟。这次会盟之后，喀尔喀蒙古出现了和平的局面，康熙帝为更加有效地管理喀尔喀诸部，将原来的八旗改为十四旗。

康熙二十七年，噶尔丹率领三万大军东侵喀尔喀蒙古。土谢图汗和宗教首领哲布尊丹巴无力阻挡噶尔丹，率领部属十万余人向清朝要求内附。喀尔喀十四旗部众迁入汛界后，康熙帝给予了妥善的安置，让他们在漠南蒙古的苏尼特、乌珠穆沁、乌拉特等地游牧。但喀尔喀蒙古旗众缺乏法度意识，与其所居之地的漠南蒙古札萨克互相劫掠的事件时有发生。如不定法督察，就会严重影响喀尔喀蒙古与漠南蒙古的关系，而漠南蒙古秩序一旦混乱，又会给噶尔丹进一步入侵提供有利时机。因此，康熙帝一方面进行平定噶尔丹叛乱的准备工作，另一方面决定将在漠南蒙古地区实行已久的盟旗制度，进一步推广到喀尔喀蒙古。康熙二十八年，康熙帝诏令漠南蒙古科尔沁土谢图亲王沙津、喀尔喀达尔汉亲王诺内、台吉多尔济思希卜等，率领从漠南蒙古各旗所选派的官员共赴漠北，分三路增设札萨克，收集离散之众，编为旗队，教以法度。在原库伦会盟的基础上，又增置八旗。

康熙二十九年，清军在乌兰布通大败噶尔丹，为彻底解决喀尔喀蒙古内部不和问题提供了有利时机。康熙三十年，康熙帝决定在多伦诺尔（今内蒙古多伦）再次举行会盟，由漠南、漠北蒙古共同参加，以进一步团结蒙古各部。当年四月，会盟正式开始。康熙帝意识到，喀尔喀两翼之间的矛盾，关键在于札萨克图汗部贵族与土谢图汗部贵族之间的关系。土谢图汗拒不归还札萨克图汗部属民，在对抗噶尔丹时，又贸然出兵击杀了札萨克图汗沙喇，致使两翼之间的矛盾进一步恶化。但土谢图汗率众抗击沙俄侵略，积极对噶尔丹叛军作战。在喀尔喀蒙古腹背受敌，沙俄又乘机招降喀尔喀难民的情况下，其宗教首领哲布尊丹巴又毅然率众内附。相比之下，土谢图汗之功大于其过。因此，康熙帝决定采取恩威并施的策略来调和喀尔喀蒙古的矛盾。

四月三十日，康熙帝率领上三旗和古北口绿营兵及下五旗军队到达多伦后，即命土谢图汗与哲布尊丹巴就其擅自出兵击杀札萨克图汗具疏请罪。五月初三日，康熙帝召见了蒙古各部贵族，并让土谢图汗和哲布尊丹巴将其过自行陈奏，以化解札萨克图汗部贵族心中的不满，然后指出：土谢图汗虽有擅自出兵之过，但其能积极抵御沙俄入侵，哲布尊丹巴又能率众来归，故朕不忍治其罪。遂命各部贵族对土谢图汗之罪进行商议。各部贵族看到康熙帝处理得合情合理，一致要求赦免土谢图汗。康熙帝遂让已故札萨克图汗的弟弟策妄札布袭封汗号，又赦免了土谢图汗之罪。几天后，康熙帝又以赐宴的形式再次召见蒙古王公贵族。在宴会上，喀尔喀蒙古各部奏请清朝政府按照漠南蒙古的制度，统一管理喀尔喀诸部。康熙帝欣然准奏，在原二十二旗的基础上，又增编十二旗。至此，喀尔喀蒙古已达三十四旗。同时，康熙帝还颁旨废除济农、诺颜等称号，除车臣汗、土谢图汗仍留汗号外，其他一律改封为清朝政府爵位。策妄札布封和硕亲王，其余贵族依次授予郡王、贝勒、贝子、公、台吉等品级。噶尔丹被消灭后，喀尔喀蒙古回到漠北故土，康熙帝论功行赏，于康熙四十年又在喀尔喀增置二十旗，任命有功之人做旗长。至康熙末年，喀尔喀蒙古已达六十九旗。

为确保清朝中央政府的有效管理，康熙帝在推行盟旗制度的同时，还将之不断完善。除由中央政府任命旗长，定期举行会盟外，还进一步明确各旗旗长的职责。规定旗长虽为世袭，也可以视情况更换，在同族中选择忠于政府、军功大、能力高、体质强健者予以任命。旗长之下设立帮办台吉、管旗章京、帮办旗务章京、参领、佐领、骁骑校、领催、什长等八级官员，负责管理旗内各种事务。为加强对各旗贵族的管理，康熙帝特于康熙四十四年在札萨克之下，另设正副族长各一人，以纠察违法、酗酒、行凶等事。正、副族长之下，每百户台吉设大台吉一人、台吉昆都一人、台吉拨什库两人、笔帖式一人。他们的职责就是管理贵族，防止贵族利用职权违法乱纪。这样，一套完整的行政运行系统在蒙古各部建立起来了，蒙古社会从此步入了有序发展的轨道。

在蒙古地区增旗设盟的同时，康熙帝还进一步完善了各札萨克的职责。其一就是定期核定人口。核定人口是清朝政府在蒙古地区按人口比例编定佐领，抽调兵员作战、应差的基础。康熙帝特于康熙十三年规定，蒙古各札萨克每三年核定一次人口。如有隐匿不报达十丁者，要将管旗贵族、管旗章京、副章京、参领、佐领、骁骑校依次罚俸三月，罚牲畜若干，领催及什长鞭挞八十。康熙末年，当喀尔喀蒙古全部编旗后，康熙帝规定其也要三年核定一次人口，届期由理藩院召集各部盟长，下达皇帝旨意，盟长回去之后颁发给每旗预印空白册档一本，令其将三年内裁、添人丁记载详细，上报理藩院。其二是从征。康熙帝加强了中央政府征调蒙古铁骑从征的权力。一有战事，各旗旗长必须督率全旗贵族踊跃参加，不得逃避。否则，亲王、贝勒、贝子、公、台吉依次受罚。如有不将全旗人马带往参战者，以军法论处。其三是严守旗界，不得越界放牧。如本旗确实无草，需要到其他旗游牧者，则必须提前呈报理藩院，由理藩院官员前去勘察核实后，方准实行。

随着噶尔丹叛乱的平定，康熙帝对漠西厄鲁特蒙古的管辖也有所加强。对于噶尔丹部下归降者，康熙帝将其安置在张家口外，编入察哈尔旗，分佐领，对其中重要人物授以官爵；而对于一度为噶尔丹控制的部落，则仿照漠南、漠北蒙古的制度，在原地分旗编队，加强管理；对于在反噶尔丹战争中强大起来的策妄阿拉布坦，则仍允许他与清朝政府保持朝贡关系。

通过在蒙古各部推行盟旗制度，康熙帝有效地加强了对蒙古各部的控制，密切了蒙古贵族和中央政府的关系，稳定了蒙古各部的封建秩序，使蒙古各部从政治上和清朝中央政府保持一致，连成一体，上令下达，加强了中央政府对蒙古各部的控制，使其很好地发挥戍守边疆的作用。

康熙帝继续奉行清初以来各帝尊崇黄教的政策，从宗教上加强中央政府和蒙古各部人民的联系。黄教为佛教的一支，明朝初年由西藏地区僧人宗喀巴所创，提倡苦行，严守戒律，自服黄衣黄冠，因而，人们把它叫作黄教。黄教兴起后，首先在西藏地区广泛流传开来。明朝万历六年，黄教传入漠南蒙古。万历十五年，喀尔喀蒙古开始尊崇并推广黄教。到明朝末年，黄教势力已深入漠南蒙古和厄鲁特蒙古地区，深得蒙古各部贵族的信仰。清朝初年，为了联络蒙古各部，皇太极就表示要尊奉达赖，信仰黄教。入关之后，顺治帝还隆重接待了到北京朝见的五世达赖喇嘛，并敕封其为“西天大善自在佛领天下释教普通瓦赤喇怛喇达赖喇嘛”，授以金册金印，进一步奠定了黄教在蒙古和西藏地区的精神统治地位。康熙帝继位后，为了加强中央政府对蒙古地区的控制，继续发展黄教，以表示尊重蒙古人民的宗教感情；同时，鉴于西藏第巴桑结嘉措假借五世达赖喇嘛的名义支持噶尔丹叛乱，扰乱喀尔喀蒙古事务，又积极扶助蒙古地区的黄教首领哲布尊丹巴呼图克图和章嘉呼图克图，以削弱达赖喇嘛及第巴桑结嘉措势力对蒙古地区的控制和影响。

哲布尊丹巴是喀尔喀蒙古的宗教首领，土谢图汗之弟。顺治六年改宗黄教，但长期以来，其地位远远不如达赖喇嘛派出的代表。当清朝政府为解决喀尔喀蒙古两翼纠纷，在库伦会盟时，哲布尊丹巴因与达赖喇嘛代表噶尔旦西勒图平起平坐而被噶尔丹视为“非礼”，并以此为借口，大举入侵喀尔喀。同时，沙俄又乘机招降喀尔喀难民。在这危急时刻，哲布尊丹巴向部众指出，沙俄不信佛教，语言风俗习惯与蒙古不同，投向他们绝没有幸福安宁可言，只有投向康熙帝，才可找到永远的幸福和安宁。于是毅然率领部众南归，内附清朝政府。

康熙二十一年，五世达赖喇嘛去世，但在第巴桑结嘉措的控制下秘不发丧，并假借达赖喇嘛的名义暗中支持噶尔丹的叛乱。这使康熙帝意识到，达赖势力已经严重地影响到了清朝政府的统治，于是，康熙帝加快了在蒙古地区建立黄教中心的步伐。康熙三十年，在多伦会盟中，康熙帝趁着蒙古各部王公贵族齐集该地的机会，正式加封哲布尊丹巴为大喇嘛，令其掌管漠北黄教事务；同时，他决定在多伦修建汇宗寺，由哲布尊丹巴主持宗教事务，直至其返回漠北。当喀尔喀蒙古返回漠北时，康熙帝又命拨白银十万两，兴建库伦庆宁寺，使其成为漠北黄教中心。哲布尊丹巴在康熙帝的支持下，声望日隆，成为一支独立的转世系统。哲布尊丹巴与康熙帝一直保持着密切的联系。清朝政府通过对哲布尊丹巴的领导，加强了对漠北蒙古的控制，漠北蒙古对中央政府的向心力更强了。

康熙三十五年，第巴桑结嘉措隐匿达赖五世丧事的诡计败露，康熙帝为了削弱第巴桑结嘉措及其拥立的六世达赖的影响，加强了中央政府对漠南蒙古黄教势力的控制。康熙四十年，康熙帝特命在北京的达赖五世的高足章嘉呼图克图移居多伦诺尔汇宗寺。章嘉呼图克图，名阿格旺罗布桑却丹，生于明朝崇祯十五年。康熙二十七年，因对第巴桑结嘉措专权不满，离开西藏返回青海。康熙帝慕其学识渊博，将其迎至北京。之后康熙帝又封其为灌顶普善广慈大国师，令其总管蒙古、京师、盛京、热河、甘肃及五台山等地的黄教寺院。从此，漠南蒙古也有了自己的转世系统，又一个黄教中心就在漠南蒙古建立起来了。

漠北、漠南蒙古两大黄教中心的建立，减弱了达赖在蒙古地区的影响，清朝政府对蒙古各部的宗教控制大大加强，在宗教斗争中取得了决定性的胜利。

为了从根本上维护蒙古地区的稳定，巩固祖国边疆，增强蒙古各部对中央政府的向心力，康熙帝还在发展生产、繁荣经济、关心蒙古人民生计等诸方面采取了许多措施。

蒙古人民过着游牧生活，平时没有积蓄，一旦遇到天灾，就会生计困难。每到这时，康熙帝就会大力救济，使之确无饥寒之虞。康熙二十年，漠南蒙古苏尼特部和四子部遭灾，康熙帝命以归化城、宣府城的粮食和太仆寺的马牛羊救济。康熙二十四年，浩齐特部遭灾，人民多以荒草野根为食，康熙帝命发放储蓄粮一千石前往救济。康熙二十七年，漠南蒙古大旱，草原一片枯黄，牲畜羸弱倒毙，康熙帝下旨调集喜峰口、古北口、杀虎口、张家口、独石口的储粮，发往各旗救济受灾牧民。对喀尔喀蒙古，康熙帝也采取有力措施多次加以救济。同年，喀尔喀蒙古遭受噶尔丹入侵，全部内迁，其部属遭此变化，衣食无着，康熙帝迅速采取措施救济。康熙二十九年，土谢图汗、车臣汗、哲布尊丹巴分别以缺乏粮食奏请救济，康熙帝命赈济粮食十万石，按人口发放。与此同时，为了孤立噶尔丹，对受噶尔丹压迫的和硕特部噶尔旦多尔济也给予救济。康熙三十五年，康熙帝命从甘肃藩库内拨银千两救济噶尔旦多尔济。即使是对噶尔丹的部众，康熙帝也曾拨银千两救济，这对分化瓦解噶尔丹分裂势力起了重要作用。康熙帝在位期间，共赈济蒙古四十余次。所有这些，都保护了生产力，增强了蒙古各部对清朝政府的信赖。蒙古和中央政府的联系更加紧密了。

针对蒙古游牧经济人口流动性大的特点，兼之噶尔丹入侵以后，社会秩序陷入混乱，康熙帝决定大力整顿蒙古社会秩序，发展农业生产。首先是严惩盗贼。当时规定，如果有人偷盗马匹或窝藏盗马贼犯，一旦查实，均予以正法或没身为奴，以示惩戒。而对蒙古王公贵族，则要求他们减轻剥削，改变那种杀鸡取卵、竭泽而渔的残暴政策，以缓和阶级矛盾。同时，康熙帝看到敖汉、奈曼等地土地肥沃，有利于发展农业生产，特于康熙三十七年，派遣原任内阁学士黄茂等"前往教养蒙古"。在康熙帝的关心和支持下，蒙古人民逐渐改变了单一的游牧经济，发展起了农业，有了比较稳定的生活来源。加之内地无地或少地的农民也前来边疆租种土地，于是经过汉、满、回、蒙等各族人民的共同努力，原来黄沙遍地的不毛之地变成了烟火相望的村落，蒙古各部从此有了自己的农业生产。有的地区农作物单位面积产量甚至高过内地。土地的开垦促进了农业的发展，初步解决了当地人民的温饱问题，稳定了社会秩序。同时也扩大了边疆地区的粮食储存，对当地经济的发展和北部边疆的巩固都有重大意义。

康熙帝还设立牧厂、训练骑兵以加强蒙古地区的防御力量。蒙古骑兵一向是满洲八旗兵的重要帮手，康熙帝要使蒙古各部成为戍守边关的天然屏障，必须有一支骁勇强悍的蒙古骑兵及可以用来调动作战的大批战马。因此，康熙帝决定在广阔的蒙古地区设立牧厂，训练骑兵。终康熙一朝，在蒙古各部设立牧厂共达十几个，为喂养马匹、训练骑兵提供了一个广阔的场地。这些牧厂的设立，在平定噶尔丹叛乱中发挥了重要作用。昭莫多一役所需的数十万马匹就是由这些牧厂提供的，从而保证了战斗的胜利。康熙帝经常把牧厂经营的马牛羊赏赐或借贷给蒙古王公，让他们用于发展生产，促进蒙古地区经济。这既起了笼络蒙古王公的作用，密切了他们与清朝政府的关系，又繁荣了蒙古地区的经济。康熙三十九年，康熙帝赏赐给翁牛特杜棱郡王良马八百匹，以资生息；次年六月，康熙帝北巡至大兴安岭、喀尔喀河一带，又决定从太仆寺马厂贷马给蒙古贵族，每名台吉补足十匹，让他们发展畜牧业生产。这些措施起到了发展生产和巩固边防的双重作用。

满蒙联姻是爱新觉罗家族创业之初就实行的一种政策，也是清朝政府加强对蒙古各部控制的有效手段，起始于后金政权的建立者努尔哈赤。明朝万历四十年，努尔哈赤首先聘娶漠南蒙古科尔沁部明安之女为妃，后来他的儿子代善、皇太极等也先后娶蒙古部落之女为妃，开创了满洲贵族与蒙古王公通婚的先例。天命二年以后，努尔哈赤开始以满洲贵族之女下嫁漠南蒙古各部首领，以进一步笼络漠南蒙古贵族，加强对他们的控制。皇太极即位后，进一步发展了努尔哈赤创立的满蒙联姻制度，其中，以和科尔沁部蒙古通婚尤为密切。皇太极自己的两位皇后和一位妃子都娶自于科尔沁部。皇太极在位期间，他的兄弟、子侄娶蒙古贵族女子七人，其中有五位来自于科尔沁部，科尔沁部因此成为漠南二十四部之首。

在清军的每次征伐战争中，科尔沁部必定派兵出战，与清室结成了休戚与共的亲密关系。同时，皇太极还把通婚的范围扩大到“外藩蒙古”。天聪元年，漠南蒙古敖汉、奈曼等部来归，皇太极给予极高的礼遇。天聪三年将哈达公主下嫁给敖汉部首领索诺木杜棱。天聪七年，又将长女固伦公主下嫁给索诺木杜棱之义子班第。崇德四年，苏尼特部前来归顺，次年，皇太极便将郡主下嫁给该部首领。即使是对曾与自己为敌的察哈尔部林丹汗也宽大为怀，在其败亡后，对其余众采取怀柔招徕等手段。天聪九年，林丹汗的儿子额哲及其母率部属归顺后金，向皇太极献上传国玉玺。皇太极不仅给予他极高的礼遇，而且还把自己的二女儿马喀塔公主嫁给他。就这样，努尔哈赤和皇太极通过刚柔相济的手段将蒙古各部收服，使之成为清室与明王朝争夺政权的主要依靠力量，为满洲贵族入关统一打下了坚实的基础。至于顺治帝，本身就是满蒙联姻的结果，其母孝庄皇太后来自于科尔沁蒙古博尔济吉特氏家族，而他前后所立的两位皇后和其中的四位妃子都来自于科尔沁蒙古博尔济吉特氏家族。

康熙帝继位后，为了经营北疆，继续奉行满蒙联姻的政策。他先后将两位科尔沁蒙古贵族之女纳入宫中为妃，又将自己的四名公主——皇三女固伦荣宪公主、皇五女和硕端静公主、皇十三女和硕温恪公主、皇十五女和硕敦恪公主，一名侄女——恭亲王常宁女（封固伦纯禧公主）及若干名孙女及宗室的女儿，陆续嫁到漠南蒙古草原。不仅如此，针对当时喀尔喀各部内附的新局面，他还将联姻范围扩大到喀尔喀蒙古和厄鲁特蒙古，从而与蒙古各部王公贵族都建立了不同程度的姻亲关系，使蒙古各部进一步成为清朝政府“结以亲谊，托为心腹”的依靠力量。

喀尔喀蒙古是遏制沙俄南侵、进取天山南路的战略要地。为确保漠北，屏蔽漠南，康熙帝首先注重结好实力雄厚的土谢图汗部。康熙三十六年，康熙帝将皇六女和硕恪靖公主下嫁土谢图汗部札萨克多罗郡王敦多布多尔济，并授其为和硕额驸，后又晋升为和硕亲王。康熙五十五年，又将郡主嫁给敦多布多尔济长子根扎布多尔济，并授之以和硕额驸。此后，康熙帝又将孙女和硕亲王允祥之女和硕和惠公主下嫁给土谢图汗察多尔济之弟巴图尔珲台吉之孙多尔济色布腾。通过这一系列联姻活动，土谢图汗部被牢固地控制在清朝政府的手中。对赛音诺颜部，康熙帝也大加抚绥，将其部首领善巴的堂弟策凌、恭格喇布坦兄弟，赐居京师，在内廷教养，并授策凌为三等轻车都尉。康熙四十五年，又将皇十女和硕纯悫公主嫁给策凌，恭格喇布坦也娶了郡主为妻，同授和硕额驸。对于与准噶尔相邻的札萨克图汗部，康熙帝也采取了联姻怀柔的政策，多伦会盟时，即封原札萨克图汗的弟弟策妄扎布为和硕亲王。康熙四十年，康熙帝出巡喀尔喀蒙古东部时，又命策妄扎布袭封汗号，赐以牧地，并将郡主嫁给他，授之为多罗额驸，后又晋升为和硕额驸。

对漠西蒙古，康熙帝同样以联姻政策加以笼络。早在康熙六年，他就对厄鲁特蒙古之一的和硕特部采取了联姻政策，下诏封顾实汗弟色棱哈坦巴图尔之子伊思丹津为多罗贝勒，将一县主嫁给他为妻，授其为多罗额驸。为了限制策妄阿拉布坦势力的发展，康熙帝又对和硕特蒙古一支阿拉善蒙古采取了怀柔政策。阿拉善蒙古地处河西走廊一带，制约着青海、西藏和天山北路，地理位置非常重要。康熙四十三年，康熙帝将郡主下嫁给阿拉善蒙古札萨克和罗理第三子阿宝，并授阿宝以和硕额驸，在北京赐给他宅第，命为御前行走。为了削弱日渐强大的策妄阿拉布坦的影响和安抚已经归附的噶尔丹部众，康熙帝还将宗室之女嫁给准噶尔部贵族。噶尔丹之子塞卜腾巴尔珠尔被俘时仅十四岁，康熙帝非但没有杀他，还授他为一等侍卫，并于康熙四十五年，将阿达哈哈番觉罗长泰之女授为乡君，嫁给塞卜腾巴尔珠尔，并封塞卜腾巴尔珠尔为镇国公婿。噶尔丹侄孙丹津阿拉布坦率部投降清朝后，康熙帝封其为多罗郡王，并将皇室之女嫁给他的儿子策灵旺布及塞布腾旺布，并封他们为和硕额驸。康熙帝在漠北、漠西推行联姻政策，进一步团结了蒙古各部贵族，对稳定北疆和西北边疆产生了深远的影响。

为加强内地与蒙古各部的联系，增强蒙古各部的边防力量，康熙帝还在蒙古地区各部设立了邮政、驿站、军台。康熙三十一年，康熙帝诏令内大臣阿尔迪、理藩院尚书班迪等赴漠南蒙古勘察地点，设立驿站。首先设立了科尔沁、鄂尔多斯两路。终康熙一朝，在漠南蒙古共设立五条驿路，有喜峰口、古北口、独石口、张家口和杀虎口驿路。同时还在这些驿路上设置军台，以增强军事力量。自喜峰口至札赉特，设置军台十六座；自古北口至乌珠穆沁，设立军台九座；自独石口至浩齐特，设置军台六座；自张家口至四子部，设立军台五座。另外，还从归化城至鄂尔多斯设立了八座军台。在喀尔喀蒙古地区，康熙帝在昭莫多战役之前，就诏令西路大军自杀虎口外设立驿站六十处，中路自京师至独石口设立驿站四处，独石口外设立驿站六十处。两路驿站蜿蜒北上，直抵赛音诺颜部。大败噶尔丹之后，喀尔喀蒙古重返漠北，这些临时驿站变成了常设驿站，便利了喀尔喀蒙古和清朝中央政府的联系。

康熙末年，强大起来的策妄阿拉布坦与清廷反目，兵戎相见。为了确保清军在战争中的胜利，康熙帝诏令在天山南北两路设置军台、驿站，北线经喀尔喀蒙古到达京师，南线经哈密抵达甘肃。清军攻占巴里坤，康熙帝即诏命设置自嘉峪关至巴里坤站台。同年，又在阿尔泰地区设置站台七十余座。康熙五十七年闰八月，康熙帝又诏命将军傅尔丹在科布多、乌兰固木筑城围田，设立驿站。这些驿站的设立，为清朝政府彻底解决准噶尔问题打下了坚实的基础。

与设立驿站相配合，康熙帝还规定了巡边制度，每年春、秋两季由领队大臣按一定路线在西北地区巡查边境哨所。康熙帝还在漠南蒙古四十九旗之地安设哨所，在喀尔喀蒙古所属之地安设斥堠，每年派大臣两次巡查边境哨所情况，进一步加强清朝政府对蒙古各部的管辖。

在康熙帝怀柔蒙古的各项措施中，木兰秋狝和避暑山庄也起了一定作用。木兰围场设立于康熙二十年，位于漠南昭乌达盟、卓索图盟、锡林郭勒盟与察哈尔蒙古东四旗接壤处，东西相距三百里，南北直径也近三百里，方圆面积达一万余平方公里。由于木兰围场位于漠南蒙古中心地带，北控蒙古，南拱京师，又是清代前期北京通往喀尔喀蒙古、黑龙江以及尼布楚城的重要通道，战略地位十分重要。因此，康熙帝几乎每年都在此地进行围猎，一方面训练八旗子弟骁勇善战的能力，另一方面，利用秋狝中蒙古王公贵族扈从围猎之际，接见蒙古各部上层人物，密切清朝政府与蒙古各部的联系，增进团结，使蒙古王公“畏威怀德”，达到充备边防，巩固基业的目的。

避暑山庄的建立与木兰秋狝有直接的关系。每年一次的秋狝，规模盛大，成千上万的军马长途行军，中途歇息时，需要固定的储存物资的住所。因此，从康熙四十一年开始，康熙帝便在北京至木兰围场途中建立行宫，热河行宫便是其中之一，康熙帝亲笔为其题名为“避

冷枚绘《避暑山庄图》

暑山庄”。避暑山庄包括宫殿区和苑景区两大部分，总面积为五百六十四万平方米，至康熙四十二年初步建成。乾隆帝时期，又进行了大规模的改造和扩建，最后完工。

避暑山庄不仅仅是康熙帝在木兰秋狝时所住行宫，同时又是康熙帝处理民族事务，加强边防的政治中心。康熙帝除在围班当中接见蒙古贵族外，还在行宫召见蒙古各部官员。随着众蒙古部落的相继来归，觐见者日益增多，因而康熙帝每年都要在避暑山庄停留数月甚至半年时间，同时要处理各种民族事务。避暑山庄成为了清朝政府的第二个政治中心。康熙帝在修建热河行宫的同时，在其外围修筑了外八庙。这些寺庙绝大多数是清朝在解决北部、西北部边疆和西藏问题的过程中，供来承德朝见皇帝的各少数民族贵族观瞻、居住而建造的，因此具有强烈的民族色彩。康熙五十二年，蒙古各部王公贵族来承德，庆祝康熙帝六十大寿，要求修建寺庙。康熙帝即命按蒙古式样修建了溥仁寺和溥善寺。后来，乾隆帝体会其祖父的意图，分别按西藏寺庙样式和维吾尔族建筑样式，又陆续修建了九座寺庙。外八庙很容

避暑山庄澹泊敬诚殿

易让人想起蒙古、新疆和西藏，各族上层人士来到承德之后，自然产生一种亲近之感，感受到康熙帝对他们的恩宠，在文化上产生认同心理，增加同清朝政府的向心力，更容易自觉地接受清朝政府的统治。

康熙帝解决了历代统治者想解决而解决不了的北部边疆问题，将蒙古地区纳入了中华民族大家庭中，成为戍守祖国边疆的新的长城，实现了“本朝不设防，以蒙古部落为屏藩”的战略思想，为中国边疆的巩固建立了不朽功勋。

第五章　外柔内刚　四海一统

“三藩之乱”平定之后，康熙帝在采取措施化解一度颇为尖锐的民族矛盾的同时，也开始把眼光转向边疆，先后进行了统一台湾、抗击沙俄和征讨漠西蒙古噶尔丹叛乱的军事行动。其中，对台湾郑氏集团和噶尔丹叛乱分子，康熙帝不只重视军事征剿，还十分重视政治招抚；抗击沙俄侵略，也有理有节，不但在更广泛的范围内实现了国家的统一，而且成功地挫败了西方殖民主义侵略者侵略中国的阴谋，捍卫了国家的独立，对于中华民族的发展做出了重要的贡献。

一　统一台湾　攻心为上

台湾自古以来就是中国的领土，与大陆隔海峡相望。海峡两岸一直存在着密切的联系。顺治末年，郑成功为坚持抗清斗争，率师渡台，驱逐了盘踞台湾达三十八年之久的荷兰殖民者，并致力于台湾的开发，使台湾社会经济迅速进步。明朝灭亡之后，清朝政府逐渐地掌握了大陆的统治权。但是，郑氏割据台湾，打着“反清复明”的旗号，对清朝政府统治的稳定构成了严重威胁。这样，在平定“三藩之乱”后，康熙帝首先规划了统一台湾的军事行动，采取攻心为上的策略，分化和瓦解郑氏集团。经过澎湖海战，在没有对台湾本土造成破坏的情况下，康熙帝成功地解决了台湾的统一问题。

康熙初年，清朝政府虽然大致统一了中国，但由于连年征战，国库枯竭，统治者和平民百姓迫切需要安定喘息。当时清朝政府还没有强大的水师，也无力发展水师，对于海上投诚人员并不信任，更谈不上大胆使用，所以，对波浪滔滔之外的台湾无计可施，甚至对大陆沿海金、厦之地也无力恢复。而台湾郑军却由于连年征战，保持着一支相对强大、善于海战的水师，敢于同清朝政府抗衡。在无可奈何的情况下，清朝政府除了封锁沿海、断其接济和利用高官厚禄诱其部属投诚外，对郑氏只剩遣使招抚一法，仅有的一次武力征剿也半途而废。在康熙中期，清朝政府建立起与之相抗衡的水师之后，这种不利的局面才得以改观。

早在顺治年间，清朝政府为了孤立和瓦解郑氏集团，即采取了严禁出海与内迁沿海百姓的政策，称之为“海禁”。康熙初年，四大臣辅政，继续奉行此策。清朝政府将沿海百姓的船只全部烧毁，并派官员到江、浙、闽、粤、鲁等省进行大规模迁界禁海，将各省沿海百姓迁入内地三五十里，设界防守，严禁逾越。清朝政府本想以此举割断台湾与大陆的联系，使其得不到大陆的物资接济，坐而待毙。没想到空出的地方更加有利于郑军的自由出入，他们将守界的官兵收买，照常可以从大陆得到物资接济。而迁界禁海的政策却使沿海百姓流离失所，土地大片荒芜，对外贸易停止，国家税收锐减。

与禁海迁界的政策相配合，清朝政府也致力于遣使招抚。康熙元年，清朝政府就在江、浙、闽、粤等地设置招抚官员，专门负责招降之事。就在这一年，郑成功去世，郑袭、郑经叔侄为争夺延平王王位，兵戎相见。福建总督李率泰、靖南王耿继茂想利用这个机会招抚在厦门的郑经。郑经想平定郑袭集团作乱，但又担心陷入与清军和台湾郑袭集团两面作战的境地。因此，他对清朝政府的招抚大为欢迎，派人假意与清朝政府谈判，并上缴明朝所赐敕命、印信和“海上军民土地清册”，表示接受招抚，借以拖延时间，而同时又亲率大军赴台湾，凭借郑成功之子的身份，迅速瓦解郑袭集团，戡平内乱。随后郑经返回厦门，拒绝履行招抚条件。清朝政府的招抚计划彻底失败。

康熙三年六月，郑氏集团内部又起纷争。六月初七日，郑经设计囚其伯父郑泰，并勒令他自杀。郑泰的儿子郑缵绪、弟弟郑鸣骏被逼无奈，率领水陆官员四百余人、兵马万余众、船三百余只入泉州港，投降清朝政府。经此变故，郑氏集团力量大为削弱。同年九月，被郑成功驱逐出台湾的荷兰殖民者揆一，请求投靠清朝政府，合兵进击台湾。耿继茂、李率泰也欲乘郑经力量削弱之机收复金、厦、台，遂调全体投诚官兵和荷兰夹板船，收复沿海诸小岛。十月，分三路猛扑金、厦。其中，荷兰殖民者与提督马得功从泉州出发，担任主攻。郑经重点攻击此路兵。十月十九日，两军相遇于金门乌沙港，郑经大败清军，马得功投海而死。但郑经的另外两路兵却败于清军，郑经被迫退守铜山（今福建东山岛），金、厦遂为清军收复。李率泰希望郑经在穷困之时能归降清朝政府，没有乘胜追击郑军，而是派人四处招降，借以扰乱军心，使其不战自散。郑经坚持像朝鲜那样，不剃发、不登岸才肯投降，否则，宁死不屈。招抚郑经的计划虽然失败，但扰乱郑经军心之举颇有成效。在清朝政府高官厚禄的引诱之下，康熙三年一月，郑经将领林顺统全镇之兵自镇海投诚。二月，守护南澳的护卫左镇杜辉勾通镇海将军王国化从揭阳港投降清朝政府。郑经见诸将纷纷叛降，自知铜山必难坚守，遂退居台湾，令周全斌、黄廷断后。周、黄两人不想远离故土，也归附了清朝政府。自此，金、厦及沿海诸岛尽归清朝政府所有。

郑经自铜山撤兵后，在台湾的门户澎湖设重兵防守，以防清军乘胜追击。福建总督李率泰移师至铜山后，却加紧实施迁界政策，不思攻台。他命令沿海及诸岛屿百姓全部迁入内地居住，逢山开挖两丈余深、两丈余宽的大沟，名为“界沟”，又于沟内筑起厚四尺、高八尺的“界墙”。沿河设置栅栏，每隔五里便在高地修筑一个炮台，每隔二十里则设置一军营。如有紧急警报，各台点燃烟火，指示各营前来聚歼敌人。江、浙、闽、粤、鲁五省沿边皆如此，这就是清朝政府所谓迁界政策的具体实施办法。

这种消极防守、不思攻台的方法，让以施琅为首的主战将领心急如焚，他们屡屡请战，分析利害得失，指出如不乘势取台剿灭郑经，必然使其坐大，成为沿海隐患。现在应趁郑经军心动摇，民心不稳，且对我方军事情况不了解的时机，攻占澎湖，直捣台湾。耿继茂、李率泰以之为然，合疏请求进攻台湾。此时，荷兰殖民者为了重新占据台湾，也极力鼓吹攻台，并愿为前导。清朝政府对攻台犹豫不决，一则是此次渡海作战依靠的都是降将，二则也觉察到荷兰殖民者有重新占据台湾的野心，在无强大的海军力量的情况下，即使攻占了台湾，也只会便宜了荷兰殖民者，所以批文迟迟不发。十一月，批文总算到达，允许水师提督施琅率众攻台。康熙四年四月十六日，施琅率归降官兵乘船出发；十七日，船队进入澎湖口，突遇巨涛恶浪袭击，船翻人仰，无法保持队形，各自漂散到沿海港口，第一次攻台以不战自败而告终。清廷下令休战，海上形势趋于平静。

郑经利用双方休战的有利时机，着手开发台湾。经济上，大力发展农业，鼓励开荒种地，积极发展对外贸易。文化上，严禁赌博，广立学校，发展教育，并建立起初步的科举制度。军事上，大力练兵，修船造舰，积极备战。为了冲破清朝政府的经济封锁，派江胜率军重返迁界外荒无人烟的厦门，和界内百姓进行平价贸易，深受百姓的欢迎，引得界内百姓乘夜色负货入界交易，从而得到了大量的物资接济，使清朝政府的迁界政策几近虚设。

武力攻台失败之后，清朝政府又开始招抚郑经。康熙六年，清朝政府派孔元章两次到台湾招抚，但双方因剃发问题僵持不下。康熙八年五月，康熙帝在擒拿鳌拜之后，又诏令亲信大员明珠派人到台招抚。郑经虽然礼待来使，却不肯接康熙帝的诏书。在商谈中，明珠代表清朝政府做出重大让步，允许郑经封藩，世守台湾。但郑经仍然坚持像朝鲜一样，不剃发，仅称臣纳贡而已。谈判又告破裂。虽然如此，但双方并无战事，直到“三藩之乱”发生，清郑双方才又进入战争状态。

康熙十二年底，“三藩之乱”爆发。事发之前，耿精忠致书郑经，相约共同举事。郑经见有机可乘，便将船队集结在澎湖，相机进取。康熙十三年，当三藩全力与清军作战的时候，郑经乘虚占领了闽海、粤东沿海地区。由于在政见上和三藩不同，郑经坚持反清复明，所以在军事上不与三藩配合，只是停留在福建、广东浑水摸鱼，抢占地盘，大肆盘剥以接济台湾。尚之信、耿精忠为了抗清，对郑经的所作所为忍气吞声，而清朝政府也把主要精力放在剿灭“三藩之乱”上，对郑经采取的是招抚政策，因此，郑经在战争初期，势力达到顶峰。康熙十五年十月，康亲王杰书率领清军自浙江攻入福建，耿精忠无力抵抗而投降清朝政府，并同清军一起攻击郑经。康熙十六年春，郑经被迫退守厦门、金门及附近岛屿。

康熙十六年五月，康亲王杰书苦于水师无船，无力渡海攻郑，便派人到厦门招抚郑经，希望在郑经新败之际，招抚会有所收获，但郑经仍然坚持前议，要求照朝鲜例。八月，康亲王杰书派人答应郑经的要求，可以照朝鲜例，岁时纳贡，通商贸易。但郑经却把谈判的条件抬高，要求沿海诸岛必须由郑军把守，粮饷由福建供给，谈判功败垂成。不久，郑经又派手下大将刘国轩猛攻漳州，破海澄，下同安，围泉州，分兵遣将占领南安、永春、德化、安溪、惠安等属邑，屡败清军。康亲王杰书以福建总督郎廷相指挥不力，将其撤换，代之以福建布政使姚启圣。姚启圣上任之后，在军事上、政治上、经济上采取了一系列措施，为收复台湾进行了卓有成效的准备工作。

在军事上，姚启圣大力整顿充实绿营兵。过去，镇将诸官多以现役兵丁充当伴当、书记、军牢等役，使上前线打仗的兵力不过十分之三四，严重地影响了战斗力。姚启圣一方面将各种军役全部革除，另一方面又招募壮丁入伍以充足兵额，加强兵力。康熙十八年四月，为恢复福建水师，康熙帝调在洞庭湖大败吴三桂水军的万正色为提督，准其携带岳州全部船只及水手赴闽，并从江南、浙江挑选百艘战船拨入福建水师，建立起一支足以抗衡郑氏水军的海上力量。

在政治上，姚启圣首先稳定民心，解除民困，实施“安内而攘外”的策略。他上任伊始，就下令将一切歧视、压制海上人员在大陆的亲属、朋友的政策及做法彻底废除，以后不许任何人以此挟嫌陷害。同时，又广泛收罗人才，甚至曾为郑军而归正者，只要有一技之长便酌情授予参将、游击、都司、守备之职。姚启圣还致力于解决民生疾苦，废除了名目繁多的苛捐杂税及各种兵役、徭役，并抚恤流亡，官给牛种，发展商贸，令百姓安居乐业，民心由此而趋于稳定。

除了采取上述措施之外，姚启圣还上奏康熙帝，请求裁撤福建满兵。满兵因骄奢蛮横、强占民房、奸淫妇女、滥派徭役，和当地居民之间的关系非常紧张，而且又不习水战，留在福建于事无补。康熙十九年，海澄、金门、厦门平复，姚启圣一面婉劝康亲王杰书班师回京，一面奏请康熙帝撤回八旗之师。康熙二十一年，康熙帝下旨，尽撤八旗回京，扰民特甚的一大祸患终于根除，闽人无不欢呼雀跃。

对于台湾郑氏集团，姚启圣也做了大量工作，继续奉行招抚政策，尤其注重策反、招降工作，效果甚为显著。他采纳投诚人员黄性震的建议，在漳州设置“修来馆”，专门招抚来自郑氏集团的所有投诚者。在郑经那里任职的文武官员，文官照原衔报部补官，武官一律保留现职。士兵及平民头发全长者，赏银五十两；头发短者赏银二十两。愿入伍者立即收入军营，并领取军饷；愿回乡者送回原籍安置。对屡次逃走而复来者一样对待，不加追问。在整个实施的过程中让官有俸禄、兵有饷银、归农者有其田，使所有投诚者都能得到满意的安置。这些措施的实行，吸引了郑军纷纷来降。康熙十七年，投诚的郑军将官有一千二百三十七员，士兵一万一千四百三十九名。康熙十八年初，投诚人员更是纷至沓来，郑军十余万人相继降清。姚启圣还展开反间计扰乱郑军后方，派间谍携带重金潜入郑军，将礼物送给郑军将领，又故意将此事传播，以引起郑军内部互相猜疑。对于郑经派来的间谍，不仅不追究其罪责，反而诱以厚利，为己所用。通过这些措施，郑氏集团内部许多重要人物都暗中与清朝政府结交，建立了联系，成为清朝政府收复台湾的内应。

姚启圣对郑军仍采取迁界移民的经济封锁政策。与前任不同的是，姚启圣不是将此作为消极的防御，而是作为对抗郑军的一种强有力的辅助手段。他采取严厉的措施，使守界的官兵无法与郑军私下往来，郑军也无法突破界墙深入内地抢夺壮丁及粮食等军用物资。因而，郑军不久就陷入供应困顿、物资匮乏的危机之中。

为了使前线的招抚工作顺利进行，姚启圣上疏康熙帝，请求迁海澄公黄芳泰出汀州。海澄公黄芳泰原来驻防漳州，后来又移驻汀州，在两地颇有势力。因被郑军杀死的原海澄公黄芳度及其家属是黄芳泰的亲属，郑军官兵害怕其报复，所以不敢前来投诚归顺。康熙帝立即下旨，将黄芳泰全家调入京师。与此同时，康熙帝还授予姚启圣兵部尚书衔，以提升其地位，加强海防的力量。这样，在姚启圣上任后不长的时间内，就将前线的工作准备停当，使清军走出了被动局面，转入反攻。

郑经手下大将刘国轩攻陷海澄，并分兵攻下永春、德化、安溪诸城之后势力减弱，但仍然用疲惫之师攻泉州，连攻两个月不下。姚启圣乘机调集各路援军，海陆两路齐集泉州会合。刘国轩自知不敌，主动撤围。康熙十七年九月，清军与郑军在漳州交锋，刘国轩大败，退守海澄，深沟高垒，免战不出。

姚启圣取得漳州战役胜利之后，为了避免不必要的损失，连续致书郑经，加以招抚。在信中，姚启圣动之以情，晓之以理，言辞颇为恳切。经过姚启圣的一再争取，郑经答应和谈。康熙十八年，康亲王杰书派苏埕再赴厦门，希望郑经以其庐墓桑梓及黎民百姓涂炭为念，接受招抚。康亲王甚至做出重大让步，允许郑经像朝鲜那样，可以留发。郑经也有意和谈，但在冯锡范的怂恿下，竟又提出以海澄为往来公所的无理要求。姚启圣认为寸土之地属于君主，臣子哪敢轻以疆土作为公所，因而姚启圣拒绝了这一无理要求。这次招抚因郑氏集团得寸进尺的贪婪要求而失败。这样，姚启圣、万正色等就专力筹备武力攻取金、厦。康熙十九年二月，清军水陆两路势如破竹，先攻下海坛。郑经从厦门慌忙退回台湾。厦门、海澄、铜山守将相继率部献城而出。至此，金、厦及沿海诸岛屿全部平定。经过八年之久的金、厦拉锯战，清军在战斗中重建了水师，并在实践中锻炼了海战能力，统一台湾的条件日益成熟。

首先，台湾的经济陷入困境。郑经之所以能在经济并不发达的台湾支撑，其中一个重要的原因就是经常能得到大陆的接济。战后，金、厦尽失，台湾经济逐渐走向绝境，官兵粮饷都要靠将官辞俸捐资来解决，其经济萧条由此可见。

其次，郑氏集团民心已失。郑经占据闽粤沿海之后，连年征战，人员损伤严重，财用枯竭，遂竭泽而渔，常年在台湾和大陆沿海厉行重税摊派，强征乡丁为兵，搞得百姓怨声载道，叫苦连天，欲逃无门。因此康熙帝平台之举，乃民心所向。

再次，郑氏军队军心已散，纷纷归降。官兵早已厌战，只愿过安定的生活。在清朝政府招抚政策的感召之下，郑军官兵纷纷归顺，使得郑军兵员锐减，留在军营里的士兵也无斗志。

在统一台湾的条件日益成熟之际，康熙帝也加紧准备。康熙十九年，“三藩之乱”已近尾声，郑经也已被驱逐回台湾，且力量衰微，难以再成大气候。康熙帝认为，大军集结在福建沿海，已成为福建百姓的一大负担，尤其是八旗满兵，扰民尤甚，留之无益。为了缓减民困，安定百姓，遂开始裁撤水陆军兵，留下精兵良将，对郑军进行招抚，静观事变。

就在清朝政府厉兵秣马，捕捉战机之时，郑氏集团内部却日益腐朽，走入穷途末路。郑经败回台湾之后，不思进取，萎靡不振，自以为远处海岛，可高枕无忧，于康熙二十年纵欲而死。这时，执掌郑氏集团大权的冯锡范、刘国轩，又背信弃义，刺杀郑经长子郑克臧，拥立年仅十二岁的郑克塽继位。因其年幼不能任事，诸事皆取决于冯锡范。郑氏集团内部因此更加混乱不堪，上下互相猜疑，离心离德，处于一盘散沙的状态。

康熙二十年四月，姚启圣接到来自台湾的情报，知郑经已死后，郑氏集团发生内乱，认为收复台湾的机会已到。遂上疏康熙帝，请调水陆官兵，乘机直捣台湾。康熙帝当即决定，由总督姚启圣、巡抚吴兴祚，提督诺迈、万正色等，会同将军喇哈达、侍郎吴努春，同心合力，采取剿抚并用的策略，彻底安定海疆。为了确保平定海疆战役的顺利进行，姚启圣、吴兴祚联名上疏，向康熙帝保举施琅为水师提督，康熙帝准奏。

施琅原为郑成功旧属，与郑成功因为小事而闹矛盾，郑成功要杀他。他潜逃后，其家属亲戚多人被杀。降清后，他立志复仇。施琅长于水战，且又熟悉郑氏集团内幕，因此一直坚持主张用武力征剿台湾为主，招抚为辅。但当时的条件不具备，在仅有的一次武力征剿战中，又由于巨滔恶浪而失利。之后，施琅一直羁留京师，充当内大臣。这次，康熙帝毅然起用他替换万正色为福建水师提督。为了提高施琅的地位，使他专心征剿，减少不必要的麻烦，康熙帝还派近身侍卫吴启爵随同施琅出征台湾。吴启爵无异于代表康熙帝亲征的钦差大臣，众人自然不敢再反对施琅，积极配合其征剿行动。在施琅离京赴任之前，康熙帝特在内廷予以召见，激励他努力平定海疆，表示了对他的高度信任。

康熙二十年十月初六日，施琅到达厦门上任，抓紧时间整船练兵，派遣间谍联络过去部众，以为内应。经过一年半的准备，清军水师已有精兵二万余人，战船三百余艘，在数量上与郑军持平，且质量大为提高，士气旺盛。攻取台湾的条件业已具备，但因姚启圣和施琅在出师日期和出兵方向选择上不同而一再延期。

施琅到任之初，姚启圣就主张利用北风，提出在十至十二月间尽快进兵。施琅则一反在东风季节渡海作战的传统战法，认为东北风风势太猛，骤发骤停，一战不胜，则舟师容易被大风吹散。因而主张利用西南季风，于第二年三四月间出兵。在主攻方向及出兵地点上，施琅主张从铜山出师，正东航往八罩水道，驶近澎湖之时，折而向北，利用南风，占据上风头，将主攻方向定为澎湖。施琅认为，澎湖是台湾咽喉，如澎湖一下，可控敌出海之路，台湾必不战自溃。如敌不降，可以以之为基地，进退两利。且澎湖地势低平，岛屿分散，港湾众多，不容易防守，比攻台湾容易。况且把守澎湖的是郑军中最骁勇的刘国轩，将他打败，其余人不战而胆寒，台湾可不战而下。姚启圣则主张兵出两路，同时进攻台湾和澎湖。两人意见不一，致使原定康熙二十一年夏季出兵征台之举又一次延期。在僵持不下的时候，施琅请求康熙帝的支持，要求赋予其专征之权。康熙帝准其请奏，同意其专征，并命令督抚等人与之同心协力，催办粮饷，做好后勤工作，保障军需供应。姚启圣等人亦有全局观念，捐建兵船，为平台之役的胜利做出了贡献。

在清军加紧备战的同时，台湾方面也积极筹备防守。康熙二十年九月、十月，台湾方面得知施琅出任清军水师提督，并将主攻的方向定于澎湖，遂加强澎湖方面的防守。以刘国轩为正总督守澎湖，左武卫何祐任北路总督守基隆。为加强防御，台湾不断增加澎湖兵力，至开战前，澎湖兵将已达两万人，船两百余艘。

康熙二十一年十月，施琅正在平海卫海上练兵，接到康熙帝准其专征的旨意，便当即宣称利用北风进剿台湾，接着又说北风太劲，不便进剿，令各镇俱回原地，自统船回厦门，和台湾郑军摆起了迷魂阵。连姚启圣都不知是计，以为征讨无望，便派人前去台湾招抚。郑克塽仍旧坚持仿照朝鲜、琉球之例称臣纳贡，不剃发，不登岸，被康熙帝拒绝。康熙帝下诏给施琅，要其快速出兵进剿。武力攻台的大幕就此拉开。

康熙二十二年六月十四日，施琅率领大队自铜山出发，顺风直驶澎湖。十五日辰时，刘国轩的巡哨船发现施琅船队，飞报刘国轩。刘国轩一直认为，六月多台风，常日夜不止，此时渡海为船家大忌，施琅为熟悉海务之人，决不会冒船覆人亡的危险渡海作战。故刘国轩在惊惧之余，慌忙下令做迎战的准备，同时寄希望于能像上次那样，台风一起，清军不战自败。

刘国轩抱有的幻想使他丧失了有利战机。十五日晚，清军从容进泊八罩岛、猫屿、花屿。次日早，施琅督率舟师进攻澎湖，双方发生激战。战斗中，施琅被大炮烧伤右脸，仍坚持指挥。当日，双方虽互有伤亡，但清军也没有占据优势。十七日，施琅督师仍回到八罩岛等岛屿，重振军备，恢复士气。二十二日，澎湖大决战爆发。施琅分清军主力为三股进攻。战斗自早七时一直持续到下午四时，炮火矢石交攻如雨，烟焰蔽天。在此战中，清军的“五梅花”战术大显神威。所谓“五梅花”战术，就是五艘战船结成一队，专攻敌人一艘战船。另外不结队战船，或为游兵，或为奇兵，或为援兵，视战斗情况灵活而定。清军战船利用此战术互相支援，即使个别船只遭敌围困，也能救出。而郑军舰只则被一艘艘分割歼灭。刘国轩见抵挡不住清军的猛烈攻势，率残部三十余艘战船逃回台湾。留守的郑军见刘国轩已逃，孤岛无援，遂出海投降。至此，澎湖三十六岛尽克。施琅悉令剃发，出示安民，抚恤降众。与此同时，施琅一面飞报督抚澎湖大捷，一面派侍卫吴启爵进京向康熙帝传送佳音。康熙帝接报龙心大悦，遂将所穿之黄马褂赏赐施琅。

澎湖大捷，郑军主力尽失。清军或以武力征剿，或遣使招抚都处于主动地位。有人劝说施琅率兵灭台，以报家仇。但施琅不计个人恩怨，从全局考虑，仍然运用招抚策略，对于郑军的俘虏不仅不杀，反而有伤的给治伤，有病的给看病，想回台湾见妻子者派小船送至台湾。降卒回台后互相争传施琅的恩德，台湾军民都欲归降，无人能挡。同时施琅又派人传话给台湾上层，要其速来归降。否则，清军就要用武力攻台。

遭澎湖之败，台湾郑氏政权精锐全失，人心浮动。郑克塽遂召集诸将，讨论对策。以冯锡范为首的一派主张放弃台湾，逃居吕宋，继续反清。另一派将领则主张献台降清，淡水守将何祐早已遣子赴澎湖纳款献台，不待命令下达，全部撤防。刘国轩认为出逃、死守都是死路一条，因而他主张举全地版图降清。恰在这时，施琅派曾蜚等人前来招抚，并许诺保举刘国轩为现任总兵，刘国轩投诚之意更加坚定。在其劝说下，郑克塽遂决定归降，派郑平英、林维荣携降表去澎湖见施琅，表示同意削发称臣，但要求仍居台湾，永为朝廷屏翰。施琅当即拒绝。郑克塽得知施琅态度强硬，不得已再修降表，不再坚持复居台湾，上缴延平王印册与武平侯刘国轩、忠诚伯冯锡范印信，以及版籍、土地、人民，以示诚意。康熙二十二年七月十一日，郑克塽差人同曾蜚等再赴澎湖。施琅知其这次真诚无伪，即率领诸将自澎湖前往台湾受降。郑克塽派人至鹿耳门迎接，自己则同刘国轩、冯锡范等一班文武一起列队，与百姓齐集海边迎候。

施琅登岸后，立即颁布《谕台湾安民告示》，规定清军官兵不许侵占民房，将官不许役人为仆。百姓平时怎么生活，现在还怎么生活。当年应交纳的租谷酌减十分之四，并严令禁止台湾乡社犒军伤民。因此，清军入台，秋毫无犯，受到台湾百姓的欢迎。十八日，郑克塽率领诸官剃发。施琅当众宣读康熙帝赦诏，将台湾所有官员以前的罪过一律赦免，并将根据情况重新任免，使其各得其所。郑克塽等人遥向北京磕头谢恩。由于康熙帝的正确谕示，施琅采取灵活的措施，台湾官、兵、民等俱各安定，招抚工作顺利完成。

在统一台湾的过程中，康熙帝起了重要作用。康熙帝虽然不熟悉水战，没能亲征，但能知人善任。他大胆提拔的几名将领，对台湾的收复起了关键性的作用。起用姚启圣，闽、粤皆平；提拔万正色，金、厦俱复；重用海上降将，尤其是重用施琅，使得海疆边患永平。

康熙二十三年十二月，郑克塽等人奉旨入京。康熙帝对其纳土归降表示嘉奖，授以公爵。刘国轩首先归诚，特授天津总兵官，赏白金二百两，表里二十匹，内厩鞍马一匹，又特赐宅第，以示优眷。其他投诚人员武官一千六百余人、文官四百多人、兵四万余人，俱各安置。至此，台湾招抚工作后事处理完毕。

台湾统一之后，关于台湾弃守问题，群臣又发生分歧。以李光地为首的一派先是支持统一台湾，以便海疆平定，发展工商业，但台湾统一后，他们又担心派兵戍守会加重沿海百姓的负担，不利于工商业的发展，因此积极主张放弃，甚至不惜拱手让给荷兰人。而施琅坚决主张驻兵防守，他指出台湾对于大陆，无论在政治、经济、国防、军事上都有着重要的作用：台湾乃江、浙、闽、粤东面屏障，地理位置非常重要；台湾本土水土富饶，物产丰富，自然资源极为丰富；台湾人口稠密，各有本业，一旦迁徙，势必造成百姓流离失所，所需费用不薄，加上现在船只有限，需好几年才能迁完，这是一项耗费巨大的工程；放弃不守，不仅对台湾的农、工、商有损害，而且还会将美丽富饶的台湾白白让给荷兰人，荷兰人一旦得到台湾，就会以此为基地，骚扰大陆，重为海患。守之，则可确保沿海安宁，海疆稳固。姚启圣等人也纷纷上疏，反对放弃台湾。这样，康熙二十三年四月，康熙帝下诏设置台湾府，隶属福建省，于其南路设置凤山县，北路设置诸罗县，府治设置台湾县，澎湖归台湾府管辖。军事上，在台湾设总兵一员，副将两员，驻兵八千；在澎湖设副将一员，驻兵两千；每营设游击、守备、千总、把总等官，与内地编制相同。对于台湾地方官员的选拔和任命，康熙帝也极为重视。经过督抚商议推荐，康熙帝任命原泉州知府、汉军镶白旗人蒋毓英为第一任台湾知府。康熙帝还亲自选任正黄旗参领杨文魁为第一任福建台湾总兵官，并亲加叮嘱：务要勤于政务，努力使台湾保持安定；台湾商贩较多，不得对他们盘剥，以致挑起不稳定的事端。从此，台湾的历史掀开了新的一页。

康熙帝收复台湾，对于台湾和大陆社会的进步和经济的发展都产生了重要的积极作用。

首先，台湾的收复为台湾的开发开辟了广阔的发展远景，并进一步密切了与大陆的联系。郑氏割据台湾时，为了与清朝政府相抗衡，在台湾强拉壮丁，苛捐杂税，百姓苦不堪言。统一后，康熙帝在台湾兵丁中实行屯戍法，士兵半为镇守，半为屯田。发给每一位屯田的兵丁三十亩地，一头牛。这样做既节约了军饷，稳定了军心，又可增加粮食产量。台湾官吏为了调动人民开垦土地的积极性，改革了赋役制度，实行内地的一条鞭法，把土地分为上、中、下三等，履亩定税，按等征收；并将原来对高山族不分男女一律征丁税一石的做法改为只征男丁税，妇女丁税免除。台湾优越的地理条件及正确的政策，使得福州、兴化、漳州、泉州的老百姓争先恐后，纷纷加入台湾的开发行列之中。大量的劳动力及先进技术的传入，加快了台湾开发的步伐。康熙二十三年，全台湾的耕地面积为一万八千四百五十三甲（一甲合十一亩三分一厘），康熙四十九年则达三万零一百零九甲。土地的开发带来了粮食产量的增长，促进了粮食贸易的繁荣，也推动了甘蔗及其他经济作物种植的发展，带动了榨糖业的兴盛。统一之初，台湾只有榨糖“蔗车”七十五张，九年之中，又增加了二十四张，所产糖大多销往大陆。为适应台湾经济发展的需要，康熙帝特准台湾府开炉铸币。台湾在向大陆输出粮食、蔗糖的同时，也从大陆输入大量的所需物资，销售最广的物资是棉布。台湾的经济开发及与大陆经济联系的加强，也促进了台湾海外贸易的发展，商船所至的国家有占城、暹罗、真腊、满刺加、渤泥、荷兰、吕宋、日本、苏禄、琉球等国。

由于政局安定，经济迅速发展，文化教育事业也有了前所未有的发展。蒋毓英到任后，于康熙二十三年建立台湾府学，不久又建立了三所社学，离任前又建立一所书院。康熙帝采纳福建巡抚张仲举的建议，在台湾增设学校，扩大入学名额。随着文化教育事业的逐渐普及，康熙帝特准福建、台湾乡试，单独编号，额中一名。

其次，台湾的统一不仅促进了台湾本土政治、经济、文化的发展，而且对大陆，尤其是东南沿海地区产生了重要影响。统一前，清郑双方你来我往，展开了拉锯战，整个福建沿海地区生产、生活都受到了极大的影响，太平时期繁华的景象荡然无存。特别是在军事对峙时期，清朝政府为了困顿郑氏集团，顺治十八年起开始全面实行迁界政策，强迫江、浙、闽、粤四省沿海数千里的百姓，一律从海岸后撤数十里，片帆不许出海。沿海居民丧失耕作之田、打鱼之船，陷入严重的失业状态，生计无着，流离失所，四处逃亡。其危害远远超过了一场战争。康熙二十二年十月，由于战争已经结束，康熙帝下令展界，并派吏部侍郎杜臻、内阁学士席柱到福建、广东勘界，工部侍郎金世鉴、副都御史雅思哈前往江南、浙江勘界。行前，康熙帝谕示勘界官员，迁移百姓不是小事，一定要查明原当地百姓的财产，务必各归其主，使兵民居有定所，不要像以前所派官员一样，贪污腐败，中饱私囊，行龌龊之事。

诸位大臣不负厚望，克勤奉公，各省百姓各得其业，东南沿海地区的经济逐步恢复和发展。康熙帝还放开海禁，鼓励发展对外贸易。他反对税额苛重及征税范围过分琐细，为保护海外贸易的发展，严禁竭泽而渔。为此，他严禁多设关口，同时一再诏令征收海税的官员不得任意加征税额，要秉公征收，并要求各关制定则例，以便监督；甚至还诏令，捞鱼捕虾之船运输民间日用之物及为糊口的贸易，一应免税。对于海外贸易的各种禁令，也进一步放宽，除私贩硫黄、军器照例惩处外，其他禁令全部作废。从此，中国的对外贸易获得了空前发展。

二　抗拒沙俄　有理有节

康熙时期，早在清朝建立之初就窜入我国黑龙江流域的沙俄侵略者，又不断骚扰我国的东北边境，严重威胁着我国东北地区的安宁。这样，在平定三藩、统一台湾之后，康熙帝又部署了抗拒沙俄的正义战争。他采取军事反击和外交谈判相结合的策略，进行了有理有节的斗争。雅克萨之战和尼布楚谈判，沉重地打击了沙俄侵略者的气焰，划定了中俄两国在东北地区的边界，从而维护了我国的主权和领土完整，并使这一地区在较长时期内获得了安宁。

沙皇俄国本是一个欧洲内陆国家，与中国并不接壤。13 世纪以前，它还是蒙古金帐汗国的一个属国，13 世纪末才建立起莫斯科公国。15 世纪末 16 世纪初，建立了统一的俄罗斯国家。随后就开始了对外扩张。16 世纪末，越过乌拉尔山东进。17 世纪初，沙俄军队从鄂毕河推进到叶尼塞河，于 1619 年建叶尼塞斯克。接着又向勒拿河流域推进，于 1632 年建雅库茨克。这两个地方后来成为沙俄侵略我国黑龙江流域的两个重要据点。只是到这时，沙俄才和我国相邻。

沙俄建立雅库茨克之后，继续扩张。在靠近中国东北边境后，才模模糊糊地听说外兴安岭以南有条黑龙江，土地肥沃，矿产丰富。这些传闻刺激了沙俄侵略者发财致富的欲望。1643 年，以波雅尔科夫为首的一支远征军，携带枪支弹药，首次侵入我国黑龙江流域，犯下了一系列滔天罪行。

1643 年冬，波雅尔科夫率领一支侵略军跨过外兴安岭，在到达我国达斡尔族居住的乌姆列坎河口时，受到热情好客的达斡尔人民的友好接待。达斡尔人向他们提供食物，并向他们介绍了当地的一些情况。告诉他们这里是中国的国境，达斡尔人每年向皇帝交纳贡赋，皇帝也每年两三次派人到这里巡逻。波雅尔科夫没有以善举来对待达斡尔人的好客，相反，当他们得知西里姆底河口达斡尔人村庄有粮食时，便派一个小分队前去抢劫，并将前来迎接他们的人扣押为人质。达斡尔人为保卫自己的家园，奋起反抗，打死了十余名侵略军。侵略军兽性大发，在达斡尔人居住区烧杀抢掠，甚至以人肉为食。这年冬天，他们一共吃掉了五十多人，被达斡尔人称为“吃人恶魔”。1644 年春，波雅尔科夫等人又往黑龙江下游流窜，他们无恶不作达三年之久，直到 1646 年才回到雅库茨克。

1650 年，以哈巴罗夫为首的沙俄侵略军再次侵入我国黑龙江流域。年底攻取了黑龙江额木尔河口对岸、达斡尔族首领阿尔巴扎的驻地雅克萨城，对居住在那里的达斡尔人进行了血腥的屠杀和洗劫，并将雅克萨城作为他们进一步侵略黑龙江的重要据点。8 月，又袭取瑷珲旧城，当地百姓逃离家园，气急败坏的哈巴罗夫放火烧掉了瑷珲及附近村庄。1651 年，哈巴罗夫在达斡尔人居住的桂古达尔村制造了骇人听闻的大屠杀。沙俄侵略军共打死达斡尔人六百六十一名，俘虏三百多人，整个桂古达尔村被毁于一旦。

沙俄侵略军的兽行激起了东北各族人民的强烈愤慨，他们纷纷拿起武器与之抗争，清朝政府军队也开始了正式的军事行动。1651 年 10 月，当沙俄侵略者侵入乌扎拉村时，居住在这里的赫哲人一面反抗，一面向驻守在宁古塔的清军报告，请求清军保护。次年，清朝驻防宁古塔章京海色奉命进击乌扎拉村。战斗开始后，海色却命令士兵不准杀死侵略军而要捉活的，结果使一场胜券在握的战斗以失败而告终。但清军的行动也给了哈巴罗夫重大打击，使其被迫撤回黑龙江上游。不久，哈巴罗夫回到莫斯科，代之而来的是斯捷潘诺夫。

沙俄侵略军的频繁侵扰和清军的初战失利，使清朝政府更加认识到加强东北边防的重要性。为抗击沙俄侵略，保卫边疆安宁，清朝政府设立了昂邦章京，以沙尔虎达为首任，并将达斡尔族军民迁到松花江流域。但沙俄侵略军并不死心，于 1654 年从叶尼塞河派兵侵入我贝加尔湖以东地区，占领了尼布楚。由于当地蒙古人、索伦人的强烈反抗，沙俄被迫撤离，其中一部与斯捷潘诺夫会合，沿黑龙江下驶，窜犯到松花江流域。沙尔虎达率所部清军分乘四十七艘船，在松花江和牡丹江合流处包围俄军，击毙斯捷潘诺夫。1658 年，沙俄侵略军重占尼布楚。黑龙江流域各族人民和清朝政府驻军英勇奋战，于 1662 年全歼斯捷潘诺夫残部，将沙俄侵略军势力赶出了黑龙江中下游地区，但上游尼布楚仍被沙俄侵略军占领。

康熙帝继位后，沙俄侵略军仍然不断地向我国东北地区发动侵略。康熙四年，俄国侵略军从东、南两个方向向我国边境窜犯。向东窜至黑龙江流域，再次占据雅克萨。向南侵占我国喀尔喀蒙古土谢图汗管辖土地——楚库柏兴。同时，沙俄侵略军也改变了以往流窜式的侵扰，转而采取建立据点，逐渐推进的策略，不断抢掠我国索伦、赫哲、费雅喀、奇勒尔等各族人民的财物和人口，还策动少数民族中的败类叛逃俄国。康熙四年，以切尔尼果夫斯基为首的一伙罪犯，窜到雅克萨城旧址，重建城堡。之后，便四处窜扰我国边境。康熙六年，索伦某部头人根特木尔即在切尔尼果夫斯基的引诱下，叛逃尼布楚，投靠沙俄。面对这种严重局面，康熙帝深深地认识到，沙俄的侵略是我国东北地区的一大祸患，此患不除，不仅会影响东北地区的安宁，发展下去还会危及清朝政府的统治。因此，康熙帝亲政后，就把抗击沙俄作为本朝大事。但在很长一段时期中，捉鳌拜、废辅政、平三藩、统一台湾等一件接着一件的内部事务，使康熙帝忙于应付。因此，在康熙二十年前，康熙帝一面诏谕宁古塔将军巴海加以防御，整备器械，一面又多次致书沙皇，力争和平解决边境争端。

康熙帝首先同沙俄就“归还逃人，停止挑衅”展开交涉。康熙六年，根特木尔叛逃后，根据清朝政府的“逃人法”，逃人并不因其逃亡而改变原来的隶属关系，朝廷有权追捕，并对窝逃者处以加倍惩罚。康熙九年春，康熙帝诏命宁古塔将军巴海派人赴尼布楚投递文书，对沙俄侵略黑龙江提出质问，要求归还逃人根特木尔，并提议沙俄方派人前来北京商谈，以和平解决边境争端。四月下旬，尼布楚沙俄统领阿尔兴斯基接到文书后指派米洛瓦诺夫等十人出使北京，同年夏天到达。康熙帝本着和平解决争端的良好愿望，隆重地接待了米洛瓦诺夫一行。

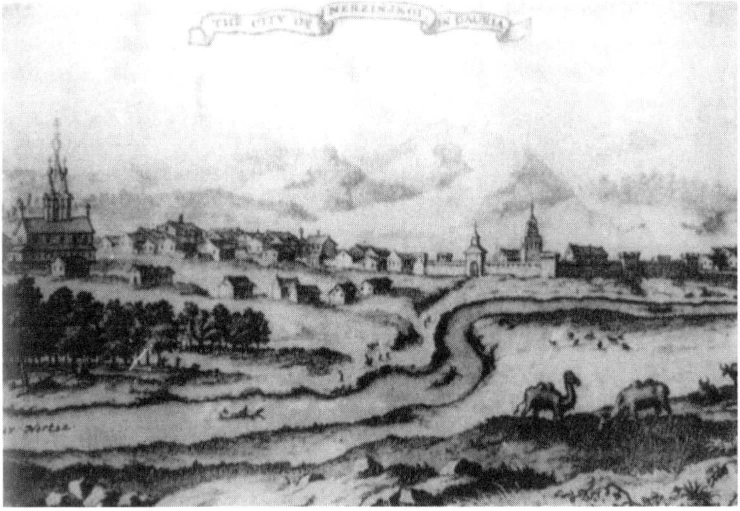

尼布楚城

双方开始会谈后，由于沙俄方没有解决争端的诚意，提出一些无理要求，而对清朝政府索要逃人之事，则推托须待沙皇批准，不予答复。康熙帝当即严正指出：黑龙江一带自古是中国领土，今罗刹犯我边境，侵占我边城雅克萨，并策动根特木尔叛逃，已严重地危害了中国主权。本欲出兵讨伐，但念及两国关系且为免生灵涂炭，和平解决最好。而和平解决的首要前提是俄方归还逃人，停止边衅，只有这样，双方才能永远和平及发展贸易往来。沙俄使团返回尼布楚时，康熙帝再次致书沙皇，重申和平解决边境争端的愿望，并令索伦总管孟格德陪同前往。到达尼布楚后，孟格德即向阿尔兴斯基陈述切尔尼果夫斯基在中国边境恣意妄为、杀人抢掠的事实，要求阿尔兴斯基对其加以制止。此后，孟格德多次奉命前往尼布楚，要求俄方对归还逃人问题进行答复，但沙俄政府对此置若罔闻，不加理会，这样，逃人问题就被搁置下来了。

康熙十四年，沙皇阿列克谢·米哈伊洛维奇指派尼果赖再次出使北京，声称要与清朝政府商谈贸易问题。康熙十五年，尼果赖一行抵达嫩江流域。当时正值“三藩之乱”，康熙帝派礼部侍郎马喇为副统领前往，特别指示马喇要彻底查清尼果赖来华的真实目的，对我国“索要逃人、停止边衅”的要求有无明确的答复。马喇到达嫩江后，与尼果赖进行了首次会谈。尼果赖对马喇提出的有关归还逃人根特木尔一事，以看不懂文字为由而抵赖，当即遭到马喇的反驳。接着双方又就两国关系和递交国书的程序问题发生争执，使谈判陷入僵局。康熙帝本着和平解决争端的诚意，决定允许尼果赖使团进京。

康熙十五年五月，康熙帝在北京接见尼果赖一行，先后两次在太和殿和保和殿会见沙俄使团，并派理藩院尚书阿穆瑚琅等问来使归还逃人根特木尔一事。尼果赖对此事避而不谈，却提出了所谓发展贸易等十二项条款，要求清朝政府答复，态度极端蛮横无理。七月初一日，在尼果赖一行回国之前，康熙帝特派理藩院大臣向尼果赖郑重声明：我朝以前多次致书俄国，要求停止挑衅，归还逃人，但迄今未得到答复，有鉴于此，我朝这次不再函复沙皇，但我方希望沙俄方做到三点。第一，归还我方逃人根特木尔；第二，沙俄方派出的使节应遵从中国的礼仪；第三，停止侵扰中国边境，保持边境安宁。只有这样，双方才能建立正常的外交和通商关系，否则，我方对于沙俄方提出的十二条，一条也不能接受。再次表明了维护主权，保持边界安宁的严正立场。

尼果赖回国后，将中国的“三藩之乱”看作是取利的好机会，鼓动沙皇向中国边境进犯。因此，从康熙十五年起，沙俄侵略军继续在黑龙江进行武力扩张。从康熙十五年到康熙二十一年，沙俄侵略军以雅克萨为中心，数次窜扰我国索伦、赫哲、费雅喀、奇勒尔族居住区，掠夺人口。还多次窜入我国内地，抢掠人口、财物。他们还在黑龙江的各条支流上，建立了许多新据点。康熙十六年，在精奇里江上游建立结雅斯克；康熙十七年，在西林穆丹河上游建立西林穆宾斯克，在精奇里江口建立多伦斯克；康熙十九年，又在额尔古纳河上建立额尔古纳堡，并劫持当地部落首领阿里汗和巴久汗为人质，强征贡税。

面对沙俄军的屡次侵犯，康熙帝多次派人前往警告、阻拦，要求沙俄军停止侵略。康熙十九年，康熙帝特派大理寺卿明爱前往卜魁（今黑龙江齐齐哈尔），向雅克萨沙俄军当局交涉，要求拆除沙俄军所建据点，撤出中国领土，否则，将以武力驱逐。但沙俄侵略军不但对康熙帝的警告置若罔闻，反而变本加厉，悍然进行战争挑衅，继续屠杀当地人民，建立据点。中国军民在忍无可忍的情况下，被迫还击，消灭侵略军十余人。当地的费雅喀等族人民也武装起来，参加战斗。

经过长达十余年的谈判、交涉，康熙帝认为，对于沙俄这样一个侵略成性的国家，不用武力是解决不了问题的。早在尼果赖来华之前，为加强东北边防，康熙帝就开始组建新满洲，将军事和屯戍结合起来，把东北各族人民组织起来，加强边疆建设，使东北各族成为抵御沙俄侵略的重要力量。新满洲是与老满洲相对而言的，一般是指清兵入关后编入旗籍的东北少数民族部众。康熙元年，曾颁布政策，对组建新满洲有贡献者，按军功授奖：自宁古塔出兵招募新满洲一百户者，给头等军功；八十户者，给二等军功；六十户者，给三等军功；四十户者，给四等军功；二十户者，给五等军功。康熙帝亲政后，继续沿用这一传统方式组建新满洲。康熙十年，康熙帝东巡至叶赫，召见宁古塔将军巴海，让他抚绥宁古塔各族部众，整备器械，加紧东北边防，警惕沙俄军入侵。同年，将居于珲春东部烟楚（岩杵）河以东沿海一带的库雅拉人移来，编为十二佐领；康熙十二年，世居松花江下游诺罗河（今挠力河）、乌苏里江和穆棱河等地的赫哲族墨尔折勒氏请求内迁，康熙帝谕令宁古塔将军巴海将其安置在宁古塔附近，编置四十佐领，以其族人扎努喀、布克托为首领，号新满洲。到康熙十六年，由赫哲人和库雅拉人组建的新满洲共达七十八佐领，分布在吉林与宁古塔、盛京、锦州、广宁、义州等地。对于在入关前就已编佐领的黑龙江中上游地区的鄂温克、达斡尔和鄂伦春人，康熙帝将他们重新组建，让他们定期进京朝贡。康熙帝还将各部少数民族组织起来屯田耕种，进行农耕生产，使各部族逐渐从渔猎生活进入农耕生活，促进了东北地区社会经济的发展。

康熙二十一年，康熙帝更是全力营造东北，开始做驱逐沙俄侵略者的准备工作。这年，“三藩之乱”刚一平定，康熙帝就率领文武大臣扈从于二月十五日从北京出发，巡视吉林乌喇等地。吉林自明初即为我国重要造船基地之一。早在康熙十五年，鉴于吉林处在水陆要冲的战略地位，康熙帝就已将宁古塔将军移驻于此，诏令宁古塔将军依江建城，修造战船，训练水师。这次，当康熙帝看到乌喇水军演练情况后，大为振奋，更加坚定了以武力抗拒沙俄的信心。在视察军事装备的同时，康熙帝还进行安抚人心的工作。赦免罪犯、蠲免钱粮，革除兵丁无益差役、询问军民疾苦，甚至将曾经在加强东北边防做出重大贡献而不关心士卒的宁古塔将军巴海革职。这些措施增强了军民抗敌的凝聚力。康熙帝还告诫地方官员，为了抵御沙俄的侵略，必须大力发展农业生产，以充实军民用粮。

东巡之后，康熙帝开始着手武装收复雅克萨的计划。首先他派遣副都统郎坦、彭春以猎鹿为名，前往黑龙江地区侦察。只许他们详细勘察陆路远近、雅克萨地形，切不可与沙俄军交锋，其他一切事务均由康熙本人掌握。两人于康熙二十一年八月十五日由京出发，年底返回，向康熙帝上了奏报。建议康熙帝只需发兵三千，携带红衣炮二十门，就可以攻取雅克萨。但康熙帝在仔细分析了当时的局势之后，认为攻取雅克萨的时机还没有成熟。如果现在发兵，则战争所需兵员、粮饷都需从内地运送，一旦遇阻，军队就会面临给养困难，造成被动局面。因此，康熙帝决定调兵永戍黑龙江，在那里修船造炮。在与雅克萨相对的黑龙江、额苏里两地修筑城堡，相机进取。在给养供应问题上，一方面调科尔沁十旗及席北、乌喇之官屯粮食，另一方面以戍守黑龙江的军兵屯田耕种，以解决军粮接续问题。为确保军需充足，又在黑龙江城与索伦之间修筑一个驿站，让索伦诸部接济牛羊。

康熙二十一年十二月二十六日，康熙帝授萨布素为首任黑龙江将军，对他负责加强边疆建设寄予厚望。萨布素到达黑龙江后就开始对瑷珲城进行扩建。康熙帝考虑到该城地处江东，比较偏僻，与内地联系有诸多不便，遂令迁至下游右岸，在托尔加城旧址另建瑷珲新城。该城的建立大大加强了东北的边防力量，成为抗击沙俄的重要军事基地。

为沟通粮食运输渠道，保证给养源源不断地运至黑龙江，康熙帝决定沟通东北辽河、松花江、黑龙江，组成一条纵贯东北三省的水陆联合运输线。康熙二十二年，建成五段联运线：第一段，从巨流河到辽河上游等色屯，由奉天将军率兵负责水道疏浚、粮食运输及储存事宜；第二段，由等色屯到伊屯门，这一段为陆路，由理藩院调蒙古兵用车运送；第三段，从乌喇用船沿伊屯河下驶，运至伊屯口，筑仓收储，具体事务由乌喇副都统负责；第四段，由乌喇船厂承担伊屯口到松花江口的运输；第五段，在黑龙江准备运粮船八十艘，随时听候调用。五段联运线的形成，为黑龙江驻戍军队的供给提供了可靠保证。

为确保黑龙江驻军的粮食供应，康熙帝诏令瑷珲、额苏里的驻军就地屯田，自己动手解决给养问题。康熙二十三年，康熙帝还特派户部侍郎萨海前往黑龙江监督耕种。次年，又调盛京兵五百名前去黑龙江守城种地，开垦土地一千五百垧。这样，五段联运线和黑龙江地区就地屯垦相结合，很好地解决了武装反抗沙俄侵略的粮食供应问题，为收复雅克萨打下了坚实的基础。

为保证反侵略战争中情报传递的快捷、准确，康熙帝从二十二年起，就开始筹备建设驿站工作。原来来自沙俄方面的军情，需从雅克萨到额苏里，经黑龙江至京，康熙帝恐绕道耽误，特令明爱率领蒙古兵与索伦兵，建造了从瑷珲西南翻越小兴安岭至墨尔根（位于嫩江沿岸），再由此沿嫩江通过齐齐哈尔直达松花江北岸之茂兴驿站，从茂兴过江即可接上从吉林至京之驿站。如果是紧急军情，也可从茂兴转向西南，由蒙古驿马飞驰入喜峰口送往北京。康熙二十四年，自吉林乌喇至黑龙江流域，又设置十九处驿站。经过永戍、屯田、设立驿站等一系列的精心准备，武力收复雅克萨的条件已经成熟。

雅克萨是黑龙江上的交通枢纽，地理位置非常重要，从贝加尔湖方向和雅库茨克方向进入黑龙江，都必须经过雅克萨。因此，雅克萨成为沙俄侵略军在黑龙江上游的重要据点。康熙二十二年七月初，盘踞在雅克萨的一部分沙俄侵略军在梅尔尼克的率领下，分乘六艘船只顺流而下，企图到牛满河地区抢掠。当他们行至精奇里江口时，被进驻额苏里的清军截获，俘虏三十多名，其余侵略者四散逃命，又被达斡尔军民击毙十五人。此役上报康熙帝后，他非常高兴，即诏令乘胜追击，彻底肃清黑龙江中下游地区的沙俄侵略者。于是，清军沿精奇里江而上，摧毁了多伦斯克及林宾斯克等侵略据点。康熙二十三年正月，清军在鄂罗舜率领下开始向黑龙江下游进击，招降俄军二十一人，解救鄂伦春人质三人，收复了图古尔斯克和乌弟斯克。其余匪帮沿黑龙江入海，窜回其老巢雅库茨克。至此，黑龙江中下游及其支流上的沙俄侵略据点已基本被肃清。因此，康熙帝便把目光转向仍被沙俄侵略者占据着的黑龙江上游地区的据点雅克萨和尼布楚。

康熙帝一直认为“兵非善事”，不到万不得已，是不愿意诉诸武力的。就在清军击溃侵略者梅尔尼克前后，康熙帝两次诏令理藩院正式照会沙俄政府，进行着最后的和平努力，希望其归还逃人根特木尔，停止侵扰边境，否则必以大兵讨伐。但沙俄政府对清朝政府的多次劝阻、警告置若罔闻，还从西伯利亚召集一千多名侵略军增援雅克萨，并指派有作战经验的托尔布津为雅克萨的统领，决定在雅克萨建立统领辖区，企图将雅克萨地区正式纳入俄国版图。面对这种情况，康熙帝于二十四年正月，正式制订了武力收复雅克萨的计划。为加强攻取雅克萨的指挥力量，康熙帝组建了新的前敌指挥机构，并命彭春掌管黑龙江将军印务。军事行动工作准备就绪后，康熙帝特命达斡尔头人倍勒尔前往雅克萨侦察敌情，了解雅克萨兵力部署、城防工事等情况。三月初，倍勒尔回奏说，雅克萨的守兵不满千人。康熙帝更加坚定了收复雅克萨的决心。

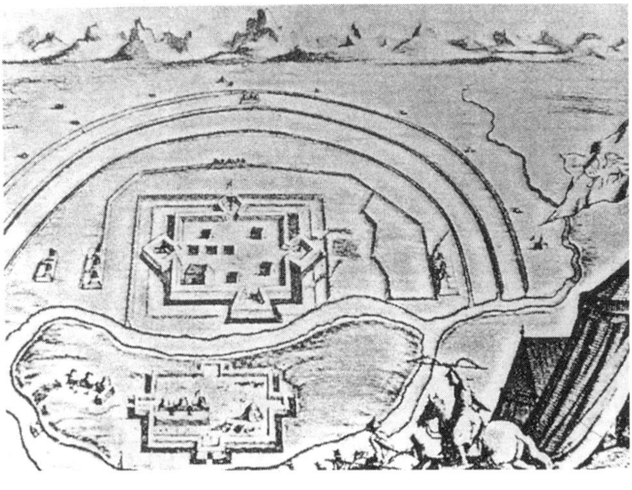

清军围攻雅克萨图

康熙二十四年四月二十八日，康熙帝诏令清军分批开赴雅克萨。由满、蒙、汉、索伦、达斡尔、鄂伦春、赫哲各族兵丁组成的大军，水陆齐发，直逼雅克萨。到五月二十二日，清军全部集结完毕。本着先礼后兵的原则，清军用满、俄、拉丁三种文字致书雅克萨统领，令其撤出雅克萨，返回俄国本土，并提出以雅库茨克为界的议和方案。但沙俄侵略军自恃城堡坚固，拒不撤军。清军遂于二十三日分水陆两路列营，准备武力进攻。沙俄得知消息后，赶紧于二十四日晨从尼布楚派来援军，但被清军击溃。二十四日夜，清军又将“神威将军”等火器移至阵地前，准备强攻。

五月二十五日黎明，收复雅克萨的战斗终于打响。清军四面合围，炮火齐发，雅克萨城内烈焰熊熊，毙伤沙俄军百余人。二十六日中午，清军堆积柴草，准备火烧雅克萨城。沙俄军惊慌失措，遂打出白旗投降。收复雅克萨的消息经由驿站飞马传到古北口，外巡在此的康熙帝非常高兴。康熙帝为了表示清朝政府的和平和怀柔之意，遂令释放被俘人员。第一次雅克萨之战以清朝政府取得胜利而告终。

收复雅克萨之后，按照康熙帝的意图，本应在黑龙江驻兵，在雅克萨设立哨所。在六月十四日的谕旨中，再次强调了防守雅克萨的重要性。但彭春等人并未按康熙帝的谕旨行事，而是将雅克萨城堡一把火烧掉了事，周围的庄稼也未收割，哨所未立，不等诏令到达就擅自撤离，回兵瑷珲、墨尔根等地。七月，俄军雅克萨头目托尔布津率领原班人马及增援人员，又回到了雅克萨，重新筑城，挖掘壕沟，建设炮垒、粮库，并于康熙二十五年到呼玛旧堡窜扰。康熙帝于二月得知沙俄重新占领雅克萨，立即诏令萨布素速修战舰，统领乌喇、宁古塔官兵二千人，驰赴雅克萨，担当第二次收复雅克萨的主力。康熙帝特别谕示马喇，一旦收复雅克萨，一定要在雅克萨驻兵，不要毁坏该城和庄稼。

五月上旬，萨布素、郎坦分两路进兵，月底逼近雅克萨。按照康熙帝的部署，萨布素首先命俄俘带信入城，劝其投降。沙俄军盘踞在雅克萨城的人员达千人，有火炮十三门，粮食也充足，据城顽抗。为防止尼布楚的沙俄军进行增援，清军占领了黑龙江上游，遏止了沙俄军的增援之路。六月初四日，清军开始攻城，经数日激战，歼灭敌人百余名，其中包括沙俄军头目托尔布津。沙俄军凭借其城坚固，全部撤回城内固守。清军便于雅克萨城下，挖长壕，立土堑，筑炮垒，准备进行长期围困。在清军的长期围困下，盘踞在雅克萨城里的沙俄军弹尽粮绝，饥寒交迫，加上坏血病流行，死者无数。近千名沙俄军只剩下一百五十余人，且大多患病，能站岗放哨的只有三十名士兵和十五名青少年。尼布楚的沙俄军又无法增援，雅克萨指日可下。沙俄政府见清朝政府收复失地的态度坚决，雅克萨大势已去，为避免尼布楚遭到冲击，迫不得已求和。

用武力抗击沙俄侵略是康熙帝为维护国家主权而不得已采取的行动，他一贯是主张和平的。但沙俄把康熙帝不愿动兵看作是不敢动兵，对康熙帝多次和平谈判的要求置之不理。康熙帝第二次用兵收复雅克萨之后，仍然致书沙皇，要求沙俄迅速撤兵雅克萨，派使团前来谈判。当时，沙俄内部陷入危机之中，沙皇阿列克赛病逝后，其子伊凡和彼得并立为沙皇，由其姐索菲娅公主摄政。姐弟之间为争权夺利，矛盾重重，政局不稳，且当时沙俄正忙于与瑞典、土耳其争夺对波罗的海和黑海的控制权，没有更多的兵力增援雅克萨。鉴于这种形势，沙俄才被迫接受清朝政府的建议，派文纽科夫、法沃罗夫为急使，前来中国。文纽科夫、法沃罗夫于康熙二十五年九月二十五日到达北京。康熙帝派大学士明珠，尚书科尔昆、佛伦等与之谈判。文纽科夫等人首先提出，先行解除对雅克萨之围，待戈洛文使团来华后，再谈判解决边界问题。康熙帝本着和平解决问题的诚意，答应了俄使这一要求，即诏令萨布素撤围，并准许沙俄兵自由出入雅克萨城。萨布素遵康熙帝之命，还救济沙俄军粮食，允许患病的沙俄兵就医。次年春，清军完全停止了对雅克萨的封锁。

沙俄迫于形势接受了康熙帝和平谈判的要求，但并没有放弃占有中国领土的欲望。康熙二十五年正月，沙俄政府指派戈洛文为全权大使，率领官吏士兵一千九百余人前来中国谈判。临行前，沙皇政府指示戈洛文，在谈判中力争以黑龙江为两国边界，如果达不到这个要求，则以牛满河、精奇里江为界，占领黑龙江北岸；再达不到要求，则以雅克萨为界，但要在牛满河和精奇里江保留两国共同的渔猎场。如果这些要求还达不到，戈洛文则可调动西伯利亚的军队，出兵和中国作战。康熙二十五年，戈洛文出使中国。次年春，戈洛文得知康熙帝为促成两国谈判早日实现而主动从雅克萨撤军，便对和平谈判采取消极拖延的态度，企图策动我国喀尔喀蒙古臣服沙俄，以增加在谈判桌上对清朝政府的压力，并因此在喀尔喀蒙古逗留两年。

喀尔喀蒙古是我国明末清初蒙古三大部之一，于崇德三年即开始向清室纳“九白之贡”。早在17世纪上半叶，沙皇政府就对喀尔喀蒙古采取了侵略行动。沙俄政府先后派人出使阿尔泰，劝诱阿尔泰汗臣服俄国。17世纪40年代，沙俄殖民势力越过贝加尔湖后，即派遣一支“探矿队”，闯到喀尔喀蒙古的车臣部，要车臣汗加入沙俄国籍，但遭到车臣汗的拒绝。到17世纪下半叶，沙俄的殖民势力又直接侵入色楞格河流域土谢图汗管辖地，先后建立起楚库柏兴（今色楞格斯克）和伊尔库茨克等据点。沙俄的侵略，遭到土谢图汗的强烈抗议，他多次派人去莫斯科交涉，要求沙俄军撤出楚库柏兴。但沙俄政府置若罔闻，侵略活动一天胜似一天。清朝政府打响收复雅克萨的战斗之后，土谢图汗与清朝政府密切配合，加紧抗俄斗争，严正要求沙俄军撤出喀尔喀蒙古。正在这时，戈洛文使团前来中国。他们在到达贝加尔湖后，即对喀尔喀蒙古各部进行威胁利诱，企图使各部脱离清朝政府，臣服沙俄，遭到土谢图汗和哲布尊丹巴的拒绝。

戈洛文招降失败后，就污蔑蒙古人民偷窃马匹，命令所率士兵闯入蒙古牧地，大肆烧杀抢掠。喀尔喀蒙古人民一面抗争，一面上奏清朝政府。康熙帝得到土谢图汗的奏报后，一再派人催促戈洛文使团进京。康熙二十七年二月二十二日，戈洛文派遣使者斯捷潘·科罗文至京，安排谈判事宜。沙俄为加强在谈判中的实力，建议谈判在楚库柏兴举行。康熙帝为迅速解决两国争端，表示同意，并很快组成了以领侍卫内大臣索额图以及都统公佟国纲为代表的谈判使团。

康熙二十七年五月初二日，清朝政府的谈判使团从北京出发。行前，康熙帝向使团谕示谈判的原则和方针：尼布楚、雅克萨、黑龙江，以及通向黑龙江的一河一溪，都属于我朝，断不可让于沙俄，并且一定要其归还我逃人根特木尔，如果沙俄按照这个原则，我方则可以归还其战俘及降人，并与其划定疆界，发展通商贸易，否则你等即刻返回，不同其议和。索额图使团领旨出发，当行至喀尔喀蒙古时，正赶上噶尔丹进攻土谢图汗部，北上谈判受阻，被迫返回。康熙帝与俄使另商谈判地点。

康熙二十八年四月初五日，沙俄信使到北京。双方决定在尼布楚重开谈判。这时，噶尔丹为达到称霸北方蒙古的目的，屡次派人到沙

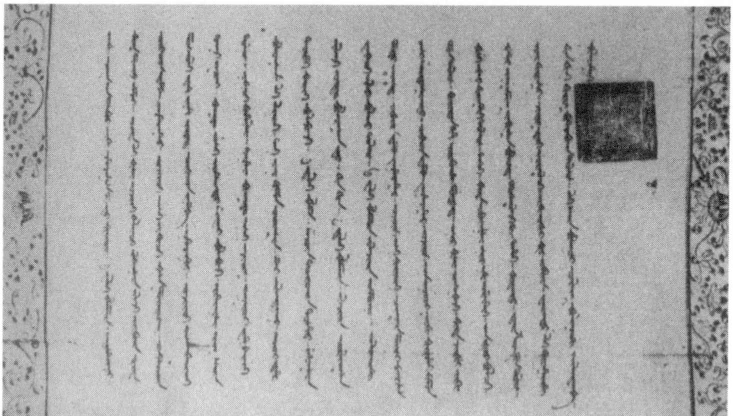

噶尔丹致俄国沙皇信件

俄活动，寻求支持。沙俄也想利用噶尔丹作为向中国索取利益的筹码，和噶尔丹暗中勾结。为了平定噶尔丹的叛乱，避免沙俄与噶尔丹进一步勾结形成两线作战的局面，康熙帝希望尽快与沙俄缔结和平协议。他与索额图等议定了三个划界方案：一是以原属于我国的勒拿河与贝加尔湖为界；二是以尼布楚为界；三是让出尼布楚，以额尔古纳河为界。康熙帝认为，如果以尼布楚为界，那么沙俄要遣使通贡就失去了栖托之所，这样，沙俄很难同意。因此，他指示索额图，要尽量争取以尼布楚为界，如果俄方坚持索要尼布楚，则我方可以做出重大让步，以额尔古纳河为界。沙俄在无力增援雅克萨的情况下，也希望获得和平，以保证其在西伯利亚地区的利益不致进一步受损，因此指示俄方使团，可在必要的时候让出雅克萨。这样，中俄双方就有了一个都能接受的方案，即在雅克萨和尼布楚之间的某条线上划定中俄两国边界，为尼布楚谈判的成功奠定了基础。

康熙二十八年七月初八日，中俄双方正式在尼布楚开始会谈。谈判过程中，俄方使团为争夺中国更多的领土，将他们过去制定的三个方案，逐一抛出，漫天要价，并将战争的责任推到中方的身上，污蔑是中国侵犯了沙俄的领土。索额图根据康熙帝的旨意，据理力争，严正指出：鄂嫩河、尼布楚均系我国所属茂明安等部落旧址，雅克萨也是我国达斡尔头人阿尔巴西故居，后被你们窃据；由于俄方不断对我国实行武装侵略，我国政府被迫采取自卫行动，以武力收复雅克萨，第一次雅克萨之战俄军战败后，曾许诺不再到雅克萨来，但你们背信弃义，又二次侵占雅克萨，我国政府被迫再次还击，直至你们要求撤围、谈判，这怎么能说是我国挑起争端呢？戈洛文理屈词穷，进而提出要以黑龙江为界的要求，索额图当场严词拒绝。戈洛文见第一个方案不能实现，于是稍微降低要求，企图以牛满河或精奇里江为界，并要求中方赔偿沙俄在雅克萨等地所受的“损失”。

清朝政府使团缺乏外交谈判的经验，误认为沙俄使团已经让步，又希望尽快能达成一个协议，因此，在第二天的谈判中做出重大让步，表示愿意以尼布楚和音果达河为界，一下子就把康熙帝的最后划界方案给亮了出来，失去了回旋余地。戈洛文见清朝使团肯让出尼布楚，异常高兴，但为了获得更多的利益，故意纠缠，拒绝清朝使团的方案。清朝使团一看自己的最后方案被拒绝，以为谈判破裂，决定回京。沙俄使团买通使团中担任译员的徐日昇、张诚两人，劝说清朝使团继续留在尼布楚，说俄国准备放弃雅克萨，但又在一些问题上讨价还价，迫使清朝使团除让出尼布楚外，又做出了更多的让步。七月十一日，清朝使团提出让出尼布楚以东七日路程之地，以石勒喀河至绰尔纳河为界，左侧属沙俄，右侧属中国；七月十二日，又让出黑龙江北岸几十里地，退至格尔必齐河为界；七月十三日，清朝政府使团又提出在黑龙江北岸，以额尔古纳河为界。但沙俄仍不满足，坚持要以雅克萨建城之地划界，并坚持双方在此共同渔猎。这一无理要求遭到清朝使团的严词拒绝，谈判陷入僵局。正在这时，原喀尔喀蒙古所属布里亚特人、温科特人掀起了抗俄斗争，起义者达两千多人，许多受沙俄奴役的喀尔喀部众，纷纷来到清朝使团驻地，请求将他们带回中国境内。沙俄使团见势不妙，担心沙俄的殖民统治全面崩溃，因此才被迫答应清朝使团的要求，双方终于在康熙二十八年七月二十四日（1689 年 9 月 7 日）达成协议，签订了中俄《尼布楚条约》。条约共有六款：

一、中俄两国以格尔必齐河、额尔古纳河至外兴安岭为两国东段边界，以南归中国，以北归俄国。中段边界暂行有效，留待以后再议。

二、俄人应拆除在雅克萨所建城堡，俄国居民携带其用物，退入俄国境内。两国猎户人等，不得擅越边界。

三、互不收纳逃人，如有逃人，双方均应遣返。

四、已在中俄两国定居的双方居民，维持现状。

五、自和约签订之日起，双方居民持有护照者，可以过界往来，并可以贸易互市。

六、双方均应严守条约，避免争端。

条约最后以满、俄、拉丁三种文字刻在石碑上，置于两国边界，作为永久界碑。

《尼布楚条约》签订之后，康熙帝进一步建立健全管理机构，充实边防力量，加强对边界地区的管理。如在盛京、宁古塔、黑龙江分别设将军，并在黑龙江的瑷珲、墨尔根、齐齐哈尔、伊倭齐等地设立管理机构，派兵驻防；在吉林的白都纳、三姓、珲春等地设官驻兵，以加强对边界的管理；继续推行永戍政策，还发展了东北地区各少数民族的产品交易市场，使少数民族与内地的联系进一步加强。这一切措施，对东北地区的安宁与发展起到了积极的作用。

中俄《尼布楚条约》是中俄两国签订的第一个条约，具有重大的意义。它制止了沙俄在黑龙江地区的进一步扩张，收回了长期被沙俄占领的中国领土雅克萨，并以法律的形式，确定了中俄两国在东段的边界，使东北边疆地区在较长的时期内获得了安宁。特别重要的是制止了沙俄与噶尔丹的进一步勾结。条约签订之后，沙俄受条约的束缚，不再声援噶尔丹，使清朝政府腾出手来，集中力量平定噶尔丹的叛乱，顺利地统一了漠北和天山地区。虽然康熙帝在《尼布楚条约》中做出了重大让步，但以局部利益换取了统一北疆的全局利益，使统一的多民族国家得到进一步发展。在抗击沙俄殖民侵略的斗争中，康熙帝提出一系列旨在开发和经营东北地区的重要措施，使东北边境地区的经济和军事力量都得到进一步的加强，为东北地区的繁荣和发展做出了重要贡献。

三　亲征朔漠　伐抚并举

收复台湾之后，清朝政府稳定了东南沿海，在全国的统治更加巩固。恰在此时，厄鲁特蒙古在噶尔丹的统治之下崛起于西北，形成了一个与中央政府相对峙的强大的地方政权。为了进一步巩固统一，从康熙二十九年至三十六年，康熙帝前后三次亲征，经乌兰布通战役、昭莫多战役，大败噶尔丹。与此同时，还采取招抚西北各部蒙古及噶尔丹部众的措施，分化瓦解和孤立噶尔丹，从而平定了噶尔丹的叛乱，稳定了西北边疆。

厄鲁特蒙古是我国蒙古族一支，明王朝建立以后，该部迁居漠北，又称瓦剌。明末清初，该部经过长期的内部纷争和互相融合，逐渐形成了准噶尔、杜尔伯特、和硕特、土尔扈特四大部，并迁居到新疆一带。四部之中，以准噶尔部最为强大。明末清初，该部首领台吉哈喇忽剌成为执各部牛耳的人物。哈喇忽剌死后，他的儿子巴图尔珲继位。在他的统治下，准噶尔部进一步强大。崇祯十三年，巴图尔珲台吉以四卫拉特盟主的身份，在塔尔巴哈台与喀尔喀蒙古王公举行会盟，青海和硕特部和伏尔加河流域的土尔扈特部也派人参加，建立了东西蒙古各部的又一次大联盟，同时也标志着准噶尔部的霸主地位被蒙古各部认可。

巴图尔珲台吉死后，其子僧格继位。这时，为了争夺最高权力和财产，准噶尔贵族集团内部发生了严重分裂。康熙九年冬，巴图尔珲台吉庶长子车臣台吉在部分准噶尔贵族的支持下，发动政变，杀死僧格台吉，自立为台吉。不久，僧格岳父和硕特鄂齐尔图车臣汗亲率大军平乱，处死车臣台吉及其母亲布鲁特哈屯。因为当时僧格的三个儿子策妄阿拉布坦、索诺木阿拉布坦、丹津鄂木布皆在幼年，准噶尔贵族便将僧格的弟弟噶尔丹拥立为台吉。

噶尔丹是巴图尔珲台吉第六子，和僧格是同母兄弟。康熙十年初，在五世达赖喇嘛和第巴桑结嘉措的支持下，在西藏学经修法的噶尔丹回到准噶尔部，娶其兄僧格之遗孀阿奴哈屯为妻，以巩固自己的统治，并迅速召集僧格旧臣、部众以及一部分喇嘛，逐个消灭车臣台吉的残余势力。不久，他又率兵越过天山，征服南疆回部，形成了一个与清朝中央政府相对峙的地方政权。

面对崛起于西北大漠的咄咄逼人的噶尔丹，清朝政府的西北边疆感受到了压力。当时，清朝政府正忙于平定“三藩之乱”，无力西顾。康熙帝只是谕令守边清军严加防范，对于厄鲁特蒙古的内部事务概不过问。这反而使噶尔丹更加狂妄自大，康熙十八年九月，噶尔丹竟以五世达赖所赐“博硕克图汗”名义遣使入贡。按清朝定例，从不允许擅称汗号者入贡。但是，对噶尔丹这种挑衅举动，康熙帝仍是容忍，准其献纳。直到“三藩之乱”平定之后，康熙帝才对其越分之举加以裁抑。当时，噶尔丹为了获取经济利益，每年派遣到北京朝贡的人数逐年增加，最多时达几千人，并且沿途抢掠塞外蒙古牲畜，抢夺财物，给沿途蒙汉人民造成了巨大的伤害。再加上清朝政府在朝贡贸易中的巨额支出，促使康熙帝改变过去外藩蒙古来使不限人数的定例，规定自康熙二十二年开始，各部只允许遣使二百人入京贸易。噶尔丹无视清朝政府规定，次年，仍遣使二千人入京朝贡。清朝政府只允许其中二百人入京，其余人一律迁回。噶尔丹大为恼火，一改其父兄的抗俄政策，转而靠近沙俄，以同清朝政府抗衡。

康熙二十二年十一月，噶尔丹派遣一个七十多人的商队前往伊尔库茨克，隐晦地表示支持沙俄对黑龙江流域的侵略。沙俄出于牵制中国及打击反俄的喀尔喀蒙古的需要，积极倡导建立一个俄国—厄鲁特联盟，愈发膨胀了噶尔丹的野心。在沙俄的鼓动下，为建立自己的西北霸权，补偿由于在入贡贸易中因限制人数而造成的经济损失，噶尔丹将掠夺的矛头指向了内讧纷纭的喀尔喀蒙古。

康熙元年，喀尔喀蒙古札萨克图汗部发生内乱，不少人畜流入土谢图汗部。内乱平定之后，札萨克图汗成衮多次派人前去索要本部属民，但土谢图汗拒不归还。这件事给了噶尔丹一个机会，他趁康熙帝忙于内部事务，无暇顾及喀尔喀蒙古，在成衮向他寻求支持时，与札萨克图汗结盟，直接将矛头对准了土谢图汗，准备对土谢图汗下手。

喀尔喀与沙俄及厄鲁特接壤，战略位置十分重要。札萨克图汗与噶尔丹的结盟之举引起了康熙帝的高度警惕。“三藩之乱”平定之后，为了防止噶尔丹插手喀尔喀蒙古事务，保持北疆安定，康熙帝先后向喀尔喀两翼派出使臣，调解两部争端。与此同时，他又传谕达赖喇嘛，令其遣使协助喀尔喀议和。康熙二十五年，执政第巴以达赖喇嘛五世的名义派出代表噶尔旦西勒图与理藩院尚书阿喇尼同赴漠北，在库伦伯勒齐尔召集两翼汗、济农、台吉举行会盟。会盟取得了巨大成功，喀尔喀两翼蒙古各部握手言和，重归于好。

库伦会盟后，漠北蒙古的形势朝着有利于清朝政府的方向发展，使噶尔丹染指漠北的野心受挫。噶尔丹不甘心失败，开始寻找新的借口。康熙二十六年四月，噶尔丹对清朝政府限制其入贡贸易人数表示反对，又致书理藩院尚书阿喇尼，就库伦会盟时，喀尔喀土谢图汗的弟弟哲布尊丹巴呼图克图与达赖喇嘛的代表噶尔旦西勒图相见时“抗礼踞座”之事挑动是非，并就此事致书土谢图汗进行责问。同时又派手下吴巴什至札萨克图汗部进行分裂性会盟。不久，噶尔丹又裹胁札萨克图汗部移师进驻三赫格尔，令右翼诸济农、诺颜、台吉等随札萨克图汗环绕安营，以防土谢图汗来攻。同时又派上千名喇嘛，以佛事活动为名，游历喀尔喀各地，收集情报。

康熙二十六年冬，土谢图汗侦知噶尔丹离开了三赫格尔，次年正月，亲率兵一万袭杀了札萨克图汗沙喇，接着又击杀了噶尔丹的弟弟多尔济，从而为蓄谋已久的噶尔丹找到了大举进兵喀尔喀的理由。康熙二十七年五月中旬，噶尔丹率领精锐三万人，分兵三路杀向土谢图汗部。这时，土谢图汗部的精锐正胶着于抗俄前线，面对噶尔丹的进攻猝不及防。卫征哈滩巴图尔、车臣诺颜部战败，达尔玛西里诺颜部被噶尔丹收服，和托辉特洪台吉罗卜藏之弟根敦额尔德尼洪台吉无力抵抗，不战而逃。噶尔丹遂沿杭爱山脉进至土谢图汗部，昆都仑博硕克图率部溃逃。土谢图汗和哲布尊丹巴只好从抗俄前线调土谢图汗长子噶尔丹多尔济率兵五千人自色楞格河回援。噶尔丹多尔济在特木尔遭遇噶尔丹大军，几乎全军覆没，仅率三百余人逃脱。此时，噶尔丹侦知哲布尊丹巴避居在额尔德尼昭，便派大将丹津额木布率兵七千人，直取额尔德尼昭。哲布尊丹巴望风南逃。噶尔丹遂沿克鲁伦河东进，扫荡车臣汗部，迫使土谢图汗部、车臣汗部逃往漠南蒙古境内。噶尔丹纵兵南下，如入无人之境，穿过车臣汗部东隅，逼近呼伦贝尔，离清朝卡伦只有七八日的路程。战火烧遍整个喀尔喀蒙古，当地人民陷入了灾难之中，平定噶尔丹叛乱刻不容缓。

康熙二十七年八九月间，在哲布尊丹巴呼图克图和土谢图汗的带领下，喀尔喀蒙古各部人民纷纷进入清朝领地，乞求康熙帝出兵相助，抗击噶尔丹入侵，同时又表示投顺清朝政府。康熙帝指令有关官员对各部流亡人民予以赈济，安置游牧之地，以解决他们的生计问题。同时，鉴于战争给喀尔喀蒙古造成极大灾难，康熙帝极力主张以和平谈判解决问题，遂向噶尔丹提出和平谈判的敕谕。噶尔丹利令智昏，拒不接受康熙帝和平谈判的建议，妄图将漠西、漠北蒙古置于他的统治之下，与清朝政府南北分治。在这种情况之下，只有使用武力，才能解决问题。

康熙帝亲自规划了平定噶尔丹的军事行动。为了打赢战争，康熙帝首先派人对噶尔丹的各方面情况进行了侦察。早在康熙二十八年八月，康熙帝就派理藩院尚书阿喇尼以调解喀尔喀与厄鲁特矛盾为名，赴噶尔丹军营之中观察了八十余天，获得大量情报。不久，温达又从噶尔丹处逃脱的俘虏口中得知，噶尔丹沿克鲁伦河下游而去。康熙帝为得到确切情报，再派尚书阿喇尼等前去探询。康熙帝派往噶尔丹的使者喇嘛商南多尔济也从克鲁伦河传回情报说，噶尔丹军曾在克鲁伦河驻扎了一天，粮食已经用完，只好杀马充饥。康熙帝通过大量军事情报，对噶尔丹的军事动向尽在掌握之中。

康熙帝采取了联络噶尔丹政敌，孤立并打击噶尔丹的策略。策妄阿拉布坦是噶尔丹之兄僧格的长子，噶尔丹东进喀尔喀时，任命他为大本营科布多的总管，并负责后方的行政事务。但噶尔丹与策妄阿拉布坦有着深刻的矛盾：一是噶尔丹久占本属于策妄阿拉布坦的汗位不还，策妄阿拉布坦心怀不满；二是噶尔丹强娶和策妄阿拉布坦有婚约的和硕特部噶布达玛次女阿海，有夺妻之恨；三是有杀弟之仇，康熙二十七年，噶尔丹害怕策妄阿拉布坦兄弟向他索要汗位，杀害了策妄阿拉布坦的弟弟索诺木阿拉布坦，借此削弱策妄阿拉布坦的力量。这就激起了策妄阿拉布坦的反抗，在其父僧格旧部的支持下，策妄阿拉布坦率部西走，打败了噶尔丹亲自率领的追兵，占据了吐鲁番城。康熙帝得知准噶尔内乱的消息，立即派人前往策妄阿拉布坦处慰问，并赏赐御用各色彩缎二十匹。策妄阿拉布坦也乐于和清朝政府结盟，共同打击噶尔丹。自此，噶尔丹还未与清朝政府开战，就已失去了一个稳固的后方。

康熙帝还向沙俄提出警告，断绝噶尔丹寄希望于沙俄的想法。长期以来，噶尔丹一直和沙俄暗中勾结，以共同对付清朝政府。沙俄公使戈洛文曾扬言，若噶尔丹对喀尔喀采取军事行动，沙俄准备从楚库柏兴、乌丁斯克、涅尔琴斯克以及其他城市发兵助攻。康熙二十九年，噶尔丹放言已请到了两万沙俄军队，同时，康熙帝派出收集情报的喇嘛商南多尔济也报告，看到厄鲁特人与沙俄使者在一起。为了制止沙俄与噶尔丹联盟，康熙二十九年五月二十三日，康熙帝向到访的沙俄使者吉里古里·伊法尼齐提出警告，喀尔喀蒙古已归顺清朝政府，如果沙俄帮助噶尔丹叛乱，那就意味着向中国开战。沙俄考虑到自身的安全，知道噶尔丹难以驯服，加之其在中俄《尼布楚条约》中已获得大片土地和通商贸易的巨大利益，没敢冒撕毁条约的风险，打一场前途未卜的战争，因此始终没有参战。

康熙帝为能及时掌握前线战况，派人修筑驿站。为对付凶悍的厄鲁特骑兵，清朝军队都配备了新式火炮，新造了几千辆大车运输粮草，并调太仆寺骆驼一千多头用作军需。平定噶尔丹的战前准备已就绪。

康熙二十八年十二月，西藏第巴桑结嘉措假借五世达赖喇嘛的名义，授意噶尔丹以追击土谢图汗和哲布尊丹巴为名，再次东进扫荡喀尔喀，并于二十九年六月南下，进抵漠南蒙古乌珠穆沁左旗东北索约尔济山，在该山西麓乌尔会河东岸的乌兰之地安营。

为抗击噶尔丹南下，康熙二十九年三月，康熙帝派出左右两路大军，向土喇河、克鲁伦河挺进，意图夹击噶尔丹。右路军六千人由理藩院侍郎文达、都统额赫纳率领；左路军两万人由理藩院尚书阿喇尼及兵部尚书纪尔他布指挥。鉴于噶尔丹军的强大，又知阿喇尼兵力不足，康熙帝一面急调科尔沁之兵及禁卫军前去援助，一面传谕阿喇尼，只需将噶尔丹的军事动向作详细报告，耐心等待战机，不可急躁，单独冒进。同时又派员外郎阿尔必特祜出使噶尔丹军营，以谈判为名稳住噶尔丹，以争取时间，待各路大军聚齐后予以围歼。但阿喇尼大意轻敌，争功心切，置康熙帝的谕令于不顾，未等康熙帝派出的后续部队到达，自己率左路军抢先出击，于六月二十一日，在乌尔会河与噶尔丹军队相遇，陷入了重重的包围之中，惨遭失败。阿喇尼率残部突围。

阿喇尼的贸然行动所导致的失利，打乱了康熙帝的军事部署。康熙帝大怒，将阿喇尼、纪尔他布革职，降四级使用，以严肃军纪。同时，又派使者以阿喇尼违旨轻战，非本朝之意等语婉言相劝噶尔丹，意在羁其行动，使其不致远遁。与此同时，康熙帝迅速调动大军，以图彻底歼灭噶尔丹之旅，从而亲自布置了著名的乌兰布通战役。

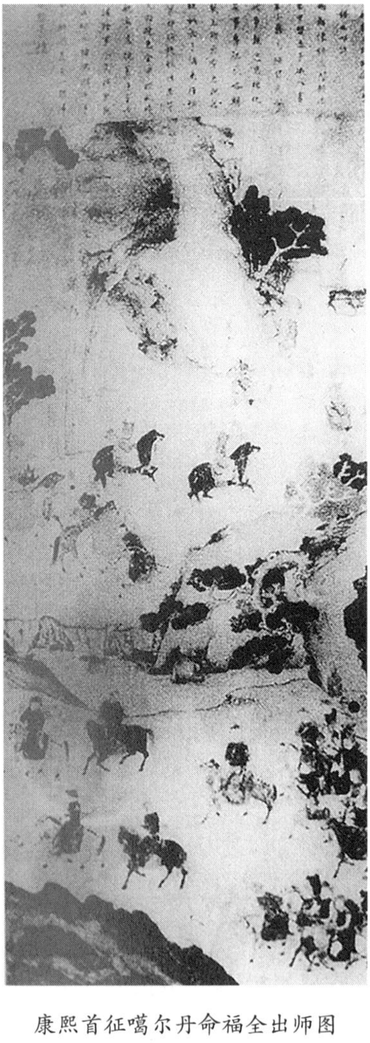

康熙首征噶尔丹命福全出师图

康熙二十九年七月初二日，康熙帝诏令两路大军北上歼敌。左翼以其兄裕亲王福全为抚远大将军，皇长子允禔为副，从古北口出发。右翼以其弟恭亲王常宁为安北大将军，简亲王喇布、信郡王鄂扎为副，在喜峰口待命。内大臣佟国纲、索额图、明珠、阿密达，都统苏努、拉克达、彭春、阿锡坦等人随军参赞军务。七月初六日，福全军起程，二十三日于拜察河和马思哈会师，随后两天里又和阿喇尼的残部会合。二十七日，福全军进驻乌兰布通峰以南四十里的吐力埂河，堵住噶尔丹南下的抢掠之路。七月初四日，常宁军由喜峰口出关，沿滦河、库尔奇勒河、四道河上行，与福全军会合。各路大军相会足有十万之众，为噶尔丹的五倍。此次，康熙帝吸取乌尔会河战役的教训，严令各路大军在巴林旗境内待命，不得违令擅进。

乌尔会河战役之后，噶尔丹从原阵地后退五日之地，至厄勒冷休整。为了防止清军大规模反击，最初噶尔丹及众宰桑皆有乘势退走之意。但在第巴桑结嘉措派出的两个使者济隆呼图克图和伊拉古克三呼图克图的鼓动下，噶尔丹忘乎所以，挟乌尔会大捷之余威，继续南下，企图捞取更多的好处。七月初，噶尔丹从厄勒冷起兵，经乌珠穆沁旗境至和尔洪河上游驻扎。这时，清军内大臣阿密达部也已驻扎在乌珠穆沁右旗南。遵照康熙帝旨意，阿密达在接见噶尔丹来使时假称圣上特遣皇长子与皇兄和噶尔丹谈判，清朝军队不久就要撤回，并派人至噶尔丹处，假装谈判，迷惑噶尔丹，使其确信清朝政府无开战之意，引诱噶尔丹继续南下。噶尔丹果然经敖布拉克、布里图，越过兴安山脉，直至漠南克什克腾旗境内弼劳古驻扎，主动钻进了康熙帝预先布置的圈套之中。

得知噶尔丹进抵克什克腾旗境，康熙帝又进行了紧张的军事部署，他诏令在巴林旗境内的各路大军前往克什克腾旗境内等候。七月二十日左右，各路大军会集于克什克腾旗境内之土尔埂伊扎尔。十万大军建营盘四十座，连营六十余里，首尾相顾，像群山一样连绵不绝。为了进一步据有聚歼噶尔丹的有利地形，康熙帝再次设计，以和谈为名，将噶尔丹诱至乌兰布通之地。为此，康熙帝特派使者告知噶尔丹，让噶尔丹率部前去乌兰布通，和清朝政府派出的显贵大臣谈判，就土谢图汗和哲布尊丹巴所管辖之地是否划予噶尔丹之事进行商议。乌兰布通遍布清朝政府的牧场，这一点对于掠夺成性、缺乏牲畜的噶尔丹来说无疑极富诱惑力，于是，噶尔丹爽快应允。乌兰布通距清朝政府最大的练兵场——木兰围场，只四十里之遥，清朝政府的军队自然熟悉地形，而且物资补给又便利，清军便在乌兰布通悄悄地张开了一张大网，只等噶尔丹钻了。

噶尔丹果然不负前约，如期而至，率部沿萨里克河前进，于七月二十九日抵达乌兰布通。噶尔丹虽然领兵至此，但对谈判之事仍存疑虑，遂率部上山，在山冈上布阵。他们将成千上万头骆驼的四足绑住，使其卧于地上，驼背之上再垒以箱垛，把毡子浸透水覆于箱垛之上，并将骆驼像栅栏那样排列起来充作掩体。厄鲁特士兵躲在其中向外施放火铳、弓箭，并用矛、钩刺杀冲进的敌兵，这就是噶尔丹士兵吹嘘的攻不破的“驼城”。

为了彻底歼灭噶尔丹，不留后患，康熙帝于七月十四日御驾亲征，但在亲征途中不幸染上重病，只好折回京师。在返回京师前，他对前线的进攻、联络、供应等细节都做了具体指示，并为军队增加炮兵及鸟枪兵五千人。

八月初一日黎明，福全指挥清军列阵而行，中午抵达乌兰布通。清军隔河列阵，以炮火为前列轰击噶尔丹阵地。炮轰之后，前队五千人、次队三千人、两翼军各二千二百人在枪炮的掩护下冲锋。右翼冲锋几次都为沼泽所阻，左翼清军在佟国纲、佟国维的率领下沿萨里克河冲锋，终于切断“驼城”。当日战斗十分惨烈，佟国纲和前锋参领格斯泰、前锋统领迈图均战死于沙场，双方不分胜负。次日，裕亲王福全再次组织清军发起猛攻，无奈噶尔丹军居高临下，据险固守，清军无所进展，福全遂令收兵暂息。

噶尔丹军队在清军的猛攻之下伤亡惨重，害怕长期被围将不战自溃，于是派济隆呼图克图和伊拉古克三呼图克图等人下山与福全会晤，表白自己无意进攻清朝，连土谢图汗也不再索取，要求两军罢战，修礼讲好，还要求寻一水草之地等候康熙帝的旨意。福全信以为真，发给噶尔丹印信，并派人告知内大臣苏尔达等，令盛京、乌喇等诸路清军放噶尔丹通行。但噶尔丹刚逃出清军的包围圈，就抢掠了克什克腾旗三佐领远遁。为了防止清军追击，还放火烧了所经过的草原。至此，福全才明白上了噶尔丹的当，即派轻骑兵追击。但此时噶尔丹已轻装北逃，远遁而去。

乌兰布通战场遗址

经过乌兰布通之役，噶尔丹的嚣张气焰被打了下去，军事实力严重受损。但噶尔丹不甘心失败，在逃回大本营科布多之后，仍继续进行对抗清朝政府的行动。为了卷土重来，噶尔丹总结了乌兰布通战役失败的教训。面对实力雄厚的清朝政府，噶尔丹改变了以往的战略战术，采取了一系列削弱清朝政府统治和壮大自己的措施。

一是针对清朝政府孤立自己的政策，噶尔丹切断了清朝政府同策妄阿拉布坦和西藏的联系。康熙三十年，策妄阿拉布坦在占有伊犁的同时，又派兵劫掠噶尔丹留守科布多的人员及其财物西去。为了防止噶尔丹的报复，策妄阿拉布坦派人向清朝政府争取政治、经济、军事等方面的援助。康熙帝重赏了来使，表示满足其请求援助的要求。为了切断策妄阿拉布坦与清朝政府的联络线路，噶尔丹则占据了哈密，扼制住了中原通向中亚的咽喉要地，并于康熙三十一年截杀了康熙帝派往伊犁策妄阿拉布坦处的使者员外郎马迪等七人。同时，还派人至西藏扎什伦布寺恐吓班禅，不准其进京朝觐。

二是争取外援，缓和同政敌的紧张关系。康熙三十一年以后，噶尔丹多次派人出使沙俄。三十一年，噶尔丹的使者阿钦哈什哈到达莫斯科，呈上噶尔丹的亲笔信，要求军员、枪支弹药方面的援助，而沙俄也派马特维·尤金赴噶尔丹处活动，先后三次会见噶尔丹。噶尔丹在入侵喀尔喀之前，就已将自己的长女嫁给了青海和硕特蒙古博硕克图济农之子根特尔，改善了与青海的关系，保证了通向西藏道路的畅通和安全，与此同时，他还极力结好西藏第巴桑结嘉措。在第巴桑结嘉措的斡旋下，青海和硕特各部台吉，接济了噶尔丹不少粮食、牲畜。噶尔丹和策妄阿拉布坦的关系也有所缓和。

三是大力实施离间之计，策反蒙古各部叛离清朝政府。康熙三十一年，噶尔丹派人到漠南蒙古给各部贵族王公散发自己的亲笔信，并派专人致书科尔沁土谢图亲王沙津，劝其反叛清朝政府。康熙三十五年，噶尔丹再次致书沙津，表示他将派沙俄生力军六万给沙津，以共同征服清朝政府，然后伙分其地盘。噶尔丹又派奸细到鄂尔多斯六旗，喀尔喀蒙古车臣汗乌默克旗、赛音诺颜部等处进行蛊惑，但都被各旗擒获献于清朝政府。

四是注意发展农耕，以养精蓄锐。噶尔丹改变了过去游牧的习惯，组织部分部众在科布多地区从事农牧业生产，几年内，科布多地区就出现了五谷丰登、六畜兴旺的繁荣景象，经济实力又恢复到了战前水平。经过几年的苦心经营，噶尔丹又有了东侵的本钱。康熙三十四年，他又开始了侵扰喀尔喀蒙古和清朝政府军队的活动。

乌兰布通战役之后，康熙帝继续进行政治、经济、外交等方面的工作，为彻底平定噶尔丹的叛乱活动创造条件。在政治上，于康熙二十九年成功地解决了喀尔喀蒙古内部纠纷，推行了盟旗制度，将其纳入了清朝政府的管辖区域，形成了一条新的“万里长城”。对于噶尔丹仍然采取怀柔政策，先后向噶尔丹赠送银两，并将原扣留于归化城的商队送回科布多，劝其归降。但噶尔丹拒不领情。在这种情况下，康熙帝又做了大量的军事准备工作，以防噶尔丹再度入侵。

首先是在漠南、漠北蒙古核查丁口，增加兵力，武装各旗。康熙三十一年，将科尔沁旗所属的一万一千八百五十名可披甲当差者充实上三旗。次年，又得到漠南蒙古可披甲兵六万四千八百九十一名。对喀尔喀蒙古的编丁工作也在进行。康熙三十二年，安北将军费扬古就曾选调喀尔喀蒙古充甲兵三千六百零五名。于是，清军驻防从征兵力大增。

乌兰布通之战虽胜，但主将怯战，致使噶尔丹逃脱。士兵训练不精，排列过密，进退之际，颇不协调，所以交战中被杀伤者较多，而进攻不力。所以，康熙帝大力训练将士，恢复八旗兵丁春秋二季的郊猎，并亲自赴玉泉山检阅八旗将士，清军作战素质因此而大大提高。

康熙帝针对噶尔丹流动作战的特点，建立起包括漠西的完整的军事防御体系。在西线，为防止噶尔丹窜入青海、西藏，于康熙三十一年十月升甘肃提督孙思克为振武将军；以建威将军希福坐镇大同，改大同、杀虎口步兵为骑兵，提升对抗噶尔丹骑兵的能力。康熙三十四年七月，升舒恕为宁夏将军，以昭武将军郎坦坐镇肃州（今甘肃酒泉）。十月，委费扬古为右卫将军兼摄归化城将军事，将处理西线的大权全部交予费扬古，形成以归化城为中心的西部防线。康熙帝又谕令内大臣明珠等人赶赴漠南蒙古中部，调动喀尔喀蒙古及漠南蒙古诸部骑兵，驻扎在险要之地。东北地区统归黑龙江将军萨布素管辖，重点盯防索岳尔济山，相机进剿噶尔丹。至此，从西到东的完整防御体系建成。

在外交上，继续采取孤立噶尔丹的措施，尽力割断噶尔丹与西藏、青海的联系。康熙三十年九月，康熙帝致书五世达赖，就其使者济隆呼图克图怂恿支持噶尔丹入侵喀尔喀蒙古之事提出质问。同时派出使者警告噶尔丹，若其敢于进犯西藏及青海，清朝政府军队将立即前往征讨。驻牧于阿尔善的巴图尔额尔克济农与噶尔丹关系友善，其处是青海物资输入厄鲁特的转运站。康熙帝派兵八千，分两路围截巴图尔额尔克济农，将其驱逐出原驻地，迫使其远逃。

康熙三十四年八月，噶尔丹率骑兵三万，再次东侵喀尔喀，向克鲁伦河以东推进，在喀尔喀地区四处骚扰。为了诱敌南下，康熙帝召见噶尔丹曾密约反清的科尔沁土谢图亲王沙津，让他将计就计，诱噶尔丹深入内地。但噶尔丹并不上钩，只是在克鲁伦河、土喇河一带肆行抢掠，行踪飘忽不定。为了对噶尔丹再次进犯给予严厉打击，康熙帝率领大军主动出征，部署了著名的昭莫多之战。

康熙三十四年十一月初，康熙帝得知噶尔丹在巴颜乌兰地区活动，立即分兵三路，大张挞伐。东路军由抗俄名将黑龙江将军萨布素统领，率官兵断役约一万二千人，经索岳尔济山，直趋克鲁伦河。在此之前，康熙帝已调漠南蒙古锡林郭勒、昭乌达、哲里木三盟的骑兵驻乌尔会河，策应东路军。

西路军分归化城军与宁夏军两支，由安北将军费扬古统帅。归化城军由坚定支持康熙帝北进的安北将军费扬古率领，于二月十八日起兵，共有部众三万余人，配备各种火炮一百门，绵甲七千领，火箭三千支。士兵每人自带口粮。宁夏军由西安将军博济率满洲八旗兵三千人，各带仆从一人。孙思克等率绿营兵七千人，每两人合带余丁或子弟一人。此路军共约一万七千人，配子母炮八十门，每人给足口粮。宁夏军定于二月二十二日自宁夏由平罗营出关。

中路大军二月二十三日自京师出发。其中包括京师每佐领预备兵六名，汉军火器营兵二千名，以及随营炮兵、炮手面甲兵，共八千一百三十名；宣化绿营兵二千名，东北三省兵五千名，后又增调内务府佐领兵二百零六名，察哈尔左翼四旗军八百二十二名，喀喇沁兵五百名，札萨克步兵一千九百九十二名，古北口绿营兵一千五百名，诸部兵包括随军厮役共约三万六千人。中路军另有预备兵八千三百九十二名，尾随主力跟进。康熙帝又诏谕获罪人员及情愿效力官员，俱可随军立功，加上厮役，又约一万七千人。中路军每人自带口粮，另发帑金六万两，造车五千五百辆。调直鲁豫三省夫役运输军粮物资，另拨喀喇沁兵一千名、翁牛特兵五百人挽运。选派天津总兵岳升龙、怀庆总兵刘国兴领直鲁豫三省马兵五百名负责督运。

三路大军中，中西两路为主力，而中路大军迟迟不公布统帅。大臣们猜测康熙帝要御驾亲征，便纷纷上疏劝阻。康熙帝深知噶尔丹非一般贼寇所能相比，而诸大臣却贪图安逸，逡巡不前。为了激励兵将士气，带动百官，康熙帝早有亲征之意。上次乌兰布通之战，康熙帝因病中途而返，未能亲临前线指挥，致使噶尔丹网中逃脱，留下今日祸患，康熙帝深以为憾。因而，康熙帝不为所动，力主亲征。为了彻底剿灭噶尔丹，康熙帝十分重视中西路大军的协调，诏谕费扬古驰驿来京，商议中西路军协同军事行动问题。同时为加强各路军的联系，清朝政府建立了多路驿站。为鼓励八旗奴仆在疆场奋勇杀敌，更规定了解放奴仆的条例。

各项准备工作就绪之后，康熙三十五年二月三十日，中路大军在康熙帝的率领下起程。起行时，大军分为两支。康熙帝亲自率领一支由独石口出关，内大臣所率一支由古北口出关。在预定地点会合后，直奔喀尔喀蒙古克鲁伦河。

在康熙帝起程前，西路大军已先行出发。按预定计划，中西两路大军应于四月二十七日会师于克鲁伦河巴颜乌兰。但西路军所行之地路途纡远，所经之地多为沙漠戈壁滩，噶尔丹又火烧十余站，导致粮草不济，人马饥乏，难以和中路军齐头并进形成对敌夹击之势。所以康熙帝只好边等边走，并催促西路军快速前进。而西路军也克服马匹死亡、军队大量减员的困难，终在五月初抢先进入阵地。这时，康熙帝根据日程推算，确知西路军已到达预定地点，便在五月初七日向噶尔丹发起攻击。噶尔丹猝不及防，眼见着大队清军从天而降，不敢抵抗，率部夺路连夜西逃。中路军在康熙帝的率领下奋力追击。厄鲁特兵风声鹤唳，溃不成军，刚刚逃出中路军的追击，便又钻进了西路军布下的罗网，遭到了毁灭性的打击。这便是著名的昭莫多之战。

昭莫多位于美丽富饶的土喇河上游，即今乌兰巴托以南之宗莫德，蒙语意为大树林，山川密布，林木茂盛，曾是明成祖朱棣大破阿鲁台的旧战场。五月初，西路军刚刚到达昭莫多附近，蓝翎侍卫布达所率的前哨就与噶尔丹西逃先头人马在三十里外的特勒尔济口遭遇。费扬古急令部下抢先占领昭莫多有利地形，展兵布阵。费扬古正在布置口袋阵当中，噶尔丹西逃大部人马蜂拥而至，并立即向清军发起了猛烈的进攻。清军凭借有利地形和强大的火力，挡住了噶尔丹的一次次攻击。战斗整整进行了一下午，双方不分胜负。这时，宁夏总兵殷化行见敌军阵后森林中人畜丛集，却久不出动，断定是噶尔丹后阵妇女老幼辎重所在，遂建议费扬古出精骑抄袭敌后。费扬古依计而行，噶尔丹部众果然大乱。清军分两路上马反攻，噶尔丹部众力不能支，全线崩溃，大小头目或死或降。噶尔丹见大势已去，仅率少数人马趁夜色遁走，其精锐几乎丧失殆尽。

康熙帝得知昭莫多之战的胜利消息，立即传旨嘉奖西路军将士，同时令费扬古率兵戍边，自己则班师回京。康熙帝此次亲征，取得了辉煌的胜利。

噶尔丹在昭莫多之战失败后，势力进一步削弱，原先归附他的部众此时也纷纷脱逃。噶尔丹穷困已极，粮食帐篷皆无，只能挖掘草根为食。为解决粮食问题，七月，噶尔丹令侄子丹济拉率一千五百人抢劫喀尔喀郡王善巴之地，遭费扬古所率黑龙江兵拦击，大败而回。九月，噶尔丹又令丹济拉偷掠清军在翁金的储米仓站，与清军祖良璧部相遇，两军激战，丹济拉惨败。自此，噶尔丹再也没有力量与清军正面交锋，且穷蹙已极，不知所往。

康熙帝没有放松对噶尔丹的防备。只要噶尔丹不死，就会东山再起。根据昭莫多战役之后的新形势，康熙帝调整了部署。在东部，因噶尔丹无力进攻，仅作一般性防御，令黑龙江将军萨布素率兵一千，驻守科图，余部都撤回。又令费扬古分率萨布素兵五百人及一部分蒙古兵前往善巴王汛地侦探噶尔丹形迹。与此同时，康熙帝大力加强西北地区力量，并准备第二次亲征噶尔丹。

昭莫多战役之后，噶尔丹捡了一条命，但已陷入四面楚歌的境地，几乎无处可走。沙俄看到他已无利用的价值，便不再理睬他。在他的东面和南面，是清朝政府的劲旅，屡遭败绩的噶尔丹连碰都不敢碰一下。在他的西面，一面是他的政敌策妄阿拉布坦，一直想擒杀噶尔丹向康熙帝邀功；另一面是南疆回部，长期以来饱受噶尔丹的奴役。昭莫多战役中，清朝政府解放了被噶尔丹囚禁达十四年之久的回王阿卜都里什特父子，两人急欲擒杀噶尔丹回报清朝政府。因此，噶尔丹西去之路已被他自己堵死。只有青海蒙古诸部及哈密回部首领额贝杜拉达尔汉白克，让康熙帝放心不下。青海蒙古诸部一直依从于西藏达赖喇嘛势力，青海又是噶尔丹交通西藏的必由之路。正是由于第巴桑结嘉措所支援的物资，源源不断地通过青海而到达噶尔丹的手里，才使噶尔丹在乌兰布通战败后东山再起。所以，切断这条联系噶尔丹和西藏的通道具有非常重要的意义。

昭莫多战役之后，康熙帝就派兵把守额尔古纳、昆都仑、布隆吉尔等噶尔丹可能逃亡西藏、青海的必由之地。同时，康熙帝于康熙三十五年八月派人去青海，向青海和硕特诸部台吉传谕，告诫他们，如果噶尔丹前来投靠，必须将其擒获献于清朝政府。但青海诸台吉桀骜不驯，声称遵依达赖喇嘛之言，不会擒拿噶尔丹。哈密回部头目额贝杜拉达尔汉白克先前向噶尔丹纳贡，并多次向噶尔丹提供援助。昭莫多战役之后，他见风使舵，于九月遣使进京纳贡，表示投顺清朝政府，协助清朝政府擒拿噶尔丹。康熙帝知其并非真心。而策妄阿拉布坦于噶尔丹之后正崛起于西域，并不希望回部倒向清朝政府。因此，康熙帝为了彻底剿除噶尔丹，妥善处理西北各部之间微妙的关系，防止劲敌再起，有必要第二次亲征。

康熙三十五年九月，大将军费扬古上奏，八月二十四日在达阑土鲁地方发现噶尔丹踪迹。于是，康熙帝决定第二次亲征。事先，为了防止众大臣劝阻，康熙帝以到宣化地方行猎为名，率两千多人自京出发，离京后才开始逐渐增加兵力。康熙帝此行志在招抚噶尔丹及其属下，只是在有利条件下才采取军事行动。因此，当康熙帝得知噶尔丹在博罗乌纳过冬的消息时，即诏谕费扬古不必进兵。康熙帝认为，如果此时进兵，不仅破坏了招抚计划，还会形成我追敌逃的局面，遂决定厉兵秣马以待来春，视噶尔丹的动向而采取军事行动剿灭他。他还认为，最好的做法就是遣厄鲁特降人带信回去，招降噶尔丹及其部属。

在招抚中，康熙帝采取攻心为上的策略。早在亲征之前，就将陆续来降的暂住张家口的厄鲁特蒙古一千五百人编入上三旗满洲佐领。不愿入旗或迁入内地者，也不强留，而是顺从其意，发给马匹，放还原地，并转达康熙帝的旨意，劝噶尔丹归降。对厄鲁特降人首领也封以高官，丹巴哈什哈、察罕西达尔哈什哈俱受二品官职，为散秩大臣，梅宰桑、憨都俱受三品官职，俄钦为一等侍卫，余俱授职有差。十月初七日，康熙帝驻扎在瑚鲁苏台，颁诏由朝廷出钱，将在征剿噶尔丹中俘虏为奴的厄鲁特男女三千余人全部赎出，以使其父子兄弟夫妇完聚。噶尔丹手下曼沙受伤被擒，其妻子儿女俱在噶尔丹处，所以请求回去。康熙帝也予以应允，并令其与阿旺丹津携敕书同往，转告噶尔丹及其属下等人，不要一意孤行，要为自己的身家性命多想一想，现在来投诚归顺清朝政府，为时还不算晚，皇恩浩荡，必保他们家富身贵，终有所养。十月十三日，康熙帝至重镇归化，命令一大臣专管厄鲁特降人之事。噶尔丹手下首领吴尔台扎卜之母、达尔扎哈什哈之妻也被俘，康熙帝皆放回，并特遣察哈代一路护送，以示清朝政府的宽容大度和言行一致。

对于已同噶尔丹分裂的丹津鄂木布、丹津阿拉布坦各部，康熙帝志在离间他们与噶尔丹的关系。康熙帝诏令喀尔喀和硕札萨克图亲王策妄扎布、长史马尼图等人携敕书前往招降，改变了以降人捎信的做法，向两人传递着康熙帝对他们的重视和诚意的信息。为防止两人不降，康熙帝在敕书中还允许他们可投向策妄阿拉布坦，但决不允许他们有其他选择，否则就派大军进剿。

康熙帝深知噶尔丹不会轻易投降，其一日不死，国家不会有一日的安宁，因而必欲致其死地而心安。当喀尔喀多罗贝勒根敦带青向康熙帝表示愿意擒拿噶尔丹效忠时，康熙帝即谕示他，如擒获噶尔丹，就地处决。与此同时，康熙帝又开始安排武力进剿噶尔丹的计划。考虑到噶尔丹处于枯伦白尔齐尔一带，粮食住处全无，冬季到来必然会窜至哈密，因而康熙帝诏令孙思克率所部兵赴肃州，至阿南达处待命，将军博济选带西安兵两千人也到阿南达那里听命，一有噶尔丹消息即可进剿。阿南达依照康熙帝之命派兵布置，设法招抚由青海逃向哈密附近的噶尔丹内弟噶尔旦多尔济，并派人晓谕哈密回人头目额贝杜拉达尔汉白克与噶尔旦多尔济互相配合，不论噶尔丹逃向两者何方，另一方都要出兵相助。

康熙帝又于都尔白尔济、滩纳秦各口布置兵力，探听噶尔丹消息。九月二十二日，不出康熙帝所料，噶尔丹果然从库伦白尔齐尔逃往哈密。为加强哈密方向的兵力，康熙帝调大同前锋兵八百、枪手护军一千人前往阿南达处。为便于指挥调度，康熙帝由归化城启行前赴宁夏，十一月初五日驻扎在喀林拖会。这时，西北各部蒙古王公如阿玉奇台吉、策妄阿拉布坦、额尔克巴图尔各发兵千人，聚驻在阿尔台吉以内土鲁图地方，四面设哨，准备生擒或击杀噶尔丹。濒临绝境的噶尔丹困兽犹斗，派丹济拉到清军营中诈降，趁清军麻痹之际，袭掠粮饷。为杜绝类似情况发生，康熙帝严谕各路守军提高警惕，同时拨随征亲兵火器营护军一千、炮手二百四十、前锋二百六十到费扬古军前听命，严防噶尔丹抢掠喀尔喀诸部，并告诫费扬古，不要轻信噶尔丹言降，否则会造成不必要的损失。

在清朝政府的军事包围和经济封锁下，噶尔丹走投无路，只得派人请降以为缓兵之计。十一月二十五日，康熙帝在东斯亥召见噶尔丹来使格垒古英，让他回去告知噶尔丹，如果是真心投降，让噶尔丹亲自来，限期七十天，否则将进兵围剿。同时表示，清军如果粮食用完，哪怕以雪充饥也要将他擒获。考虑到噶尔丹已被清军及西北各部族军队联合围困于一隅之地，死灰复燃已无可能，清军直待明春出兵进剿。这次亲征，绥服西北各族的目的已达到，兼之清军粮草已耗尽，康熙帝遂班师回京，第二次亲征顺利结束。

噶尔丹虽然派人请降，但康熙帝并不相信。为了全歼顽寇，招徕蒙古，震慑青海、西藏，康熙帝决定第三次亲征。康熙帝料定噶尔丹穷困已极，不致再度领兵骚扰，因而两次传谕费扬古不必急于进兵，等他到宁夏后再相机征剿。康熙三十六年三月下旬，康熙帝到达宁夏。这时，闻知康熙帝再度亲征，西藏第巴桑结嘉措、青海蒙古各部纷纷上表请罪。在强大的军事压力之下，噶尔丹部众亦各离心离德，纷纷归降，或离开噶尔丹自谋生路。噶尔丹内外无依，处境十分孤立，手下不过三百余人，每日以杀马驼为食。康熙帝利用这一大好形势，分兵两路进剿噶尔丹，一路出嘉峪关，由孙思克、博济率领；一路出宁夏，由费扬古率领。两路军兵每人带四个月口粮，于郭多里巴尔哈孙之地会合。即使在这种时候，康熙帝仍不忘给噶尔丹投降归顺的机会，遣使颁敕，令其归降。一切安排布置就绪之后，康熙帝断定噶尔丹插翅难逃，清军胜利在握，而朝中大事急需他处理，故于四月初七日启銮回京。还在路途中，捷报就于四月十五日传来：三月十三日，噶尔丹窜至阿察阿穆塔台，因身患重病，不愈而亡，终年五十四岁；当晚，丹济拉将其遗体火化，携骨灰及噶尔丹之女钟齐海，率三百户投顺。康熙帝“务期殄灭，穷尽根除”的目的终于实现，平定噶尔丹叛乱取得了最后的胜利。

第六章　君临天下　政出令行

以平定三藩叛乱为标志，进入康熙二十年以后，中国又恢复了统一。为了巩固统一，保持政局安定，防止统治集团内部分裂，对重要政务进行准确决策和采取各种措施以驾驭臣工势在必行。为此，康熙帝除利用多重机构反复探讨以减少决策随意性、盲目性之外，还打击党争，创行密折，加强监察，并根据清朝具体情况，进行了改革旗务的重要活动。这些活动提高了中枢决策的质量和正确程度，并进一步强化了皇权，康熙帝的统治也最后巩固下来。

一　群策群力　正确决策

康熙帝亲政之后，经过他的不懈努力，政权机构进一步完善和健全。这样，和入关初年的顺治时期相比，清朝政府的中枢决策机构和决策过程也都发生了一些明显的变化：其一是在中枢决策的过程中，内阁地位显著上升；其二是清室兴起以来一直在中枢决策中发挥较大作用的议政王大臣会议虽然继续发挥作用，但是康熙帝对其控制也进一步加强，而且其地位也有所下降；其三是大学士九卿詹事科道会议在中枢决策中的作用越发重要。所有这些，不但使康熙帝在中枢决策中的主导作用更加突出，同时，也进一步提高了中枢决策的正确程度，对于康熙时期皇权的进一步加强和政局的健康发展都起到了重要的作用。

首先是内阁地位显著上升。顺治十五年设立内阁之后，在中枢决策各机构中，内阁地位即开始上升，不但在上下信息输送中居于枢纽地位，而且在中枢决策中也开始发挥重要作用。仅以在中枢决策中的作用而言，内阁至少在以下两个方面为其他机构所不能替代：其一，是对中央和地方机构及官员题奏本章代替皇帝票拟处理意见，经皇帝批准之后，于其题奏本章上用红笔批出，发交有关机构执行；其二，不少重大会议，皆由内阁主持并且作为主要成员参与。顺治帝去世后，四辅臣执政，取消内阁，恢复内三院，主要目的就是揽取其中的票拟批红权力。正因如此，康熙帝剪除鳌拜集团后，为了收回失去的权力，首先恢复被辅臣所破坏了的中枢机构——内阁。

康熙九年八月，康熙帝下诏复改内三院为内阁，并另设翰林院。十月，设内阁大学士并以大学士管部。次年八月，又大量添设内阁官员。同时，还将内阁大学士、学士品级分别定为正二品或正三品，使之大大高于顺治时期。由于实际位置重要，兼之以职位尊崇，内阁恢复之后，即在国家机器运转中发挥了重要的枢纽作用，不但在出纳章奏方面承担着繁重的任务，而且在中枢决策的各个重要环节如票拟、批红通知或负责召集各种会议，比较、分析各种决策建议并对之加以筛选诸方面均发挥了重要的作用。在相当长的一段时期内，对于内阁大学士、学士，康熙帝倚之如心腹手足，《康熙起居注》《清圣祖实录》中召集大学士等进行决策的事例也不绝于书。其间虽因具体原因，内阁大学士、学士等不断更换，但是作为一个机构，康熙时期的内阁一直居于政权中枢，较之于顺治时期，发挥着更为突出的作用。

康熙时期，除了内阁因居于政权中枢而在中枢决策中发挥了较大作用之外，入关前后因袭明制并于顺治时期设立的部院会议，不同范围的部院联席会议和由议政王大臣参加的各种会议也都在中枢决策中各自发挥着较大的作用。其中，一些部院自行会议仍是主要决策形式。凡是地方、中央官员个人或机构所进章奏，大都由康熙帝批谕有关部院衙门自行会议并将会议结果以题本形式上报，经康熙帝批准之后贯彻执行。对于一些涉及各部院或对清朝政权存在和发展具有重要意义的问题，康熙帝则召集不同范围的部院联席会议和由议政王大臣参加的各种会议予以讨论决策，并且在此基础之上，又衍化出了许多新的会议形式，如八旗都统会议、管理旗务大臣会议、满大学士尚书会议等。但是，经常举行并对政局发展发挥过重要作用的则是议政王大臣会议和九卿科道会议。

议政王大臣会议始于努尔哈赤时期，在相当长的一段时期内，一直是满洲政权中枢决策的主要方式。顺治帝亲政以后，议政王大臣在国家政治生活中的地位逐渐下降。然而，顺治帝去世后政局的变化又给议政王大臣以广泛的活动范围。四辅政大臣执政期间，为了巩固自己的地位，将满洲权贵作为自己的支柱，采取措施，调整议政王大臣的成分和结构。与此同时，单交议政王贝勒大臣会议和由议政王贝勒大臣参加的议政王大臣九卿科道会议也开始增多。而且就所议问题来看，皆是涉及清朝政权存在和发展的重大问题。数年之中，议政王大臣会议和由议政王大臣领衔召集的议政王大臣九卿科道会议几乎成了清朝政府中枢决策中最受重视的一种会议形式。

康熙八年五月，康熙帝清除了专权数年之久的权臣鳌拜。有鉴数年之中，议政王大臣多为鳌拜私党，康熙帝采取措施，对议政王大臣成分重加改组。在不断充实忠于皇室成员如裕亲王福全、索额图、明珠等人的同时，还以保密为借口，下令“诸王、贝勒之长史、闲散议政大臣，俱着停其议政”。同时，出于加强皇权的需要，交议政王大臣会议的事件数量和重要程度都有所减少和降低。这些表明，在康熙帝心目中，议政王大臣已经降为中枢决策中的一般角色。然而，康熙十二年底爆发的“三藩之乱”以及其后持续不断的战争使得议政王大臣在中枢决策中的地位重新提高。由于“三藩之乱”是以反清为口号，民族成分颇为单一的议政王大臣成了康熙帝的依靠力量。因而，“三藩之乱”爆发之后，许多议政王大臣被派赴前线统兵作战或驻防各战略要地。与此同时，在中枢决策尤其是关于军事的决策中，议政王大臣的地位和作用都显然处于其他中枢机构之上。凡是有关军事情报，康熙帝无不尽快通知议政王大臣。有关军事决策如调兵遣将、军需供应、主攻方向选择以及将士奖惩，康熙帝的一些设想，也无不征求议政王大臣的意见并由他们提出具体建议而后贯彻执行。

有时，议政王大臣还根据形势发展，于会议事件之外，特别提出一些建议，以供康熙帝考虑。如康熙十二年十二月，吴三桂反叛之后，议政王大臣请拘禁吴三桂之子吴应熊。康熙十四年初，察哈尔亲王布尔尼发动叛乱后，议政王大臣即建议处死其囚禁在京的父亲阿布奈。康熙十七年吴三桂死后，为了瓦解敌军，议政王大臣又建议以原来投诚之吴三桂部属何毓秀等十人各予职衔前去招抚。所有这些建议都对平叛战争的各项决策有着拾遗补阙的重要作用，即被康熙帝采纳实行。为了充分调动议政王大臣的积极性，有时，康熙帝还于交办事务之外，特别要求他们提出建议。如康熙十八年正月，他即命大学士传谕议政王大臣于会议时献灭寇及应行应革之处。康熙十九年十二月，又特命议政王大臣议进军云南，“一应事宜，俱应预定移知，详议具奏”。三藩叛乱平定之后，在统一台湾、抗击沙俄入侵黑龙江、平定噶尔丹和策妄阿拉布坦叛乱的军事活动中，康熙帝以“汉官但能作无实之文，说现成话，至军务大事，并不能尽职”，有关军务，仍然多与议政王大臣讨论决定。因而，这一时期，议政王大臣与议军机的情况仍然史不绝书。对于康熙时期巩固统一、平定叛乱、抗击外敌入侵，议政王大臣会议发挥了重要的作用。

在军事活动中发挥重要作用的同时，在民族、外交、八旗、皇室乃至经济事务的决策中，议政王大臣会议也发挥着重要的作用。其中外藩边疆事务，除一般性事务由理藩院处理外，稍涉重要之事务，即由议政王大臣会议讨论。如康熙二十四年五月，议政王大臣会议给蒙古王公封号。而后，噶尔丹东侵喀尔喀，蒙古各部内设安置事宜以及历次会盟，无不经由议政王大臣会议。后来，蒙古事务之外，议政王大臣会议的内容，又扩大到青海、蒙古、西藏事务以及西域各部。以边疆事务而言，统一台湾之后，议政王大臣即议开海，准民人出洋贸易；打败沙俄入侵后，又受康熙帝之命，议出使沙俄谈判人员。以八旗事务而言，康熙二十二年五月，议政王大臣议八旗汉军马兵鸟枪手，每佐领增十八人，共三十人演习鸟枪；同年八月，议八旗贫兵资生之策，并议定由官给资婚娶，分拨房屋土地；康熙二十四年四月，议旗人身故，别旗同祖子孙，亦可承受家产；康熙二十九年九月，议八旗每佐领选护军两名，骁骑校三名演习鸟枪。

以宗室事务而言，康熙二十二年六月，议闲散宗室及无父幼子俱给以拖沙喇哈番俸米，革职者不给，贫不能度日者由宗人府月给银四两；康熙二十七年二月，又议亲王以下，奉恩将军以上，年至十五，不问贤否，概予封爵；康熙四十七年九月康熙帝初废太子之后，皇八子允禩积极活动谋求皇太子，下五旗不少王公也参加了诬陷废太子的活动，康熙帝诏令将允禩锁拿，交于议政处审理；十月，又诏令锁拿下五旗王公布穆巴、赖士、普奇、阿录等，交领侍卫内大臣、大学士、议政大臣严加质询。除此之外，康熙朝中期，议政王大臣还受康熙帝之诏谕，或单独，或与大学士、九卿等联合会议，讨论钱粮蠲免、官员任命及处分、治理黄河等多方面的问题。所有这些，对于这一时期清朝政局的发展，也都产生了重要的影响。

议政王大臣会议虽是康熙时期中枢决策的一种重要形式，但是，为了防止尾大不掉，康熙帝又采取各种措施对其严加控制。

一是将议政王大臣递补、撤换的权力置于己手。如三藩叛乱平定之后，康熙帝即以贻误军机为由，先后将不少统兵作战的议政王大臣逐出议政处。康熙二十四年三月，他又以议政处经常泄密，满洲、蒙古都统中“不克晓达事务者甚多”为由，而决定仅令其与议军事而罢其议政大权。出于同样目的，康熙二十九年二月，他下令理藩院尚书、左都御史参与议政。康熙四十年十月，他又下令从向来不参加议政的各部侍郎及前锋统领、护军统领中遴选出前锋统领吴达禅等六人参与议政。康熙五十六年三月，又改变顺治旧例，命大学士萧永藻在议政处行走。同时，对于议政大臣交办事件不妥，唯唯诺诺，逢迎势要的情况，则严加指斥。如康熙二十五年十月，他指斥议政大臣镇国公哈尔萨：“为人钻营……在安亲王及索额图家谄媚行走。至在议政处，但遇势要之人发一论议，伊辄唯唯听从，不敢更有论说。”康熙二十九年九月，他又指斥：“闻在用兵处议政大臣及在此处议政大臣内，有静坐不出一言者，与木偶何异?”康熙五十八年十月，又因议政大臣“凡议政诸事并不留心，俱草率议奏”而行严斥。

二是限制议政王大臣的权力。通观康熙朝有关议政王大臣史料，康熙帝赋予议政王大臣的权力，仅是咨询的权力，而无执行权力。就他们讨论的问题看来，除了军务、边疆、外藩、八旗事务之外，其他方面涉及较少。即使涉及，也是与九卿或有关部院共同进行会议。由于讨论的问题范围有限，因而军务活动较少之时，如康熙四十年至康熙五十四年之间，议政王大臣就活动很少。所有这些，使得议政王大臣对政局的影响局限在一定时期、一定范围之内，其权力始终没有膨胀到侵犯皇权的地步。

三是康熙帝还多次采取措施，降低议政王大臣的地位和影响。由于自清初以来，议政王大臣势大位尊，处于统治集团核心，大学士以下与其讨论政事时，往往下跪。康熙二十七年二月，康熙帝颁谕：“朕召大臣议事，如时久，每赐垫坐语。大臣与诸王会议，即行跪语，不合。嗣后凡会议公事，不必向诸王行跪。”康熙二十九年乌兰布通战役后，不少王公以失机罪被逐出议政处，议政王大臣中具有王爵者为数寥寥。这时，康熙帝又适时将议政王大臣改称议政大臣，从而进一步降低了议政王大臣的声望和影响。

在康熙时期的中枢决策中，与议政王大臣会议同样发挥过重要作用的是九卿科道会议。九卿即六部加上都察院、大理寺、通政使司等机构的主要官员，科道是指六科给事中及各道监察御史。康熙十四年十一月复设詹事府，其后，詹事府詹事也参与会议。有时，如讨论的问题涉及面较广，较为重要，内阁大学士和议政王大臣也参与会议，又称大学士九卿詹事科道会议。这种以各部院官员为主体的中央政府高级官员的会议讨论开创于顺治时期，康熙时期又得到进一步发展，并成为中枢决策的一种基本方式。

辅臣执政时期，清朝政府虽循顺治旧例，不断举行九卿等会议。但是，为了集中权力，重要事务往往由辅臣自行决定，或由议政王大臣及议政王大臣九卿科道共同会议决定。在中枢决策中，九卿科道会议仅是一般角色。康熙帝亲政之后，为了加强皇权，复设内阁。在此同时，由于随即发生的三藩叛乱使得军事活动居于国务处理中的首要地位，康熙帝不得不倚重议政王大臣。因而，数年之中，凡属重大决策，不是由大学士、议政王大臣共同讨论，就是由大学士、议政王大臣与九卿科道共同讨论。当然，这一时期，也召集过一些九卿科道会议。但是，和其他类型会议相比，这些会议不但数量较少，而且就讨论问题而言，也不是当时压倒一切的首要问题。总的来看，康熙十八年以前，九卿科道会议无论就决策层次或是就决策内容而言，仍然不居于重要地位。

康熙十八年以后，平定三藩叛乱进入后期阶段。由于连年战争，行政事务长期废弛，亟需整顿。而在此时，经过复设内阁近十年之后，以索额图、明珠为首的内阁大学士势力都有较大的发展。为了限制内阁大学士的权势，整顿行政事务，康熙帝开始注意到九卿在中枢决策中的作用。因而，从当年开始，康熙帝改变大学士单独奏事旧例，下令九卿詹事科道一同奏事，“期于政治得失，互相讨究，虽微员亦得于朕前各抒己见”。并多次召集九卿科道会议，共同处理国家政务。大致说来，九卿科道会议包括两个内容。一是求言。如康熙十九年五月，康熙帝以天气亢旱，“集九卿詹事科道掌印、不掌印各官问今有何事当行，何事当革，悉意以陈，毋有所隐”。康熙二十一年六月，又以天旱令九卿詹事科道会议议应行应革事宜。同年七月，又以“彗星上见，政事必有阙失，其应行应革者，令九卿詹事科道会议以闻”。因为是皇帝主动求言，情恳意切，九卿大多畅所欲言，无所顾忌。如九卿分别提出“安插裁汰各省兵丁，令其得所”“暂停台湾进剿”“全复浙省运丁裁扣钱粮”等项建议，随后经康熙帝批准，六部贯彻执行。由于从这几次求言中切实受益，从此之后，康熙帝便将此作为定制，凡逢旱涝、地震、日月蚀、星变，皆下诏求言并一直坚持到康熙之末。同时，为了经常听到九卿科道意见，康熙二十四年六月，他还特谕九卿科道：“凡有见闻及应行事宜，当不时入告，以明尽忠补过之义。”

二是对以前决策方式进行修改，将九卿会议作为中枢决策的一种主要方式。这样，康熙十八年以后，交由九卿讨论的各种事务空前增多，范围也遍及官吏奖惩、条例兴革、钱粮蠲免、科举考试、河工建设、刑狱案件等方面。有时，一些军事事务或外藩事务也交由九卿讨论。平定噶尔丹叛乱之后，随着军务减少，议政王大臣会议也相应减少。这样，此后将近二十年的时间中，九卿会议决策便成为中枢决策的基本形式，在数量上大大超过议政王大臣会议。而且，由于议政王大臣多不谙政务，同时也没有实际执行权力，即使一些会议由其领衔召开，也并不起什么作用，而只是九卿之陪衬。为了使九卿科道对交议事件认真负责，切实发挥九卿科道会议的作用，康熙帝多次告诫九卿科道，不必顾忌皇帝意见，“但欲事得其理”。如康熙二十三年九月，他颁谕称：“近见凡朕谕令议奏之事，部院诸臣皆首以上谕极是回奏。朕命诸臣会议者，但欲事得其理，与众意相符否耳，并非必以朕言为是，令诸臣遵议也。尔等可将此旨晓谕诸臣，嗣后宜各抒所见，勿复因循陋习。”康熙三十九年十月，他又颁谕：“九卿诸臣，但以朕可者可之，否者否之，无一人肯直言者。伊等皆系读书之人，岂不知忠为事君之大义”，“如九卿不肯直言，朕必重惩一二人。彼时，毋谓朕不宽也”。

与此同时，他还对影响九卿议事的一些程序性问题予以解决。康熙三十九年十月，都察院左都御史李柟疏言：“凡有会议，仅于前一日薄暮传知，次日即行齐集。惟主稿者及臣衙门先有科抄揭帖，余皆不详事之端委。齐集时，止将看语宣读一遍，诸臣仓促闻之，安有良策？大半就主稿者之议，唯唯画题而散。是虽会而未尝议也。”为此，康熙帝决定，“自后，内阁于前一日传知，容诸臣略加审度，次日会议。至会议日期，除患病者竟不必列名，有托故不到及请人画题等弊，概行申饬”，进一步提高了九卿会议的质量。

作为康熙时期中枢决策的一种基本方式，九卿科道会议对于当时政局的平稳发展起到了重要的作用。首先，大大拓宽了信息输入渠道。通过向九卿求言和九卿会议，康熙帝及时掌握了中央和地方各个层面的动态并及时进行处理，避免了小事酿成大祸的情况发生。康熙五十二年六月，他曾说：“朕历观前史，凡事皆坏于隐匿，明代盗贼情形，俱隐匿不报，迨贼已及门，尚然不知也。”正是这些反面教训，使得康熙帝采取措施，经常求言并召集九卿科道会议，掌握事态的最新发展并及时采取对策。其次，九卿科道分别负责不同方面的工作。共同会议，能够集思广益，提高中枢决策的正确性，避免盲目性和随意性。康熙十八年以后，中枢决策失误较少，应该说与此有着密切的关系。再次，九卿科道共同议事，不但可以注意到问题的各个方面，惟善是从，同时，由于跳出了少数人决策的小圈子，也有效地防止了大臣擅权的弊端。康熙中期以后，康熙帝家务事虽然不断，但是朝廷中却相对平静，并未像前期那样，出现了索额图、明珠等大臣相继弄权的现象。就此而言，对于保持政局安定，防止大臣擅权，九卿共同决策也起到了一定的作用。

但是，也须指出，由于种种原因，九卿科道议事的积极性有时未能完全发挥。其一是由于有关制度不健全，九卿科道在中枢决策中唯唯诺诺，不负责任。凡是康熙帝已有初步处理意见的问题，九卿科道讨论时一般都不持异议。有些问题，康熙帝虽未表态，但因事涉满汉，九卿科道在讨论中也都小心翼翼。如张伯行、噶礼互参案，是非本来十分分明，但是九卿讨论来讨论去，迟迟不得其正。其他不少会议，因为与己无关，只要一二人定议，不管是否正确，“余皆随班画题，竟无一留心任事之人”。这些弊端，虽经康熙帝多次批评，但因没有制定相应的规章制度，直至康熙末年，也无根本转变。

其二是康熙帝对一些事情的错误处理也影响了九卿科道参加决策的积极性。康熙时期，依照顺治旧制，九卿设置，皆满汉复职。九卿科道会议，由于民族出身和观察问题角度不同，有时出现满汉两议。对此，康熙帝不行深入调查，即对汉族大臣横加指责。而后，又撇开汉九卿，时而召集满九卿议政。另外，康熙帝虽多次鼓励九卿议事时畅所欲言，各抒己见，但在发现一些人发言过多时又不能加以容忍。如康熙六十年六月，他即以吏部右侍郎汤右曾“在九卿会议处颇多言”以及荐举人员过多而将其革退。康熙帝的这种态度，显然是因为汉九卿中的一些人触犯了满洲贵族的特权地位并侵犯了皇权，但是因此也使不少汉族大臣心灰意冷，从而在一定程度上影响了九卿参加决策的积极性和中枢决策的正确程度。对于康熙朝政局的发展，也产生了一定的负面影响。

二 打击党争 加强皇权

鳌拜专权时期，康熙帝曾深受其苦，亲掌政权之后，开经筵日讲，颇为系统地学习了儒家经典和各种历史著作，认识进一步提高。在他看来，大臣结党乱政，直接影响着国家的治乱安危，因而，早在三藩叛乱期间，他即多次向臣下极论朋党之害，并反复告诫臣下不得欺罔君上，另立中心，结党营私。康熙十六年七月，康熙帝召大学士等论朋党之害时，指出了“伐异党同，只顾集团利益”的朋党之弊。康熙帝还说：“（人臣）分立门户，私植党与，始而蠹国害政，终必祸及身家。”并以历史的经验教训，告诫群臣“理宜痛戒”。但是，事情的发展并不以康熙帝的个人意志为转移，就在康熙帝反复告诫臣下不得结党营私之际，在他身边，以明珠和索额图为首的两支朋党势力已经开始形成。康熙十八年七月，北京发生地震，康熙帝下诏求言。这时，左都御史魏象枢即向康熙帝揭露明珠、索额图两人“植党市权，排斥忠良”。由于当时平定三藩之役正在进行，兼之对明珠、索额图两人植党乱政，康熙帝尚不十分了解，因而，康熙帝只是下诏令其自我修省，在修省诏书中略提大臣朋党徇私之事。虽然如此，两人并不悔悟，而是变本加厉，我行我素。这样，康熙帝不得不进行惩治朋党的斗争。

明珠系满洲正黄旗人，康熙五年授弘文院学士。在吴三桂疏请撤藩时，明珠与户部尚书米思翰、刑部尚书莫洛等少数大臣主撤，因而获得康熙帝的信任。康熙十四年，明珠调任吏部尚书，两年后，授武英殿大学士，累加太子太师，位高权重。“三藩之乱”平定后，康熙帝告谕廷臣，撤藩时，唯明珠等能称旨，因而对明珠眷顾异常。利用康熙帝的信任，明珠大权独揽，招权纳贿，结党营私。大学士勒德洪、余国柱，尚书佛伦、葛思泰，侍郎傅腊塔、席珠，以及李之芳、科尔坤、熊一潇之辈，皆为其死党。凡会议会推，佛伦把持，余国柱为之附和。阁中票拟基本上为明珠暗中操纵，轻重任意。其他阁臣亦皆承其风旨，极力推荐自己的亲朋、同乡、门生等。他们互相包庇，徇私舞弊，在地方督抚中，也极力培植自己的党羽。山西巡抚穆尔赛贪酷异常，秽迹显著，康熙帝曾向九卿询问其居官情况，大学士勒德洪竟不据实陈奏，反称穆尔赛为官一向清廉，极力包庇。

索额图系索尼之子，原是康熙帝一等侍卫。康熙八年时，参与密谋收捕鳌拜，立下功勋，因而获得康熙帝的重用，次年即被提拔为保和殿大学士。索额图赋性贪婪，广植党羽。朝中士大夫如果不暗自交结请托，则难以升迁。凡会试榜出，索额图即择其有名者，令拜门下，若不拜其门下，则加以贬抑。索额图还与其党羽额库礼、江潢等暗中讨论国事，随意指斥，对于异己则不分青红皂白，任意贬斥。如翰林院侍读学士顾八代随莽依图在广西作战，屡立战功。康熙十八年京察，掌院学士拉萨哩、叶方蔼以顾八代随征以来，能称厥职，以“政勤才长”注考。但大学士索额图以顾八代不是其党羽，竟随意改注“浮躁”。

和索额图相比，明珠表面上为人谦和，轻财好施，招徕新进，但在骨子里和索额图并无二致。对于不附于己者，明珠就设置阴谋，加以陷害。索额图与皇太子允礽关系一直十分密切，明珠对此十分忌妒。朝臣中凡依附皇太子的，明珠全都暗中予以排斥。勇略将军赵良栋以平滇之功居第一，明珠却暗中施展手腕，使其不得叙升。为此，赵良栋曾在康熙帝面前言及明珠等阴谋倾害，康熙帝不明就里，反说赵良栋器量狭小，宠幸明珠如故。明珠依仗皇帝宠幸，更加肆无忌惮，明珠的党羽亦兴风作浪。如余国柱为户部尚书时，汤斌继余国柱为江苏巡抚。江南蠲租，余国柱以部费为名，索银四十万，汤斌坚决抵制，余国柱遂诋毁汤斌。明珠有一仆人，颇得明珠宠幸，凡到各监司，都受到极高的礼遇，而到达苏州后，汤斌却只派门卒具酒肉款待。明珠获知后颇为恼火。康熙二十六年五月，天久不下雨，出现大旱，灵台郎董汉臣上疏指斥时政，言辞直指明珠。明珠一党欲以当时不许科道官风闻言事的规定处死董汉臣。汤斌独持正议说："汉臣应诏言事无死法。大臣不言，而小臣言之，吾辈当自省。"康熙帝觉得汤斌言之有理，赦免了董汉臣。明珠、余国柱对汤斌更加痛恨。

为了陷害汤斌，他们费尽心机。他们摘录汤斌在苏州所发文告中的"爱民有心，救民无术"一语上奏康熙帝，认为这是有意讥讽诽谤。汤斌被传旨诘问。汤斌一片忠心，唯有自陈资性愚昧，乞赐重处。而后，明珠等人又唆人上疏，弹劾汤斌荐人不当。同时，他们还放出言论，说康熙帝要将汤斌没入旗籍，引起在京江南士人的一致愤怒。明珠一党的屡次诬陷使康熙帝对汤斌的印象十分不好，康熙帝说："朕待汤斌不薄，而汤斌却对朕怨讪不休，何也?"在明珠一党的折磨下，康熙二十六年十月，汤斌病故。明珠等人弹冠相庆，因为除去了他们的一个眼中钉。

对于明珠、索额图植党营私，康熙帝早有所闻，只是无人弹劾。康熙二十六年，久旱不雨，禾苗干枯，康熙帝命日讲起居注官德格勒打卦问卜，得"夬卦"。德格勒在解释卦辞时，乘机揭露了索额图、明珠植党营私之事。不久，索额图家人又叩阍告变。康熙帝派人搜查索额图党羽江潢居处，搜得索额图写给江潢的许多秘密书信。至此，索额图结党情况全都暴露。康熙帝立即下诏，将索额图革职。与此同时，对于明珠，康熙帝亦密切加以注意。有一次，康熙帝率朝臣谒陵，于成龙（小于成龙）随驾。途中，于成龙向康熙帝揭露了明珠、余国柱结党营私、朋比为奸之事。康熙帝将于成龙的话询问高士奇，高士奇亦详细陈述了明珠结党之事。不久，山西道御史陈紫芝上疏参奏上任方一年的湖广巡抚张汧贪污行贿受贿案，矛头所向，直指其后台大学士明珠。同时，科道官提出河务问题，也牵涉明珠。康熙二十七年二月，又有御史郭琇直接参劾明珠、余国柱结党营私之罪，把揭露明珠结党营私的活动推向了高潮。

郭琇在疏中逐一开列了明珠、余国柱背公结党、纳贿营私之罪。其主要者计有七项：一是操纵阁中票拟，轻重任意。二是对待皇帝的诘责，轻慢不加省改。三是假托圣旨，市恩立威。若皇帝称颂某大臣贤能，明珠就向该大臣说："由我力荐。"若皇帝指斥某大臣不善，明珠就对该大臣说："皇上不高兴，吾将从容挽救。"任意添油加醋，借皇帝谕旨卖人情，以笼络朝臣，借机挟取货贿，拉帮结派。四是结连党羽，把持会议会推，操纵官吏之升降。五是公然卖官鬻爵，多端取贿，贪婪无厌。六是控制言官，使之不得参劾。七是借事排挤陷害异己，闻者骇惧。

相传，郭琇上疏弹劾明珠之日正值明珠生日。明珠正在家中大宴宾客，郭琇登门求见。明珠非常高兴，将郭琇领进宴会厅。满厅宾客都颇感诧异。郭琇从袖中取出奏章递给明珠。明珠以为是给他祝寿的诗文，更为高兴地说："侍御亦有诗章相藻饰乎？"郭琇正色答道："非也，弹章耳！"随即饮下一大杯酒，放下酒杯扬长而去。

康熙帝读罢郭琇的奏疏，大怒，当即告谕吏部："今在廷诸臣，自大学士以下，惟知互相结引，徇私倾陷。凡遇会议，一二倡率于前，众附和于后一意诡随。廷议如此，国是何凭！"遂革明珠、勒德洪大学士之职，交予领侍卫内大臣酌用；革大学士余国柱之职；令大学士李之芳休致回籍。当时内阁共五名大学士，除王熙外，全部撤换。另外，吏部满尚书科尔坤以原品解任，户部满尚书佛伦及工部汉尚书熊一潇亦解任。随后，康熙帝告谕朝臣："嗣后大小臣工，各宜洗涤肺肠，痛改陋习，洁己奉公，勉尽职掌，以副朕宽大矜全，咸与维新之至意。"

明珠下台之后，刑部尚书徐乾学转任左都御史，深得康熙帝器重。明珠被郭琇劾罢，朝臣皆以为是徐乾学暗中主持。于是，朝臣又趋之若鹜到徐氏门下。徐乾学与徐元文、徐秉义三兄弟皆以鼎甲而位显朝廷，当时号称“昆山三徐”。他们以诗文负重名，轻财好客，与朝中汉大臣高士奇、王鸿绪、陈元龙、王顼龄等诗文往来，互相标榜，在当时朝廷中，又形成了一个新的派别。这样，不但明珠死党对他们恨之入骨，不少朝臣也为之侧目。不久，即有原湖广巡抚张汧上疏控告徐乾学受贿，而后左都御史郭琇又上疏弹劾高士奇与王鸿绪结党为奸，陈元龙、王顼龄等依附坏法。

郭琇在疏中认为高士奇有“四可诛”：一是高士奇出身微贱，供奉南书房，不思竭力奉公，以报知遇之恩，却日思结纳，谄附大臣，揽事招摇，以图分肥，致使内外大小臣工，无不知有高士奇之名。二是奸贪坏法，全无顾忌，常于朝臣面前标榜“我之门路真”。凡督、抚、藩、臬、道、府、厅、县以及在内之大小卿员，皆须攀附其门下，馈送其银两，以求其关照，名曰“平安钱”。三是侵吞国帑，剥夺民膏，拥有多处田产房屋，皆来历不明。四是欺君灭法，背公行私，皇帝告谕严禁馈送，违者定以军法治罪，而高士奇等竟公然违抗，置皇帝谕旨于不顾。

由于弹章所叙多属事实，康熙二十八年九月，康熙帝令高士奇、王鸿绪、陈元龙等一起休致回籍。十月，副都御史许三礼又穷追猛打，上疏弹劾徐乾学律身不严，言其与高士奇相为表里，招摇纳贿，以致物议沸腾。不久，再次上疏，列徐乾学考试舞弊、违禁取利、纳贿置产等罪，而且牵涉徐乾学之弟徐元文，疏中称：“徐乾学之弟拜相之后，与亲家高士奇更加招摇，以致有‘去了余秦桧（指明珠党余国柱），来了徐严嵩，乾学似庞涓，是他大长兄’之谣。”康熙帝令徐乾学明白回奏，徐乾学乞罢归里，康熙帝遂允其所请。这样，徐乾学党也销声匿迹了。

康熙帝除了对已形成的朋党加以打击外，还对未形成的朋党从制度层面加以防范。如：严禁官员交结在内近侍人员；督抚司道官员赴任时不得谒见在京各官；京内外官员不得彼此馈送；凡结盟兄弟者，着即正法；外任州县官必须距原籍五百里外；凡王、阿哥差人赐属下外任官物件，该督抚即应奏闻；提拔知县，停止督抚保举，以免督抚以此示恩，拉党结派等。

在封建社会中，皇权具有至高无上的地位，具有“五独”（地位独尊、势位独一、权力独操、决事独断、天下独有）的特点。如果臣子骄奢僭盛，并作威作福，必为皇权所不容。因此，朋党与皇权不两立。康熙帝非常重视打击朋党，也正基于此。正如康熙帝于康熙三十三年所说：“夫擢用人才乃朝廷之大权，非为臣者市恩沽名所可擅行之事也。”又如康熙帝于康熙四十七年所说：“八阿哥到处妄博虚名，凡朕所宽宥及所施恩泽处，俱归功于己，人皆称之，朕何为者？”“此权岂肯假诸人乎？”因此，康熙帝打击朋党的真正原因是朋党“操人主之威福，夺天朝之权势”，主观动机是加强皇权。当然，由于拉党结派者往往只顾集团利益，而“不以朝廷事务紧要、民生关系重大为念”，而且各党争斗，“附己者即为引进，忤己者即加陷害”，不利于统治阶级的内部团结，所以康熙帝打击朋党的谋略客观上有利于国计民生，而且还能减少统治阶级的内耗。

最后需要指出的是：北宋欧阳修认为，君子有同道之朋，小人有同利之朋，皇帝应退小人之伪朋，而用君子之真朋。南宋朱熹也认为，诚使君子相朋为善，于国家无害。康熙帝似乎也认同这种观点。如康熙十一年，康熙帝召翰林学士傅达礼至御座前说：“人处世间，朋友所以切磋，岂可过绝。若过绝，则失和衷之道矣。”康熙十六年，康熙帝召大学士等论朋党之害后，又说：“若夫汲引善类，不矜己长，同寅协恭，共襄国事……是又不可以朋党论也。”应当说，康熙帝对朋党的认识还是比较合理的。继康熙以后的雍正帝则反对各种性质的朋党，甚至说：若欧阳修生于本朝，“朕必诛之以正其惑世之罪”。这就失之偏颇了。

三 推行密折 驾驭监察

中国历代帝王，为了强化自己的专制统治，大多采取严密措施控制在各级政权机构中任职的官吏，以期杜绝离心倾向。更有甚者，明代帝王还超出常规，建立锦衣卫，东、西厂等特务机构以监视各级臣工。康熙帝在位期间，有鉴前明特务机构负面效应过大，易使君臣离心离德，故而不再使用。但是，却继续推行官吏定期考核制度，加强监察机构的权力，允许科道官员风闻言事以加强对各级臣工的控制。同时，他还另辟蹊径，创行秘密奏折，以开辟信息输送新渠道的方式加强了监察工作，从而进一步巩固了自己的统治。

首先，按照传统官吏考核制度，对各级官员进行定期考核。清室入关以后，即袭用明朝旧有官吏考核制度，实行京察、大计、军政，分别对京官、地方官员和武职官员加以考察。根据考核情况，分别升黜。辅臣执政期间，曾经停行京察、大计，改行三年考满。这一制度的推行，使得官场风气迅速败坏，“钻营奔竞，弊不胜言”。因而，康熙六年正月，清朝政府又停考满，复行京察、大计。康熙帝亲政后，又进一步废除辅臣执政时期推行的其他官吏考核升用办法，将之逐步纳入正轨。其中，除自康熙二十四年以后不再进行京察之外，其他传统官吏考核办法都一直坚持到康熙之末，从而进一步加强了对各级官员的控制。

其次，为了加强对各级官吏的控制，康熙帝还加大了监察机构的权力，允许科道官风闻言事。辅臣执政之初，为了保持政局安定，曾经下令：“科道纠参，应注明身经目击或某人具揭字样。若审系情虚，即行反坐，诬揭之人亦反坐。”这一规定，使得不少科道官员噤若寒蝉。康熙帝亲政后，本着“从来与民休息，道在不扰。与其多一事，不如省一事”的原则，对于言官解除禁令的要求一度置之不理。康熙十八年七月，京师地震。与此同时，康熙帝也感到大学士索额图、明珠等权臣柄政，渐有尾大不掉之势，很希望科道官出面弹劾“大奸大恶”之人。因此，在科臣姚缔虞要求废除言事之禁后，康熙帝虽未表示同意，但却做出让步：“嗣后科道官条奏，朕先行披览，仍面加详问。”同时，他也认识到“广开言路，为图治第一要务”。为此，康熙二十六年四月，他先是下诏停止御门听政时科道官员侍班，以防其“自恐失仪，心切畏惧，以致条奏者甚少”。而后，又于同年十一月诏谕复行风闻纠弹之例。禁令一旦打破，言路大开，科道官员一齐出动，抨击内阁大学士明珠一伙结党专权纳贿诸项不法行为。康熙帝了解情况后，乃对内阁部院大动手术，五位阁臣撤换了四员，部院堂官也大批更动。一时之间，政治局面为之一新。

由于从开放言路中深获其益，康熙二十七年六月，康熙帝又谕“科道如有条陈事，赴畅春园面奏”。康熙三十六年二月，康熙帝与皇太子允礽发生矛盾，康熙帝又诏谕科道官员“大破情面”，“自皇子诸王及内外大臣官员有所为贪虐不法，并交相比附，倾轧党援，理应纠举之事”，“据实指参，勿得畏怯贵要，瞻徇容隐”。在此同时，他还要求科道官员纠参内外官员的一切不法行为，“嗣后各省督抚、将军、提镇以下，教官、典史、千把总以上，官吏贤否，若有关系民生者，许科道官以风闻入奏”。除此之外，每隔一段时间，或者遇到日月食、地震、星变，康熙帝还主动要求言官建言时政应兴应革，言事错误者也不予斥责处分，而仅是发还其本。康熙中期开始的言路开放，对于纠举各级官吏的不法行为和康熙帝统治的巩固都发挥了重要的作用。

再次，通过开辟信息输送新渠道，创行秘密奏折，以进一步加强监察。清室入关以后，依照明朝旧例，将臣工上行中央文书分为题本、奏本两种。其中，题本奏报公事，用印；奏本奏报私事，不用印。在进本过程中，部院衙门及京官题本送至内阁，称为部本；京官奏本及外省督抚将军题奏本章皆送通政使司，由通政使司送至内阁，称为通本。内阁收到这两条渠道所进本章后，根据具体情况，分别翻阅并代替皇帝拟出处理意见，然后呈送皇帝审核。皇帝批阅后，则发回内阁，交六科发抄，分发有关衙门执行。如果发往外省，则由各省驻京提塘官赴有关衙门领出，交驿发出。上述两种上行文书，虽于信息输送作用重大，但是也有不少弊病：一是题奏本章皆有字数限制，于所奏事件无法详细陈述。二是经过机构众多，且须有开载内容提要的贴黄和递送各个有关衙门副本的揭帖，极不利于保密。三是在呈送皇帝之前，须经内阁票拟；皇帝批阅后，又需由六科发抄，不但程序繁复，影响办事效率，更重要的是，还使最高统治者在处理国务上始终处于被动地位。同时，对于一些敏感问题，臣下上奏和皇帝下达谕旨，都不能畅所欲言，极不利于君主集权，并且也给内阁大学士弄权留下了空间。

有鉴于此，康熙帝亲政之后不久，一种新的上行文书——奏折，应运而生。奏折又称折子、奏帖，最初，只限于满官使用，只是用于请安、谢恩、庆贺之类，和国家政治生活并无太大关系。在康熙二十年左右，中央官员开始以奏折奏报政事，使用人员也从满官扩大到汉官。其中，有的是有关机构和官员主动具折言事，有的则是应康熙帝的要求而具折汇报情况。之所以使用这种文书形式，一是因其不需经由内阁翻译、票拟而径达御前；二是这种文书不像题奏本章那样有字数限制，而能详尽报告情况。这样，因为这种文书形式传递信息快捷而且详尽，自其使用之后，即有逐年增多之势。这些表明，作为题奏文书的一种补充形式，奏折得到了统治集团的普遍承认并有了一定的发展。

康熙三十年以后，在继续使用奏折的过程中，康熙帝进一步发现了奏折的保密性能并因此使之得到更为迅速的发展。按照规定，清代题奏文书，无论通本还是部本，都要经过许多机构转递，而且，还因有副本、贴黄制度而极不利于保密。皇帝下达谕旨，也须经过传抄录副和多重机构转发始能到达执行机构或官员手中，失密的可能性往往较高。奏折由具奏机构或者个人直接面奏皇帝或者封章直达御前，经由皇帝以朱批形式下达执行机构及官员，这就从根本上消除了其传递过程中失密的可能性。因而，从康熙三十年始，康熙帝即谕示一些臣工以奏折密陈政事。

最初，被赋予这一权力的只是在外任职的少数皇室家奴和个别亲信臣工，如苏州织造李煦、江宁织造曹寅以及工部尚书王鸿绪等。如康熙三十二年，康熙帝谕苏州织造李煦："凡有奏帖，万不可与人知道。"康熙四十四年又谕工部尚书王鸿绪："京中有可闻之事，卿密书奏折与请安封内奏闻，不可令人知道。倘泄（泻）漏，甚有关系。小心，小心。"康熙四十七年三月又命江宁织造曹寅："已后，有闻地方细小之事必具密折来奏。"此类奏折及其朱批因系君臣、主奴之间秘密来往，往往是无话不谈。康熙帝既可通过奏折获取地方较深层次的情报信息，也可通过朱批不加掩饰地提出某些具体要求，使得执行官员易于领会和贯彻执行。因而，康熙四十年以后，一些地方官员也被授予密折奏事之权。具奏内容，除"四季民生，雨旸如何，米价贵贱，盗案多少"等地方情形外，刺探各级官员隐秘政声也是一个重要内容。如康熙四十九年十二月，康熙帝谕福州将军祖良璧了解"总督居官如何?"。康熙五十二年七月，又以朱批密谕贵州巡抚刘荫枢"前任提督做官为人何如？写密折奏闻"。

康熙五十年初，皇储矛盾再度激化。康熙五十一年正月，康熙帝又诏令京中大臣如领侍卫内大臣、大学士、尚书、副都统、侍郎、学士、副都御史等三品以上大臣使用密折纠参"乱臣贼子""大奸大贪之辈"。因为此类奏折事关机密，康熙帝特别注意保密并制定了几条制度：一是具折人必须亲书密折或者由自己子弟书写。如于李煦、王鸿绪、曹寅等，则要求他们“亲手密密写来奏闻”。对于贵州巡抚刘荫枢，则谕示“已后凡奏折须尔亲手写来”。康熙五十五年又谕：“嗣后满汉文武大臣请安折子俱着亲自缮写封奏。若自己总不能写者，令各人子弟缮写。其令子弟所写者，将伊弟某人、伊子某人名字注写。若有启奏事件，即于请安折子内具奏。”二是坚持奏折自阅自批，以防泄密。如康熙五十四年十月，康熙帝称：“各处奏折所批朱笔谕旨，皆出朕手，无代书之人。此番出巡，朕以右手病，不能写字，用左手执笔批旨，断不假手于人。故凡所奏事件，惟朕及原奏人知之。若有漏泄，亦系原奏者不密。朕听政年久，未尝轻以语人也。”三是绕过通政使司、内阁，另辟进折途径。外省奏折到京，或京官奏折，例诣“宫门”呈递以径达御前。如果康熙帝驻跸畅春园或举行木兰秋狝，则赴畅春园或热河行宫进折。奏事官员分由侍卫、太监组成，负责接折并转递御前。有时，康熙帝还专门召见外省官员进折人员，以核实真伪并询问有关情况。奏折批复后，也不经内阁、六科等机构而是径交兵部捷报处由驿站发出，交有关官员执行。由于采取上述诸多措施，康熙时期，虽然具奏人员一再增加，但是奏折传递一直畅通无阻。同时，也很少发生泄密情况，从而进一步加强了对各级官员的监察和对全国情况的了解。

在利用奏折加强监察工作的同时，康熙朝中期以后，康熙帝还允许外地将军、督抚、提督、总兵等同中央部院官员一样，凡遇紧急、重要、疑难事件使用奏折，绕过通政使司、内阁，直抵御前，请旨处理。由于此类奏折使得康熙帝能在地方官员正式题本之前预先了解地方情形，可以预为部署，或者就如何决策有一个与地方官员互相商讨的缓冲时间，因而得到了康熙帝的赞赏和提倡。康熙四十年以后，遂在地方官员中普及开来。其大致程序是，地方重要、紧急、疑难事务，大多先由督抚提镇等地方官吏具折向康熙帝请旨。朱批允准后，再正式具题并咨知关系部院，完成公文批准手续并正式执行。对于一些情况紧急的奏折，如果待朱批允准后再正式具题，将会贻误时机。康熙帝则径将奏折交阁部议行或者直接敕部遵行，从而使其与题本一样具有正式公文作用。康熙五十年以后，此类奏折在数量上大有超越中央部院奏折请旨和亲信臣工家奴奏折之势，并与上述两类奏折一起构成了奏折的主要组成部分，对于康熙帝较快地获取地方信息，以及监察工作的加强和中枢决策准确性的提高，都发挥了重要的作用。

因为奏折输送信息快捷，而且较为真实，有利于保密，同时也使康熙帝在监察臣工动向、获取信息和中枢决策中都处于主动地位，所以，自其实行之后，在康熙帝心目中，奏折地位不断提高。为此，他多次谕示臣下具折言事，批评不具折言事的官员，反复强调使用奏折的意义和作用。如康熙五十一年正月，他即谕令京中三品以上各官："朕为国为民，宵旰勤劳，亦属分内常事。此外所不得闻者，常令各该将军、总督、巡抚、提督、总兵官因请安折内附陈密奏。故各省之事，不能欺隐，此于国计民生大有裨益也。尔等皆朕所信任，位至大臣，当与诸省将军、督抚、提镇一体于请安折内，将应奏之事，各罄所见，开列陈奏。所言若是，朕则择而用之；所言若非，则朕心既明，亦可手书训谕，而尔等存心之善恶诚伪，亦昭然可见矣。""尔等果能凡事据实密陈，则大贪大奸之辈，不知谁人所奏，自知畏惧，或有宵小诳主窃卖恩威者，亦因此顾忌收敛矣。"

又如康熙五十五年十月，他又谕示大学士等："朕令大臣皆奏密折，最有关系，此即明目达聪之意也。其所奏之或公或私，朕无不洞悉。凡一切奏折，皆朕亲批。诸王文武大臣等知有密折，莫测其所言何事，自然各加警惧修省矣。"康熙五十六年十一月，他又谕示："大臣乃朕股肱耳目，所闻所见，即应上闻。若不可用露章者，应当密奏。天下大矣，朕一人闻见，岂能周知。若不令密奏，何由洞悉。""令人密奏，亦非易事，偶有忽略，即为所欺。朕听政有年，稍有暧昧之处，皆洞悉之。人不能欺朕，亦不敢欺朕，密奏之事，惟朕能行之耳。”康熙五十七年十一月，他又谕示大学士等：“朕从前屡谕诸臣及科道官员，各省有应行奏闻事件，随闻随即缮折具奏。非令其纠参，不过欲知之早耳。朕虽闻之，亦不即声明。或未详确，亦不即治罪也。”“嗣后，九卿大臣科道官员，凡有关地方事务及官员贤否，有闻即缮折具奏。若所闻未确，不妨即以所闻未确之处，一并声明。”总之，在康熙帝看来，奏折作用是在题奏本章之上。正是基于这种认识，康熙后期尤其是康熙五十年以后，奏折数量急剧上升并且在国家政治生活中发挥了十分重要的作用。

经由康熙帝的提倡，康熙后期的奏折使用范围及其数量虽然有了较大的发展，但总的看来，仍然处于早期发展阶段。其一，就输入信息总量而言，主要成分仍是题奏本章，奏折仅居附庸地位。其二，除个别奏折因为内容重要、紧急而交部议行外，多数奏事请旨奏折，仍需具题。也就是说，终康熙一朝，奏折并未取得上行文书的合法地位。其三，由于奏折处于始创时期，各种规章制度并不健全。即以接折机构而言，有时是奏事官员，有时又由内阁接折，并不统一。其他如奏折录副、存档、缴批制度也都没有建立。只是到了雍正时期，奏折制度才正式形成并在国家政治生活中发挥了更加重要的作用。

四　改革旗务　稳定军心

八旗制度是清代特有的一种政治、军事制度，在清室兴起、入关、统一天下中发挥了重要的作用。康熙时期，有鉴于八旗既是统治全国的依靠力量，同时又在某种程度上影响皇权加强的现实，清朝政府先后采取各种措施，改革旗务，从而进一步加强了对八旗的控制和管理。

（一）增扩八旗兵源

入关之初，出于统一全国和抵御沙俄东侵的需要，清朝政府即将黑龙江下游一带边疆各族部众陆续编入旗籍。康熙帝亲掌政权之后，面对沙俄加剧东侵、清朝东北边疆警报频传的现实，为了打败侵略者，一方面调集官军防守东北，另一方面加快对东北各部落的收编，组建“新满洲”。

在组建“新满洲”的同时，康熙帝还建立起“布特哈（满语打牲之意）八旗”，负责统一管辖分布在从石勒喀河、额尔古纳河到精奇里江口之间黑龙江中上游地区的鄂温克、达斡尔与鄂伦春人（统称索伦部）。康熙初年，清朝政府将鄂温克人二千三百一十四丁按姓氏编为二十九佐领。康熙六年，清朝政府又将达斡尔未编佐领的一千一百余口编为十一佐领。在此基础上，设立索伦副都统品级官员实行统一管理，建立了“布特哈八旗”。康熙十二年，“布特哈八旗”已有四千五百二十四丁。康熙二十三年，索伦副都统品级官员升格为都统级，正式定名为“索伦总管”，同时增设一名达斡尔总管。康熙三十年增设“满洲总管”，并建总管衙门于伊倭齐，统一管理黑龙江中上游两岸民众。

康熙三十年后，由于东北兵源紧张，康熙帝又将编旗范围扩大到居住在黑龙江、松花江等地的锡伯人、达斡尔人和蒙古各部等。康熙三十一年，蒙古族科尔沁部将所属锡伯、卦尔察、达斡尔丁一万四千四百五十八名全部进献。康熙帝将其中“可披甲者”一万一千八百余名皆分入上三旗，每一百五十人编一牛录，共编为八十牛录。同年，在贝加尔湖东岸游牧的喀尔喀蒙古巴尔虎部不愿投降噶尔丹而南下游牧张家口外，议政王大臣会议后，认为可以将巴尔虎人拨盛京等处“披甲吃粮”，康熙帝立即准奏，将巴尔虎部一千二百七十三丁每百名编一佐领，分驻东北各地。

康熙帝扩编八旗规模，既促进了边疆地区社会经济的发展，也为八旗补充了新鲜血液，使清朝的军事力量大大增强，从而为平定叛乱、抗击外族侵略、保卫国家的统一和安全奠定了基础。“三藩之乱”时，东北之兵源源入关；抗击沙俄侵略时，“新满洲”和“布特哈八旗”成为清朝军队的重要组成部分。

（二）增设八旗兵种，完善八旗驻防

为了提高八旗的作战能力，康熙帝还增设八旗兵种。这方面突出的例子是火器营和虎枪营的设立。清室入关后，把八旗分为驻守北京城内的禁卫兵和驻守京外紧要地方的驻防兵。不论是禁卫兵还是驻防兵，起初使用的主要是刀、矛、弓箭等冷兵器，虽然作战勇敢，但毕竟威力有限。康熙三十年，康熙帝诏令在满洲八旗禁卫兵和蒙古八旗禁卫兵中设立火器营，鸟枪护军，每人各给鸟枪一，八旗各给子母炮五，专司教演火器。以大臣总理，其下设鸟枪护军参领（十六人）、鸟枪骁骑参领（二十四人）、鸟枪护军校（一百一十二人）、鸟枪蓝翎长（每旗满旗二十人、蒙古八人，共二百二十四人）等官，八旗满洲、蒙古每佐领下鸟枪护军七名，炮骁骑一名，组成火器营。虎枪营的设立早于火器营。康熙二十三年，黑龙江将军遣“精骑射、善杀虎之伊彻（新）满洲”四十人至京，分隶上三旗，遂设虎枪营。虎枪营以公侯领侍卫内大臣一人兼总统，其下，每旗设总领一人、虎枪长一人，在亲军校、亲军前锋校、前锋护军校、护军骁骑校、骁骑领催及闲散人内选出三百六十人，作为虎枪人。凡遇巡狩，则虎枪营总领率所属为前导。

增设八旗兵种以外，康熙时期，清朝政府还完善八旗驻防，将八旗军队派往各地，从而在全国构成一个完整的八旗驻防体系。八旗驻防，并非始自康熙时期。顺治迁都，命何洛会为盛京总管，设左右翼梅勒章京，统领满、蒙、汉八旗兵驻防盛京，并设各城城守官，是为

清兵入关后驻防之始。不久，清朝政府又在独石口、张家口设防御，遣甲兵驻守。顺治二年，复遣八旗兵驻防顺德、济南、德州、临清、徐州、平阳、潞安、蒲州八城，每城设协领一人，章京八人，是为直省驻防所自始。但是，顺治年间的八旗驻防，因兵源不足、军事形势未定等，尚未形成体系，只是一些零星的驻防点。到了康熙年间，随着兵源的不断增加，割据势力的渐次消灭，八旗驻防全国以稳定清朝统治，不但成为必要，而且也有了可能。于是，清朝政府开始构筑八旗驻防的完整体系。

首先，畿辅驻防。康熙十四年设察哈尔八旗，驻防口外。山海关增设总管一人，防御八人，满、蒙、汉兵七百余。不久又设张家口总管一，防御七，兵一百三十余；独石口、古北口增设防御各二，喜峰口防御二，冷口、罗文峪防御各一，兵多则六十人，少则十二人。

其次，东三省驻防。在盛京，康熙元年改盛京昂邦章京为镇守辽东等处将军，梅勒章京两人为副都统，统辖协领、佐领、骁骑校；康熙四年，改辽东将军为奉天将军。康熙十四年，设锦州、义州城守尉各一，佐领、骁骑校各有差；各边门皆置防御一；不久又设开原防御三、金州防御一，兵弁各有差。康熙五十五年，设金州驻防水师营，船十号，兵五百，水手一百。在吉林，康熙元年改宁古塔昂邦章京为将军，梅勒章京为副都统；康熙三年，设水师营总管各一员；康熙七年，增宁古塔协领二；康熙十年，以宁古塔副都统一，佐领、骁骑校各十一，兵七百，移驻吉林，又增吉林协领八，佐领、防御、骁骑校各十二，兵六百人，不久又增防御十五人；康熙十五年，移宁古塔将军驻吉林，留副都统于宁古塔，增吉林副都统一人；康熙三十一年，设伯都讷协领两人，佐领、骁骑校各三十，防御八；康熙五十三年，设三姓、珲春协领一，佐领、骁骑校、防御有差。在黑龙江，康熙初年自吉林移水师营驻齐齐哈尔等处，水手一千余；康熙二十二年设黑龙江将军，原水师营总管等并属之，设副都统二，协领四，佐领、骁骑校各二十四，防御八，满洲兵一千，索伦、达呼尔兵五百，驻瑷珲城；康熙二十三年设打牲处总管一，副总管二，以索伦、达呼尔壮丁编设佐领、骁骑校，不久于墨尔根城设驻防兵；康熙二十九年移黑龙江将军驻墨尔根，又增协领四，佐领、骁骑校各七，索伦、达呼尔兵四百余，以副都统一人统兵驻瑷珲，不久又设兵千余驻防齐齐哈尔；康熙三十八年让黑龙江将军又从墨尔根移驻齐齐哈尔；康熙四十九年，设墨尔根副都统一人。

再次，各直省驻防。康熙十三年，增西安右翼四旗满、蒙马甲千，弓、铁匠十四，汉军马甲等，江宁马甲千人；后又各增兵二千及弓、铁匠等；增京口步甲千人。康熙十五年，设陕西宁夏八旗满蒙领催、马甲、步甲、弓匠、铁匠。康熙十九年，设福建福州左翼四旗汉军领催、马甲、步甲、铁匠及满、蒙步甲。康熙二十年设广东广州镶黄、正黄、正白上三旗汉军领催、马甲、炮甲、弓匠。康熙二十二年，设湖广荆州八旗满蒙领催、马甲、步甲、弓匠、铁匠，共二千八百余，不久又增至四千人。同年，增西安将军，增满洲左右翼副都统各一，汉军左右翼亦如之，八旗满、蒙协领各八，汉协领、佐领、防御、骁骑校不等，满、蒙、汉兵共七千，满、蒙步军七百及弓匠、铁匠等。康熙二十三年，续设广州镶白、正红、镶红、正蓝、镶蓝五旗汉军兵，设将军一，副都统二，协领、参领各八，防御、骁骑校各四十，八旗鸟枪领催、鸟枪骁骑、领催、骁骑、炮骁骑、弓匠、铁匠共三千有奇，兼置绿营左右前后四营，将领八，兵三千四百有余。不久于福州、荆州、宁夏、江宁、京口、杭州并分设鸟枪领催、鸟枪骁骑、领催、骁骑各有差，京口步军内兼设鸟枪、弓箭、长枪、藤牌等兵额。同年，增设杭州驻防八旗满、蒙、汉兵共三千二百人。康熙三十二年设山西右卫八旗满蒙汉护军、领催、马甲、铁匠共五千六百有奇，以将军统之，设随甲四十人、笔帖式六。康熙三十六年，裁京口绿旗水师总兵，改设京口副将，分左右两营，设游击以下将领八人，兵一千九百人。康熙五十九年，设河南开封满蒙领催、鸟枪领催、马甲、鸟枪马甲、弓匠、铁匠。康熙六十年，设四川成都副都统一，协领四，下有佐领、防御、骁骑校、鸟枪领催、鸟枪骁骑、骁骑及步军、弓匠、箭匠、铁匠等。此外，康熙帝还通过把东北、北部的少数民族编入旗籍的方法，使其就地驻防，这在前面已有论述。

综上所述，康熙时期的八旗驻防基本上遍布全国，从而大大加强了对全国各地的军事控制。

（三）关心旗人生计

入关之初，旗人生计并不成为问题。清朝统治者对八旗大小官员、士兵，各按规定分拨房屋、土地，发放粮饷。地位最低的披甲人（步兵）也能得到房两间（后改为一间）、耕地三十亩、月饷银二两（一度降为一两）、年米十余石。此外，出征另发“行粮”，每人每月银二两，每日小米八合三勺。钱粮充足，旗人待遇很优越。但是，由于顺治年间战争频繁，八旗兵战时自备器械，负担沉重，兼之八旗子弟养尊处优、生活腐化，不置产业，八旗生计问题逐渐严重。康熙年间，征战之事逐渐减少，但八旗人不从事生产劳动、不注意节俭等作风却没有改变，而且随着时间的推移，八旗生齿日繁，人口大量增加，官员们又对旗人进行剥削和掠夺。旗人生活困难，被迫举债求生，结果却又陷入高利贷的深渊，无法自拔，不得不用月饷的一半以上支付借款的利息，甚至成年娶不起妻，死后没有葬地。这样，康熙帝不得不着手解决旗人生计问题。其主要措施如下。

首先，增给八旗兵丁粮饷。康熙帝亲政初期，就认识到族甲兵月饷菲薄，“不足养赡妻子家口”，故于康熙九年三月令户、兵两部讨论增加月饷。随后经两部议准，甲兵每人月增银一两，年增米两斛。当八旗兵丁出征作战时，康熙帝又下令增给粮饷。康熙二十九年，为了备兵抗击噶尔丹，预给奉天将军绰克托次年两月俸饷和五个月的钱粮。九月，战事结束，户部要求扣回预发之饷，并治绰克托之罪，康熙帝没有同意。康熙三十四年八、九月间，康熙帝准备征讨噶尔丹，令盛京出兵，“官兵各给粮两月，并给来岁一年俸饷”。

其次，令闲散满洲披甲当差，增派八旗驻防外地。康熙十二年十二月，鉴于满洲子弟因嬉游奢侈而贫困负债者甚多，康熙帝诏谕各佐领酌量归并余丁，停其家人披甲，将“闲散满洲”，即无业的八旗子弟披甲入伍，以使满洲人各得食粮，“少资生理”。大臣们经过讨论，提出了具体的办法，即满洲、蒙古都统下每一佐领，除留一百三十人以上、一百四十人以下外，其余丁另合为佐领，以后新入喀尔喀蒙古之人，停其充入满洲数内。针对京内旗人不断增加，生活逐渐困难的情况，康熙帝又增派驻防。康熙四十九年四月，康熙帝以右卫（今山西右玉）有空闲官房若干，而京城八旗兵丁“无屋可居者有之”，令右卫添设八旗骁骑二千四百名、汉军火器营兵六百名，“将现在空闲官房拨派居住”。康熙六十一年三月，京师附近郑家庄建成王府一座及兵丁住房，康熙帝临时改变主意，令八旗每佐领下派出一人，满洲编为八佐领，汉军编为二佐领，前往驻防，以解决其住房问题。

再次，救济抚恤八旗贫人。康熙十七年四月，康熙帝诏令丈量内务府及诸王大臣田地，有溢额者，给予八旗兵丁作葬地，满洲、蒙古及包衣每佐领给地十五亩，汉军另户兵少，每佐领给地七亩半。康熙二十三年，康熙帝又批准了议政王大臣等的建议：旗丁兵丁无妻室者，官给资婚娶；无房屋者，令八旗官员有房四十间者，拨一间给予居住；无田土者，以户部所存未分拨田土拨给。康熙三十四年五月，康熙帝又下令在京城之外，按各旗方位，每旗各造屋二千间，给予无屋兵丁居住，每人两间。每遇灾荒，康熙帝还及时对八旗之人加以赈济；对年老及出征伤残人员，康熙帝也加以抚恤，设法改善他们的处境。

孝庄文皇后

康熙帝读书像

康熙帝便装写字像

康熙帝朝服像

玄烨戎装像

鳌拜

孝诚仁皇后

清 顾铭 《允禧训经图》

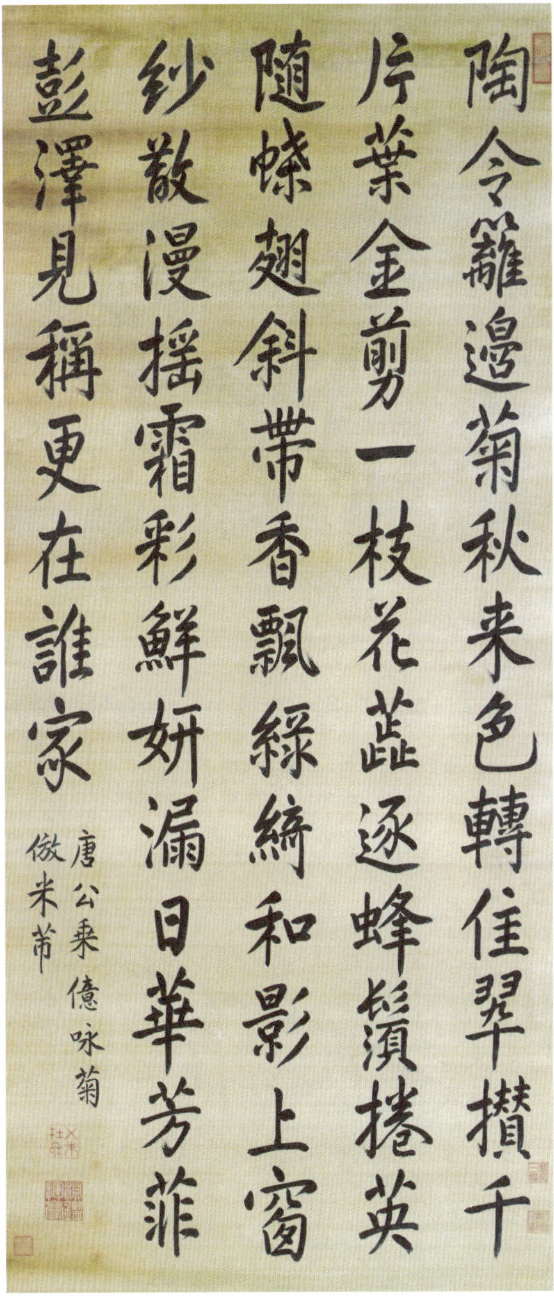
陶令籬邊菊秋来色轉佳翠攢千
片葉金剪一枝花蕋逐蜂鬚捲英
隨蛺翅斜帶香飄綠綺和影上窗
紗散漫摇霜彩鮮妍漏日華芳菲
彭澤見稱更在誰家
唐公乘億咏菊
倣米芾

康熙行楷书《仿米诗》

康熙朝地球仪

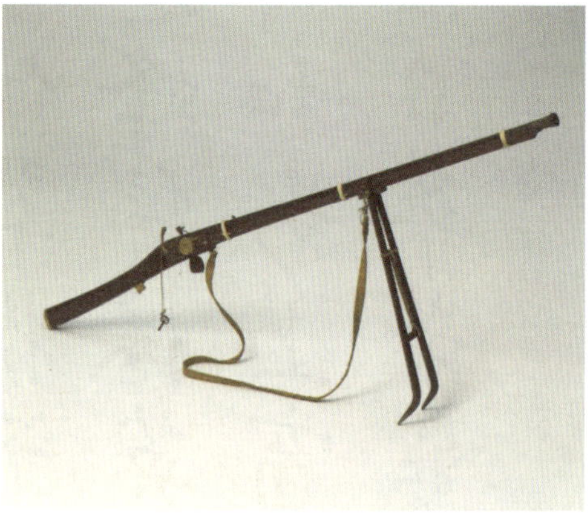

康熙帝御用铁交枪

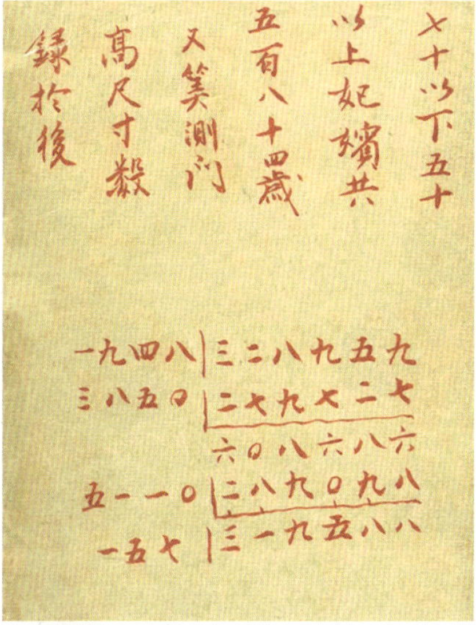
七十以下五十
以上妃嬪共
五百八十四歲
又算測門
高尺寸數
錄於後
一九四八 三二八九五九
三八五〇 二七九七二七
六〇八六八六
五一一〇 三八九〇九八
一五七 三一九五八八

《圣祖算草》

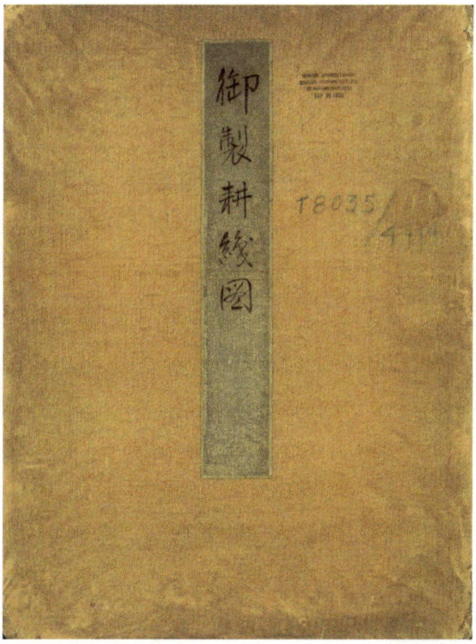
御製耕織圖
T8035

《御制耕织图》

康熙行书《笃志经学》

康熙行书《赋政于外》

萬志

賊跂

清　焦秉贞　《南巡苏州虎丘行宫图》

《康熙字典》

康熙五彩蝴蝶纹瓶

康熙款黑漆嵌软螺钿花蝶纹条案

最后，代清旧债，官银借贷。康熙三十年，康熙帝诏令由国家偿还八旗兵丁债务，并规定设立官库，许官银借贷，着大臣管理。对于借了官库银而无力偿还的，康熙帝就豁免其所欠。如：康熙三十六年七月，康熙帝下令“免三次出兵八旗兵丁所借官库银两”；康熙四十二年贷给八旗兵丁银六百五十五万余两，至康熙四十五年冬，除陆续扣除外，尚欠三百九十五万余两。康熙帝考虑到“若仍行按月扣除，恐各兵丁营办器用、赡养室家必有不敷之虑”，乃令“将未经扣取银两，通行豁免”。

这些措施的实行，一定程度上解决了八旗贫困的问题，稳定了八旗军心，对封建统治的巩固大有作用。但八旗旗人不问生产、生活腐化，八旗子弟更是养尊处优、不学无术，变成寄生虫，这在一定程度上又加速了八旗制度的腐朽，也反过来加剧了八旗的贫困。

（四）对下五旗旗主、诸王权力的限制

顺治帝亲政以后，把八旗分为上三旗（镶黄、正黄、正白）和下五旗（镶白、正红、镶红、正蓝、镶蓝），上三旗由天子亲自统率，下五旗由诸王旗主分别统率，以加强皇权。但是，这种改革是远远不够的。因为下五旗旗主、诸王对于皇权仍有相当的独立性，在国家政事处理中，他们也有较大的发言权。为了防止下五旗旗主、诸王离心倾向的增长，进一步加强皇权，康熙帝又采取了以下措施。

首先，限制旗主、诸王的特权，禁其干预地方政事。康熙十八年八月，康熙帝亲自诏令地方官，将扰害勒索地方，干预地方政事的旗主、诸王等具奏严拿，并“将主使之人究出，从重治罪”。次年十月，康熙帝又诏令有关部门制定出《旗下人出境干求处分则例》，规定：“旗人私往外省地方，借端挟诈，嘱托行私，犯扰小民等弊者，系平人，枷号三月，鞭一百；系官，革职，鞭一百，不准折赎。失察之佐领罚俸三月，骁骑校罚俸六月。其差遣家仆之人，系闲人，鞭一百；

系官，革职。差去之仆，枷号一月，鞭一百。”这个规定，对旗人干预地方政事的惩处是相当严的。

其次，削弱宗室诸王的权力。在平定“三藩之乱”的过程中，康熙帝先后派出八名亲王、郡王、贝勒担任大将军。康熙帝认为，他们之中固然有“尽心王事，已著劳绩”者，但是也不乏不实心任事、任意胡为者。胜利之后，康熙帝对他们进行了严肃处理：宁南靖寇大将军顺承郡王勒尔锦、扬威大将军简亲王喇布、定西大将军贝勒董额、安远靖寇大将军贝勒察尼及已故的安远靖寇大将军贝勒尚善等五人皆被削爵，奉命大将军康亲王杰书被罚俸一年，只有安亲王岳乐、信郡王鄂扎立功受奖。康熙二十四年，安亲王岳乐因隐瞒一外藩蒙古喇嘛，被康熙帝革去议政及掌宗人府事，罚俸三年。

经过康熙帝的打击，宗室诸王参与议政的人数日益减少，他们在旗内的势力也大大减弱。与此同时，康熙帝扶植自己的兄弟和皇子，使他们参与旗务，加强对下五旗的控制。康熙六年和康熙十年，康熙帝分别封皇兄福全为裕亲王、皇弟常宁为恭亲王，并分给佐领，命其参与议政。康熙二十九年七月，噶尔丹进犯至乌兰布通，康熙帝废弃以往必派军功勋旧诸王领兵出征的惯例，诏令福全、常宁为抚远大将军、安远大将军，带兵两路迎敌。康熙三十五年二月，康熙帝亲征噶尔丹，自将中路主力，下辖八旗大营，其中有四旗命皇子分统。康熙五十七年十月，康熙帝以旗务废弛为借口，又诏令皇七子淳郡王允祐、皇十子敦郡王允䄉、皇十二子贝子允祹分别接办正蓝旗、正黄旗、镶黄旗旗务，并要求其他各旗效法。

再次，改革宗室王公袭爵法和旗内都统、副都统补授办法。为了打破宗室王公世袭之例，削弱满洲贵族的势力，康熙帝于康熙二十七年二月下令，亲王以下、奉恩将军以上之子，须等到二十岁时，择其文化素养、武艺程度优者列名引见，请旨授封；只有亲王以下，奉恩将军以上有薨逝者，才准许其一个儿子袭爵，而不用等待年足岁满。

康熙三十六年七月，康熙帝又以都统、副都统身负典兵重任，如果只在本旗内选授，则必受其所在旗旗主、诸王的掣肘，办事不得其正，诏令“嗣后都统、副都统员缺，应于左、右翼内，不论旗分补授”。

通过以上这些措施，康熙帝大大限制和削弱了下五旗旗主、诸王的权势，进一步加强了皇权。

（五）对普通旗人及其奴仆的管理

清室入关以后，八旗即以北京为基地，建立了另一套政治、经济、军事、司法等系统，不受地方官员管辖。因此，不少旗人为非作歹，作奸犯科，有些豪奴、悍仆更凭借主人的权势和旗人的优越地位，肆行不法，欺凌民人。所有这些，既妨碍了皇权的行使，也造成了严重的社会问题，激化了社会矛盾。为了巩固统治，加强对八旗的管理，康熙帝陆续采取了下列措施。

首先，扩大步军统领职权，整饬京城治安。康熙九年四月，康熙帝因京城内外“豪奴纠党，盗劫时闻”，诏令有关部院研究对策。随即，经兵部、都察院奏准：“城内责令步军总尉、步军副尉、步军校，城外责令五城御史、司坊官、巡捕营弁，每日巡缉。城外各巷口，照城内设立栅栏。定更后，官员军民等不许行走。犯者照例惩治。”康熙十三年，为了解决京城内治安多家管理的问题，康熙帝诏令步军统领提督九门事务，统管内城治安。康熙三十年二月，康熙帝又令步军统领兼管外城，将巡捕三营归并步军统领管辖，督捕、都察院、五城所管事宜俱交于步军统领管理。经此改革，京师内外，“盗贼渐减，官民获安”，治安情况大为好转。

其次，严惩害民庄头及奴仆。清初圈地后，旗人在京师周围建立了为数较多的田庄，“设庄头，主征租”。这些庄头及豪奴悍仆，依恃其主，武断乡曲，横行不法，甚至殴辱地方官员，气焰十分嚣张，影响极坏。康熙二十一年二月，新任直隶巡抚格尔古德陛辞。康熙帝谕其到任后，对所有凶恶庄头加以严查，务必严惩，即使是皇庄“亦毋宽宥”。针对这些人有背景、后台硬、地方官员多不敢过问的情况，康熙帝于同年七月又诏令刑部尚书魏象枢、吏部侍郎科尔坤会同格尔古德巡察直隶地方，并明确指出：“有势要豪强、旗人庄头大为民害者，廉访确实恶迹，指名题参，重加惩处，以警奸徒，用安良善。”为了限制不法奴仆，康熙帝还诏令奴主严加管教，否则，奴仆生事，罪及其主。

康熙十八年八月，康熙帝对奴仆犯法等事制定了具体而严格的处罚条例。康熙二十四年十二月，旗人史书辱骂顺天府丞王维珍，被王举告，刑部议将史书枷号一月，鞭一百。康熙帝很不满意，诏令依康熙十八年定例将史书从重治罪，对史书之主康亲王杰书“一并察议”，王维珍则“议叙”，以示鼓励。康熙二十六年三月，有旗人吴学经等殴辱职官杜亮采被题参，康熙帝又下诏对“平日不行严束家奴”的监生吴世英、旗人孙登高进行了惩治，吴世英于出仕之日罚俸两个月，孙登高鞭五十。康熙帝进而下诏：嗣后奴仆有犯殴辱官员者，其家主俱照此例治罪。

再次，将旗人、民人合编保甲。康熙二十五年二月，康熙帝越格提拔于成龙（小于成龙）为直隶巡抚，用其治理向称难治的直隶地区。于成龙陛辞时，康熙帝对他谕示：“旗下各庄人户不守法度，尔须执法严治，不得瞻徇顾忌。”由于有康熙帝的支持，于成龙到任后马上着手治理旗人，上疏要求将旗人、民户合编保甲。于成龙指出，弥盗之方，在力行保甲。民户已编入保甲，惟有旗下庄屯不属州县管辖，故不在保甲之内。这些旗人，统领官远在京师，仅有拨什库在屯，约束不住，故违法者多。因此，于成龙要求将民人、旗人同编保甲，以拨什库与乡长互相稽察。于成龙的上疏迅速得到了康熙帝的批准。于是，京师周围的旗人陆续被编入保甲，部分接受了州县的管辖，旗人特权也受到一定程度的限制，稳定了社会秩序，加强了中央集权。

综上所述，康熙时期清朝政府改革旗务的各项政策加强了清朝的军事力量及对全国各地的军事控制，使八旗军心和社会秩序都有所稳定，进一步加强了中央集权，并提高了八旗的作战能力，尽管有一些负面影响，但总体来讲是利大于弊的。

第七章　化解民怨　革新政治

经过康熙帝的积极努力，海内一统，入关以来一直颇为尖锐的民族矛盾大有缓和，清朝的中央集权也进一步加强。这时，康熙帝又走出紫禁城，不辞劳苦地巡幸全国。在掌握大量第一手资料的基础上，进行了反腐倡廉和频繁的蠲赈活动。这些活动使得统治阶级和广大人民之间的阶级矛盾进一步缓和，清朝政府的统治也因之进一步得到了巩固。

一　四处巡幸　体察民瘼

康熙帝在位期间，进行了频繁的巡幸活动。千里冰封的关外，一望无际的漠北，山清水秀的江南，雄浑壮丽的秦中，无不留下了他的足迹。通过这些巡幸活动，康熙帝周知民情，兴利除弊，进一步加强了自己的统治。同时，也加强了国内各民族对中央政权的向心力，巩固了统一，对于当时和此后清朝政局的发展都产生了深远的影响。兹将康熙帝影响较大的巡幸活动分别作一介绍，以见其巡幸之概貌。

（一）东巡盛京、吉林

在康熙帝的各种巡幸活动中，最先进行的是巡幸辽东。辽东是清室的发祥之地，在清朝政权建立和发展过程中起过极为重要的作用。

顺治元年，多尔衮率八旗兵入关，清朝政治中心南移，原来的都城盛京降为陪都，但盛京及整个东北地区依然被清朝统治者所重视。顺治帝亲政后，曾想出关谒陵，但因中原战火此起彼伏，这一愿望终未实现。康熙初年，国内局势渐渐平稳，而东北边疆却因沙俄东侵而烽火连年，因而，康熙帝亲政以后，先后采取一系列措施，加强东北边防。与此同时，他本人亦于康熙十年、二十一年、三十七年先后三次东巡盛京、吉林，不但巩固了边防，同时也进一步加强了清朝政府对东北地区的统治。

康熙帝出巡图

康熙帝三次东巡的共同主题是拜谒祖陵。东北清室祖陵有三处。其中清太祖努尔哈赤父、祖之永陵在盛京以东之赫图阿拉，清太祖努尔哈赤之福陵和清太宗皇太极之昭陵都在盛京。清太祖努尔哈赤及其子清太宗皇太极对清朝的兴起和发展做出过重要贡献，为了告慰两代创业先帝在天之灵，康熙帝亲政不久，即首次出关谒陵。平定三藩叛乱之后，康熙帝再次东巡，除谒陵之外，还率群臣至松花江畔，遥向长白山行三跪九叩之礼，以拜传说中的始祖布库里雍顺。平定噶尔丹叛乱后，康熙帝第三次东巡，告祭祖陵，同时前往开国功臣扬古利、费英东、额亦都的墓地祭奠。总之，前后三次东巡，都是在处理国内事务获得重大成功之后。通过这些活动，康熙帝向列祖列宗和天下臣民表示，自己上不负祖宗期望，下不负臣民拥戴，从而进一步巩固了他的统治。

康熙帝东巡的另一个重要目的是亲临东北，督察防务。如康熙十年首次东巡拜谒祖陵后，康熙帝即“启銮北行”，至叶赫站，召见宁古塔将军巴海，询问宁古塔及瓦尔喀、虎尔哈、费雅喀、赫哲等各族人民风俗情况，告谕巴海：“朕一向听说你贤能，如今你侍奉在朕左右，我更加了解你了。费雅喀、赫哲虽然已经归服，然而其性暴戾，当善为防之。你尤须广布教化，多方教诲开导，以副朕怀远之意。罗刹（指沙俄）贼寇虽云投诚，然而尤当加以防御，操练士马，整备器械，千万不要中了他们的诡计。”康熙二十一年再次东巡盛京告祭祖陵后，康熙帝又率众巡视了清朝修造船舰、训练水兵的重要军事基地吉林乌喇。康熙帝驾临此地，检阅水军，督察战备。宁古塔将军巴海将大小几百艘战船和精锐官兵全部集中，排列阵式，接受检阅。望着排列整齐、如熊如罴的士卒，康熙帝十分高兴，大加赞赏。康熙三十七年第三次东巡时，康熙帝曾作《口外中秋》一诗，诗中道出了他出巡东北的目的之一是治理外疆事务。九月，康熙帝再次巡幸吉林乌喇地方，召见驻守官员，授黑龙江将军萨布素一等阿达哈哈番，授副都统喀特胡拜他喇布勒哈番，并赐御用蟒袍、缨帽，以表彰他们在抗击沙俄侵略时效力勤劳，作战有功。

康熙帝东巡的第三个目的是“问俗”。入关以后，随着清朝势力的发展，不少边远地区的民众也纷纷内附。对此，清朝中央政府一概欢迎并将他们编入旗籍——即为“新满洲”。当时，新老满洲是清朝统治东北的主力，也是其统治中原的后备力量。为了表示对他们的关怀之情，康熙帝每次东巡，都要对这一带的贵族、官吏、士子、百姓普遍加恩，给盛京将军以下文武官员赐宴，召见老者，抚慰有过战伤的老兵，赦免罪囚，减免赋税。如第二次东巡后，诏谕户、刑两部："山海关以外及宁古塔等处地方官吏军民人等，除十恶（谋反、谋大逆、谋叛、恶逆、不道、大不敬、不孝、不睦、不义、内乱）死罪不赦外，其余已结未结一切死罪，俱着减等发落。军流徒杖等犯，悉准赦免。奉天、锦州二府属，康熙二十一年地丁正项钱粮，着通行蠲豁，其官役垫补包赔等项应追银两，察果真家产尽绝，亦并豁免。"巡幸吉林时，康熙帝发现兵丁役重差繁，劳苦至极。回京之后，马上降特旨革除兵丁无益差徭。总之，康熙帝每次东巡，均能以体察民情、关心兵民疾苦为务。康熙帝的这些活动，对于团结东北地区的满洲贵族、百姓并进而加强其对全国的统治都起到了极其重要的作用。

（二）北巡塞外

在康熙帝的各种巡幸活动中，次数最多的是巡幸塞外。早在平定三藩叛乱期间，康熙帝即开始了他的塞外之行。康熙十六年，康熙帝首次北巡。"三藩之乱"平定后，康熙二十年四月，康熙帝第二次巡视塞北，并且在塞北蒙古地区建立了木兰围场。此后，一直到康熙帝去世，几乎每年都要到木兰围场。其间只有两次康熙帝因故未去，一是康熙二十一年，康熙帝东巡盛京、吉林；一是康熙三十五年，康熙帝出征喀尔喀蒙古的克鲁伦河，追歼噶尔丹。除此之外的三十八年，康熙帝每年都率八旗出塞，到木兰围场行秋狝大典。可以说，在康熙帝的各种活动中，巡幸塞外是一项重要的内容。

康熙帝之所以如此重视塞北巡幸和秋狝木兰，首先是因为它对团结蒙古各部人民，联络蒙古贵族有着重要的作用。蒙古各部居于塞北长城口外，明朝时期始终是北部边防严重的威胁。入关之前，清室即与蒙古各部建立了比较友好的关系。入关后，又以通婚等政策进一步发展了这种关系。为了加强对蒙古各部的控制，巩固边防，康熙帝利用巡幸塞外之机定期与蒙古各部上层贵族接触，以加强对蒙古各部的管理。康熙二十年四月，康熙帝第二次北巡，喀喇沁、翁牛特蒙古诸部“敬献牧厂，肇开灵囿，岁行秋狝”，因之建立了木兰围场。

木兰围场地理位置优越，北控蒙古，南“拱卫神京”，具有极为重要的战略地位。围场四周，设立了四十座巡逻哨所（满语称卡伦），在隘口以木栅和柳条边为界。围场内部则根据地形的变化，划分了六十七个小型围场。这既是清兵打猎习武的猎场，又是康熙帝安抚蒙古各部的禁苑。每当秋狝大典之时，蒙古王公贵族纷纷赶至围场，分班扈猎，星罗影从，浩浩荡荡。围猎结束，又互相宴请。蒙古各部演奏自己的音乐，并举行摔跤、赛马等活动。康熙帝则赏赐他们大量的绫罗绸缎、金银瓷器，气氛极为热烈。这些活动，既炫耀了清王朝的武力，密切了彼此的感情，又使蒙古王公“畏威怀德”，尽心尽力事奉朝廷。

北巡时，除联络蒙古王公之外，康熙帝还致力于调解蒙古各部之间的矛盾，消除蒙古各部中的不安定因素。康熙帝对蒙古各部采取了“乱则声讨，治则抚绥”“宣威蒙古，并令归心”的政策。如康熙三十年五月，康熙帝亲自北巡，会盟多伦，主持喀尔喀三汗、部长、四十九旗札萨克会同大阅，以协调各部之间的关系，明确是非，解决纷争，然后颁爵封赏。多伦会盟，结束了长期以来喀尔喀蒙古各部的内部纷争，密切了蒙古各部与朝廷的关系。归途中，康熙帝自豪地对扈从诸臣说：“昔秦兴土石之工，修筑长城，我朝施恩于喀尔喀，使之防备朔方，较长城更为坚固。”康熙后期，为了更好地处理蒙古事务，除了每年木兰秋狝之外，还从康熙四十一年开始，在北京至木兰围场的路上建造了避暑山庄。避暑山庄成为康熙帝处理民族事务、加强北部边防的一个政治中心。总之，康熙帝巡幸塞北以及与之相关的一些活动，对于巩固北部边防，促进边疆少数民族与清廷的联系都起到了不可忽视的作用。

其次，康熙帝重视塞北巡幸和秋狝木兰，还因为围猎巡狩是一种军事训练，有利于满洲贵族保持勇猛的斗志。

（三）六巡江南

在康熙帝的各种巡幸活动中，东巡盛京、吉林，北巡塞外之外，六巡江南也是其极为重要的巡幸活动。江南地区人烟稠密，物产丰富，为清朝财赋重地，而且文化发达，仕宦于朝者甚多。因而，从清朝初年起，清朝统治者即对江南地区极为重视。康熙初年，黄河又多次泛滥，直接影响南北漕运，所以康熙帝亲政以后，曾把河务、漕运与三藩列为三项头等大事，写成条幅，挂在宫中柱子上。这三件大事中有两件都与江南有关。为此，康熙帝一方面重用靳辅为总河，治理黄河和淮河；另一方面，又于平定“三藩之乱”后，从康熙二十三年到四十六年先后六次南巡。通过六次南巡，康熙帝除督修黄河、疏通漕运之外，还谒拜孔庙，祭扫明孝陵，笼络江南士大夫，蠲免积欠，对广大士庶普遍加恩，从而进一步巩固了对江南地区的统治。

康熙帝南巡，首先是督察河务。黄河水患，历代皆有，清初亦非常严重。黄河泥沙淤积，屡屡决堤泛滥，不但给黄河下游一带广大人民造成了极大的痛苦，而且也严重地影响了国家的财政收入。康熙十六年，康熙帝任命靳辅为河道总督，专任治河之事。为了视察黄河治理情况，康熙二十三年九月，康熙帝首次南巡，在河道总督靳辅陪同下，“相度形势，察视河工”，亲自阅视黄河北堤岸诸险工一百八十里。康熙帝充分肯定了黄河堤岸的作用，并嘱靳辅加强维修。接着又巡视了宿迁、桃源、清河等地日益增多的减水坝，对其利弊进行了分析，指出“虽受其益，亦有少损。倘遇河水泛滥，乘势横流，安保今日减水坝不为他年之决口乎？且水流浸灌，多坏民田，朕心不忍”。此次南巡最远到达苏州、江宁。归途中康熙帝再次亲视堤工，历武家墩、高家堰、高良涧闸、周家桥、翟家坝和洪泽湖等。

康熙二十八年正月，康熙帝第二次南巡又重点巡视了中河和下河，以及七里闸、太平闸、高家堰一带堤岸、闸坝。在他巡视之前，朝臣中对靳辅原先的治河方案多有非议，几乎有全部否定之势。经过此次巡视，康熙帝对靳辅的治河方案重新认识，再次给予了充分肯定。原先已将靳辅革职，这时，康熙帝又将他恢复原职。靳辅去世后，康熙帝命于成龙（小于成龙）接任河道总督。数年过去，成效不大，黄河还是连年决堤，下游地区的城郭田庐，时有漂没之患。为此，康熙帝又于康熙三十八年二月第三次南巡，对治河做出具体部署，提出了“深浚河底，改修清口，拆毁拦黄坝，引水归江”等具体措施。于成龙年老力衰，力不从心，次年三月即病故。康熙帝又将两江总督张鹏翮调任河道总督。张鹏翮尽心尽力，极力贯彻康熙帝的治河思想，使治河工程跨上了一个新台阶。康熙四十一年，各项工程基本完工。九月，秋水大涨，黄淮基本无患，康熙帝得报大喜，说：“观此，河工大有望矣。”次年正月，康熙帝第四次南巡，检查张鹏翮三年治河之成就。巡视完毕，康熙帝基本满意，只是对有些微小的地方提出了调整和补充。三月十八日，康熙帝五十寿辰，以“四海奠安，生民富庶，而河工恰又告成”而颁诏天下，大沛恩赉。后来，张鹏翮又奏请将黄河两处急湾浚直，得到了康熙帝的批准。

康熙四十四年二月，康熙帝为了阅视黄河中河南口改建工程而第五次南巡，以筹度善后之策，并了解周围百姓的生活情况。康熙帝本着实事求是、防患于未然的思想，又提出了几处修改意见，以加强防护，巩固治河成果。当康熙帝看到杨家庄新开中河闸口附近堤岸坚固、民居安然时，极为高兴，特意赋诗两首，以志其情。康熙四十六年正月，康熙帝第六次南巡，进一步对治黄进行了部署。看到黄河水患已经控制，漕运亦得以畅通，康熙帝的心情更加愉快，他高兴地说：“朕自甲子年（康熙二十三年）至今六次南巡，详观河形，一年异于一年。”至此，黄河水患得以控制，百姓也得以安居乐业，康熙帝原先所要解决的三件大事都得到了解决。

除视察河工之外，体察民情以及关心百姓疾苦，亦是康熙帝南巡的重要内容。康熙帝曾说：“朕不到江南，民间疾苦，焉得知道。”康熙二十三年首次南巡之前，康熙帝即诏谕全国：“体察民情”是南巡的目的之一。为了防止地方官吏借机科敛百姓，康熙帝特别强调：“一应沿途供用皆令在京所司储备，毫不取之民间。……如有悖旨私征，一经发觉，定行从重治罪。”康熙帝还反复申述：“朕此番巡历，原以抚恤编氓，问俗观风，于闾阎休戚，务期洞晓。凡经过地方，百姓须各安生业，照常宁处，毋得迁移远避，反滋扰累。”以后几次南巡，康熙帝都先行诏谕。如第二次南巡前，康熙帝也发布了类似的诏谕：“今特诹吉南巡，躬历河道，兼欲观览民情，周知吏治。所至沿途供亿，皆令在京所司储备，一切不取之民间。”“凡经过地方，百姓各安生业，务令廛无废市，陇不辍耕，毋得仓皇惊避，辄滋烦扰。”而且轻车简从，扈从者仅三百余人。康熙二十三年十月，康熙帝初次南巡乘船过高邮、宝应等地，看到百姓田庐多在水中，内心颇为忧虑。于是，登岸步行十余里视察水势，并召见当地耆老详细询问遭灾原因。康熙帝对两江总督王新命说：“朕此行原欲访问民间疾苦，凡有地方利弊，必设法兴除，使之各得其所。昔尧忧一夫之不获，况目睹此方被水情形，岂可不为拯济耶?”回到船中，康熙帝心情仍然十分沉重，并赋诗一首。诗中真实地反映了水患后的悲惨景象，并表达了康熙帝救民于水火的强烈意愿。

同时，为了减轻人民负担，每次出巡，康熙帝都蠲免受灾地之钱粮正赋。如康熙二十八年，康熙帝第二次南巡途经山东时，下令免除次年山东地丁正赋；行至江南，又免江南历年积欠二百二十余万两。第三次南巡时，见淮安、扬州、高邮、盐城、宿迁等地频遭水灾，考虑百姓生计困难，康熙帝除命截留漕粮十万石，分发受灾的淮扬等十二州县平粜，并截留十万石于扬州、淮安存贮外，又免除了江南、浙江各省州县康熙三十四至康熙三十六年民间拖欠钱粮，以及淮安、扬州府九州县、二卫于康熙三十七年未完成的地丁漕项等银十九万两、米麦十一万石。第四次南巡，又免除了山东受灾歉收二十五州县康熙四十一年未完钱粮。康熙帝通过减免赋税，施恩于江南百姓，从而得到了江南人民的感念和拥戴。

除督河、察民之外，吏治亦是康熙帝南巡的目的之一。康熙三十六年，康熙帝对大学士、九卿等说："官吏之贤否，民生之休戚所关，朕一人端居深宫，何能遍知?"所以，尽管许多大臣以"万乘之尊，宜居深宫"为由反对康熙帝屡次出巡，康熙帝依然置之不理，正所谓"成大事者不苟同于世俗之议"。康熙帝非常重视吏治，总是利用一切机会考察吏治。康熙四十二年，康熙帝第四次南巡时，途经济南，游趵突泉，书匾额"源清流洁"四字，正表明了他的吏治思想。康熙二十三年，首次南巡，离江宁返京之际，江南大小文武官员及地方缙绅士民数十万人于两岸跪送，康熙帝谕示两江总督王新命、江苏巡抚汤斌等："尔等大小有司，当洁己爱民，奉公守法，激浊扬清，体恤民隐，以副朕老安少怀之至意。"并且挥毫写下了《示江南大小诸吏》一诗。对"并无善状，且多不谨处"的漕运总督邵甘，康熙帝命其随驾至京候旨，不久即将他革职。康熙帝第二次南巡返京的第二天，根据南巡时所了解的情况，任免了一批高级官吏。漕运总督马世济，以疾原品休致，由兵部右侍郎董讷补之。原河道总督靳辅，实心任事，劳绩昭然，因此官复原职。杭州副都统朱山以庸劣解任。

第三次南巡时，康熙帝发觉百姓生计大不如前，只因地方官吏私派豪取，或借端勒索以馈送上司，或将轻微易结案件牵连多人，故意拖延时日，索诈财物。督抚知情不但不参劾，反而荐举行贿官员。康熙帝遂诏谕大学士、九卿等议永革横派，严禁贿赂，以杜绝地方官吏徇私扰民、行贿受贿的现象。第四次南巡时，根据康熙帝自己的所见所闻，康熙帝对直隶巡抚李光地、河南巡抚徐潮、山东巡抚王国昌、江苏巡抚宋荦、福建巡抚梅鋗、江西巡抚张志栋、广东巡抚彭鹏和浙江巡抚张泰交等，都表示满意，认为他们都是忠于职守的清正之官。而对偏沅巡抚赵申乔、甘肃巡抚齐世武则不太满意，遂加以告诫。第六次南巡，因河道总督张鹏翮所行不当，康熙帝革其所加官保衔，并将张之部属阿山革去尚书职务，桑额降五级，刘光美、于准各降三级。督察吏治在一定程度上确保了吏治的清廉。

祭扫明陵，也是康熙帝南巡的一项内容。清兵入关之初，江南人民曾进行了激烈的反抗斗争。为此，清朝政府对江南人民的反抗进行了残酷的镇压，致使满汉民族矛盾十分尖锐。为了缓和民族矛盾，巩固其统治，康熙帝利用六次南巡之机，多次蠲免赋税，增加入学名额，向广大江南人民普施恩惠。同时，康熙帝还多次祭扫明孝陵，以表示对前朝开国皇帝朱元璋的尊重，从而收买江南广大汉族人民之心。如康熙帝首次南巡拜谒明孝陵时，亲作祝文，对朱元璋大加推崇："夫明太祖以布衣起淮泗之间，经营大业，应天顺人，奄有区夏。"康熙三十八年第三次南巡，祭奠明孝陵之后，康熙帝命江苏巡抚宋荦、江宁织造曹寅修明太祖陵，并亲自为明孝陵题写了"治隆唐宋"的匾额。康熙帝还对大学士、九卿等说："朕意欲访察明代后裔，授以职衔，使他们世守祭祀之事。"后来，大学士回奏："明亡已久，子孙湮没无闻，今虽查访，亦难得实。"所以康熙帝又委派地方佐贰官一员专门负责祭祀之典，按时致祭。

总之，康熙帝通过六次南巡，亲授方略，最终解决了黄淮水患，确保了漕运的顺利畅通。同时，康熙帝还抚慰百姓，督察吏治，祭扫明陵，消除江南士人与百姓的不满，取得他们的支持，实现了笼络江南地主阶级以加强其统治的目的。尽管康熙帝南巡时屡屡诏令官吏不得借机加重百姓负担，出巡时也力求避免扰民，但是由于巡幸办差官员营私舞弊，重敛百姓，挥霍之处仍然不少，引起了当时一些人士的非议。如张符骧的《竹西词》《后竹西词》，即对康熙帝第三、第六次南巡的铺张奢靡给予了辛辣的讽刺。

后来，江南亏空钱粮五十万两，康熙帝为此谕示大学士等：江南亏空钱粮，地方虽有不肖之官侵蚀，未必多达数十万两。朕南巡时曾有谕旨，凡沿途所用之物皆出内帑预备，未曾丝毫取诸官民，然而督抚等官不遵谕旨，肆意挪用，以致亏空。朕若不言，诸臣谁敢言？地方官拟以俸工扣补，但俸工银两有限，且官无俸禄，必至私派累民。朕为天下生民计，蠲免各省钱粮已超过万万，免此数十万之银，又何足惜？几天后，康熙帝与大学士、九卿等再议江南钱粮亏空事。康熙帝说：此项亏空据称因公挪用，系何公事，未经明晰。屡次南巡，地方官预备纤夫、修桥、开浚水道，想皆借用帑银，至于修造行宫，必然亦借用帑银。江南亏空之由，皆因南巡费用所致，若不声明，反属不宜。着将朕谕旨全行抄录，发给该督抚，令查南巡时所用数目，只需举其大略即可。康熙帝将江南亏空完全归咎于南巡，显然是过于自责了。但不可讳言的是，南巡所费确实是江南亏空的原因之一。

（四）其他巡幸活动

康熙帝在位期间，总是马不停蹄地在全国四处巡幸。除东巡盛京、吉林，北巡塞外，六巡江南外，康熙帝还曾东巡曲阜，西巡秦中、五台山，并多次巡幸畿甸地区。其中，巡幸曲阜是在康熙二十三年南巡归途，西巡秦中是在康熙四十二年冬，巡幸五台山先后四次，分别在康熙二十二年、康熙三十七年、康熙四十一年和康熙四十九年。这些巡幸活动，也和其他各次巡幸活动一样，增加了康熙帝对全国各地风土人情、吏治民生的了解，对于巩固统治起到了重要作用。其中，尤其值得叙述的是对畿甸地区的巡幸。畿甸地区拱卫京师，地理位置极为重要。因此，从康熙八年康熙帝亲政之后不久，康熙帝就走出京城，巡幸畿甸。通过对畿甸地区的巡幸，康熙帝发现通州知州欧阳世逢、州同李正杰庸劣无才，副将唐文耀不娴武事，于是“俱令革职”，并追究直隶督抚不行参奏之责。

通过对畿甸地区的考察，康熙帝提出了许多合乎实际的措施。如康熙三十七年，康熙帝巡视天津河堤时，发现许多山东饥民流徙到直隶，于是命将山东泰安等二十七州县本年度钱粮延至次年征收。康熙三十八年京畿地区修治永定河时，康熙帝经常巡视治河工事，并多次对负责治河的王新命、李光地下达具体谕示。后来，康熙帝南巡时治河策略的提出，就得益于治理永定河的经验。可以说，畿甸地区是康熙帝了解民情的一个窗口，同时康熙帝经常巡幸，无形中也强化了京师防卫，巩固了统治。

综上所述，康熙帝从禁卫森严的紫禁城中走出来，从东到西，从北到南，体察民情，周知吏治，督察边防，抗击沙俄，秋狝木兰，联络蒙古，视察河工，施恩江南。这些举措对于吏治的清明、边疆的稳固、清朝统治的加强，都起到了不可忽视的作用，也为他的后世子孙治理国家提供了丰富的经验。康熙帝的孙子乾隆帝就是继承了康熙帝的这种巡幸的作风，先后四巡盛京，六巡江南，并多次北巡塞外。正是通过康熙、雍正、乾隆祖孙三代的百年努力，清朝统治才发展到了全盛时期。

二　反腐倡廉　横扫怠惰

吏治的优劣直接关系着民心的向背和封建王朝的安危，是国家盛衰治乱的关键。历代有远见的封建统治者，为了王朝的“长治久安”，无不注重对吏治的整饬，反腐倡廉。康熙帝深谙治国之道，在反腐倡廉方面尤为着力，效果也十分显著。

腐败并没有一个统一的概念。广而言之，社会风气的淫靡奢侈、个人行为的腐化堕落，均可以称为腐败现象。狭而言之，它是指政府官员以权谋私、徇私舞弊、恃势凌人、尸位素餐、唯事钻营等。康熙时期，腐败现象已比较严重。各处收税官巧立名目，违法害民；督抚收受州县礼物习以为常；王、公、将军、督抚等恃势贸易之事，时有发生；地方官私征滥派，或入私囊，或贿上官之事，此起彼伏；行贿、受贿、索贿，公行无忌；科场舞弊，徇情庇佑，屡禁不止；尸位素餐、唯事钻营，几乎成了普遍现象。其他如虚冒或克扣兵饷、侵蚀入官财物、亏空府库银两等种种腐败现象，不一而足。某些官员由于贪酷过甚，已经激起民变，导致起义。腐败的危害性和反腐的紧迫性日益凸显，惩治腐败已经不能不提到议事日程上来了。

针对种种腐败现象，康熙帝从谕责教育、制度规范和刑罚惩治等方面，三管齐下，进行治理。

（一）谕责教育

受“不教而杀谓之虐”的儒家思想的影响，康熙帝非常注重施以刑罚前的谕责教育。康熙帝经常针对各种腐败现象下达谕旨，如：康熙九年，针对“在外文武官借名令节生辰，剥削兵民，馈送督抚提镇司道等官。督抚提镇司道等官复苛索属员，馈送在京部院大臣科道等官”的腐败现象，康熙帝谕曰：先前已经屡次严厉禁止，却不见改正，违背洁己奉公之义。兵民日渐困乏，职此之由。以后着痛加省改，断绝馈受，以尽其职。如仍蹈前辙，事发之日，授受之人一并从重治罪，必不姑贷。

康熙十年，针对“年幼诸王恃威行事，勒索官员财物”的腐败现象，康熙帝谕曰：听说你们恃威行事，难道果真有什么利益吗？没有什么利益的威风，逞之何用？你们都是我的懿亲，别人自然敬畏你们。至于所属在外官员，原为国家治事理民，你们如果勒索他们的财物，他们将从哪里获取这些财物呢？自然是从百姓那里了。你们应该按时娴习骑射，闲暇时就读一读书，不要只是沉溺在嬉戏之中。又谕安亲王岳乐：你在诸王中年龄最大，排行最高，如果年幼诸王率意妄为，你要训饬他们。康熙十一年，康熙帝谕曰："近见内外官员军民人等服用奢靡，僭越无度，富者趋尚华丽，贫者互相效尤，以致窘乏为非，盗窃诈伪由此而起。今应作何分别，务行禁止。"康熙十五年，针对诸种军需弊端，康熙帝谕曰："军前所用米豆草束诸项，自将军以下有自行贩卖，嘱托地方官多取价值。地方官有徇其情面，浮冒开销者。……有已备本色，不行收纳，折价入己者。有民间运到米豆草束，地方官故意迟延措勒，及至军前又多方刁难解官，恣意需索，方肯收纳者。至于购买马匹不开实价，以少为多，滥行销算。种种情弊，难以枚举。……若仍不悛改，事觉，照贪官例治罪。"

此外，康熙十八年，康熙帝因民生困苦已极，大臣长吏之家日益富饶，民之脂膏，尽入贪吏之橐；大臣朋比徇私者多；统兵将帅只顾肥己，掠占小民子女财物；凡有灾，蠲免赈济，地方官员则侵渔捏报；问刑官办事拖延，枉坐人罪，衙役等又恐吓敲诈；包衣下人及各王贝勒大臣家人肆行非法，有司不敢问；诸臣徇私利己者多，公忠为国者少等腐败现象而下谕严责。康熙十九年，因"各衙门官员纵容衙役诈害百姓，肆意横行；返京官兵沿途生事"等腐败现象而下谕严责。康熙二十年，因"各衙门官员虚縻俸禄，懒惰不上衙门者；刑官偏私索诈，受贿徇情，颠倒是非；户部各仓发米，多杂土尘，贿赂者给好米，上下串通，侵欺盗取；理藩院衙门每差司官等往蒙古地方，常有需索，致供应食物繁费，怨声沸腾"等腐败现象而下谕严责。康熙二十一年，因"官员遇事徇情，钻营奔竞；驻防官兵将地方民人商贾甚加刻害"等腐败现象而下谕严责。

康熙二十二年，因"各大臣居乡，守分安静者甚少，非强占民间地亩，即霸据贸易要津，扰害地方，敛怨人民；狱卒等对犯人借端需索，恣行凌虐；部院堂官只图己身安逸，办事不勤，堂官推诿司官，司官推诿笔帖式，早归私家，诡称终日在署”等腐败现象而下谕严责。康熙二十三年，因“外任官员不受贿赂者绝少；借端扰害百姓，圈占民人良田，以坏地抵换，或隐占存部良田，妄指民人地亩拨给”等腐败现象而下谕严责。康熙二十四年，因“九卿会议之事，不据实具议，草率苟且，因循而行，或于此一事立议争胜，以冀下次不与相拂而从之，或此一次将彼意中之人荐出，冀下一次将其亲朋荐出以相报，或荐其门生，或荐其同年，或荐其同乡亲友”的腐败现象而下谕严责。康熙二十五年，因官员“尸位素餐，患得患失”而下谕严责。康熙二十六年，因“身为大臣，沉湎于邪僻嬉戏之中者甚多”而下谕严责。康熙二十七年，因“在廷诸臣，自大学士以下，有职掌官员以上，惟知早出衙属，偷安自便，三五成群，互相交结，同年门生，相为援引倾陷，商谋私事，徇庇同党，图取货赂，作弊营私；科道官声言纠参，妄行吓诈，希图利己”等腐败现象而下谕严责。康熙三十一年，因“科道官员浮泛塞责”而下谕严责。康熙三十五年，因京城各衙门官员“惟务偷闲，入署未久即散，归家偃息”而下谕严责。康熙三十六年，因官员“虚报兵数，冒领钱粮”而下谕严责。康熙三十八年，因“巡盐、榷税、审事等官沿途骚扰”而下谕严责。

康熙四十二年，因“私征多于正赋数倍”而下谕严责。康熙四十四年，因治河官员“侵冒河帑”而下谕严责。康熙四十六年，因治河官员不随时巡视河堤，“安居署中，两三月不一出，惟以虚文为事”而下谕严责。康熙四十七年，因“诸阿哥不遵国宪，横作威势，擅辱大小官员”而下谕严责。康熙四十八年，因“督抚举劾不公，计较某人门生、某人保举、某人所托；地方水旱，督抚匿而不报”等腐败现象而下谕严责。康熙四十九年，因官员“取库银馈送礼物，至国帑亏空”而下谕严责。康熙五十二年，因“考试官不遴取真才，只图贿赂”，以致拉关系作弊者日益增多而下谕严责。康熙五十四年，因

“内而各部院大臣，外而各省督抚提镇，渐耽逸豫”而下谕严责。康熙五十五年，因“在京大臣但知营求财贿，在家安逸；部院大臣并不以朝廷事务紧要、民生关系重大为念，惟图恩威由己，多方设法，极力结党”等腐败现象而下谕严责。康熙五十六年，因“巡抚托病不往军前；大臣遇考期将至，不惟为子弟钻营，甚且为他人图谋；九卿保举人员，惟图利己，冀其酬报”等腐败现象而下谕严责。

以上所述仅举数端，并未囊括无遗。总之，康熙帝亲政后，几乎每年都有一道针对各种腐败现象的谕旨。

（二）制度规范

制度规范是有效防治腐败的措施之一。制度严密合理将减少一些腐败的发生，而制度疏漏或不合理会导致更多腐败的产生，因此康熙帝对制度规范亦有所留意。如康熙八年，为杜绝钻营贿赂之风，停止保举，恢复了按俸次升转的制度；为杜绝官商种种弊端，确立了禁藩王及大臣属下商人于各省贸易的制度。

康熙十八年制定了处理各种腐败现象的具体细则：一是督抚司道官员赴任时谒见在京各官，或自任所差人问候，或留京家人往来京官之家，官员革职，家人正法。京内外官员彼此馈送者革职。因事营求，苛派馈送大臣官员者，连同收受者均革职拿问。二是领兵诸王、将军借“通贼”为名，焚毁良民庐舍，掠取其子女，抢夺财物者俱革职，诸王、贝勒交宗人府治罪。如兵丁抢掠，统兵官革职或降级，兵丁鞭责，系家人正法；所掠人口还给本家。督抚隐瞒不报者亦革职。三是州县官对民间疾苦不详报上司者，革职永不叙用。如州县已报，上司不为题达者，上司革职。发赈饥粮及蠲免钱粮，如州县官侵蚀肥己者，革职拿问，上司官不行稽察者革职。四是刑狱不速结，无故将无辜者久禁者，承审官革职，因而致死者照例处分。改造口供，故行出入者革职。误拟死罪，已决者抵死。枉坐人罪者革职。衙役诈赃十两以上者，连同其妻、子安插奉天。诈赃至一百二十两照枉法例拟绞。五是包衣下人及王公大臣家人领资本霸占关津生理，倚势欺凌者，在原犯事处立斩示众，该管官革职。其主人如系宗室，亲王罚银一万两，郡王罚银五千两，贝勒罚银二千五百两，贝子罚银一千三百两，公罚银七百两，并交宗人府从重议处。如系民公侯伯大臣官员家人，将家主革职。汛地文武官不行查拿者革职。王以下大臣各官将银借贷与民，指名贸易，霸占地方者，亦照此定例治罪。包衣下人及王公大臣家人如有在外以其本主名义网利干讼，肆行非法，及有司畏势行贿者，行贿官革职。其家主及该管官、知而使去者革职。王以下、宗室以上，交与该衙门从重议处。其去人枷号三个月，鞭一百。如系家人私自去者，照光棍例处决。

康熙二十三年，有鉴于各省钱粮账目不清，康熙制定清查之法：一是支付本省驻军粮草，先以本省所收拨给，不敷时按时价给发，浮冒者照例处分。二是兵马钱粮数目由统兵官印领结状，按季送部，不符者照蒙混例处分。三是直隶各省奏销钱粮有驳查者，俱令具题完结，不得以咨文塞责。

康熙三十九年，又进一步制定厘清亏空之法：一是杂项钱粮不入奏销案内者，责成该管上司于监查正项时一并盘查保结。二是以往上司于年终盘查属库，以后应自十一月起至次年奏销以前止，亲至查明，有亏短立即揭报，无亏据实出结，使期限宽裕，可以逐项周察。三是亏空挪移，律例虽然有正条，但法轻易犯，以后地方官如挪用银五千两或粮六千石以上者，无论是否已革职，仍拟满流，不准折赎，遇赦亦不减免。同年，有鉴于科考之弊，还确立了参加乡会试的大臣子弟另编字号和宗室不得参加科举考试的制度。

康熙四十五年，为节省开支，防治弊端，制定了“凡无奏用咨文动支的大小款项钱粮，于月终明白汇奏”的制度。同年，为防治矫旨妄行等弊，制定了“凡口传谕旨及绿头牌折子启奏事件，着各衙门于每月终汇开奏览”的制度。康熙五十一年为防治侵饷之弊，制定了“凡营兵改名者报部改定，已故兵丁即于册中除名，召募新兵之年貌籍贯按季造册，印结报部，如有顶替混报者，该管官及兵丁从重议处”的制度。康熙五十三年有鉴于任意告假之弊，制定了翰林院官、教习进士、科道官员“除丁忧终养外，有告病回籍者，悉令休致”的制度；为避免库官胥吏拖延勒索，又制定了“各省解钱粮、物料到部及时兑收批回”的制度。此外，推行密折，加强监察等也都是防治腐败的有效措施。

（三）刑罚惩治

对谕责教育和制度规范都置若罔闻的腐败分子，康熙帝则施以各种刑罚惩治，轻则革职，重则处斩或处绞。如康熙十年，京口将军李显贵、镇江知府刘元辅因“违例折给兵丁草料，浮算帑银，婪赃坏法”而被处斩。康熙十二年，两浙巡盐御史杭启、常锡印因“私派贪赃”而被处绞。康熙十六年，治河官员张登选、管尽忠等因“贪污河工经费”而被处斩。康熙二十三年，因“侵蚀兵饷及入官财物”，侍郎宜昌阿道员王永祚等被处斩。康熙二十四年，山西巡抚穆尔赛因“多加火耗”，嫁女时索属官礼物而被处绞。康熙二十七年，湖北巡抚张汧因借口前任亏空，勒索属员出银抵补，又派收盐商之银，共贪污银九万余两而被处绞，荆南道祖泽深因“勒索百姓银八百两入己”而被处绞。陕西按察使索尔逊因“贪污银一百六十两”而被处绞。康熙二十八年，黑龙江协领杨武代因用大斗量收军用米，侵渔入已，反勒令车户赔补而被处斩。

康熙三十年，吏部主事朱敦厚因任知县时“加派婪赃四万余两”而被处绞。康熙三十七年，太原知府孙毓璘因“贪污库银二万八千五百两”而被处斩。康熙三十八年，户部郎中刚五达、宋超和笔帖式舒里浑等因“奉差湖广时需索供应，吓诈取贿，恣肆横行，扰害地方”

而被处绞。康熙三十九年，同州同知蔺佳选和韩城知县王宗旦因“侵扣籽粒银入己”而被议处斩。康熙四十年，河督王新命因“修河误工，浮冒银一万六千余两”被论斩（后因天下大赦而幸免），员外郎赫硕滋因“不实心效力，心口相违”而被处绞。康熙四十三年，工部官员塞可图等因修治河工时贪污而被处斩。康熙四十四年，云南布政使张霖因“居家不检，网利殃民，纵子为非，假称奉旨，贩卖私盐，得银一百六十余万两”而被处斩。康熙四十八年，浙江布政使黄明因“诈财殃民，贪赃八万两”而被处绞。康熙五十年，鄂托齐等因“助喀喇沁部额驸霸占人妻”而被处绞。湖南布政使董昭祚因“克扣各属俸工银五千余两”而被处斩。四川巡抚能泰因从四川布政使卞永式处分得加派赃银二万二百两而被处绞。因科考舞弊，同考官吴肇中被处斩，钻营中举者王汤三及说合通贿者林英被处绞。

康熙五十一年，户部尚书齐世武因受贿三千两，步军统领托合齐因受贿二千四百两，兵部尚书耿额因受贿一千两而被处绞。康熙五十三年，都统朱麻喇、内阁学士芭格因冒领库银三百两以上而被处斩。康熙五十七年，太原知府赵凤诏因“巧立税规，勒索银两，婪赃十七万四千六百余两”而被处斩。因“科派激变”，河南巡抚李锡、河南府知府李廷臣被处斩，河南阌乡知县白澄、宜阳知县张育徽被处绞。司库保住等因侵盗库银四万九千一百五十两而被处斩。康熙五十八年，因科场舞弊，翰林院编修索泰被处斩，钻营中举者及说合通贿者被处绞。吏部侍郎色尔图因奉旨料理西宁兵饷，纵令家人等包揽承运，通同扣克银两而被处斩。户部员外郎麻尔赛因侵盗钱粮而被处斩。康熙六十年，广西太平府思明土知州黄而芸因“贪残不法”被处绞。

以上所述仅为被处以重刑的例子，此外被处以其他刑罚的尚有许多。仅从以上所述，已经可以感受到康熙帝惩治腐败的范围之广、力度之大。许多腐败案件由于盘根错节，牵扯面极大，处理起来很不容易，如果没有康熙帝自始至终的关注，很难将腐败分子绳之以法。从宜昌阿、金儁案及蔡毓荣案，可以清楚地看到这一点。

“三藩之乱”平定后，侍郎宜昌阿被派往广东查看尚之信家产。宜昌阿与广东巡抚金儁通同作弊，侵吞兵饷及尚之信应入官财物，收受尚之信属下商人沈上达贿赂，恐其告发，遂杀人灭口，共贪污银八十九万两。康熙帝派刑部侍郎禅塔海经办此案。禅塔海徇情庇佑，隐瞒事实真相。为此，康熙帝又派侍郎常保等经办此案，并特意交代常保等：“此事颠末，朕皆洞悉，勿以干涉大臣势要，妄徇情面。务须从公核审。”在康熙帝的直接干预下，康熙二十三年五月，宜昌阿贪污逆产案终于结案。宜昌阿、金儁及相关人等都受到了应有的处罚。宜昌阿、金儁等处斩，道员王永祚处绞，禅塔海革职。

蔡毓荣是汉军正白旗人，“三藩之乱”时任湖广总督，不久被授以绥远将军之职，总统绿旗兵，从湖广方面进军云南。攻克昆明后，蔡毓荣侵没吴三桂应入官财物金二百两、银八千两；将应入官之吴三桂孙女霸占为妾；受吴三桂党羽胡永宾重贿，将其蒙混释放，恐人揭露，又多方行贿。康熙二十五年，蔡毓荣的丑行曝光，然而由于蔡毓荣行贿范围极广，案情处理困难重重。为此，康熙帝特谕办案官员：蔡毓荣居官贪酷，品行污秽，伊恃财势，笼络人心，内外无不周到。如此大恶之人，若不严加惩创，何以使其余警戒！在康熙帝的密切关注下，蔡毓荣及相关官员终被绳之以法。

经过谕责教育、制度规范和刑罚惩治三管齐下的治理整顿，康熙时期的吏治出现了相对清平的局面。

在反腐的同时，康熙帝大力倡廉。倡廉和反腐是整饬吏治的两个不可分割的方面，两者相辅相成。正如康熙帝所说：“治天下者以惩贪奖廉为要。廉洁者，奖一以劝众；贪婪者，惩一以儆百。”“举贤退不肖，两者不可偏废。如果只是退不肖而不举贤，那么不肖者知所惩，而贤者不知所勉，终非劝惩之道。”康熙帝在多种场合明确表示：

“考察官吏以奖励廉洁为要”，“朕惟视其居官操守清廉以为实据”。康熙二十一年，康熙帝亲书“清慎勤”三字颁发各省督抚。对廉政官员，康熙帝奖誉有加。如康熙二十年，清官于成龙至京朝见康熙帝时，康熙帝极口赞之：“尔为今时清官第一，殊属难得。”后来又在公开场合称赞说：“于成龙自起家外吏，即以廉明著闻，历升巡抚，益励清操，自始至终，迄无改辙。凡在亲戚交游相请托者，概行峻拒。所属人员并亲戚朋友间有馈遗，一介不取。朕甚嘉之。”为表嘉奖之意，康熙帝特赐于成龙内帑白金一千两和康熙帝亲乘的良马一匹，并赐诗一首，勉励他始终如一，保持廉正的气节。康熙朝先后有两个叫于成龙的，另一于成龙（小于成龙）也为清官。对此位于成龙，康熙帝也曾传谕嘉奖，并赐以亲书手卷一轴。康熙二十三年，还特赐于成龙之父于得水貂裘披领，奖其教子有方，并召八旗汉军都统、副都统、侍郎等官，告诫他们“应训勉其子弟如于成龙之洁己爱民”。

孔子认为，提拔正直的人，让正直的人在邪佞的人之上，可以使邪佞的人变得正直；提拔邪佞的人，让邪佞的人在正直的人之上，可以使正直的人变得邪佞。康熙帝从小接受系统的儒家思想教育，深受孔子这一思想的影响，因此，对廉政官员，康熙帝不仅奖誉有加，而且对他们不断提拔，倚重信任。如被康熙帝称为“清官第一”的于成龙，顺治十八年时任知县，康熙十三年被提拔为武昌知府，康熙十九年就被升为直隶巡抚，继升两江总督。另一于成龙以左都御史之衔督运军粮时，有“内外文武官员听其调遣，六部不得掣肘”之旨，可谓权倾朝野。

为了发现清官，康熙帝多次谕令九卿、科道官员和地方督抚推荐保举“操守清廉、爱养百姓、练达吏事”的官员，并亲自到民间寻访。对于清官，康熙帝十分注意爱养保护。如张伯行、噶礼互参案，吏部拟张伯行革职，噶礼免议，康熙帝下旨说：张伯行居官清正，天下之人无不尽知，确实堪称廉吏。……朕为天下主，自幼学问研究性理等书，如此等清官朕不为保全，则读书数十年何益？而凡为清官者亦何所倚恃而自安乎？……尔等如果都能体朕保全清官之意，使为正人者无所疑惧，则人俱欣悦，海宇长享升平之福矣。后来，康熙帝又明确表示："朕所以宽容张伯行者，正爱其清耳。"

腐败是一个长期的社会问题，这是由腐败自身的特性及其产生的根源和条件决定的。可以说，任何一个社会都存在腐败现象，而且都没有在绝对意义上消除腐败。但有一点是肯定的：注意治理整顿，腐败现象就会被遏制；不注意治理整顿，腐败现象就会愈演愈烈。康熙帝虽然没有消除腐败，然而他的反腐倡廉还是取得了一定的积极效果，也为后世提供了一些可供借鉴的经验。这些经验除了谕责教育、制度规范、刑罚惩治三管齐下和反腐与倡廉相结合以外，还有一点值得一提，那便是非常注意上层官员的治理。康熙帝说："天下之民所倚以为生者，守令也。守令之贤否系于藩臬，藩臬之贤否系于督抚，督抚又视乎部院大臣而行。部院大臣所行果正，则外自督抚而下至于守令，自为良吏矣。"对于上层官员的腐败，康熙帝严惩不贷。如顺承郡王勒尔锦、贝勒察尼出师湖广时，敛取督抚司道等官财物，希图肥家，贻误国事。议政王大臣议定勒尔锦、察尼之罪后，康熙帝认为所议处分过轻，为此颁旨："其余尚可从宽，王、贝勒决不容姑贷也。"

受"欲正人，必先正己"的儒家思想的影响，康熙帝非常注意上层官员的正己率属。如康熙二十四年，新任漕运总督徐旭龄陛辞时，康熙帝对他说："源清则流洁，尔为大吏，洁己率属，官吏自不为奸。"康熙二十五年，于成龙（小于成龙）升任直隶巡抚，赴任前康熙帝对他说："廉吏间或有之，及既得大官，往往改操。尔须正己率属，廉洁爱民。"康熙帝这样要求上层官员，也这样要求自己，如针对尸位素餐的现象，康熙帝勤于政事；针对淫靡奢侈的现象，康熙帝力行节俭；针对某些官员借令节、寿诞敲诈勒索的现象，康熙帝即位六十年不行庆贺礼。

当然，康熙帝在反腐倡廉的过程中也有一些错误的举措，值得后世吸取教训。

其一是制度在实施过程中缺乏相对稳定性，使腐败分子心存侥幸。

康熙帝惩治腐败时松时紧，或严或宽，未能一贯始终。严时则说："法轻不足蔽辜，今若法不加严，不肖之徒何以知警？凡别项人犯尚可宽恕，贪官之罪，断不可宽。"宽时却又说："待臣下须宽仁有容，若必求全责备，稍有欠缺即行指摘，此非忠恕之道也。"因此，康熙时期虽然从严惩处了不少贪污案，如康熙二十七年，陕西按察使索尔逊贪赃银一百六十两即被处绞，但也有许多更为严重的贪污案处理过宽，如甘肃布政使阿米达贪赃银六千七百余两、内阁学士宋大业贪赃银九千余两、松江提督赵珀贪赃银五万余两、川陕总督吴赫贪赃银四十余万两，这些重大案件，仅以革职处分，草草了事。

其二是对小贪行为听之任之，未能注意防微杜渐。

基于对儒家"忠恕之道"的错误理解，康熙帝对小贪行为听之任之。如康熙四十一年，御史王度昭疏参户部尚书李振裕勒取属员贺寿礼物，吏部议革职，康熙帝却认为所收礼物仅一围屏，责吏部"以细故轻黜大臣"，并说："凡堂官受属吏围屏亦常事耳，即彭鹏、李光地、赵申乔皆称清吏，岂皆一物不受。"康熙帝甚至认为："所谓廉吏者，亦非一文不取之谓。……如州县官只取一分火耗，此外不取，便称好官。"康熙五十年，康熙帝对大学士等说："夫官之清廉只可论其大者。今张鹏翮居官甚清，在山东兖州为官时，亦曾受人规例。张伯行居官亦清，但其刻书甚多，刻一部书非千金不得，此皆从何处来？此等处亦不必究。两淮盐差官员送人礼物，朕非不知，亦不追求。"康熙帝对小贪的姑息，意在养廉，其用心是良苦的，但此例一开，便很难把握，贪黩之门会越开越大，积重难返。这是康熙帝万万想不到的。

三　蠲免赈济　施恩于民

受传统儒家思想影响，康熙帝接受了“民为重，社稷次之，君为轻”的思想，把百姓的困苦挂在心头，深为轸念。因此，在位期间，经常蠲免钱粮，赈济灾民。这些措施对于经历灾荒和战争的百姓来说无疑是雪中送炭。中国的历代君主虽大多都有蠲赈之举，但就力度、广度和给百姓以切身的实惠而言，和康熙帝相比，却是大为逊色的。

中国古代，由于生产力水平低下，人们对灾难的抵御力量极其有限。因此，风灾、水灾、旱灾、地震、蝗灾、雪灾以及战争等天灾人祸对人们的生活造成很大的影响，轻者流离失所，重者被夺去生命。在发生天灾人祸的情况下，如果继续征收各种赋税，容易激化社会矛盾，爆发起义，危及清朝政府的统治。因此，康熙帝在位期间，经常发布谕旨，蠲免钱粮，赈恤灾民，次数达五百四十五次，总额不下一亿四千万两，数量之大，亘古未有。根据蠲免的原因来分，大体有五种情形，即灾荒蠲免、逋欠蠲免、战争蠲免、普遍蠲免和巡幸蠲免等。除了蠲免钱粮之外，康熙帝还采取措施赈济灾民。

灾荒蠲免是康熙一朝蠲免钱粮的最重要的组成部分。中国幅员辽阔，自然条件千差万别，各种自然灾害经常发生，再加上生产力不发达，几乎每年都有灾荒发生。一旦遇到灾荒，清朝政府一般根据受灾的程度不同，分等减免赋税。顺治年间规定，受灾八分到十分的，减免十分之三；五分到七分的，减免十分之二；受灾四分的，减免十分之一。康熙年间，这一比例又有所提高。康熙四年三月，清朝政府为了防止地方官报灾迟误，或者先征后蠲，致使蠲免有名无实，遂下令以后遭受灾害的各个州县，将当年的应缴纳钱粮先暂停征收十分之三，查明受灾的程度之后，按照规定蠲免，以使百姓得到实惠。遇到严重的灾情发生，清朝政府则全部蠲免。如同年六月，山东遭受严重的旱灾，户部讨论后向康熙帝奏请：济南、兖州、东昌、青州四府，受灾十分，应照例蠲免三分；登州、莱州二府受旱灾七八分，应照例蠲免钱粮十分之二。

但康熙帝觉得蠲免的力度还不够，他下旨说：山东济南等六府所属地方既已遭到严重的旱灾，就把当年应征收的钱粮全部蠲免，并且要张榜通告百姓，家喻户晓。此后，增定加一蠲免之例，比如受灾应蠲免三分，再加一分，一共蠲免十分之四。实际上此例用于受灾七八分的地区，而受灾九分、十分的地区，仍然是全部蠲免。不久康熙帝又规定：遭受灾害九分、十分的地区，全部蠲免本年的额赋，受灾七分、八分的，在应蠲免之外再加免二分。受灾过重，田地不能耕种者，免赋时间延长，一般是三年，或者永远免除。比如康熙七年十一月，河南安阳、临漳地区闹水灾，河沙盖地，免去应征收赋税三年。康熙八年正月，陕西眉县山洪暴发，许多民屯田地被沙石压盖而根本不能耕种，康熙帝下令，这些土地永远免除赋税。此后又规定，凡是水冲、沙压及坍江地额赋，都永远免除。

因灾蠲免之外，康熙帝还十分注意灾蠲效果。康熙四年正月，新任左都御史郝惟讷上奏说：山西、山东等省遭受旱灾，皇帝蠲免赋税，赈济灾民，百姓蒙受皇恩，但是一些偏僻的地区却很难受到皇上的赈济。土地有田赋、人头有丁差，以前各地受灾，照例都是蠲免田赋，而不蠲免丁差，那些有丁口而没有土地的百姓就不能和有田地的人一起共同沾承皇上的恩泽。为此他奏请以后把丁差按照田赋的比例一样对待。康熙帝遂诏令有关部门讨论执行。康熙帝还发现，虽然朝廷按照土地数免征了一定的钱粮，但是那些拥有大量土地的地主仍然让佃农足额缴纳田租，因而，佃农根本享受不到免征的好处，而地主却从中渔利。康熙九年九月，康熙帝诏令，政府因灾蠲免钱粮，佃户地租也要按照比例免征，这样才能使普天之下都得到蠲免钱粮的好处。康熙二十九年七月，康熙帝又做出具体规定，以后直隶各省遇到下旨蠲免钱粮，七分蠲免地主，三分蠲免佃户。这使灾蠲收到了实效，达到了预期目的。

尽管康熙帝一心要让灾民得到蠲免钱粮的好处，但州县官员往往利用蠲免钱粮的过程欺上瞒下、阳奉阴违，欺压百姓。对此，康熙帝又采取了新方法来防止这一弊端。康熙六年二月，他采纳山东道御史钱延宅的建议，诏令各督抚在奉蠲处所，每图取见年里长结，收存该地方，并分缴部科查对。对于违反朝廷规定的官员，有详细的处罚条例，比如受灾的州、县、卫、所，凡是奉旨蠲免钱粮已经征收而不充次年赋额者；没有征收钱粮，却不扣除应该蠲免数额而官员借机私吞者；只称蠲免起运而不及存留，使百姓仅仅得到朝廷发布蠲免命令一部分好处者；或者在由单内扣除，而所扣不及蠲额者，州、县等有关的官员都以违旨欺君罪论处，如果其上级官员不加检查，道、府降三级调用，督、抚、布政司都降一级调用。如果其上级查出来了却不行纠参，而被科道官员纠察或者他人揭发出来者，按照包庇罪论处。

逋欠蠲免就是蠲免多年积欠的赋税钱粮，这是康熙帝蠲免钱粮的又一个重要方面。由于生产力低下，农民生活十分困苦，除去地主、地方官吏的剥削，无力完纳正额赋税者亦往往有之。这样，拖欠一年紧跟一年，形成逋欠。逋欠的数目十分庞大，自顺治元年到十七年，直隶各省共欠银二千七百多万两，米七百万石有奇。康熙初年全年的额赋也不过银二千五百万两、米六百万石。这样庞大的数字要全部征收，显然是不可能的。强制征收还会使百姓无法生存，激化社会矛盾。与其征收旧逋，引起新欠，不如蠲免逋欠，保证当年的钱粮按时征收。但全部都蠲免，在“三藩之乱”平定之前，也是国力所不许的。因此，这一时期康熙帝对逋欠蠲免十分谨慎。康熙三年，康熙帝下诏蠲免顺治十五年之前的各省民间逋欠。康熙四年三月初五日，又因地震星移，免去直隶各省顺治十六至十八年间催征不得的各项逋欠钱粮。康熙八年二月，山西、陕西总督莫洛和甘肃巡抚刘斗，以连年灾荒、民困至极，请免平凉、临洮、巩昌三府所属各州、县、卫积欠银七万八千三百余两，粮食十六万多石。户部认为各省都有拖欠钱粮，如果蠲免，则兵饷必致有缺，不同意蠲免。但康熙帝认为，这三府所属的地方，屡次遭受灾荒，与其他省份情况不同，降旨将以前逋欠的钱粮，都免以追征，下不为例。从此又开蠲免康熙年间逋欠之先例。

漕粮是清代地丁钱粮之外的又一额赋，主要在山东、河南、江南、浙江、湖广等地征收米、豆等物，由水路运到北京，以供皇室、官员、兵丁之用，向来没有逋欠蠲免之例。康熙六年，黄河泛滥，江南桃源县（今江苏泗阳）受灾严重。为此，江苏巡抚韩世琦疏请将桃源县康熙六年应征漕粮，分两年带征补运，得到康熙帝批准。然而灾荒日益加重，到康熙九年二月，两年期满，不但未能补征，反而越欠越多。新任江苏巡抚马祜以桃源县连年水灾为由请求蠲免带征漕米。康熙帝认为，漕米按例不能蠲免，但是桃源等处屡次遭受水灾，民生困苦，与他处不同，破例降旨，准其要求，将桃源县康熙六、七两年未完漕粮一万六千六百四十石蠲免，下不为例。接着，漕运总督帅颜保也上疏，奏请将与桃源情况类似的江南高邮等六州县康熙六、七、八年所欠未完漕米二万八千七百六十九石改折带征。户部同意了帅颜保的请求。康熙帝考虑到高邮等地灾情与别的地方不同，如果将这次未完漕米仍然带征，恐怕百姓不能完纳，以致困苦，因而他再次破例，将康熙六、七、八年漕粮全部蠲免。从此，蠲免漕粮也就成了常事。许多地方如果连年受灾，且本年又遭受重灾，则地丁、漕粮、应征、带征一起蠲免。比如康熙十一年十二月，江南兴化等五县连年灾荒，当年又遭受严重水灾，康熙帝决定将本年地丁银、漕粮、漕项及去年漕粮、漕项一并蠲免。

平定“三藩之乱”期间，因为急需军饷，对应征和逋欠的蠲免都十分谨慎。但到战争后期（康熙十七年以后），康熙帝为了安定民心，曾对新收复的关键地区大力蠲免积欠钱粮。康熙十八年二月，免去江西康熙十六年以前积欠的钱粮；十月，免去湖广康熙十三年到十七年靠近叛乱地方的额赋。在平定“三藩之乱”、抗击沙俄取得胜利之后，康熙帝加大了蠲免的力度。康熙二十七年，免去各省康熙十七年以前漕项旧欠。康熙二十八年，免去江南多年民欠约二百二十余万两。这年七月，康熙帝南巡回京已经数月，仍然记挂一路所见百姓疾苦，下诏免去邳州历年逋欠和当年的地丁、漕项等钱粮。

康熙帝一生之中，曾多次巡幸，拜谒祖陵、视察河工、体察民情等。在巡幸过程中，他经常对所经地区的赋税钱粮免予征收，这就是蠲免钱粮的一部分——巡幸蠲免。因为皇帝车驾经过的地方，无疑会对百姓生产生活造成影响，而蠲免钱粮能减轻人们的负担。这些蠲免范围较小，只限于巡幸经过的地区。康熙十年九月，康熙帝东往盛京（今辽宁沈阳）拜谒祖陵，以统一寰宇祭告先祖。为此，康熙帝下诏：山海关外车驾所经，免去康熙十年和十一年的租赋。“三藩之乱”平定后，巡幸次数更多，巡幸蠲免也随之增多。如康熙二十一年三月，康熙帝以平定“三藩之乱”再次出关拜谒祖陵，宣布蠲免所过地区租税。康熙二十三年九月，康熙帝南巡。出发前，他诏谕免去经过地区的一年赋税。经过曲阜时，连当地次年租赋也一概蠲免。

康熙二十八年正月，康熙帝南巡黄河工程，免山东地丁额赋和江南以往的税欠二十余万。康熙三十二年十一月，康熙帝奉皇太后拜谒孝庄太皇太后暂安奉殿和孝陵（顺治陵），回宫之后，下旨免去所经顺天、河间、保定、永平四府第二年的税粮。康熙三十四年，康熙帝巡视塞外边防，又下旨免除顺天等四府次年的地丁钱粮。康熙三十七年十月，康熙帝三次东巡，诏谕免去奉天当年的米豆。康熙四十二年正月，康熙帝南巡，诏谕免去车驾所经和歉收各属去年的逋欠额赋。同年十月，康熙帝西巡，免去陕西、山西、甘肃的逋赋。

战争蠲免是指对战争所在地和供应战争之需的邻近地区进行蠲免。康熙朝战争较多，因而，战争蠲免也比较常见。这一措施，也是康熙帝争取战区民心的有效手段。“三藩之乱”期间，康熙帝就开始了战争蠲免。其目的主要是和三藩争夺民心，以争取战争的胜利。康熙十六年，康熙帝下诏免去福建当年租赋，不久，其他临近三藩盘踞地区省份也收到免去逋欠钱粮的诏书。但因为康熙帝不满江西百姓跟随三藩反抗清朝政府，到康熙十八年二月才准许将康熙十六年之前所欠钱粮全部蠲免。这些措施对于安抚百姓、瓦解叛军都起到了积极作用。“三藩之乱”平定后，康熙帝对战争波及地区仍然实行战争蠲免，以便减轻百姓负担，稳定社会秩序。康熙二十五年九月，康熙帝考虑到湖广、福建、四川、贵州等地方以前被叛军占领，百姓受苦受累，现在虽然获得了安定生活，但仍需休养生息，故下诏将四川、贵州两省康熙二十六年所有应征地丁各项钱粮免除，康熙二十五年没有完成的钱粮也全部豁免。

湖广湖南、福建两省所有康熙二十六年下半年、二十七年上半年地丁各项钱粮以及二十五年未完钱粮，尽行免除。另外，康熙帝于康熙二十八年十二月下诏，免除康熙二十一年到二十三年云南民间逋欠钱粮。康熙二十六年，康熙帝认为陕西百姓在用兵之际，转输馈饷，十分辛苦，免去当年未完钱粮和第二年应征地丁各项钱粮。在对噶尔丹的战争中，康熙帝也多次蠲免。康熙三十五年，康熙帝首次亲征，取得了昭莫多战役的胜利。战后，康熙帝认为数年来宣化所属地区放养军马，供应军需，深劳民力，免去第二年的额赋。同年十二月，康熙帝又诏谕，陕西、甘肃两省的沿边州县、卫、所，在大军讨伐噶尔丹的征途中供应繁多，十分劳苦，免去康熙三十六年地丁钱粮。康熙三十六年二月，康熙帝第三次亲征噶尔丹，下诏免除军队经过的岢岚、保德、河曲等州县的当年额赋，又免去山西来年的额赋。康熙三十七年二月，康熙帝颁布圣旨，免去上年山西的逋欠赋税。

普遍蠲免是康熙帝蠲免钱粮的另一个重要方面。大规模的普遍蠲免是在“三藩之乱”平定之后进行的。康熙二十一年九月，康熙帝对大学士等说：“自用兵以来，百姓供应烦苦。朕前屡言，俟天下荡平，将钱粮宽免。尔等可同户部先将天下钱粮出纳之数，通算启奏。”康熙二十四年三月，康熙帝第一次南巡回京，对一路上了解到的百姓疾苦十分关心。他对大学士等说：“今国帑充足，朕欲蠲免直隶各省明岁钱粮，以纾民困。”他还让大学士同户部先商量具体的蠲免事宜。

大臣们经过讨论认为，各省在同一年蠲免，恐怕国家财政拮据，不如轮流蠲免，康熙帝同意这个办法，决定从京畿开始。四月，先免去直隶全省八府上一年未完地丁钱粮六十余万及当年额赋三分之一，约五十余万，共约一百一十万两。此后，康熙帝又先后蠲免了河南、湖北、直隶、江南、山东、湖南、福建、四川、贵州、陕西等省钱粮。轮流蠲免进展迅速，三年之内，布惠一周。此后，几乎每年都有大项蠲免，且有轮流蠲免漕粮、数省并蠲及一地连蠲之举。比如康熙三十年十二月，康熙帝提出来年尽蠲漕粮，大臣们讨论认为，尽蠲漕粮，势必使漕船停运，搭乘漕船的其他物资也就不能来往交流，“百货价值亦将腾贵”。大臣们建议将漕粮按省府逐年轮流蠲免。康熙帝同意大臣们的意见，下诏除河南第二年漕粮已颁谕免征外，湖南、江西、浙江、江苏、安徽、山东各省，自康熙三十一年始，依次各蠲免一年。康熙三十二年八月，康熙帝谕免广西、四川、贵州、云南边地四省康熙三十三年应征地丁银米。康熙四十五年，康熙帝于五月、十月下诏分两批蠲免全国各省四十三年以前逋欠银三百八十九万七千余两，粮十一万七千五百余石。康熙四十八年十一月，康熙帝做出重大决定，从康熙五十年起，三年之内分批普蠲天下钱粮。

除各种蠲免之外，康熙帝也十分注意赈济灾民。这是安抚灾民更为直接的一种手段。他认为，救灾之道，贵在及时。如果赈济行动稍微慢了一步，耽误了时间，则灾民流离亡故者肯定会很多，那时即使发放赈济也无济于事。康熙帝时刻牢记明朝末年官员隐匿灾情导致饥民作乱的教训，要求官员及时上报各地的灾情，凡是迟误的，都要受到严惩。康熙三年，山西太原、大同两府所属五十州县及部分卫所发生严重旱灾，督抚隐匿灾情，反而照常征收钱粮，直到灾民饥饿到了极点，无法掩饰，才在康熙四年上奏请求蠲免钱粮。康熙帝大怒，他一向认为，自古各种败政中，匿灾不报最为可恨。他一方面迅速采取各种措施赈济灾民，安抚民心，另一方面将该督抚严肃处理，以示惩戒。康熙三十六年，甘肃许多州县遭受严重灾害，农业歉收，百姓生活困苦，而作为甘肃巡抚的喀拜竟无动于衷，无视朝廷发布的报灾令，不及时上报。这年七月，康熙帝巡幸塞外，得知灾情后大怒，立即下诏赈济灾民，并将喀拜交有关部院议处，随后将其革职。其他因匿灾不报而受罚的督抚屡见不鲜，有的甚至被降五级调用。

与此相反，官员若及时报告灾情，并迅速妥当地处理灾情则得到康熙帝的赞许和支持。有的官员因情况紧急而擅自动用正项钱粮赈济灾民，虽然违反常例，但康熙帝也免予处罚。康熙十二年，甘肃巩昌府部分地方遭受瘟疫，大批牛马病死。春耕迫在眉睫，请旨赈灾蠲免已来不及，甘肃巡抚花善从大局出发，冒着违例被罚的风险，下令从该省康熙十一年征解银内拨款发给百姓，用于购买耕牛，同时从积贮屯粮中拨出种子。花善的奏报到达京师已经是四月。户部讨论认为，花善没有先行题请，就擅自动用正项钱粮，应处罚花善和该省布政使等有关官员，并赔补银谷。康熙帝认为，银谷既然已经下发了，百姓得到了赈济，这些官员就不要赔补，也不要治罪了。这一处理无疑给了地方官一定的主动权，许多官员对赈灾十分积极，使康熙年间的赈灾工作取得明显的成果。

康熙初年，黄河、淮河及各地水患频发，尤其是淮安、扬州两府以及直隶、陕西等地区灾情严重。康熙八年夏秋季节，淮扬地区淫雨连绵，受灾严重。康熙九年，康熙帝诏令开仓赈济灾民。五月，黄河、淮河暴涨，湖水泛滥，淮扬又成为一片泽国，两江总督麻勒吉上疏请求赈济，但淮扬所存积谷在康熙八年就已经用完，为此，麻勒吉请求暂用正项钱粮，户部经过讨论，否定了麻勒吉的请求，提出将凤阳仓存贮及捐输扣存各项银米散发赈济，如有不足，劝谕通省大小官员捐款。对此康熙帝十分焦急，同年七月，他诏令部院廉能大臣一员，速去察看灾情。如果灾情十分严重，百姓无以为生，则会同督抚动用正项钱粮进行赈济。如果灾情稍轻，就按照户部的意见，将各项粮米赈济百姓，务必使百姓都得到实惠。而这年汛期，黄河、淮河交替水涨，堤岸决口，淮扬地区又遭大水，房屋被淹，夏粮未收，秋禾未播，百姓陷入深深的苦难中。十月，康熙帝诏令户部特派官员速去视察，准许动用正项钱粮、存积银米来赈济灾民，同时蠲免应征钱粮。事后，康熙帝对此仍然十分挂念。

康熙十年三月，康熙帝得知淮扬等处水患未消，人民饥馑流离，虽得赈济，仍然无以糊口后，深为悯恻。他对户部说，百姓是国家的根本，如果他们困苦，怎么能不快速进行拯救呢？现在应立刻派官员前往赈济，不惜截留漕米或粜米发给饥民。四月，户部建议发银六万两赈济淮扬灾民。但康熙帝却认为饥民最缺的是粮食，给银子没用，坚持截留漕米六万石，再拨仓米四万石赈济。同时由政府在各府、州、县分设米厂，使饥民免受奔波、守候、拥挤之苦，然后按人发米，每人每天一升，每三天发放一次，一石米可供一人百日之用，万石米可供万人百日之用，十万石米可以救十万灾民，到麦收后停止。此后，淮扬地区仍不断受灾，康熙帝也不断加以赈济。同时，康熙帝还加紧治理黄河、淮河等，力图从根本上解决问题。

康熙十八年七月二十七日，京师发生严重的地震并波及附近的通州、三河等地，旗民人等死伤惨重。当时，平定“三藩之乱”的军事行动正在进行，地震影响着前线每一位八旗官兵的情绪。康熙帝对此极为重视，主张大力赈济。当时户部、工部提出，房屋倒塌而无力修复的，每间房屋，旗人给银四两，民人给银二两；死亡人口不能收殓的，每名给银二两。康熙帝仍觉得不够，遂拨内帑银十万两，酌量给发，并诏令赈济通州、三河等近京州县。许多饥民流浪到了京城，到了冬天，天寒地冻，处境十分凄惨。康熙帝诏令在五城设场赈粥。第二年三月，巡视中城御史洪之杰上疏称，饥民流集京师，因为赈粥，都已经存活下来。赈济的最后期限一再放宽，现在期限已到，奏请将赈济未完的银米酌量发给饥民，令其返乡。康熙帝认为，现在还不到麦收的季节，如果把这些饥民遣返回乡，他们仍然会流离失所，不能真正解决问题，决定再赈粥三个月，等麦收之时听其各回乡里。到了六月，康熙帝又诏令延期三个月，并派太医三十人为饥民治疗疾病。对直隶各州县卫所饥民的赈济，也因为春麦已枯，延长到秋收。从此，每年冬天十月开始到年终，在五城设立粥厂，煮粥赈灾，成为定例。康熙帝还经常谕示增加银米，宽展期限，增设粥厂，修理五城栖流所等。

康熙二十八年，直隶大旱，粮谷颗粒无收。康熙帝除蠲免应征钱粮以外，还先后下诏拨户部库银三十五万两赈济灾民，对八旗兵特别优待，多给一倍钱粮。因灾不能赡养的庄屯人口共二万二千四百二十八人，每人给米一石；旗人孑身寡妇、退甲护军、拨什库以及无马甲只给一两钱粮者，其家口庄屯人口共六万三千七百一十九人，每人也给米一石。到了康熙二十九年正月，康熙帝考虑到春耕在即，又下诏给受灾州县卫所的贫民百姓及八旗屯庄人口资助耕牛、种子，以便及时播种。为了了解这次赈济是否切实落实到百姓个人，康熙帝特地派遣侍郎索诺和、阿山、席珠、齐穑、李振裕、李光地、王维珍、徐廷玺等八人分四路巡查。直到饥民全都得到帮助以后，他才放下心来。

康熙三十年，陕西西安、凤翔等地发生旱灾，因为地方官隐匿灾情不报，致使赈灾失时，大批灾民流离失所。陕西地区明末曾爆发大规模的农民起义，康熙帝十分重视，蠲免其康熙三十一年额征银米，并从山西拨银二十万两，委员前去赈济。接着，他又下诏调拨宁夏粮十五万石、襄阳粮十万石、山西银十万两，供陕西军民之用。对于已经流落他乡的饥民，康熙帝诏令各地的官员给予赈济，令其各得其所，并将赈济过的灾民、流民造册上报朝廷。将这次旱灾中隐瞒灾情、工作不力的有关人员，全部革职。康熙三十一年四月，为吸引流民回籍，康熙帝又动用户部库银一百万两，用于陕西灾区的军需和饥民赈济。但陕西的灾情没有得到根本好转，康熙帝十分焦虑，停元旦筵宴，以示轸念灾民之意。康熙三十二年正月，康熙帝同意川陕总督佛伦之请，将西安、凤翔两府额销盐引暂减一半。三月，他又以陕西旱灾，派皇子允禔携御制祭文代祭华山。四月，允禔回京禀报说，陕西已经风调雨顺，麦苗长势很好，流民回籍的很多，康熙帝才略感安慰。七月，佛伦等人又报，西安、凤翔等处雨水丰沛，麦豆丰收，秋禾茂盛，流民回籍的已有二十余万，康熙帝才如释重负。此后，康熙帝进行招徕流民的工作，有地者给予牛、银，无地者一律给银安插。接连数年的陕西旱灾终于被战胜了。

作为一国之君，除了蠲免钱粮、赈济灾民以外，康熙帝还运用经济杠杆来保持灾区的粮价，以稳定人心。这就是粜米平价之法。所谓粜米平价，就是政府在粮食丰收之时收购粮食，防止物价下跌；当灾情发生时，市场上粮价上涨，政府将掌握的粮米以平价卖出，平定物价。这些措施都不是以赚钱为目的，而是为了稳定人心。其主要的方式是截留漕粮及动用北京附近的通州仓谷平粜。康熙三十二年，京畿收成不好，粮价腾贵。康熙帝下令从通州粮仓每月发米万石，低于市价粜卖。康熙四十七年正月，康熙帝因为江南米价很高，命漕运总督将湖广、江西起运本年漕米内截留四十万石，拨给江宁、苏州、松江、常州、镇江、扬州六府，减价平粜。

除此之外，清朝政府还采用买米和招商平粜的方法。康熙三十一年，因直隶部分州县歉收，康熙帝特准奉天的粮米进关转粜，并诏令通州以东到山海关，所有的皇庄、王庄将存贮的粮米按时价转粜。同年五月，康熙帝见山西诸多地方风调雨顺，丰收在望，便令户部派官员前往购买，存贮起来以备不时之需。这样既保证了当地粮米的价格稳定，不至于谷贱伤农，也使政府手中掌握了粮食。这年陕西西安、凤翔等地发生旱灾，粮米价格昂贵。十二月，康熙帝决定派人输米平粜。由襄阳运米到西安粜卖，米价只相当于襄阳当地的米价加上运费。得到的钱再到湖广地区买米，再到西安粜卖，如此反复，直到米价恢复到正常的水平为止。康熙三十二年二月，康熙帝又提出了招商贩粜的办法，即令户部招募各省富商，给以贷款及各种照验文据，令其从各省贩米到西安。七月，西安的米价下降，才停止招商贩粜，收回贷款。

除了利用政府的调节作用以外，康熙帝本人还利用价值规律办事，保护商人的合法权益。在赈济灾民和平粜时，一些富商往往为富不仁，囤积居奇，抬高物价。有人主张将这些人治罪。康熙帝恐怕胥吏借此机会敲诈勒索，主张用温和的方法解决。他认为通过合法贸易得到的正当财产，应予以保护。康熙帝认为地方多殷实之家是好事，康熙五十四年，他对当时的清官张伯行苛待富民的做法进行了批评。

康熙帝是一位颇有战略眼光的政治家，他认识到对于各种灾害必须主动采取措施，而不仅仅是蠲免和赈济。他认为最好在平时做好准备，把灾害造成的损失减少到最低程度。康熙帝提出了以积谷贮粮来备荒的方法。康熙二十九年七月，各省风调雨顺，丰收在望，康熙帝唯恐百姓不知爱惜物力，诏谕地方官吏和平民百姓要及时积存粮食。康熙帝还大力提倡地方各级政府设仓，州县设常平仓，村镇设义仓和社仓，都由官府出钱修造。夏秋收割时，劝百姓集输部分粮食，官吏和地主捐纳，遇到一般的灾荒，这些仓米可以应急。但是，不法官吏往往借修社仓等名义，向百姓摊派钱粮，假公济私，违背了康熙帝的初衷。康熙二十一年七月，康熙帝担心地方官阳奉阴违，执行时有名无实，一旦遇到灾害便无可奈何，诏令将各省的执行情况逐一检查，奏报到朝廷。他还多次诏令督抚们做好此项工作。但康熙二十八年直隶旱灾，康熙帝发现地方官没有切实执行，发生灾害全靠朝廷赈济。到康熙帝晚年，浙江地方赈灾，官员几乎被百姓殴打，他联想到明末农民起义都是攻打地方的粮仓，并开仓赈济饥民，于是否定了建立社仓的必要。

另外，康熙帝还提倡节俭。他告诫百姓要勤于耕作，过简朴生活。他甚至多次颁布诏旨，禁止民间酿造烧酒。康熙三十二年，他在诏旨中说，蒸造烧酒，多费米谷，现在正是粮食缺减之时，令户部立即行文直隶巡抚，不准顺天、永平、保定、河间四府蒸造烧酒。在当时的情况下，康熙帝这一点也是很可贵的。

第八章　经世济民　安邦固本

中国历代帝王，大多注重权术，注重以政治、军事、思想谋略征服对手，驾驭人民，对于和广大百姓生活息息相关的社会经济，一般并不重视，甚至漠不关心，最多不过是简单地强调重本抑末、重农抑商，以致社会经济长期不能得到发展，社会进步缓慢。与之相反，康熙帝在位期间，不但为发展农业生产而殚精竭虑，而且，还开放矿禁、海禁，积极扶持工商业发展，为亿万人民广开求生之途。同时，他还投入巨大精力治理黄河，变害为利，从而使社会经济在较短的时间内由凋敝而趋于繁荣，人民生活水平有了提高。这为清朝统治的巩固和康乾盛世的到来打下了基础。

一　重农恤商　发展生产

中国长期以来就是一个农业社会，农业是社会基础，只有搞好农业，才能保持社会的稳定。明末清初，经过几十年的战争，社会经济疲敝已极。在这种情况下，康熙帝以一个战略家的眼光认识到：必须首先恢复农业生产，使百姓的生活稳定下来，清朝政府才能在中原大地上站稳脚跟，才能统治中国。

康熙帝即位时，面临的经济形势十分严峻。明末农民起义、清兵入关，再加上顺治朝的战事，社会经济已经遭到严重的破坏。以土地面积而言，康熙帝即位之初，全国的耕地面积为五百四十九万三千五百七十六顷，即使加上官庄、屯田等，总面积也不过五百八十万顷。这个数字，比明代万历年间的耕地总面积减少了一百五十万顷。华北平原的富饶地区，如山东、河南、山西等省，经过战争的劫难十室九空，江南的鱼米之乡也是田地颇多荒芜。即使在关外的辽河流域，除了奉天、辽阳、海城之外，也到处是荒城废堡，断壁残垣。黑龙江流域由于沙俄的洗劫，很多人民一贫如洗，不少村落空无人居。作为清朝政府所在地的直隶，情况也并不比其他地方好。由于清初的大量圈地，百姓通常是整村整村失去土地，失去家园，处在饥寒交迫的状态。他们有的被迫投充入旗，有的背井离乡，在荒野中结草为庐，更有甚者迫于生计，落草为寇。直隶一带田地荒芜，庄稼连年不收。康熙帝从其父顺治帝手中接过来的国库也是空空如也，不仅没有积蓄，而且入不敷出，缺饷四百万两。这样，恢复生产、发展经济的重任就落在了康熙帝的肩上。

清初的农民负担十分沉重。入关之初，清朝政府忙于各种军事行动，没有在广泛丈量土地和清查户籍的基础上确定赋役额数，而是直接按照明万历年间数额征收。但经过战乱，人丁逃亡，土地荒芜。比如山东新泰县，顺治九年统计有人丁四千七百五十八，地亩一千五百五十五顷，而这里原来曾有人丁一万五千有奇，地亩五千二百九十顷有奇。承担赋役的土地和人丁大量减少，却要按照原额缴纳地丁银和地税，人均负担十分沉重。顺治年间除恢复万历旧额赋以外，还把明末加派的“辽饷”纳入正额赋税。仅此一项，全国就增加田赋五百二十多万两。清初战事频繁，为解决军饷，清政府将地方存留银大幅度起解中央。直隶各省原存留银共一千零六十九万余两，除了驿站、河夫、漕银四百一十四万两外，原实际存留六百五十五万余两。顺治年间经中央起解，地方存留只有三百三十八万余两。存留减少，必然导致地方政府向百姓加派，人民苦不堪言。

通过对历代王朝兴衰治乱的思考，康熙帝认识到：治理国家的关键，在于农桑。“农事伤则饥之本也，女红害则寒之原也”，各朝各代的战乱都是由于百姓饥寒交迫引起的。因而，社会的安定，统治的巩固，都离不开农业这个基础。在这些认识的基础上，康熙帝形成了自己的重农思想。

为了迅速恢复和发展农业，康熙帝从田赋和丁役两个方面采取措施，激发农民生产热情。其实早在顺治年间，顺治帝就曾经发布诏旨，奖励垦荒，但成效不大。顺治十八年六月，河南道御史刘源濬上疏指出，农民垦荒积极性之所以不高，是因为产权不稳定和起科年限太早这两大障碍。无人耕种的荒地，耕熟后却往往有人认领，发生诉讼后，即使官方判断正确，资产也荡然无存了。三年起科虽有定例，开种之初，杂项差役并不能免。他建议说，以后先给帖文以杜争端，开列姓名年月，并荒田四至坐落，“每岁由县申府，而道，而院，则刁讼自息”；再宽徭役以恤穷黎，除三年起科之外，如河工、供兵等项差役，给复十年，以示宽大之政。户部议复，康熙帝准奏。而后，康熙帝又循此思路，继续采取各种措施以奖励农耕。

第一，实行“更名田”，明确产权，提高农民积极性。要恢复在战争中被破坏的农业，关键在人，在于农民垦荒的积极性。在明朝末年农民起义的冲击下，封建地主受到了沉重的打击，各家藩王、贵戚、豪绅和地方大小地主，大多遭到了农民起义军的冲击，有的罪大恶极被处死，有的逃往他乡，许多土地回到了广大农民的手中。在这些土地当中，以明朝藩王的土地最多，共有十七八万顷，广泛分布于直隶、山东、山西、河南、陕西、甘肃、湖南、湖北等地。清朝建立之后，这些废藩田产的所有权归国家，种植者按藩产租额缴租，同时，还要按民田额赋缴纳粮食，负担过重，广大农民的积极性不高，种田的效果当然也不好。为了提高广大农民的积极性，早在四大臣辅政时期，清朝政府就陆续将部分地区废藩田产的“加额增赋”或“增租”蠲除。但因为藩产名义犹存，一切蠲免都是临时性的。所以不但未开垦的荒地无人问津，即使已经开垦的有的也被抛荒。

康熙七年十月，清朝政府又革除“废藩名色”，明确废藩田产的所有权归耕种者所有。但是，清朝政府又下令农民必须用钱购买已经归他们所有的废藩田产。对于当时已经穷困至极的农民来说，国家的其他正项赋税都无钱缴纳，根本没有钱来买这些废藩田产。清朝政府的这一措施遭到了人民的抵抗。为了安定社会秩序，发展农业生产，康熙帝决定撤销藩产变价的决定，把土地无偿分给耕种的人。康熙八年三月初八日，康熙帝下诏，除已经购买了变价藩产的以外，还没有变价的田地由督抚无偿给予原耕种的人，令其耕种，照常征收钱粮。这条诏谕，对农民占有土地的现实情况给予了承认，也是对明末农民起义中农民享受战争成果的一种承认。这种免其变价，改入民户的废藩田产，就是为后世所称道的“更名田”。“更名田”的实行，大大鼓励了农民继续垦荒和耕种，也培养了一大批自耕农。在当时的情况下，对于迅速恢复和发展生产，保持社会的稳定，无疑起到了巨大的推动作用。这是康熙帝主动采取的积极措施，体现了年轻的康熙帝的战略眼光。

第二，放宽起科年限。一般来说，已经抛荒的田地从开垦到达到正常的粮食产量，大多需经过两到三年，甚至更长的时间。农民费尽辛苦开垦出荒地以后，如果朝廷立即起科征税，农民所剩的钱粮就会很少，有的甚至入不敷出，这大大地影响了他们开荒的积极性。历朝历代的皇帝大多放宽起科的年限，以提高农民的积极性，也昭示自己爱民的“圣意”。顺治年间，清朝政府就先后规定三年起科、六年起科。但当时清室刚刚入关，战事频繁，财政十分拮据，经常颁布谕旨，加紧催缴各项钱粮，所以各项放宽起科的规定也就成了一纸空文。康熙时期，天下虽未最后大定，但总算安定一些，放宽起科年限的规定有了实现的前提。康熙元年三月，清朝政府允许河南南阳、汝阳两府领垦荒田一应杂差五年之后起派。康熙十年六月，康熙帝诏谕浙江温、衢、处三府投诚兵丁所开垦的荒田，比照山东、山西两省之例，三年之后再延期一年起科，即四年起科。第二年，又宽限到六年起科。康熙十二年十一月，康熙帝谕示户部官员今后各省开垦荒地，十年之后方行起科。在后来的“三藩之乱”期间，因为筹饷紧张，这些措施都没有得到很好的执行。“三藩之乱”平定之后，康熙帝又重新规定了起科的年限。因为十年起科的时间太长，康熙十八年，清朝政府宣布开垦的荒田实行六年起科。康熙二十二年，在部分地区实行三年起科。台湾郑氏集团归顺之后，康熙帝下谕旨对回乡复业的福建、浙江等地沿海农民实行五年起科。如果个别地方十分困难，也可以推迟起科。为了使百姓切实得到推迟起科带来的好处，康熙帝多次诏示，地方的督抚等不要急于清查垦荒的田亩数。因此，当时许多的田地实际上未予征科。

第三，官方给予物力支持，奖励垦荒。经过明末农民起义的冲击和清初统治者对抗清人民的大肆屠杀，人民流离失所，大量的土地荒芜，无人耕种。顺治年间曾经采取了一些奖励垦荒的措施，但是因时间短，效果并不明显。到了康熙初年，全国还有大量的土地荒芜。如四川是农民起义军抗清的主要战场，坚持时间长达二十年，其状况可想而知。由于清军的大肆杀戮，到了康熙十年，这个地方还有大量可耕土地，却没有耕种的农民。东南沿海一带人民的抗清斗争最为激烈，遭受清朝政府的屠杀也最为惨烈。康熙初年，历来为人们向往的鱼米之乡也是一片萧条。全国其他地方的情况大都如此。这种情况，十分不利于经济的发展和社会的稳定，也不利于清朝政府的税收，更不利于清朝政府的统治。康熙帝本人认识到垦荒的重要性，便采取了政府支持、奖励垦荒的办法，发展农业。耕牛、种子是农民垦荒的最基本条件。明末以来的长期战乱使广大农民到处流浪，一无所有，开荒时往往以人代牛，十分辛苦。顺治年间，清朝政府就下令对流民中想垦荒而无力的人，由官方贷给耕牛和种子。但由于当时国家财政也十分拮据，具体执行颇为困难。一直到康熙年间，这些措施才逐步得到实施。

康熙四年五月，清朝政府决定对湖广归州、巴东、长阳、兴山、房县、保康、竹溪、竹山等州县的流民酌情贷给耕牛和种子，听其开垦荒地。康熙六年八月，清朝政府下令安顿驻扎在河南、山东、山西、江南、浙江等省南明投诚官兵开垦荒地，每人给土地五十亩，先预支当年的俸饷作为官方贷给的耕牛和种子之费。平定“三藩之乱”之后，官方贷给耕牛、种子的情况更多。康熙二十二年三月，河南巡抚王日藻提出开垦荒地的第一条措施就是把仓储中的积谷借给百姓用作耕牛、种子之费。统一台湾之后，康熙帝开放海禁，决定对沿海复业的百姓实行此法，由官方贷给耕牛和种子，五年以后“纳还种本”。康熙三十二年十月，康熙帝下诏，陕西地区无论有地无地之民，一律给予耕牛、种子、银两，以为耕种之资。康熙四十三年十二月，天津总兵官蓝理奏请招募江南、福建等处无业之民开垦直隶沿海旷地及丰润、宝坻、天津等处洼地，康熙同意给予耕牛、种子。康熙五十三年十月，为了安置甘肃流民，康熙帝又诏令将荒地查出，给予无业之民口粮、种子、牛具等，令其开垦。

正是有了朝廷的这些规定，百姓垦荒的积极性高涨，大量的荒芜土地被开垦出来。据《清会典》记载：顺治十八年，全国的民田总数为五百四十九万余顷，康熙二十四年，增至六百零八万余顷。再加上军漕屯田，内务府官庄和八旗庄田等，康熙后期全国的田亩总数实际上已经达到甚至可能超过明代万历初年的水平。农业生产和社会经济得到了迅速的恢复和发展。

为了防止有些官员为捞取升迁资本而虚报垦荒成绩，康熙帝修改了考核官员的成例，惩治那些虚报垦荒数的官员。他规定，擅自将荒地捏报为熟地的官员，原报督抚降二级，罚俸一年，道府降一级调用，州县卫所官革职。康熙八年，停止督抚垦荒加级记录之例。平定“三藩之乱”之后，康熙帝诏令清查各省隐占田亩，特别告诫督抚，要防止州县官员为了达到升官的目的而虚报田亩数，摊派民间。

除此之外，康熙帝还亲身试验，推广优良品种。康熙帝十分热爱自然科学，对许多学科都有着较高的造诣。他还常常大胆实践，许多事情都要亲自尝试，如他对御稻的培育、推广，就是一个典型的例子。为了促进农业的生产，康熙帝在西苑丰泽园开出数亩稻田，在日理万机的余暇，在这里“亲御耒耜”，进行试验。某年六月下旬的一天，康熙帝到田边进行常规的巡视，忽然看见一株水稻高出其他水稻，而且稻穗已经成熟，就小心地将其收藏，留作种子。第二年，康熙帝试种，果然又在六月成熟，比其他水稻早两三个月成熟。从此，生生不已，岁取千百。康熙帝用这种“一穗传”的方法，培育出早熟的新品种，因为这个品种生于宫廷禁苑，所以起名叫“御稻米”。这个品种颜色微红而粒长，气香而味腴，生长期短，适宜于北方耕种，在南方则可以达到一年两熟。种植获得成功以后，不仅宫廷内都吃这种米，而且康熙帝还把这个品种推而广之。

康熙五十三年，他把一石御稻米种发给苏州织造李煦等，希望能推广到大江南北，发展为双季稻。他在《早御稻》一诗中写道：“紫芒半顷绿阴阴，最爱先时御稻深。若使炎方多广布，可能两次见秧针。”但李煦等第一年首季播种因为下种太晚，没能取得成功，第二季水稻产量很低，甚至有的没有成熟。康熙帝并没有灰心，第二年，他专门派人去苏州指导耕种，获得成功，亩产量得到大幅提高。康熙帝还发展了水稻的连作制，打破了以前只有糯粳连作的传统。两年以后，这一深受欢迎的品种迅速传播到江苏、浙江、安徽、江西等地。

康熙帝还大胆摸索在北方大面积种植水稻的方法，如北京西郊玉泉山有名的“京西稻”就是在康熙时期推广种植成功的。此外，康熙帝还采取积极的方法防治蝗虫，反对某些大臣提出的任其自由发展的论调。他查阅大量文献，学习古人治蝗的方法。他三令五申，各级官员要早做准备，冬天就要掘蝗种，冬春之交及早耕田，一旦出现蝗虫，地方官要组织百姓进行消灭。

康熙帝不仅仅采取各种措施来奖励农业生产，还改革地丁银的征收办法，以减轻农民负担，努力使国家的经济迅速恢复。

由于清朝是以一个相对落后的民族来统治经济文化都十分先进的广大区域，因而其入关以后，很多的制度都是承袭明朝。清代的赋役制度也是如此，国家的主要收入“正赋”就是田赋和丁役。虽然当时清朝政府规定的正赋数额同以前相比并不是很高，但在当时的情况下，各级官员在正赋之外又征收名目繁多的附加税，地方的豪绅也采取各种形式将赋役转嫁到百姓的头上，人们的负担仍然十分沉重，无法安定地生活，发展生产。顺治后期，清朝政府曾对赋役制度进行整顿改革，以明朝万历年间的赋役数额作为标准，编成《赋役全书》；又另立了鱼鳞册（丈量册）、黄册（户口册），征收赋税仍然沿用明代的“一条鞭法”。为了防止官吏地主作弊，清朝政府还向民户颁发了赋役数额通知单——易知由单，赋役分限完纳通知单——截票。另外，还设有“印簿”“循环簿”“粮册”“奏销册”“赤历册”“序册”。但这些名目繁多的册子办起来十分复杂，规定也未能得到认真执行，地方官吏豪绅反而变本加厉，钻政策的空子，大肆盘剥百姓。因此，康熙初年，清朝政府又下令推行“总征通解”，将由州、县统一征收的地丁钱粮，除扣拨兵饷外，其余通解户部。康熙亲政以后认识到，如果不改革赋役制度，让全体百姓切实受益，那么百姓对朝廷就会丧失信心，甚至遭到百姓的敌视而无法坐稳江山。为此，他加大力度，继续整顿和改革赋役制度。

第一，停止刊刻易知由单。易知由单的实行开始于顺治六年，是政府征收钱粮的数额通知单，上面开列上、中、下则，正、杂、本、折钱粮，最后注明总数。实行易知由单的目的，本来是提前通知民户应当缴纳的钱粮数，以免遭到不法官吏豪绅的欺骗。如果经手官吏擅自加派或把已经缴纳的当作未缴的，民户可以凭借易知由单和缴纳钱粮的收据进行告发。康熙初年，易知由单继续使用，但作弊的情况逐渐增多。直隶巡抚于成龙揭发，这一方法不但不能制止私派，反而成了加重私派的借口，百姓深受其苦，请求停止刊刻。康熙帝将这种情况诏令各省巡抚进行讨论，巡抚们大多同意于成龙的建议。康熙二十七年九月，康熙帝决定除江苏以外，其他各省一律停止刊刻易知由单。

第二，重新编定《简明赋役全书》。自清室入主中原以来，全国的人口、土地数始终是不断变动的。到康熙二十四年，清朝政府使用的还是顺治十四年编成的《赋役全书》，显然已经不再适合当时的情况。户部也上奏，要求改订赋役定额。三月，康熙帝决定重编《简明赋役全书》，只记载起运、存留、漕项、河工等主要项目。在此之前，政府的征收项目包括存留、起运、漕项、河工、均徭、里甲、土贡、雇募、加银等项，经过康熙帝的这次改革，百姓的负担大大减轻了。

第三，改革截票。截票上开列地丁钱粮的实数，按月分为十限，每个月完成十分之一，完成则截之。在截票中间，盖有印章，从印章中间分为两联，官府和百姓各执其一。康熙初年使用的还是顺治年间颁行的截票，但地方官吏为了贪污肥己，就挖空心思在截票上打起了主意。他们往往以核对为借口，将应该发给百姓的那一联留住，以完作欠，以多作少，为此百姓吃了不少苦头。为了杜绝这种事情的发生，康熙二十八年，康熙帝下诏将二联票改为三联票，所有征收的钱粮各项都如数登记，一联存在州县，另一联交给差役应比，还有一联给纳户作为凭据。新方法还规定，纳税之时官吏如果不如实地填写，或者不给百姓一联做凭据，百姓可以告发，地方官以监守自盗论处。

第四，创立滚单。虽然康熙帝制定的制度很严格，但在利益的驱动下，许多官吏仍然想方设法地私行科派，“软抬”“硬驼”都是他们想出来的方法。所谓“软抬”，就是将官吏们的私派由阖邑通里共摊，“硬驼”就是由各里各甲轮流独当。为了杜绝这些弊端，康熙三十九年，康熙帝实行滚单法。具体办法是，在每里之中，或五户或十户合制一单，列上名字，名字下面注明田地数、银米数以及春秋应按时缴纳数额。分为十限，发给甲首，按顺序滚催，自投封柜，一限之后，依次再催二限、三限、四限等等。停搁不完及不缴的严惩。滚单用保甲连坐法催收赋税，因而很有成效，同时，滚单比截票严密，防止了官吏私行科派，百姓都认为此举措很好。

第五，均平里甲。即在清丈田亩的基础上，将本县中的田亩搭配均匀，总共有四百一十四图（里）。每图定额编田三千亩，每甲三百亩。不论豪绅还是普通百姓，一律编入里甲之中，按田亩数承担徭役，缴纳赋税。均平里甲的目的是按田亩平均徭役，实际上也便于征收赋税，豪绅地主飞诡隐匿等舞弊的做法都得到抑制，因此，这一做法受到了百姓的欢迎。此后，各省纷纷仿效。如康熙十二年，河南巡抚佟凤彩决定仿效实行。康熙十三年，康熙帝见此法为人心所向，决定向全国推行。他诏谕各地根据州县田亩总数与里甲总数平均分配缴纳钱粮与徭役，不许地主多占田地却逃避徭役，使百姓受苦受累。

除了对农业采取各种措施之外，康熙帝对工商业也比较重视。他在位期间，也采取措施扶持工商业，对工商业的发展、经济的繁荣做出了自己的贡献。

经过几十年的农民战争和入关后的统一战争，康熙帝即位之时，工商业和其他行业一样凋敝不堪。不仅有输纳之苦、过桥之苦、开江之苦、关津之苦、口岸之苦，而且，由于官吏的敲诈勒索，工商业者不苦于关，而苦于关外之关，不苦于税，而苦于税外之税。东南沿海的江阴，工商业曾十分繁荣，有十七万人口，在清军大屠杀之后，只剩下五十三人。丝织业发达的苏州情况也好不到哪里，城门紧闭，城中死者枕藉，机工零散，机户凋零，全然失了以前的繁荣景象。棉织业的中心松江等处，布号纷纷歇业。全国的其他地区大都如此，四川成都的织锦业凋敝，江西饶州的制瓷业一蹶不振。康熙帝采取多项措施，扶植工商业，提出“恤商”和“利商便民”的口号。他在位期间，工商业有了恢复和发展。

其一，废除匠籍，给手工业者以人身自由。匠籍是封建统治者为手工业者专门设立的户籍。元朝把手工业者编为匠籍，子孙世袭其业，不得改行，使手工业者失去了人身自由。明代，手工业者的地位有所提高，在籍的工匠按照朝廷的规定每年定期服役以外，可以独立地经营自己的手工业，产品也可以自由出售。到明朝中期以后，匠籍制度又有变化，匠户向朝廷交纳班匠银，不再实行工匠轮班服役的制度，手工业者的人身自由有了进一步的提高。清朝初年，匠籍混乱，朝廷根本无法按匠籍征收班匠银。顺治二年，清朝政府宣布除豁直省匠籍，免征京班匠价，但顺治十五年又恢复班匠银。康熙帝即位以后，面对的现实是各地匠户逃散、匠籍制度名存实亡、班匠银根本无法征收。康熙帝决定改革这一制度，他将班匠银改入“一条鞭法”征收。令下之后，全国各地陆续将班匠银摊入地赋中征收，匠籍也就随之废除了。这个做法使手工业者的人身依附关系进一步松弛，十分有利于手工业的发展。

其二，禁止官吏勒索，保护工商业者利益。对工商业者来说，他们最头疼的是各级官吏的敲诈勒索。这些官吏为了一己之私，往往利用手中的权力，对工商业的经营者大肆勒索，影响工商业的发展。康熙帝制定政策的一些良好愿望在这些官吏的执行中得不到实现。要让工商业得到发展，必须惩治这些人。为此，康熙帝陆续颁布了一系列法令，保护工商业者不受官吏盘剥。比如勒石于桥，禁止关津口岸杂税；取消官吏征税超额给予加级奖励的规定，各项税课照常额征收；禁止官吏扰害行户，以此作为判断吏治好坏的一条标准。康熙帝还禁止官吏借商船运兵作战，而允许漕船捎带商人货物；停止各地的房号银；官吏扰害商人，允许商人告发，并提倡官吏互相参劾。康熙一朝，许多官吏因扰害工商业者而被治罪。康熙六年，安徽滁州全椒知县因为克扣杂货铺、布铺、酒铺、猪肉铺等铺户的银两共五十九两七分而被发配宁古塔。康熙四十二年，山西河东盐院承差因诈害商人而被参劾革职。

其三，一定程度上取消贸易和生产限制。在我国古代，盐、铁、茶等行业因为关系到国计民生，大多由官方垄断经营。康熙帝则在一定程度上取消了盐、茶的限制，以至于当时贩卖私盐、私茶的小贩千百成群，公然开店。在云南、贵州等省，康熙帝还允许商人贩卖铅、硝、硫黄等。统一台湾以后，康熙帝甚至允许商人带火药、兵器出洋。对于纺织业，康熙帝取消了机户不得拥有百张以上织机的禁令，同意有能力的人扩大生产规模，等等。

其四，统一度量衡，创造通商条件。康熙二十三年，康熙帝下谕旨统一制钱的重量，规定每文钱重一钱，每一千钱（称一贯或一串、一吊）值银一两。康熙四十三年，康熙帝诏令废除盛京金石、金斗、关东斗，各省一律用底面平准的升斗。康熙五十八年，他诏令秤以十六两为一斤，升以十三号砝码为准。康熙帝统一度量衡，使全国的标准一致，有力地促进了全国商业的繁荣。

康熙帝争取的一系列重农恤商的政策，使社会经济得到迅速的恢复和发展。首先是耕地面积得到大幅度增加。康熙二十五年，耕地面积达到五百九十万顷；康熙五十年，达到六百九十三万顷；到了康熙六十一年，更达到了八百五十一万顷。优良品种和科学种田的推广，使粮食产量也大大地提高。全国的工商业趋于繁荣，不仅出现了一批新兴的工商业城市，而且使工商业市镇由长江中下游地区和沿海地区扩展到全国各地，全国成为一个巨大的市场。虽然康熙帝的政策也有着不彻底的一面，在实际执行中，对于许多阴暗面，康熙帝只能视而不见；但总体来说，在很短的时间内，康熙帝把疲敝的社会经济恢复并发展起来，使百姓的生活有了保障。清朝政府在中原大地上站稳脚跟，康熙帝功不可没。也正是有了康熙朝的基础，清朝的国力才能不断上升，出现康乾盛世的局面。

二　治理河运　持之以恒

清朝初年，由于连年战争，河道失修，黄河泛滥愈趋严重，不但严重地破坏了黄河下游地区经济的发展，影响了国家赋役的征收，而且，大量饥民四处流徙，也严重影响了封建统治的稳定。同时，由于河、运相连，一旦黄河发生灾情，也使京师八旗赖以为生的漕粮难以北上。面对这一严重局面，治理黄河势在必行。为此，康熙帝在位期间，投入了大量的人力物力治理黄河。经过他的积极努力，终于使黄河出现了四十年安澜的局面。

康熙帝治理黄河大致可分为四个阶段。由康熙元年到康熙十五年为准备阶段。这一阶段因为天下初定，战事频繁，治理黄河主要是筹划准备及小规模的治理。第二阶段，康熙十六年到康熙三十一年，是康熙帝任命靳辅治河并取得了很大成绩的阶段。第三阶段，康熙三十二年到康熙三十九年，这一时期，河道总督更替频繁但皆无治理黄河才能，黄河治理成效不大。第四阶段为康熙三十九年后，张鹏翮任河道总督，他本人治河经验不多，但能贯彻康熙帝的指示，实际上是康熙帝本人治理黄河并取得成效的阶段。

清初，黄河治理承袭明制，设立河道总督，掌治河道，但因措施不力，水患仍旧十分严重。据统计，顺治朝十八年间，黄河决口二十次，康熙元年到十五年间，又决口四十五次。淮扬地区的高邮、江都、山阴、盐城、宝应、泰州、兴化等七州县受灾最重。这一地区是运河必经要道，与黄河相交，淮河也在此处汇合黄河入海。如果黄淮水势持平，尚可相安无事。但黄河聚集众流，力大而势强，淮河势弱，淮不敌黄，经常发生黄水倒灌，甚至黄淮一起涌进运河，冲决堤坝，泛滥成灾。康熙元年，开封黄练口决堤，祥符等七县田禾尽被淹没。康熙六年，桃源决口，沿河州县都受灾，高邮县积水高达二丈，城门堵塞，百姓溺死无数。

面对水患，康熙帝十分焦急。每当发生水灾，康熙帝就命人巡视河工，及时掌握情况，学习古人治河经验，采取对策。但清初政府财政拮据，拿不出大量经费进行综合治理。康熙六年七月，黄河泛滥，河道、运道又遭破坏。康熙七年十二月，康熙帝批准在黄河北岸挑挖引河，分引黄河之水，力图解决黄河倒灌问题。康熙十一年六月，康熙帝诏令工部会同河道总督、漕运总督共同商议治理清口事宜，以防水患。康熙十二年十月，康熙帝批准工部议复河道总督王光裕奏疏，令其在清口筑坝，以遏制浊流，并在水势平缓的七里墩建闸，挑浚新河，以保证漕运。但同年底，“三藩之乱”爆发，康熙帝不得不把全部人力、物力集中到平叛战争中，治河之事暂时中断。康熙十五年夏，黄河下游阴雨连绵，黄河水势大涨，河水倒灌，高家堰决口三十四处，漕堤崩溃，高邮清水潭、陆漫沟之大泽湾决堤三百余丈，扬州府所属州县皆被水。除此之外，黄河在其他各处多次出现决口，百姓的生命财产受到很大损失。国家的财政、漕运也因此受到重大影响。

康熙十五年十月，康熙帝诏令工部尚书冀如锡、户部侍郎伊桑阿前往省视。临行前，康熙帝谕示两人将河上利害情形体勘详明，各处堤岸应如何修筑，务为一劳永逸之计。这反映了康熙帝准备全面治理河运的决心。后来，两人向康熙帝参奏河道总督王光裕贻误河工，极不称职。康熙帝又委派吏部侍郎折尔肯、副都御史金儁去察审得实。康熙十六年二月，王光裕被革职。同月，经吏部尚书明珠推荐，安徽巡抚靳辅升任河道总督。从此，清朝政府对黄河的治理进入一个新的阶段。

靳辅，字紫垣，汉军镶黄旗人。顺治九年，以官学生考授国史馆编修。顺治十五年，改内阁中书，迁兵部员外郎。康熙初年，自郎中四迁至内阁学士。康熙十年，授安徽巡抚，任上实心任事，康熙十五年，加兵部尚书衔。康熙十六年升任为河道总督。接受任命以后，当年四月初五日，他即抵达宿迁，初六日开印就任，初七日即前往淮扬灾区进行勘察工作。他遍历河干，广咨博询，实地考察。无论士绅、兵民还是工匠、夫役，凡有一言可取，一事可行者，莫不虚心采择，以期得当。在两个月的实际考察中，他主张继承明代河臣潘季训“筑堤束水，以水攻沙”的理论并结合实际灵活运用。他批驳以往只知保漕运，不求治黄的错误做法，提出了统筹全局，“将河道运道一体，彻首尾而合治之”的方针，将治河应行事宜整理汇集并上奏，即《经理河工八疏》。

《经理河工八疏》提出了全面治理黄河、淮河、运河的具体方案。一是挑清江浦以下经云梯关到入海口一带河身之土，以所挑之土加固两岸大堤，即用筑堤束水刷沙法治下游，引导黄、淮入海。二是高家堰西至清口长约二十里之地，为黄、淮汇合之所，已被沙土淤为平陆，只有一条小河。靳辅设计在小河两旁二十丈远的地方，各挑引水河一道，使其分头冲刷，引淮刷黄。三是培修七里墩、武家墩、高家堰、高良涧到周桥闸等临洪泽湖的残缺堤岸，构筑坦坡。坦坡是靳辅的一项发明，他认为坦坡虽遇大水而不至于冲塌，能缓和水势。四是筑古沟、翟家坝一带的堤工，并堵塞黄、淮各处决口。五是闭通济闸坝，深挑运河，堵塞清水潭等处决口，以通漕运。靳辅还提出了三项保证治河的措施：其一是因治河所需银二百一十四万八千余两，预征康熙二十年各地钱粮的十分之一，工成后补还；其二是裁并河工冗员，以调贤员，严明职守；其三是请设巡河官兵五千八百六十名，配置浚船二百九十六只，以便维修和保护堤坝。

《经理河工八疏》奏报到朝廷后，遭到议政王大臣等反对。康熙十六年七月十九日，议政王大臣等遵旨回奏。他们认为，这个方案需银太多，且动用丁夫数量很大。第一项工程需十二万三千人，再加上其他各处，每日需二十万人，易生事端。故建议将紧要之处酌量修筑，俟后再加修治。康熙帝不同意他们的意见，诏谕靳辅继续论证。靳辅反复筹划，再三勘阅，再上《敬陈经理河工八疏》，对前一方案进行了部分调整和修改。如挑浚黄河丁夫由独轮车代替，工期由二百日延长到四百日，每天所需丁夫数可减少到三万人。清江浦以下经云梯关至入海口挑浚黄河工程，于原定遥堤内加筑缕堤和格堤，以缕堤束水，以遥堤、格堤防冲决。并且用同样方法修筑清江浦以上至黄河两岸之堤，其他各项工程维持原方案。靳辅的治河方案符合康熙帝“务为一劳永逸”、全面治理的指导思想，因而得到康熙帝本人的大力支持。康熙十七年正月，康熙帝批准实行；二月，决定拨给正项钱粮二百五十余万两，限期三年告竣。

在康熙帝的支持下，靳辅的治河方案开始实施。三年间各工并举：疏通黄河下游河道，使淤塞的入海口开始通流；封闭原新庄闸运口，另辟七里闸为运口，使运河与黄河的汇合之处远离黄淮汇合处；尽塞高家堰决口，自清口至周桥九十里长旧堤加高加厚，并新筑周桥至翟坝堤二十五里，留减水坝六处；在清水潭地势低洼的地区，避深就浅，于决口上退离五六十丈为偃月形，抱决口两端而筑之；筑西堤九百二十一丈，东堤六百零五丈，挑绕西越河一道，长八百四十丈，七州县田亩尽行涸出，运艘、民船“永可安澜”。康熙帝见奏十分高兴，赐新河名永安河；于骆马湖旁另开一条运河名皂河，长四十里，上接泇河，下通黄河，以利运输等等。到康熙二十二年四月，靳辅主持的工程基本完工，河归故道。

靳辅虽然取得很大成绩，但这中间也困难重重。康熙十八年十月，靳辅请开皂河时，左都御史魏象枢就表示反对。康熙二十一年正月，杨家庄决口，抢修月余，始得堵塞。徐家湾又漫决百余丈，三月中旬方修好。靳辅奏请钦差视察河工，奏疏刚上，肖家渡民堤决口九十余丈。同年五月，康熙帝准备派人勘阅河工，尚未出发，候补布政使崔维雅上疏《河防刍议》《两河治略》，条议二十四款，请尽变靳辅前法。康熙帝命户部尚书伊桑阿、左副都御史宋文运带崔维雅会同靳辅确议具奏。伊桑阿等巡视河工后，以崔维雅二十四条质问靳辅，靳辅有理有据，逐条回答、批驳，使伊桑阿等感觉到若照崔维雅所议另行修筑，未必能成功。他们向康熙帝上奏说靳辅所修工程，多有不坚固、不合适之处，与一劳永逸之言大不相符，也将崔维雅和靳辅争论的焦点报告给康熙帝。靳辅反复申辩，说决口来年肯定能堵塞。康熙帝也十分矛盾，将此事交九卿科道等讨论。有人建议将靳辅等人尽行革职。最后康熙帝决定，靳辅仍革职（原来已经革职），戴罪督修，限期将肖家渡决口堵塞。河工关系重大，所需钱粮甚多，仍准动用钱粮。靳辅的工程，终于又得以进行。康熙二十二年七月，工程次第告成，十二月，恢复靳辅河道总督衔。康熙二十三年七月，奉差广东内阁学士席柱回奏说，靳辅颜色憔悴，河道颇好，漕运无阻，康熙帝十分感慨："使轻易他人，必至贻悔矣。"

康熙二十三年九月二十八日至十月十七日，康熙帝巡幸山东，靳辅来拜。康熙帝以黄河屡岁冲决，久为民害，欲亲至其地，相度形势，察视河工。他沿黄河、运河视察，对靳辅取得的成绩给予肯定，同时也发现了一些问题。如康熙帝担心宿迁、桃源、清河等地的减水坝，倘遇河水泛滥，"安保今日减水坝不为他年之决口乎？"而且水流浸灌，多坏民田，遂命靳辅精细筹划。康熙帝此次南巡，最远到达江宁、苏州。他登岸亲视武家墩、高家堰、洪泽湖等地，对河工要害，皆详细问询。在实际考察中，康熙帝看到了百姓的疾苦，也认识到高家堰、开浚下河入海口的重要意义。十一月十三日，康熙帝阅河堤完毕，做《阅河堤诗》：“防河纡旰食，六御出深宫。缓辔求民隐，临流叹俗穷。何年乐稼穑，此日是疏通。已著勤劳意，安澜早奏功。”他召见靳辅，肯定治河成就并给予鼓励，将亲书《阅河堤诗》赐予靳辅。

下游治河取得成效之后，靳辅决定将治理的重点向中游转移。他认为河南有失，则江南河道会淤塞。康熙二十四年至二十七年，靳辅主持修筑河南考城、仪封、封丘、荥泽等各处河堤，开凿睢宁南岸龙虎山减水闸四座，开辟中河。尤其是中河的开辟，意义重大。原来漕运船只出清口入黄河，行二百里才抵张庄运口。靳辅在清河县仲家庄建闸，漕船可自宿迁、桃源、清河三县黄河北岸由仲家庄闸进入新开辟的中河，经原来开辟的皂河，过洳河北上，避开黄河一百八十里险段，使漕运畅通。从此，商贾船行不绝。

就在靳辅准备进一步治理黄河的时候，清朝政府内部爆发了一场关于疏浚下河问题的争论。第一次南巡，康熙帝于康熙二十三年十一月返京，因见高邮一带民房、田地尽没水中，准备开浚下河入海，排出积水。按察使于成龙（小于成龙）主张开浚故道，靳辅等则主张筑堤束水以注海，在高邮等七州县下河地区建高一丈五尺、束水一丈的长堤，以敌海潮。靳辅的主张是有根据的，因为下河地形尚低于沿海之地。朝中以明珠为首的九卿大臣都倾向靳辅的主张，康熙帝派出实地勘察的官员也上疏题请停止疏浚下河工程。在后来的多次争论中，靳辅始终坚持自己的观点，这样，因为君臣治河方略相矛盾，康熙二十七年三月二十四日，康熙帝革靳辅河道总督之职，改任王新命为河道总督。

靳辅被革职后，朝野掀起否定靳辅之风，河工遭到破坏，漕运也受到影响。康熙二十七年四月初二日，康熙帝派学士凯音布、侍卫马武等去考察靳辅革职前完成的中河工程，以图弄清事实真相。经过调查发现，实际情况与于成龙所说“无所裨益”正好相反。康熙帝肯定了靳辅的功绩："若谓靳辅治河全无裨益，微独靳辅不服，朕亦不惬于心矣。"他认为于成龙在直隶爱民缉盗，居官颇优，但怀挟私仇，阻挠河务，殊为不合。康熙帝又命兵部尚书张玉书、刑部尚书图纳、左都御史马齐等考察靳辅主持的工程。他们的回奏都肯定靳辅的成绩，也提出对中河的意见，靳辅表示异议。九卿不敢做主，请康熙帝再次巡视河工，以服众论。

康熙二十八年正月初八日，康熙帝二次南巡，命靳辅、于成龙随行。三月十九日回京，重点是视察中河工程、下河工程和七里闸、太平闸、高家堰一带的堤岸及闸坝。经过这次南巡实地考察，康熙帝对靳辅有了新的认识，也改变了自己对治河的一些看法。三月二十一日，康熙帝在御门听政时指出，南巡考察河工，黄、淮诸处百姓及行船夫役，俱称颂原任总河靳辅，感念不忘。且见靳辅疏理河道及修筑上河一带堤岸，于河工颇有成效，实心任事，克著勤劳。康熙帝还承认前此处理错误，恢复其从前职衔。从此，凡是河工方面的问题，康熙帝都要向靳辅咨询，靳辅也十分谦虚，康熙帝非常满意。

康熙二十九年开始，噶尔丹的骚扰活动进一步加强。康熙二十九、三十两年又淫雨不绝，黄河险情不断。康熙三十一年，有人揭发王新命勒取库银。康熙帝将王新命解任，由靳辅复任河道总督。但因多年积劳成疾，复任后又感恩图报过度操劳，康熙三十一年十一月，靳辅病逝于任上。靳辅临终前，上疏陈两河善后之策及河工守成事宜几万言。康熙帝十分重视。靳辅故后，康熙帝下旨悼念，赐祭葬，谥文襄。

靳辅去世之后，康熙帝任命于成龙（小于成龙）接任河道总督。于成龙按照靳辅的治河经验和思路，对河运做了小规模的兴修。康熙三十四年，于成龙因父丧守制，康熙帝命漕运总督董安国继任河道总督。董安国凡事俱委下人，不亲自巡视河工。康熙三十五年，在云梯关附近，董安国居然筑起拦黄大坝，另挑马家港引河，导黄河于小河口入海，使下流不畅，上流淤塞。康熙三十七年十一月，康熙帝任命于成龙为河道总督，撤换董安国。这时，对噶尔丹的战争已经取得胜利，康熙帝开始把工作重点转向治理黄河。

通过认真研究靳辅的经验和总结自己的实践，康熙帝逐渐形成新的认识："上流既理，则下流自治"，关键是解决黄河水倒灌问题。而这一问题解决的办法是抬高洪泽湖水位，降低黄河水位，使集中于洪泽湖的淮河水三分入运河，七分入黄河，"运道始安"。康熙三十八年二月到五月，康熙帝第三次南巡，对治河工作作出具体部署。首先，要深浚河底。康熙帝在此次巡视中发现黄河水位高于洪泽湖，以致河水倒灌，泛滥成灾。他还总结出黄河的缺点是底高、湾多。通过调查，康熙帝又了解到，河直则流自急，流急则沙自刷而河自深，提出于清口西，数曲湾处试行浚直。其次，改修清口。康熙帝发现，黄、淮汇合之处过于径直，也是引起黄河水倒灌的原因。他主张将黄、淮之堤各迤东弯曲拓筑，使之斜行汇流，则黄河水不致倒灌。

康熙帝在回京途中经过清口，亲自打下一根木桩，令由此向东修挑水坝二三十丈。再次，拆除董安国修筑的拦黄大坝，保证黄河下游的畅通。最后，引水归长江。康熙帝主张将高邮一带的湖水、河水俱由芒稻河、人字河引出归入长江。各河之水既不归下河，"则下河自可不必挑浚矣"。康熙帝的这些思想在吸收靳辅的思想和经验外，又有了新的补充和发展。靳辅治河，但顾上河，不顾下河，经常使下河七县被水淹。康熙帝提出浚直河道急流刷沙法，治理下河积水，解决清口一带的水患，保证漕运，也保护了民生，这些方法都已经超过了靳辅之法。但这些好的措施因于成龙的病情加重而未能认真落实。康熙三十九年三月，于成龙病故，康熙帝将江南江西总督张鹏翮调任河道总督，从此，康熙朝对黄河的治理又进入一个新阶段。

张鹏翮，字运青，四川遂宁人，是康熙帝一手提拔起来的官员，他治河经验不多，却能认真执行康熙帝的指示，加之勤奋，所以治河取得成效。康熙三十九年三月十四日殿辞时，康熙帝再三叮嘱按照他部署的方法治河。张鹏翮也提出三项要求：撤协理河务徐廷玺以专总河之任；撤河工随带人员，以免靡费帑银；请敕部臣，勿以不应查驳事从中阻挠。康熙帝大力支持，将河工经费直接拨给河道总督，使工部无法勒索、掣肘。

张鹏翮到任后，严格按照康熙帝的指示治河。他拆除拦黄大坝，挑浚黄河河身，使之与上游宽深相同，河水滔滔入海，沛然莫御。在张福口开引河，引淮河水入运河以抵黄，建闸以时启闭；疏浚芒稻等河入长江；开浚引河、运口，培修河岸堤坝；在归仁堤五堡建矶心石闸，于三义坝旧中河筑堤，改入新中河；在高家堰一带增筑月堤及旁近诸堤坝；加筑清河县黄河南北岸戗堤，天妃闸改筑运口，草坝建石坝，改下家庄土堤为石堤；加筑桃源县卫城月堤，于邵家庄、颜家庄开引河等等。这些到康熙四十一年基本完成，在当年的抗汛中发挥了重要作用。

康熙四十二年正月十六日至三月十五日，康熙帝进行第四次南巡，检查张鹏翮治理黄淮的工程。检验结果，除了在微小的地方做了调整和补充外，其他都比较满意。为奖励张鹏翮的治河功绩，康熙帝赐其御作《河臣箴》《览淮黄成》两诗。《览淮黄成》写道："殷勤久矣理淮黄，几度风尘授治方。九曲素称天下险，四来实为兆民伤。使清引浊须勤慎，分势开疏在不荒。虽奏安澜宽旰食，诫前善后奠金汤。"赐张鹏翮父"神清养志松龄"匾额。三月十八日，康熙帝五十寿诞，他以"四海奠安，生民富庶，而河工适又告成"颁诏天下，兴奋之情可见一斑。

康熙四十二年秋，张鹏翮移中河出水口于杨家楼，逼水南趋，淮河水畅流敌黄，黄河水不再倒灌。康熙四十四年二月初九日到闰四月二十八日，康熙帝进行第五次南巡，考察中河南口改建的问题，筹划善后事宜。康熙帝以实事求是的态度看问题，认为善后方略更为紧要。对于黄水倒灌问题，康熙帝认为黄河水暴涨暴落，偶然发生倒灌是正常的，不能以此判断治河的成败，应防患于未然，积极采取对策。他见高家堰石堤还没有完成，遂责备张鹏翮："唯见清口之水流出即以为功成，不思防御，倘高家堰六坝之水泛滥，则清水力弱，而黄水必复致倒灌矣。"高家堰所关十分紧要，康熙帝告诫张鹏翮等千万不要忽视。

张鹏翮与两江总督阿山、漕运总督桑额为防治洪泽湖水侵入泗州、盱眙，计划在泗州之西、溜淮套开河，直达张福口，以分淮势，保高家堰险堤。张鹏翮等不敢做主，请康熙帝钦定。康熙四十六年正月二十二日至五月二十二日，康熙帝第六次南巡。他在工地见溜淮套地势甚高，虽开凿成河亦不能直达清口，与先前张鹏翮等呈献的地图迥然不同，而且所立标杆，多有在坟上者。若依所立标杆开河，不独毁民田庐，而且毁民坟冢。康熙帝大加斥责，并谕示，与其开溜淮套无益之河，不若将洪泽湖出水之处再行挑浚，令其宽深，使清水愈加流畅。百姓闻知此消息，群情欢悦，不胜鼓舞感激。

由于靳辅治理和康熙帝亲理，黄河治理卓有成效。康熙十六年以后，黄河决口的次数锐减。康熙四十二年二月，康熙帝对大臣们说：初次到江南时，船在黄河，两岸人烟树木皆一一在望。三十八年则仅见河岸。四十二年则去河岸甚低，是河身日刷深矣。……下河连年大熟，亦前所未有也。康熙年间对黄河的治理取得如此的成效，与康熙帝有着密不可分的关系。首先，他始终将治河当作国家大事来抓。不但重视书本知识，还六次南巡，亲自考察，并向普通百姓请教。对于自己的错误，康熙帝也能以实事求是的态度承认并改正，以科学的态度制定出正确的方案。对于工程所需的经费，他毫不吝啬，给予大力支持。其次，康熙帝用人得当。一开始，他起用了实心任事的靳辅担任总河。靳辅之后，康熙帝选用了于成龙和张鹏翮为河道总督。他们虽然没有治河经验却能贯彻康熙帝的治河意图。尤其是张鹏翮，坝工筑成，黄河水直趋陶庄，淮河水因以直出。屡经伏秋大水，并无倒灌之事。其挑浚张福口等引河，筑归仁堤，疏人字、芒稻、泾涧等河，开大通口，皆遵康熙帝指示，一一告竣。

另外，治理黄河的成功还得益于对永定河治理的经验。永定河原名无定河，发源于山西太原天池，汇集众流，走直隶，经怀来入宛平，经卢师台下，始名卢沟河。无定河因经大同合浑水，所以又称浑河。此河虽小，但水急、泥沙淤垫等情况颇似黄河，《元史》称其为“小黄河”。此河纵横泛滥，改道无常，为害颇巨。虽然无定河经常溃决改道，但历代重视不够。康熙初年，因为“三藩之乱”、漕运、黄河水患等事，康熙帝没有精力治理无定河，直至三藩平定，靳辅治河也取得重大进展，才开始治理。康熙三十一年，康熙帝以无定河河道渐次北移，永清、霸州、固安、文安时常被灾，采用直隶巡抚郭世隆的建议，疏浚无定河永清东北的故道，使其“顺流归淀”。

为全面治理无定河，康熙帝任命当时河道总督于成龙兼直隶巡抚。于成龙筑疏兼施，疏浚河道一百四十五里，筑南北堤岸一百八十里，使浑水改注东北。康熙帝十分高兴，赐名无定河为永定河。在治河过程中，康熙帝将一些治理黄河的设想，先在无定河试行，再向黄、淮推广，如浚直河身，直流冲沙等。康熙四十一年，张鹏翮疏奏要求将黄河两处急弯浚直，康熙帝立即准奏：“朕观永定河修筑之法甚善，河身直、河底深，所以淤沙尽皆冲刷。今治黄河亦用此法，方为有益。”正是有了永定河治理的经验，康熙年间对黄河的治理才取得了更好的效果。

康熙帝把治河放到一个新高度，并坚持不懈，几十年如一日。他因时因地制宜，大胆创新，百折不挠，获得巨大成功，这在历代的君主中都是没有的。治河过程中，他也时刻考虑到百姓的利益，尽量不淹没百姓的田宅。正是有了兴修的水利做保证，全国的农业才得以发展，水运得以通畅，经济得以增长，从而为清代康乾盛世的到来打好经济基础。

三 开放矿禁 便利民用

为了推动社会经济的恢复和发展，康熙帝在位期间，还一度解放思想，重新认识到开矿对国计民生的重要性，采取开矿政策，从而使这一行业得到很大发展。

康熙帝实行开矿政策是当时社会经济发展的需要。清初实行的是明朝的禁矿政策，顺治元年，清朝政府下令开采山东临朐、招远等处的银矿，但顺治八年又下令停止开采。浙江山阴有人开采石头烧石灰，地方政府则严行禁止。康熙十一年六月，北京德胜门外的三十三座新煤窑、十座旧煤窑，清朝政府都以不利于北京的风水为由，予以关闭。康熙十三年，有人开凿已经封禁的陈家岭，第二年官府宣布严禁开凿。康熙十七年，又有人开凿应蒙山，官府又予以禁止。

随着社会的日渐稳定，经济也得到恢复和发展，原来禁矿的政策越来越不适应形势的需要。因为铜不够用，铸钱相对减少，竟出现了钱贱铜贵的现象。清初规定每一贯（一千文）铜钱值银一两，实际上一两白银只能换取八九百文。有些人就毁钱做铜，从中牟取暴利，严重地影响了社会经济的稳定和百姓的生活。康熙帝已经认识到了事情的严重性。康熙十八年，平定“三藩之乱”的战争已经取得了决定性的胜利。三月二十日，康熙帝在太和殿前殿试共提出了三个问题，分别是：吏治不清的原因是什么？民间垦荒为何成效不大？怎样才能解决铜不足用的问题？他问道，现在铜不够用，铸造钱币也不足，有人认为应当开矿，有人认为应当禁止民间耗铜，付诸实行可以永远获利吗？或者在二者之外另有好办法？康熙帝希望他们拿出详细的意见，不要泛泛而谈或隐瞒情况。可这些只会八股文的书呆子根本提不出什么有效的办法。

九月，康熙帝诏令搜集各部院及各省的废弃铜器皿、铜炮等铸造铜钱，以解燃眉之急。十月，经户部等衙门讨论后，提出《钱法十二条》，第八条就是有关于“开采铜、铅”。这条规定：凡是一切有铜及白黑铅的地方，有百姓申请愿意开采的，该地方督抚就要派选贤能官员监督开采。同年，清朝政府修改了征课办法，规定各省开采的铜、铅，以十分之二纳官，八分由开采者发卖。官员敲诈勒索的，从重处理。百姓越境开采或者衙役扰民的，俱治罪。从此，清朝政府允许有条件地开放矿禁。

如果说这时的开矿政策是消极地适应形势的发展，那么平定“三藩之乱”后，云贵总督蔡毓荣的《筹滇十议疏》中，则提出了系统积极的矿业政策。他根据平叛之后的实际情况，在这份奏折中的第四疏陈述了大力开发云南矿产资源的原因及优势。他认为，云南长期被吴三桂占领，受尽盘剥，又连续遭到战争的破坏，兵饷不继，赋税无多，而云南有着丰富的矿产资源，又有着开矿的传统和技术，因地制宜，开发矿藏，是利国利民的好事。蔡毓荣认为大力开发云南的矿产资源，不但可以改变经济上的困境，也可以使社会得到稳定。他的办法是，放弃禁矿政策，提倡民间投资，以改变矿业由官府包办的局面。当时清廷财政困难，拿不出大笔的经费投资矿业，而且官办的矿场在经营管理上存在很多问题，国家得不到实际利益。蔡毓荣提出让本地殷实有力之家或者富商大贾自行开采，鼓励百姓和地方官开矿，收取十分之二的矿税。地方官招商开矿，得税一万两者，准其优升；开矿商民上税三千两到五千两的，酌情配给顶戴等等。康熙帝认为这一方法有利于国计民生，立即予以准奏。

康熙二十三年九月，康熙帝又应管理钱法之侍郎陈廷敬等人的疏请，在各省普遍采取鼓励铜、铅生产的政策。百姓自主开矿，地方官负责稽查，避免发生打架斗殴的事情。主要的政策有：一是铜、铅矿任百姓开采，八分由百姓发卖，二分缴纳官府。二是铜、铅矿的开采先由矿地的主人报名采取，如主人无力开采，则允许本州县人报名开采，并允许雇佣临近州县人，如果有越境开采的，或者衙役扰民的，按照对待"光棍"的办法治罪。三是各省采铜铅处，由道员总负责，府佐分管，州县专管。道厅官收铜、铅的税，每十万斤记录一次，四十万斤加一级；州县官收税，每五万斤记录一次，二十万斤加一级。其他地方按照这个标准议叙，上司诛求逼勒的从重处分。后来铁、锡等矿也都照此办理，只是金、银矿因为特殊，税收提高到四分。这些政策，大大调动了商民投资开矿的积极性，也有力地推动了国家经济的发展。

康熙帝的矿业政策，大大地激发了商民的积极性，有力地促进了各地采矿业的发展。康熙中叶以后，云南省的铜、锡、铅、铁、金、银等矿的开采迅速地发展起来。"游手之徒、嗜利之辈"只要具呈地方官，查明无碍，即准开采。不仅本地人，外地投资者也纷纷前来入伙。见有利可图，官府当然也不甘落后，院、司、道、提、镇衙门派出自己的亲信，拥资前去，招集峒丁，主持经营。许多官民因此而富裕起来，他们经营的品种也越来越多。除了常见的五金以外，尚有白铜、朱砂、水银、乌铅、硝磺等，产量迅速上升，税收也大量增加。自康熙四十四年冬到四十五年秋，云南一省共收矿税银八万零一百五十二两、黄金八十四两。当时是按照二分收税，总的收入可想而知。

由于清朝政府开放矿禁，其他各省如广东、广西、四川、湖南、贵州等，矿业也不断地发展起来。比如，商人何锡在广东海阳县开矿，最兴旺的时候，矿工注册的就有十三万多人，每年获利不下八九万两。据屈大均《广东新语》记载，广东的大型铁场，工人有千人左右，每天可生产铁六千斤。广西南丹锡矿，有矿井四十多处，矿民以及开店铺的人加起来有一万多。四川自康熙二十三年到康熙二十五年光是收取的税铁就达一万一千六百多斤。湖南的铜、铅等矿，康熙二十四年开采，到康熙五十二年，仅大凑山、黄沙等三处，一年所得的税铅就有三十六万三千一百余斤，总产量可想而知。据不完全统计，全国的大型矿场，康熙二十三年只有九个，康熙二十四年增加到十九个，康熙四十六年又增加到五十五个，到了康熙五十一年，全国共有六十六个。康熙帝开放矿禁政策，不但增加了国家的税收，对整个社会经济的恢复和发展也起到了不小的作用。

康熙帝是中国历史上一位有作为的皇帝，他开放矿禁的政策使清朝的矿业进入了一个大发展的时期，也确实给当时的政府和采矿商民带来了很大的利益。但是他也没有跳出历史的局限性，仍然把矿业看作末，而不是本，更担心开采矿藏会聚集众多的百姓，影响社会的稳定。从康熙朝后期开始，开放矿禁的政策出现了倒退，从开矿变为禁矿。

康熙四十三年，康熙帝发布一道诏旨：开矿事情对于地方没有什么好处，以后再有申请开采的，一律不予批准。这是康熙帝禁矿的开始。从此，不仅新开矿受到限制，而且一些已经开采的矿山也陆续遭到封闭或限制。康熙四十四年六月，户部以商民何锡在广东海阳县开矿，聚众十几万，“强梁争竞，时时有之”为由，建议封闭。正好何锡本人也因为开矿入不敷出，申请停业。于是经过皇帝御批，这个当时规模最大的民办矿场关闭了。康熙五十年，清朝政府又将湖南产铅地方永行封禁。康熙五十三年，康熙帝诏令河南有矿藏的地方停止开采。次年，康熙帝又宣布，广州等府属矿山聚集多人，严行封禁。康熙五十七年，康熙帝停开四川省的各个矿场。康熙四十九年到康熙五十八年之间，康熙帝又以开太、羊脚迹等五厂洞门荆棘，不便开采为由，下诏禁开。从此，云南铜、铅等矿也被禁止了。

康熙帝在后期虽然禁矿，但是对于处理禁矿过程中出现的问题是十分慎重的，而且对于不同的情况也善于采取不同的方法来处理。康熙五十二年五月，康熙帝得知四川一碗水地方，聚集了万余人开矿，虽然官兵驱逐，但随逐随聚。他认为这些人都是无房可住、无田可耕的贫苦百姓，如果完全禁止开矿，就没有了生活来源，因此应该允许他们获取微利，以资养赡，但不得聚众闹事，妄行不法。经过与大学士、九卿等讨论，康熙帝出台了一套区别对待的方法。云南督抚雇佣本地人开矿及皇商王纲明等在湖广、山西各雇本地人开矿照准。其他各省所有未经开采或刚刚开采的，严行禁止。各省本地穷民已经开采并赖以生活的矿场，姑且免予禁止，地方官要查明姓名，登记在册。越境开采或本地富商大贾霸占矿场的，即行重处。这一政策的制定，最根本的是要禁止民间开矿，加强官府和皇商对矿业的控制。从此之后，矿禁越来越严格。康熙五十四年，云南地方官申请开采银矿，大学士李光地上奏说，矿民聚集十分容易，如果将来矿物开采完了，这些人又如何疏散呢？他未说完，康熙帝竟连点四次头，表示同意。因此，这个申请没有得到批准。

清廷不仅限制生产，还控制矿产物的销售。康熙四十四年，康熙帝诏令云贵总督贝和诺废止余铜“听民自售”的旧制，实行“放本收铜”的政策。这个政策规定，矿民进山开采铜矿，由官府先发给工本，每百斤铜发价银四两五钱。冶炼好的铜除了缴纳十分之二的税外，其余十分之八不能自由出售，必须卖给设在省城的官府铜店，每百斤铜给银三两到六两不等。官府铜店再以每百斤九两二钱的价格卖给各省承办京局额铜之用。矿民不愿意领取官府的预发工本，冶炼的铜也必须卖给官府铜店。但官府铜店给他们的价格更低，每一百五十斤才给银五两。私下买卖余铜的，不但没收铜入官，还要坐牢。官府在收购时往往大量勒索，并且将秤头加长。比如在康熙五十年，每百斤的秤头加长五十斤，给价时任意克扣，额外榨取，牟取暴利。矿民见无利可图，纷纷另谋生路，很多矿场陷于半封闭状态，或者倒闭。

康熙帝的禁矿政策，是历史发展的一个倒退。这一政策的实施，一度造成了矿业的衰落，直接影响到中央的财政。以云南铜矿为例，民办的矿场都被关闭，使铜产量大幅度下降。到雍正元年，云南全省的铜产量仅十万余斤，矿税银只有二万余两，同康熙四十四年税课八万两相比，减少了四分之三，其他省份被禁的铅、锡等各种矿场就更多了。由于禁矿政策的实行，矿民大量失业，引起了百姓和地方官的反对。为了谋生，许多矿民不得不采取“私挖”“盗矿”等方式反对禁矿。清朝政府对这些“私挖”“盗矿”百姓的镇压又引起反抗，激化了社会矛盾。雍正帝在位期间，继承了康熙后期的禁矿政策，甚至更严厉。但这毕竟不符合历史的发展，到了乾隆时期，清朝政府又重新调整矿业政策，从而使矿业有所恢复和发展。

康熙帝开矿和禁矿政策的摇摆，并不是他随意决定的。康熙初年，经济的恢复和发展，使货币流通、农业生产中对铜、铁等矿产物的需求大大提高。原有的这些矿产物不能满足需要，因而提出了开矿的政策。这一政策的实施，适应了发展，给国家和矿民都带来了可观的收入。但客观上来说，当时的社会发展对铜、铁等矿产物的需求还没有达到后来那种迫切的程度。到康熙后期，土地兼并严重，吏治腐败，地主阶级对广大农民的剥削日益加重，社会矛盾不断激化。从康熙四十年到康熙六十年间，全国发生了江浙地区的抢米风潮、福建泉州的饥民暴动、江西兴国等地区的佃农抗租、河南宜阳的起义等斗争。这些斗争规模都不大，不久就被清朝政府所镇压，但也足以使康熙帝寝食不安。在康熙帝的思想中，清王朝的稳定是第一位的，而开矿容易聚集饥民、发生变乱，为了稳定清朝政府的统治，康熙帝实行禁矿的政策，反而造成了消极影响。

四 开放海禁 通商裕国

康熙一朝，清朝政府对海禁政策曾有一个变化过程。康熙初年，继续执行明末和顺治时期的海禁政策，这一时期主要是防备台湾的郑氏集团。康熙二十二年以后，台湾回归，康熙帝一度将海禁政策改为开海。到康熙后期，因为海盗的骚扰、西方势力的觊觎，康熙帝将开海又变为海禁。其出发点，都是为了清朝江山的稳固。

康熙初年，清朝政府仍然执行顺治时期的海禁政策。在清朝政府统一全国的战争中，各地的抗清斗争此起彼伏，郑成功就是位于东南沿海的一支强大力量。顺治十五年，他曾经与张煌言等联军北上，由闽入浙，最后陈兵南京城下，以致清廷朝野震动。顺治十八年二月至十二月，郑成功命世子郑经留守金门、厦门等，亲率大军过台湾海峡，一举收复了台湾，将荷兰殖民者驱逐出境。从此，台湾和东南沿海就成为郑氏集团的势力范围。清朝政府想纳郑氏于清廷，但郑成功等坚持反清立场，让顺治帝、康熙帝等十分头疼。顺治十三年，清朝政府颁布《申严海禁敕谕》：由天津到广东沿海各省，商民船只一律严禁出海；与郑成功等反清势力贸易的，不论军民，俱行奏闻处斩；官员不行盘诘擒稽者革职治罪；地方保甲通同容隐，不行举报者处死。

但实际上，大陆与台湾的贸易并没有停止，只是改为更隐蔽的形式。在采取各种方法割断郑氏势力与沿海交流效果都不明显的情况下，清朝政府就采取消极的办法。顺治十八年六月，清朝政府采纳海澄公黄梧密陈灭贼五策，大规模迁界。从七八月开始，清朝政府派人往江浙、福建、广东等省，将沿海百姓内迁三十到五十里，人为地制造一个无人区，以图割断沿海百姓与郑氏集团的联系，使其失去接济。令下之后，沿海各地挖界沟、筑界墙、设烟墩，派兵警戒，界内外严禁通行，出界寸步即被逮杀。沿海居民携妻负子载于道路，房屋放火焚烧，民死过半，处境悲惨。

康熙初年，海禁政策仍在严格实行，主要是要切断台湾郑氏政权与内地的联系，同时加强海防。对于违犯海禁政策的人员一律从严惩处。康熙元年，扬州府海门知县董常裕私给船批，有违界限，违反海禁新例，被处斩。康熙十一年，商人陈瑞等人分头购买丝绸、药材、绉纱等，准备出海贸易，以谋叛罪处绞立决。这一时期的禁海政策，造成了沿海大批良田荒芜，税收减少。康熙十二年，福建总督范承谟上疏康熙帝说，迁界以来，民田废弃二万余顷，亏减正供约有二十万之多。而顺治年间的迁界是强制性的，迁界的百姓到内地没有生计出路，地方官员也不顾他们的生计，处境十分悲惨。康熙帝对这些百姓采取了一些安抚措施，使情况有了好转。

从康熙十八年开始，在地方督抚的多次疏请下，局部迁界地区逐步复原。康熙二十二年八月，对台湾的战事取得最后的胜利，施琅入台湾受降。十七日，福建总督姚启圣疏请恢复沿海迁界各省，“上可以增国课，下可以遂民生，并可以收渔盐之利”。十月，两广总督吴兴祚再次上疏，申请将广州七府沿海土地招民垦种。康熙帝见时机成熟，准予实行。十月十九日，康熙帝对大学士说，前因海寇未靖，故令迁界，今若展界，令民耕种采捕，甚有益于沿海之民。他认为此事不可稽迟，十一月，派遣户部侍郎杜臻、内阁学士席柱，勘察福建、广东海界；派工部侍郎金世鉴、副都御史雅思哈，勘察江南、浙江海界。

临行前，康熙帝谕示说：迁移百姓，事关紧要，当查明原产，给还原主，你们会同总督、巡抚安插，务使兵民得所，须廉洁自持，勿似从前差往人员所行鄙琐。杜臻、席柱两人此行于康熙二十二年十一月开始，到康熙二十三年五月结束。在广东，他们自钦州防城开始，沿海以东而北，历经七府、三州、二十九县、六卫、十七所、十六巡检司、二十一台城堡寨，给还民地二万八千一百九十二顷，复业丁口三万一千三百。在福建，自福宁州西分水关开始，沿海而北，历经四府、一州、二十四县、四卫、五所、三巡检司、五十五关城镇寨，给还民地二万一千一十八顷、复业丁口四万八百。与此同时，江浙沿海一带的展界复业也大致完成。迁民悉复其业，沿海各地渐次垦辟，至无旷土。

江浙一带展界事毕，康熙二十三年四月十六日，工部侍郎金世鉴上疏，照请山东等处现行之例，听百姓以装载五百石以下船只，往海上捕鱼贸易，计货之贵贱，定税之轻重，按季造册报部。康熙帝也认识到恢复出海捕鱼、进行贸易是人民的意愿，立即批准。但内阁学士席柱在福建展界事毕回京奏报时，却没有提及开展海上贸易之事。他反映说，福建和广东等地的总督、巡抚认为，台湾、厦门、金门等处，虽设官兵防守，但系新得之地，应俟一二年后，相其机宜，然后再开。康熙帝一针见血地指出，虽然一向严海禁，其私自贸易者，何尝断绝？凡议海上贸易不行者，都是总督、巡抚想自己图利。康熙帝对于展界开海有着自己的考虑，他认识到开海贸易对于闽、粤边海民生有益，若此两省民用充裕，对于各省俱有裨益。出海贸易非贫民所能做到，对这些人少征其税，不致累民，又可以充实闽、粤兵饷，以免内地省份转输协济之劳。康熙二十三年十一月，康熙帝诏令各省前此所定海禁处分条例，应尽行停止。

海禁解除后，设立海关成了当务之急。为鼓励人们出海贸易，康熙帝决定从轻收税。康熙二十三年八月，户部派司员伊尔格图等两人为收税郎中，往福建、广东筹建海关等事。康熙帝对他们两人以内地税收模式建立海关的方法表示反对。九月初一日，康熙帝对大学士等说，如果按照伊尔格图所请，在道桥渡口等处概行征税，无异于原无税课之地，反增设一关科敛，恐致扰害民生。最后经过讨论，清朝政府决定，福建、广东新设关差，只将海上出入船载贸易货物征税，其海口内，桥津地方贸易车船等物，停其抽分，并将各关征税则例给发监督，酌量增减定例。同年，江浙也设立海关，征收商税。康熙帝一再强调，税收官员要“从公征收，无滥无苛”。采捕鱼虾船只及民间日用之物，俱免其收税。

开放海禁的政策和轻税政策，适应了当时的形势，有利于生产力的发展。东南沿海地区的贸易和中外贸易量迅速提高。康熙二十四年三月，施琅奏报说：海禁开放后，沿海多造船只，漂洋贸易，采捕纷纷，往来难以数计。当时北至现在的宁波、上海、天津、锦州，南到广东，对渡台湾，一岁往来数次。至吕宋、苏禄、息力、噶喇吧，冬去夏回，一年一次。中国和其他国家的贸易往来也大大地增加了。以中国到日本的船只为例，康熙二十三年有二十六艘，二十四年增至八十五艘，二十五年为一百零二艘，二十六年为一百三十六艘，到了康熙二十七年，贸易船只达到一百九十四艘。五年之间，增至七倍多。贸易的发展，使沿海人民的生活也逐渐改善。当时的清朝正处在上升阶段，康熙帝的这些措施适应了形势发展，符合生产力发展的要求，对全国的经济发展也起到了促进作用。

康熙时期，开放海禁政策并不是完全开放的，对船只的大小、装载货物的品种数量、航行路线等都有明确的规定。由于关卡林立、官吏勒索、手续复杂，开海有着局限性。三十年后，到了康熙五十五年，康熙帝又将开海政策转为海禁，走上了回头路。

康熙帝实行海禁政策是有具体原因的，其出发点是稳固清朝政府的统治。首先，主要是海寇猖獗。康熙朝的开海政策实行不久，沿海就发现“海寇”的踪迹。这些海寇有的是“奸徒”混入商贩，出洋剽掠；有的本身就是商贩，因资本亏折而结伙肆行抢夺；还有的是普通百姓，因生活所迫而到海上谋生。最初海寇数量少、力量弱，发现后清朝政府可随时派兵将其扑灭，尚未构成威胁。康熙二十七年十月，浙闽总督王骘奏报发现浙江沿海有数起海寇，立即派兵征剿，捣毁贼巢数处，擒获贼首数人。二十八年，康熙帝南巡到杭州，对王骘大加赞赏，赐予“御用冠服”，称赞他凡事实心办理，操守清廉。康熙四十二年后，国内的形势有所变化。国内阶级矛盾尖锐，大批无业流民逃入海岛，躲避地方官府和地主的剥削。这样，海寇的势力不断增强，分布地点也扩展到南起广东，北到山东的沿海五省。对于这一问题，康熙帝也曾考虑是否采取海禁，但他从镇压镇筸红苗事件中得到启示，认为海寇也能够分化争取，于是打消海禁的念头。康熙四十三年正月，康熙帝决定派内阁学士常授进行招抚。通过调查发现，山东的海寇都来自南方，因令常授以擒获海寇为引导，以广东新会县沿海一带为重点，然后由福建、浙江，逐渐向北招抚。常授按照康熙帝的策略行事，效果显著。康熙四十三年九月初六日，常授奏报说，仅在广东沿海就招抚贼首阿保位等二百三十七名，愿为民者，安插原籍，愿为兵者，编入各营。

但招抚的办法并不能从根本上解决问题。由于康熙后期社会矛盾的激化，百姓加入海盗队伍的人不断增加。康熙五十年前后，海寇势力超越山东，到达锦州等地。在剿抚海寇的过程中，康熙帝逐渐摸索出海寇的活动规律。这些人都来自陆地，抢掠之后，仍需要回到大陆过冬，靠大陆以及商船、渔船补给粮食火药和其他物资。然而这一时期的官兵兵力很弱。康熙帝说，官兵出哨，或遇贼船四五只，官兵船只有一二只，势不能敌，舵工又不奋力向前，将领亦无可奈何，不过尾随而已，如何能剿灭？而且官兵还欺压渔民，横索钱财，方令其回港口，贫苦渔民不能回家，遂为海寇。康熙帝认为靠剿、抚都不能杜绝海寇，于是就再次想到了海禁。

其次，西方殖民势力觊觎我国，使康熙帝增加了防范意识而重新采取海禁。康熙帝曾主持《明史》的纂修工作，十分了解西方殖民势力对我国及其他亚洲国家的侵占史实。如葡萄牙侵占满剌加（马六甲），西班牙侵占吕宋（菲律宾），荷兰在爪哇岛侵占噶喇吧等。他还发现，西方的这些殖民势力从明末开始侵扰我国沿海地区。比如，明朝正德十三年，葡萄牙以船队侵占广东东莞县屯门岛，久留不去，剽劫行旅。嘉靖二十二年、二十三年，葡萄牙又占领宁波双屿港，福建漳州月港、浯屿岛。万历三十二年、天启二年，荷兰一再侵占我国澎湖列岛，杀人越货，后又侵占台湾，骚扰东南沿海。西班牙也曾侵占我国台湾岛的基隆、淡水等地。康熙帝注意到，西方殖民势力的侵占之所以得逞往往是勾结了沿海地区的内奸。

康熙年间，英国商人来到中国，不肯上税，还经常纠集他国商人无理取闹。广东碣石总兵陈昂称：粤东红毛有英吉利诸国，最为奸宄。这一时期，正是天主教传教士来华的时期。康熙帝尚不了解这些传教士受罗马教廷的指使为西方殖民主义服务的一面，但是对这些传教士将西方的教皇地位置于皇帝之上的思想十分不满。康熙四十三年、五十四年，罗马教廷两次派人到中国颁布禁约，要求中国的教徒不许尊孔祭祖，不许用“天”字，摘除康熙帝为教堂题写的“敬天”匾额，否则“依天主教之罚处之”。联想起历史上的一些事实，本来就对天主教的传教活动深有疑虑的康熙帝自然对此有所警惕。这一时期，东南沿海警报频传，更加深了他对于西方殖民势力的怀疑和警觉。康熙五十五年十月，康熙帝预言说，海外如西洋等国，千百年后中国恐受其累，要求臣下务须安不忘危。他认为，开海允许海外贸易，宽容传教士的活动，客观上助长了西方殖民主义者的势力。对传教士，康熙帝加以限制，对于开海政策，则改为海禁。

再次，康熙帝对于流浪在海外的反清势力的担心，也是导致海禁政策出台的原因之一。入关之初，许多不愿事清的明朝遗民和避乱难民流亡到南洋各地。统一台湾以后，又有一部分不愿降清的人士转到吕宋等地。这些人都是清朝统治的潜在威胁。开海政策颁布以后，沿海的商民纷纷出洋，冒风涛、蹈覆溺而不顾，相引而往国外。康熙后期，社会矛盾尖锐，民众下南洋的更多，他们多一去不返，这引起了康熙帝的警觉。台湾人经常与吕宋等地人往来，康熙帝担心内外勾结，动摇清朝政府的统治。他说："海外有吕宋、噶喇吧等处，常留汉人，自明代以来有之，此即海贼之薮也。"康熙五十六年正月，兵部等衙门遵照康熙帝的旨意，会同来京的广东将军管源忠、闽浙总督觉罗满保、两广总督杨琳等，议定海禁条例，下发执行。

康熙帝的这次海禁与原来的海禁还是有着很大的不同。其出发点是为了割断内部敌对势力和西方殖民势力的结合、东南沿海民众与南洋侨民的联系，以免双方的反清势力结合起来，危及清朝政府的统治。因此，这一次海禁不像原来顺治年间的禁止一切、片帆不许下海，而是区别对待。总的原则就是：同东洋的贸易照旧，同南洋吕宋、噶喇吧的贸易禁止；外国商船前来贸易照旧，地方文武官员严加防范；禁止向国外卖船、运米出境和人员留驻国外。

根据这一原则，康熙帝提出一系列措施，经朝臣讨论后，具体落实。

第一，加强对商船、渔船及有关人员的管理。早在康熙五十三年三月初三日，康熙帝就采纳江苏巡抚张伯行的奏议，诏令商船和渔船前后各刻商渔字样，两旁刻某省、府、州、县第几号商船或渔船及船户某人。巡哨船只也刻某营第几号哨船。商船、渔船的船户、舵工、水手、客商等各给腰牌，刻明姓名、年貌、籍贯，易于检查。渔船出洋时不许装载米酒，进口时不许装载货物，违者严加治罪。

海禁之后，政府对船只和有关人员的管理进一步严格。康熙五十六年正月初十日，康熙帝谕示内阁学士星峨泰等人：你们曾出江南海差，海船一年造多少，应令申报登记，于出洋时将前报过造船人名与船只字号逐一查对，方不致隐匿。并令沿海口岸文武官照单严查，按月册报督抚存案。出洋时每日各人准带食米一升，并余米一升，以防风阻。如有越额之米，查出入官，船户、商人一并治罪。至于小船偷载米粮、驳运大船者，严拿治罪。如将船卖与外国者，造船与卖船之人皆立斩。出洋之人留在外国，将知情同去之人枷号三月。该督行文外国，将留下之人令其解回立斩。沿海文武官员如遇私卖船只、多带米粮、偷越禁地等事，隐匿不报，从重治罪。并行文山东、江南、浙江将军、督抚、提镇的文武大员，命其各自严行禁止。

第二，在海坛（今福建平潭岛）和南澳（今广东南澳岛）等处，阻截私往南洋贸易的船只，并加强海防力量。康熙五十六年，康熙帝下诏：凡商船可往东洋贸易，往南洋吕宋、噶喇吧等处贸易则不准，须在南澳等处将其截住，令广东、福建沿海一带水师各营巡逻稽查，违禁者逮捕严惩。为加强海防力量，康熙五十七年二月，康熙帝下诏对福建和浙江沿海的炮台、城寨进行修理，分防巡守，以固海疆。同月，康熙帝还批准了两广总督杨琳的奏请，在广东沿海地区，据高临险，因地制宜，修筑炮台城垣，添设汛地，建造营房，分拨官兵，以靖海洋。康熙帝也下诏各道府督率各州官员经常检修修好的各种设施，各营将领率人严加看管，以利作战。康熙五十八年，两广总督杨琳奏报，广东沿海险要地方，修筑炮台、城垣、汛地共一百二十六处，盖造营房共一千三百八十间，拨守官兵共三千九百九十一人，安炮八百零七位。这一时期，上海的位置日益重要，原有守备一名、千总一名、把总二名、兵二百七十五名已不够用。经两江总督奏请，康熙五十七年六月，决定将提督右营官兵移驻上海，其原来驻扎的黄浦营改为水师营，添设船只，专司海上巡查。沿海其他各处口岸，也派官兵防守，查验船只，严拿奸匪。

第三，对沿海各省之间往来商船、渔船实行盘查与护送。海禁令发布后，各省就派兵船护送沿海的商船和渔船。但来往台湾、厦门的商船、渔船，因为护送船只贪图省时，往往从各地直走外洋，漏洞较大。康熙帝下诏：凡往台湾之船，必令到厦门盘查，一体护送，由澎而台。其从台湾回者，亦令盘查护送，由澎到厦。凡往来台湾之人，必令地方官给照，方许渡载。如有犯者，官兵民人分别严加治罪。清朝政府对国内的商船、渔船虽管辖甚严，但占据澳门的葡萄牙人往南洋的贸易却不在查禁之列，因此葡萄牙人经常利用船只夹带中国人出洋。康熙帝下诏：如有澳门彝人（指葡萄牙人）夹带中国人并内地商人偷往别国贸易者，查出照例治罪。如该管官盘查不实，徇情疏纵，从重治罪。

康熙帝从稳固清朝统治的角度出发，颁布海禁令，对暂时防止海寇的侵扰、西方殖民主义势力的侵略和中外反清势力的结合起到一定的作用。但这是不符合社会和经济发展规律的，也不符合沿海和内地广大人民的需要。虽然清朝政府对外贸易并未中断，但中外贸易受到很大限制。商人和渔民不能自由出洋。外商虽能自由来华，但也不能与中国商民自由接触，而是在严密的监视下，由洋行等中间机构代办。出口商品的种类也受到严格的限制，硝磺、军器、火药、钢铁、粮食、马匹、书籍等都禁止出口，后来连生丝也被列入禁项。这些措施对沿海百姓的生产生活都造成了巨大的影响。史称海禁之后，福建地方土货滞留积压，滨海之民半失作业，甚至台湾爆发的朱一贵起义也与海禁有关。更重要的是，康熙一朝的海禁直接影响到后来雍正、乾隆、嘉庆、道光等朝的海防政策，最终导致闭关自守，使中国失去了跟上世界发展潮流的机会。海禁虽然暂时抵御了西方殖民者的入侵，但也使中国同世界隔绝，使原本领先的中国在近代落后、挨打。这虽不能说都是康熙帝的责任，但至少是这位英主的缺憾，也是他作为封建君主的历史局限性。

第九章　稽古右文　成就辉煌

康熙时期，中国社会由乱而治，发展文化教育开始提上了议事日程。为此，康熙帝先后进行了设馆修史、尊奉程朱、振兴教育、编修典籍的活动。通过这些活动，清朝政府加强了思想统治，也使文化教育事业逐渐趋于繁荣，对于清朝统治的进一步巩固，对于中国当时的社会发展，都产生了重要而深远的影响。

一　设馆修史　垂训鉴戒

康熙帝的政治智谋与他十分重视史书的垂训鉴戒作用分不开。他自幼喜欢读书，亲掌政权之后，听政之暇仍是手不释卷。他读书的范围很广泛，经史典籍、诸子百家、历数、律吕、佛经道书乃至自然科学方面的书籍无所不读。但他认为最有用的是经书和史书，因为“经史俱关治理”。正是由于康熙帝意识到史学的重要，他在执政期间，敕修了许多史书。为了保证纂史的质量和进度，对重要史籍，他不惜花费大量人力、物力，设馆纂修，其中比较突出的是纂修《明史》以及记注和编纂当代史。

兴朝为前朝修史，这是自唐朝以来形成的史学传统。清室入关的第二年，即顺治二年就宣布开馆纂修《明史》，但终顺治一朝，史稿仅成数卷，修史工作实际处于搁置状态。四辅政于康熙四年，重开史馆，仅以满文翻译了数十卷《明实录》，就不了了之。两次开馆，均无大的起色，这是因为当时并无修史的客观条件，人才不济，史料散乱，在此情况下仓促宣布纂修《明史》，不过是为了昭示明朝运祚倾移，清朝取得了天命所归的正统地位。清朝统治者大概从内心并未认真对待此事。

康熙帝则不同，从政治角度考虑，至少有三方面使他把纂修《明史》作为一件大事来办。其一，他当政以后，满汉民族矛盾仍比较尖锐，社会局势尚未完全平复，康熙十二年又发生了打着“反清复明”旗号的“三藩之乱”，因此仍有必要对广大人民进一步宣传清朝取代明朝的合理性，告诉人民清兴明亡已是不争的事实，使老百姓从心理上接受清朝的统治。

纂修《明史》正是这一政治策略的需要。并且，他不仅以此为策略，而且确实要把《明史》修成。其二，他要借助纂修《明史》笼络遗民。在录取博学鸿儒之后，如何安排他们是一个政治上的敏感问题。授予军政大权显然是不能放心的，分配个无足轻重的差事又不足以体现康熙帝对他们的重视，而任命他们为《明史》纂修官正可妥善解决这一问题。因为开馆修史，历来被认为是一件大事，所以康熙帝宣布把博学鸿儒悉数充明史馆，可以起到稳定被录取人员的作用。此外，纂修《明史》还可以笼络那些因各种原因没参加博学鸿儒考试或参加考试而未被录取的人。因为参修《明史》虽然是一种与当局的合作，但它还有另一层意义，即为保存故国之史尽力，所以这种合作对于当时的遗民也是可以接受的。事实上，明代遗民为《明史》纂修做了大量工作。其三，从明史中汲取经验教训。康熙帝多次强调纂修《明史》是为了垂训鉴戒。他对明史颇感兴趣，经常和大臣讨论明史的有关问题。

康熙十八年三月，康熙帝命内阁大学士徐元文为监修，翰林院掌院学士叶方霭、右庶子张玉书为总裁，重开明史馆。除了五十位博学鸿儒尽充明史馆外，又补充了右庶子卢君琦等十六人。没有参加博学鸿儒考试的姜宸英、黄虞稷、万言、黄百家等也被网罗入史馆。

明史馆设在紫禁城东华门外。各位史官到任之后，首先进行了分工，全体人员共分成五组，然后抽签决定每组和每人的负责范围和具体篇目。在此后的三年中，他们将明代三百年的历史分成三个阶段撰写：康熙十九年正月至二十年六月，纂明洪武至正德各朝；康熙二十年六月至二十一年四月，纂明泰昌、天启、崇祯三朝；康熙二十一年四月至二十二年正月，纂明嘉靖、隆庆、万历三朝。经过三年多的努力，纂修者分拟之稿已大部分完成，陆续交总裁审阅。《明史》最早之稿多于此时修成，其后数十年间的工作都是在此基础上的增删改易。

史官们在明史馆修史可谓勤勤恳恳、兢兢业业。为了体例的完善和记事的准确，他们在修史过程中不断互相研讨。例如在是否设立道学传的问题上，就有彭孙遹、朱彝尊等七八个人发表了自己的见解。为了搜集资料，他们主动与未入史馆的学者、史家联系，如张岱、顾炎武、黄宗羲等都曾应史官的要求，向他们提供了史料。史官们的纂修态度也非常认真，潘耒分工纂修《食货志》，他将洪武至万历朝的《实录》关于食货的内容，抄出六十余册。又如关于严嵩、张居正、周延儒的事迹，史馆也搜集了各五百余册。关于魏忠贤的生平资料则汇集了上千页之多。汪琬在馆仅六十日，就撰出文稿一百七十五篇。

明史馆的总裁也不像以前的官修史书总纂官仅是具名而已，而是真正履行职责、忠于职守。史馆总裁最初几年屡有变易，其中居职最久、出力最大的是徐元文。他除了在康熙二十一年至二十三年一度罢史职外，从康熙十八年明史馆重开到康熙三十年病逝，前后任史馆总裁达十年。在此期间，他与史馆内外人员往复书札，讨论史书的体例和史料问题。他还延聘布衣学者万斯同居于其家，请万氏删定诸纂修官所拟史稿。至徐氏病卒时，万斯同已删成史稿四百一十六卷。徐氏之后，继任总裁王鸿绪、陈廷敬等也都勤勉任事。王鸿绪也聘请万斯同居其官邸，继续删定史稿。康熙四十一年，万氏客死王氏官邸，史稿已成四百六十卷。万斯同所删定的史稿，为《明史》的最后成书奠定了坚实基础，而聘请他审定史稿正体现了历任总裁的胆识。

康熙四十年以后，史馆诸人相继凋逝，修史工作又进入停滞状态。康熙四十八年，王鸿绪因附和阿灵阿等奏议改立皇太子事被免官，回家时将史馆草稿全部携去，竟无人过问。王氏在家将万斯同删定的史稿和以前馆臣所拟史稿又重新作了增损改易，于康熙五十三年进呈《明史》列传部分二百零五卷，于康熙六十一年又进呈本纪、志、表计一百零五卷，两次所呈共三百一十卷，此即后世所谓《横云山人明史稿》。至此，《明史》基本完成了。虽然《明史》最后定稿是在雍正十三年，但因雍正帝刚即位，与其政敌斗争激烈，无暇顾及《明史》纂修之事，以致修史员互相掣肘，史稿无所进展，最后仅稍微变动史稿的篇目次序、改改一些字句，然后在纪传之后缀以赞辞，就定稿奏呈了。因此，雍正年间的再修《明史》，不过是为康熙年间大规模纂修《明史》做了简单的收尾工作，《明史》的主要纂修工作是在康熙朝完成的。

《明史》纂修工作能够在康熙朝基本完成，除了社会的、政治的、文化的各种因素外，康熙帝的充分重视应当是一个重要原因。康熙皇帝通过博学鸿儒特科选拔了一批确有真才实学的知识分子充实明史馆，从而保证了修史人员的素质。他还允许聘请一些遗民包括一些对清廷仍存对立情绪的遗民参与修史，使修史工作建立在较好的基础之上。至于史馆的监修、总裁，康熙帝也非常重视，一旦遇事缺任，即及时递补。康熙年间先后受任者就有徐元文、叶方蔼、张玉书、李霨、汤斌、徐乾学、王鸿绪、王熙、陈廷敬、张英、熊赐履等十余人，且所委之人，多能胜任史职，组织具体修史活动。此外，康熙帝还经常催问修史进度，甚至对于具体史实的细节问题，也多次过问。如此重视《明史》的纂修，其最根本的目的是要控制对《明史》的论定。康熙帝曾多次强调，纂修《明史》务须“秉公持平”，不能“胶执私见”，其用意就是告诫史臣，《明史》的论断必须遵循统治阶级的观点和立场。

史臣们正是体会到康熙帝的真实意图，所修史稿也就不敢触及清廷忌讳，无论在记事上还是在论断上，都不敢越雷池一步。例如，清朝以异族入主中原，最忌“胡虏”之类的文字，《明史》中对所有涉及此类文字的文献都删除不录。明太祖朱元璋在元至正二十六年八月与张士诚作战时发布《平伪周榜》，至正二十七年十月北伐时有《谕中原檄》，都是非常重要的历史文献，只因前者有“胡运难以立功”，后者有“胡虏无百年之运”以及“驱逐胡虏，恢复中华”等言，竟将两文摒弃不录。又如，清人本是女真之属，居于建州，因名建州女真，在明朝曾接受爵秩，前后朝贡百年不辍。清入关后，认为这段史实不够体面，所以自称其发祥地为“满洲”，禁称建州卫，禁称女真。《明史》纂修者因此不敢涉及清室起源以及清室入关前的问题，以至于连清兵进入中原的事都不敢提，甚至在康熙帝的追问下，仍寻找托辞，不愿载入。再如，清室入关后，明朝的遗绪如南京的弘光、闽粤的隆武、两广滇黔的永历等南明政权，继续活动了十七八年。清廷不承认这些政权的正统地位，所以《明史》对这些政权的历史也语焉不详。至于《明史》一再宣扬程朱理学、鼓吹忠孝节义，更是与康熙帝推崇程朱理学，并确立其为官方哲学的统治政策紧密相关。

总之，《明史》在纂修过程中受到康熙帝严密的控制，这种控制一方面对史官们认真撰史起了一定的促进作用，为《明史》的纂成提供了人员、资料等方面的有利条件；另一方面也制约了《明史》的思想内容，使其完全合于清朝封建统治思想的规范。

尽管如此，《明史》作为二十四史中最后一部史书，仍不失为有价值的传世之作。《明史》的价值主要体现在两方面。其一，在体例上，它完善了纪传体体例，例如，为了适应明代阉祸猖獗、农民起义频繁、少数民族地区事变多发的客观情况，创设了《阉党传》《流贼传》和《土司传》。鉴于朱元璋罢除宰相制后，六部尚书及都御史地位提高，特设《七卿年表》。此外如《历志》增加插图，《艺文志》只载明代所著之书等，也都是特例。其二，在内容上，除了清廷忌讳之处，一般记载都能做到丰富翔实，有的内容是《明实录》所不载的。其记事的可信程度，从总体上看也超过其他许多明史著作，这得益于当时朱彝尊、潘耒等人的精心考辨和万斯同的严谨核实。

康熙帝在修史方面的政治智谋还体现在他对记注和编纂本朝史的严密控制上。中国向有记注本朝史的传统，即所谓“君举必书”“左史记言，右史记事”等，并且还建立了一套完整的制度。康熙帝在这方面有继承也有创新。

起居注是专门用以记载皇帝言行的一种载籍。清室入关后，大臣中屡有奏请设起居注者，均未获允准。康熙帝亲政后，于康熙九年始置起居注馆于太和门西廊，设起居注官满四员、汉八员。起居注官随侍皇帝左右，按日记载皇帝的言行。所记内容包括皇帝的饮食起居、颁发谕旨、处理题奏、接见官员等。凡内外各衙门所奉谕旨及题奏本章，皆抄送起居注馆，以便记注。起居注属内廷秘籍，每年按例由翰林院会同内阁诸臣将上年“起居注册”检查密封储于库中，连皇帝自己都不能随便索阅。正是因为有此规定，康熙帝数度对起居注官产生过怀疑和不满，并曾规定机密之事不得记注。纂修起居注的活动持续了四十余年，随着朝廷内部斗争日趋激烈，废立太子等事的诡谲多变，康熙帝终于下决心停修起居注。康熙五十七年三月，他说：如今的记注官，大多年龄小、地位卑，都没有经历事体，他们自顾不暇，哪里还能详悉记载我的言论！遂以此为借口宣布撤销起居注馆。所以今存《康熙起居注》记事起于康熙十年秋九月初一日康熙帝第一次东巡，迄于康熙五十七年三月。此后起居注一度付阙，至雍正帝即位后，才又恢复了起居注制度。

实录专记一代皇帝统治期间的朝廷大事，主要根据官方档案以及起居注等资料编成，其体例遵编年体成法，按年月日的顺序，以日系事。一般是当朝皇帝为前代皇帝设馆敕纂实录。纂修实录既有保存史料、垂训后代的意义，又有肯定前代皇帝道德、政绩的作用。康熙帝亲政伊始，就宣布为其父顺治帝纂修《世祖章皇帝实录》。该书于康熙六年九月设馆始修，至康熙十一年五月告竣，合凡例目录达一百四十六卷。分别誊写成满、蒙、汉各种文本。其间，动用了大批官员、文士，其中监修总裁一人，总裁五人，副总裁十人，纂修满汉文二十四人，纂修蒙古文八人，收掌八人，翻译十二人，誊录满文二十人，誊录蒙古文二十一人，誊录汉文二十人，可见其规模之大。

康熙帝还开创了清代重修实录之风，于康熙十二年秋七月，设馆重修顺治年间修成的《太宗文皇帝实录》，至康熙二十一年九月完成。同年十月又设馆重修《太祖高皇帝实录》，至康熙二十五年二月完成。两次改修前朝所修实录，都宣称是为了使之“文极雅驯”，其实不过是为了掩盖清室先世曾臣服于明朝的事实，粉饰清室开国的历史。如记载清朝开国皇帝努尔哈赤的《太祖高皇帝实录》，将原来崇德年间撰成的《太祖武皇帝实录》有关后金对明朝执卑顺臣属之礼的记载尽行删去，对努尔哈赤极尽赞美和歌颂。

康熙帝在编纂本朝史方面的一个创例是每于军事行动结束后，就设方略馆，“纪其始末，纂辑成书”。方略馆设总裁、提调、收掌等官，馆内设文稿、誊录、纂修、校对等四处以及书、纸两库，以分办各项事务。康熙二十年平定了三藩的叛乱，康熙二十一年设方略馆，纂修《平定三逆方略》六十卷。该馆还先后编定《平定察哈尔方略》上、下卷，记康熙十四年平定察哈尔布尔尼叛乱的始末；《平定海寇纪略》四卷，记康熙二十三年接受郑克塽投诚并收复台湾的经过。康熙二十六年，雅克萨之战中打败了俄国侵略者，康熙二十八年纂成《平定罗刹方略》四卷。康熙三十六年平定噶尔丹叛乱，又纂修了《亲征平定朔漠方略》四十八卷。这些典籍将有关事件的谕旨、奏章等汇编于一书，颇便观览。

除以上三项外，康熙朝设馆始撰，未彻底完成的本朝史还有很多。康熙二十九年四月设国史馆，以大学士王熙为监修总裁，大学士伊桑阿、阿兰泰、梁清标、徐元文为总裁，另委副总裁、纂修官以及誊录、翻译等多名。不知何故，这次规模浩大的纂修本朝史的活动，只撰成一些功臣传记就不了了之。另外还有康熙二十三年五月开会典馆，康熙二十四年开一统志馆，均有成书撰就，但这些书因记事止于当时，又多次被后续各朝所续修改撰，所以现今所见《大清会典》和《大清一统志》已非当时面目。

康熙朝纂修本朝史的活动对以后几朝皇帝影响至大。此后，清代的修史机构大都仿照康熙朝，实录馆、方略馆、国史馆、会典馆等成为例开或常开之馆，据不完全统计，至乾隆朝，开馆达三十多种。康熙帝重修前朝皇帝实录的做法也得到后世的仿效，雍正、乾隆朝都曾重修太祖、太宗、世祖三朝实录。

二　尊奉程朱　一道同风

康熙帝在位期间，为了加强对思想领域的统治，经过一个时期的探索，他将孔孟之道和程朱理学作为官方正统思想加以推崇。这种推崇完全是出于笼络汉族士大夫、掌握全国思想文化统治权以巩固清朝政权的需要，对于中国社会的发展产生了重要的影响。

自汉武帝“罢黜百家，独尊儒术”之后，历代王朝都公开尊崇孔子及其代表的儒家思想。一千多年来，儒家思想对于巩固封建统治发挥了巨大作用。清朝以少数民族政权崛起东陲，为了巩固大一统的政权，势必需要学习汉族传统的治国理论。因而，从皇太极时期开始，即十分重视推行崇儒重道政策。入关后，面对汉族人民已经成为主要统治对象的客观现实，清朝政权又将崇儒重道政策进一步铺开。顺治元年六月十六日，清军入关仅一个多月，清室便遣官“祭先师孔子”。十月，正式袭封孔子六十五代孙孔允植为衍圣公，照原阶兼太子太傅；允植弟允钰、颜回后裔颜绍绪、曾子后裔曾闻达、孟子后裔孟闻玺等仍袭五经博士。顺治二年，清朝政府封孔子为“大成至圣文宣先师”。顺治九年九月，顺治帝隆重举行“临雍释奠”大典，勉励太学师生笃守圣人之道。顺治十四年九月、十月，顺治帝又首开清代帝王经筵日讲之先河，谕令儒臣进讲儒家经典。但是由于顺治帝英年早逝，以及康熙初期辅臣执政时的政策变化，清初以来一直奉行的崇儒重道政策出现了波折。由此，全面贯彻崇儒重道政策的重任，便落在了康熙帝的肩上。

康熙八年四月十五日，康熙帝采纳汉官建议，在宫中致斋后，率领诸王、大臣亲临太学，释奠孔子。他以极为虔诚的态度，于棂星门外降辇，步行进入大成门，至孔子位前，行三跪六叩之礼。亲奠完毕，又至彝伦堂，听满汉祭酒、司业讲《易经》《书经》。听讲后，他对太学师生们说：“圣人之道，如日中天，讲究服膺，用资治理，尔师生其勉之。”康熙帝的这一举动，已经不仅是皇帝个人的兴趣爱好问题，而是具有更为深远的政治意义。其目的在于利用孔孟之道，团结广大汉族百姓和官僚，培养他们对清朝政权的认同心理。不久，康熙帝智擒鳌拜，排除了推行崇儒重道政策的重大障碍，从而使这一政策获得了全面的贯彻。

康熙帝通过举行经筵日讲，系统学习了儒家的主要经典，对儒家学说的政治价值有了比较深入的认识。因而，他对儒家学说的创始人孔子、孟子等人的地位和作用不遗余力地大加鼓吹。康熙十六年十二月，康熙帝在亲制《日讲四书解义序》中写道："朕惟天生圣贤，作君作师，万世道统之传，即万世治统之所系也。……道统在是，治统亦在是矣。历代贤哲之君，创业守成，莫不尊崇表章，讲明斯道。"他把道统与治统之间的关系表述得相当清楚。康熙二十三年十一月，他第一次南巡回来，途经山东曲阜时，亲诣孔庙瞻仰，行三跪九叩之礼，特书"万世师表"匾额，悬挂大成殿中。同时，康熙帝下诏天下学宫崇祀先儒。康熙二十六年，他亲作《至圣先师孔子庙碑文》《孟子庙碑文》，御书勒石，以示景仰。康熙二十八年，他又亲作《至圣先师孔子赞并序》《曾子赞》《子思子赞》《孟子赞》，盛赞孔孟之学"如日月之光昭于天，岳渎之流峙于地"。由此可见康熙帝对儒家学说的推崇。

康熙帝尊孔，不仅限于口头称赞，而且采取一系列实际行动。康熙八年，他亲诣太学祭孔之后，立即诏谕恢复以八股文取士的旧制。康熙二年曾一度颁诏废除八股文，但是二百多年来，汉族士大夫已习惯于这种死板、生硬的八股文，突然取消，甚感不便。他们认为，不作八股文章，便是不讲圣贤之学。因此，要求恢复八股取士的呼声越来越高。康熙帝为"牢笼志士，驱策英才"，迁就汉族士大夫的要求，于康熙八年下诏："嗣后照康熙元年以前例，仍用八股文章考试。"儒家思想一般轻法治，重人治，人治的一个最重要方面，便是运用教化的手段向人民灌输封建伦理纲常。

康熙九年十月，康熙帝向礼部下达一道谕旨，其主要内容是："朕惟至治之世，不以法令为亟，而以教化为先。……盖法令禁于一时，而教化维于可久。若徒恃法令，而教化不先，是舍本而务末也。……朕今欲法古帝王，尚德缓刑，化民成俗，举凡敦孝弟，以重人伦；笃宗族，以昭雍睦；和乡党，以息争讼；重农桑，以足衣食；尚节俭，以惜财物；隆学校，以端士习；黜异端，以崇正学；讲法律，以儆愚顽；明礼让，以厚风俗；务本业，以定民志；训子弟，以禁非为；息诬告，以全良善；诫窝逃，以免株连；完钱粮，以省催科；联保甲，以弭盗贼；解仇忿，以重身命。”这就是著名的《上谕十六条》。一月之后，康熙帝批准礼部题请，决定将其颁行全国，通行晓谕八旗，并直隶各省府州县乡村人等，切实遵行。《上谕十六条》可以看作康熙帝的治国大纲，内容涉及方方面面，但其主旨是以儒家思想教育全国臣民。

长期以来，孔孟一直是汉族人民，尤其是汉族士大夫心中的圣人。作为清朝皇帝，康熙如此推崇孔孟，并且宣布以儒学治国，这在当时有利于联络广大汉族官民的感情，缓和满汉民族矛盾。但是，孔孟距离康熙帝生活的时代已十分遥远。而且，宋明以后，儒家思想本身也发生了分化，形成了不同的思想流派，提倡崇儒重道，和现实政治并不密切，对清朝政府加强对人民的思想统治作用也不直接。经过一个时期的探索，康熙帝又将崇儒重道发展成为尊奉程朱理学，从而进一步加强了对广大人民的思想统治。

理学又称道学，产生于北宋，盛行于南宋、元、明。广义的理学，泛指以讨论天道性命问题为中心的整个哲学思潮，包括各种不同学派。狭义的理学专指程朱理学。程朱理学是由北宋思想家周敦颐、邵雍、张载、程颢、程颐等人创立，南宋思想家朱熹集其大成，最后完成的理论体系。程朱理学是理学中的客观唯心主义学派，以“理”为最高范畴，认为“理”是世界的本原。二程、朱熹所谓的“理”，主要是指君臣、父子等伦理道德的准则。与朱熹同时期的，还有陆九渊兄弟一派的主观唯心主义学派。陆九渊宣扬“心”是宇宙万物的本源，“心”与“理”完全同一，认为自然规律与伦理纲常都是人所固有的先验意识。由于程朱理学更适应维护封建统治的需要，因而从南宋后期开始即被尊为官方哲学，历经元、明，相沿不改。

明中叶以后，程朱理学趋于僵化。王守仁弘扬陆九渊的“心学”，提出“致良知”的学说，认为心之本体即是良知，良知即是天理，更不可向心外求理。王学产生后，很快风靡思想界，几欲取程朱理学地位而代之。明末清初，程朱理学和陆王心学并行。清初，满洲统治者忙于统一全国，只笼统地倡导尊孔，还无暇裁定朱、王之争。随着崇儒重道国策的推行，康熙帝越发认识到程朱理学对巩固封建统治的重要性，于是利用政权的力量排斥理学中的其他流派，确立程朱理学独尊的地位。

康熙帝尊奉程朱，很大程度上是受了儒臣熊赐履的影响。熊赐履，字敬修，号素九，湖广孝昌（今湖北孝感）人。熊赐履提倡非六经、《语》《孟》之书不读，非濂（周敦颐）、洛（程颢、程颐）、关（张载）、闽（朱熹）之学不讲。康熙十年二月，康熙帝于保和殿诏举经筵大典，命熊赐履充经筵讲官，进讲《尚书》“人心惟危”一节。其原文是：人心惟危，道心惟微，惟精惟一，允执厥中。相传这是舜传给禹的为君之道。熊赐履认为它是千古帝王传心之要，万世圣学之源，并用程朱理学的观点解释说：人心易私而难公，故曰危；道心难明而易昧，故曰微。危微之介，只差毫厘，惟精以察之，不使混淆；一以守之，不至摇夺。天理纯全，人欲净尽，动静无过与不及，方能允执厥中，措置适当。三月，康熙帝又命熊赐履为日讲官，先是隔日进讲，继而每日入宫，进讲于弘德殿。年仅十八岁的康熙帝，胸怀守成兼创业的壮志，在清除鳌拜集团之后，励精图治，锐意进取。讲官进讲之时，他虚心学习，有疑必问。熊赐履也有问必答，耐心讲解，还经常结合国计民生、用人行政等问题，以问答奏对的形式，将程朱理学灌输给年轻的康熙帝。康熙帝曾说：“朕闲时与熊赐履讲论经史，有疑必问。继而张英、陈廷敬以次进讲，大有裨益。”在熊赐履等人的影响下，康熙帝逐渐接受了程朱理学，开始把它奉为官方哲学。康熙帝尊奉程朱理学的措施，大体有三个方面。

第一，把程朱看作孔孟嫡传，大力宣扬程朱理学。康熙认为，程朱以前，虽汉之董子（仲舒）、唐之韩子（愈）亦得天人之理，但却“未及孔孟之渊源”，没有得到儒家学说的精髓；到了北宋，邵雍“玩索河洛之理、性命之微，衍先天后天之数，定先甲后甲之考，虽书不尽传，理亦显然矣”；周敦颐“阐无极而太极，复著《通书》，其所授受，有自来矣，如星辰系乎天而各有其位，不能掩也，光风霁月之量，又不知其何似”；程颢、程颐“充养有道，经天纬地，聚百顺以事君亲”，为前儒所诵。至于朱夫子，则“集大成而继千百年绝传之学，开愚蒙而立亿万世一定之规，穷理以致其知，反躬以践其实”，“文章言谈之中，全是天地之正气，宇宙之大道”，“故读其书，察其理，非此不能知天人相与之奥，非此不能治万邦于衽席，非此不能仁心仁政施于天下，非此不能外内为一家”。康熙帝已将程朱理学奉为至理，在他看来，为君者舍程朱是难以治理国家的。因此，他下令将朱熹从孔庙东庑“先贤”之列升格到大成殿“十哲”之中，又给程朱的祠堂及讲学的书院赐匾、赐物。同时，为了弘扬程朱理学，他亲作《理学论》，提倡“学者当于致知格物中循序渐进”，通过自我认识和践履来完善自我，建立人生最高理想。康熙帝还经常与大臣们一同研讨理学，使朝廷大臣都能笃信其说。

在提倡程朱的同时，康熙帝还排斥陆王，这方面的典型例子有康熙与儒臣崔蔚林之间的争论。崔蔚林依据王守仁“心学”的观点，曾撰《大学格物诚意辨》讲章一篇进呈。康熙十八年十月，康熙帝将崔蔚林召进宫，就朱、王之学进行辩论。朱熹诠释《大学》时，对程朱学派的认识论作了精彩的发挥：“所谓致知在格物者，言欲致吾之知，在即物而穷其理也。盖人心之灵莫不有知，而天下之物莫不有理，惟于理有未穷，故其知有不尽也。是以《大学》始教，必使学者即凡天下之物，莫不因其已知之理而益穷之，以求至乎其极。至于用力之久，而一旦豁然贯通焉，则众物之表理精粗无不到，而吾心之全体大用无不明矣。”

崔蔚林从“心学”的观点出发，强调主观精神的作用，主张“格物是格物之本，乃穷吾心之理也”，据此对朱熹的学说提出质疑，认为“朱子解作天下之事物，未免太泛，于圣学不切”。当康熙转而论“诚意”这一范畴，指出“朱子解‘意’字亦不差”时，崔蔚林又表示反对，说：“朱子以意为心之所发，有善有恶。臣以意为心之大神明、大主宰，至善无恶。”康熙帝由于准备不足，无言以对，只得暂时中止了辩论。十天之后，经过比较长的思考，康熙帝对崔蔚林的见解进行了反驳，说：“天命谓性，性即是理。人性本善，但意是心之所发，有善有恶，若不用存诚工夫，岂能一蹴而至？行远自迩，登高自卑，学问原无躐等，蔚林所言太易。”这段认识主要来源于朱熹的哲学思想，对崔蔚林的批驳也的确抓住了王学末流的弊端。

第二，为了提倡程朱理学，大量刊刻理学家的著作。《性理大全》是明朝永乐年间儒臣纂修的收录程、朱等人的理学著作及有关性理语录的一部官书，影响颇大。康熙帝认为这部书“穷天地阴阳之蕴，明性命仁义之旨，揭主敬存诚之要，微而律数之精义，显而道统之源流，以至君德圣学，政教纪纲，靡不大小兼赅，而表里咸贯，洵道学之渊薮，致治之准绳”。于是命人重加补订，亲自作序，刊行全国。康熙帝还命李光地、熊赐履等理学大臣纂修《朱子全书》《周易折中》《性理精义》等理学著作。以上几部著作，康熙帝都亲自作序，鼓吹程朱理学可谓不遗余力。康熙帝如此热衷于刊刻理学著作，目的便是希望程朱理学成为全社会的统治思想。

第三，重用理学名臣。康熙帝既然服膺程朱理学，自然就十分看重那些有相同思想倾向的官员。较早受到康熙帝重用的当数熊赐履。熊赐履早年担任经筵日讲官时，对年轻的康熙帝走入理学殿堂有启蒙之功，因而深受康熙帝的器重。康熙十四年迁内阁学士，寻破格授武英殿大学士，兼刑部尚书。次年，熊赐履以票签失误诿咎同僚而夺官。康熙二十三年，康熙帝南巡，熊赐履迎谒，召至行宫，咨访再四。康熙二十七年，熊赐履起为礼部尚书，后授东阁大学士兼吏部尚书。

康熙朝最得重用的理学名臣是李光地。李光地，字晋卿，号榕村，福建安溪人，康熙九年进士，选翰林院庶吉士，康熙十一年授编修。“三藩之乱”时，李光地拒不投降耿精忠，于康熙十四年上蜡丸密疏，进献平闽的军事方略，康熙帝称赞他：“真忠臣也!”同年超授侍讲学士。康熙二十五年又授翰林院掌院学士，直经筵，兼充日讲起居注官，历官兵部侍郎、工部侍郎、直隶巡抚、吏部尚书等，康熙四十四年拜文渊阁大学士。李光地“谈经讲学，一以朱子为宗”，“非程朱不敢言”，除笃信理学外，他在经书、象数、乐律、音韵等方面造诣颇深。康熙帝纂修的《朱子全书》《周易折中》《性理精义》诸书都出于李光地之手。除此之外，康熙年间得到重用的理学名臣，还有汤斌、魏象枢、张伯行、陆陇其、张廷玉等人。这些理学名臣居官通常比较清廉，有一定的政治见解和才干，在康熙一朝的政坛上异常活跃。

康熙帝在提倡程朱理学时，尤其重视学用一致、知行统一，对大多数理学家空谈性理的思想作风深为不满。因此，他特别提倡真理学，反对假理学。

有一次，康熙帝听讲《中庸》之后，问讲官叶方蔼知、行二者哪一个更重要。叶方蔼回答说：“宋臣朱熹之说，以次序言，则知先行后；以功夫言，则知轻而行重。”康熙帝则认为：“毕竟行重，若不能行，则知亦空知。”为什么说行重于知？关键是知的目的在于应用，在于指导实践；若不用，不实践，知便失去了价值。康熙帝在概括其知行观时指出：“明理最是紧要。朕平日读书穷理，总是讲求治道，见诸措施。故明理之后，又须实行，不行，徒空谈耳!”程朱理学所讨论的，不是纯粹的认识问题，而主要是道德意识的自我认识和实践问题。他们宣扬“合内外之道，一天人之学”，而这种人生最高理想只能落实在日常人伦之中，通过自我认识和践履才能达到。理学家所谓理欲、义利之辩以及格物致知、诚敬等功夫，就是达到这种境界的方法。

康熙帝依据知行统一的观点，对真理学和假理学作了明确的区分。康熙二十二年十月，他对日讲官张玉书等人说："日用常行，无非此理。自有理学名目，彼此辩论。朕见言行不相符者甚多。终日讲理学，而所行之事全与其言悖谬，岂可谓之理学？若口虽不讲，而行事皆于道理吻合，此即真理学也。"也就是说，那些日常行事合乎封建伦理道德的理学家是真理学，而那些挂着理学家招牌而日常行事却不守封建伦理的人是假理学。真理学视理学为追求人生理想的桥梁，而假理学把理学作为换取高官厚禄的敲门砖。

对于真理学之人，康熙帝不惜破格重用。康熙二十三年，他以学士汤斌"曾与河南姓孙之人（指当时理学大师孙奇逢）相与讲明，如此尚于道学相近"，以前典试浙江"操守甚善"，授汤斌江宁巡抚。康熙五十二年九月，他令大学士李光地传谕九卿，"有明于性理实学之人，令各举所知"。康熙六十年三月，康熙帝与大学士们谈到刚进行过的会试，认为其中可能有弊，因为一些真才实学者未被取中，"如举人王兰生学问，南人中或有胜彼者，若直隶人则未能及之。前《周易折中》《性理精义》《朱子全书》，魏廷珍、王兰生等在朕前昼夜校对五年，不遗一字。读书人少全读性理者，王兰生甚为精熟，学问亦优，屡试未中，或文章不佳，抑别有故耶?"因此，康熙帝赐王兰生进士，"着一体殿试"。

对那些假理学，康熙帝则毫不留情，予以猛烈抨击。他批评部分汉族官僚："道学者必在身体力行，见诸实事，非徒托之空言。今视汉官内，务道学之名者甚多，考其究竟，言行皆背。"崔蔚林是康熙帝点名申斥的假理学的典型。崔蔚林与康熙辩论朱、王优劣，公开指责朱熹的说法，这使康熙帝很是恼怒，加之崔蔚林在乡里言不顾行，口碑不佳，康熙帝对他更加反感。康熙二十一年六月，在与近臣议及崔的官职升迁时，康熙帝指斥崔所谓道学未必是实，“为人不甚优”，“居乡亦不甚好”。两年后，崔蔚林自觉在朝中难以立足，疏请告病还乡。康熙帝决意借机对他加以惩治，乃谕大学士等：“崔蔚林乃直隶极恶之人，在地方好生事端，干预词讼，近闻以草场地土纵其家人肆行控告。又动辄以道学自居，焉有道学之人而妄行兴讼者乎？此皆虚名耳。又诋先贤所释经传为差讹，自撰讲章甚属谬戾。彼之引疾乃是托词，此等人不行惩治，则汉官孰知畏惧！”这番言词犀利的揭露，戳穿了崔蔚林伪道学的丑陋面目。

康熙朝那些所谓的理学名臣，实际上也多是言行不一，为一己私利而不择手段之人。康熙十五年，武英殿大学士熊赐履在票拟时出错，遂用移花接木之计，嚼毁错批之签，另作一签嫁祸同僚杜立德。事情败露以后，吏部认定：熊赐履票拟错误，欲诿咎同官，有失大臣体统，坐夺官，归里。从此，熊赐履声名狼藉，人以假道学目之。李光地曾授侍讲学士德格勒《易经》，两人经常在康熙帝面前相互吹捧。康熙二十六年，李光地回籍省亲。德格勒又对康熙帝说：“李光地精熟兵务，其意欲为将军、提督。皇上若将李光地授一武职，必能胜任。”康熙帝觉得其中可能有弊，于次年三月召试德格勒等人，发现德格勒作的文章文词粗劣。当时李光地已回京师，知吹嘘德格勒的事败露，慌忙请罪。康熙帝谕免其罪，从宽留任。熊、李两人是康熙朝声名赫赫的理学名臣，行径如此卑劣，当时理学家的基本面貌也就可想而知了。由于康熙帝一生服膺和倡导程朱理学，所以对这些理学名臣，只是在其丑行败露后略示惩罚，之后又继续加以重用。

康熙帝崇儒重道，由尊孔到尊崇程朱，再到提倡真理学、反对假理学，对当时及以后的政治与思想文化的发展都有很大的影响。

首先，康熙帝的崇儒重道政策，争取了广大汉族士大夫和百姓的支持，促进了清初统一局面的形成。清室入关初期，首先是把精力放在统一方面，清军所到之处，大肆屠杀反抗异族统治的汉族人民，从而激起尖锐的民族矛盾和社会矛盾。在文化事业上，清初统治者还拿不出一套争取汉人的政策和措施，所用官员也大多是一些投降的明朝官吏，汉族士大夫阶层基本上还站在清政府的对立面。康熙年间，在军事形势大体稳定的情况下，提倡儒学和尊奉程朱顺应了广大汉族人民的信仰心理，对缓和他们的对立情绪有很大的好处。更重要的是，康熙帝尊奉程朱的政策赢得了汉族士大夫的支持，大批封建士人通过科举考试、博学鸿儒科等途径进入仕途，从而心甘情愿效忠清室。这些举措确实促进了清初的统一。

其次，康熙帝尊奉程朱的政策尽管有其积极意义，但消极影响也很大。明末清初是个"天崩地解"的时代，也是继春秋战国"百家争鸣"之后第二次思想界活跃异常、成果卓著的时期。其间有鲜明反对君主专制的黄宗羲，有提倡经世致用的顾炎武，有系统总结中国古代朴素唯物主义的王夫之，此外还涌现了傅山、方以智、陈确、唐甄等一批思想家。但是，到了康熙年间，由于推行尊崇程朱理学的政策，"言不合于朱子，率鸣鼓而攻之"，强行统一思想，扼杀了人们思想的发展。其后，雍正、乾隆两朝对此政策奉行不渝，把封建的专制主义文化引向极端，使一度活跃的思想界再度沉寂下来。康熙帝的这套政策，对于此后中国思想文化的发展产生了十分不利的影响。

三　振兴文教　嘉惠士林

康熙中叶以后，随着清朝统治趋于稳固，国力蒸蒸日上，康熙帝花费大量心血振兴教育，组织文士编修规模浩大的文化典籍。这些措施对于教育文化事业的繁荣，对于民族文化的继承与弘扬都起了巨大的推动作用。

康熙初年，清朝统治虽然已经大体上巩固下来，但是经过长期战乱破坏，教育事业仍然是一片凋敝的景象，“所在屠灭，郡邑为墟”，“文学诸生，谋生犹恐不给，奚暇诵读?”各地学舍普遍废坏，师席久虚。教育事业的凋敝对整个社会产生了严重的后果。当时，不只各级政府机构中官吏奇缺，不得不任用前明降官和捐纳官员，致使官吏素质低下，妨碍了清朝政府对全国实施有效统治，而且因为长期未在广大百姓中进行教化，也为清朝政府的统治带来了极大的困难。面对这种情况，康熙在位期间，广设学校，倡建书院，重视八旗教育，使得教育事业走出了明末清初以来的低谷，进入了一个新的发展阶段。

长期以来，各种不同类型的学校一直是发展教育事业的主要机构。康熙帝从修复、增设各地学校入手，开始了振兴教育的活动。

清初继承明制，在中央设立国子监，地方设立各级儒学。虽然这些地方儒学与明代后期一样，已经不具有教学职能，只是担负祭孔典礼和管理本地诸生的官僚机构。但是，因为这些机构在地方教育中起着领导、监督的作用，影响不可低估，因此，康熙帝在顺治年间普遍恢复各地儒学的基础上，又在一些边远地方及新设州县继续增设儒学。针对地方儒学不具备教学职能的现实，为了普及初级教育，从康熙二十年开始，康熙帝即积极提倡各地兴办义学。康熙四十年以后，在他的倡导下，义学又普及边疆省份，以及内地各省的穷乡僻壤。如康熙四十四年，他下诏贵州各府、州、县设立义学，“将土司承袭子弟送学肄业，以俟袭替，其族属人等，并苗民子弟愿入学者，亦令送学，该府、州、县复设训导，躬亲教谕”。康熙五十二年，康熙帝诏谕全国各地大办义学，“各省府、州、县多立义学，延请名师，聚集孤寒生童，励志读书”。此后，康熙帝仍然很关心各地的义学，不时督促。康熙五十四年，他下诏畿辅地区的穷乡僻壤皆立义学，并要求直隶巡抚遍示村庄，使百姓皆知皇帝“崇文好学之深意”。康熙五十九年，他又批准广西土属共十五处各设义学一所，并谕该地巡抚选择本省品学兼优的举人、贡生，每属派发一员，作为义学教员，“教读土属愿学子弟”。

在积极提倡汉族平民教育的同时，康熙帝继续推进清初以来的八旗教育事业。清室入关以后，为了建立和巩固统治，清朝政府即着手建立并积极发展八旗教育事业。顺治年间，清朝政府除利用明朝旧有中央教育机构国子监作为进行八旗教育的场所外，还创立了八旗教育的专门机构。顺治二年，清朝政府下令建立八旗官学，凡满洲子弟就学者，分为四处。顺治十年，又决定每旗各设宗学，“凡未封宗室之子年十岁以上者俱入宗学”。同时，康熙帝将八旗教育正式纳入科举考试的轨道，向八旗生员开放仕途。顺治八年，清朝政府规定考试满洲、蒙古翻译秀才之制，并且允许八旗子弟像汉人一样考取功名。顺治末年，由于全国尚未统一，战争仍在进行，清朝政府的八旗教育政策一度有所倒退。“三藩之乱”平定后，清朝政府逐渐改变了顺治后期限制八旗教育发展的政策。其主要表现是：在使用传统教育机构国子监和恢复科举选拔八旗人才的同时，八旗专门教育机构的数量迅速增加，地位也日益重要，八旗教育在身份和地区上更加普及。并且八旗教育的目的也由顺治时期的培养翻译人才改为培养中央部院各级行政官员。与之相一致，八旗教育也逐渐形成了自己的特色。

康熙二十四年以后，清朝政府不断增设八旗学校。其一是景山官学。康熙二十四年四月，康熙帝以“内府佐领人员善射及读书善文者甚少”，因命“专设学舍”。根据这一谕示，内务府设立景山官学，专教内府子弟。该学设清书三房、汉书三房，收录学生三百六十名。康熙三十四年又定：“内府三旗，每满洲佐领下各选学生八人，旗鼓佐领下四人，内管领下六人，共定三百八十八人”，并于新科进士内“简选老成者充教习”。其二是建立八旗义学。康熙三十年，清朝政府决定：“八旗幼童年十岁以上者，由各佐领于本佐领下拣选优长者一

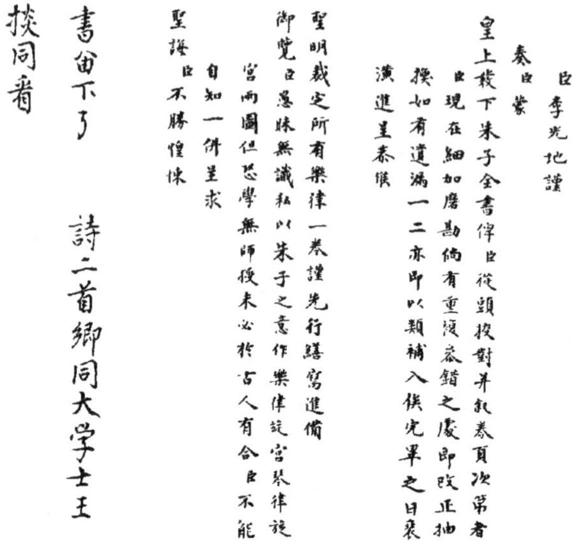
臣李光地謹
奏臣蒙
皇上發下朱子全書俾臣從頭校對并叙卷頁次第者
臣現在細加磨勘倘有重複舛錯之處即改正抽
換如有遺漏一二亦即以類補入俟完畢之日裒
滙進呈恭俟
聖明裁定所有樂律一卷謹先行繕寫進備
御覽臣愚昧無識私以朱子之意作樂律旋宮琴律旋
宮兩圖但恐學無師授未必於古人有合臣不能
自知一併呈求
聖誨臣不勝惶悚
書留下了　詩二首卿同大学士王
掞同看

李光地奏校关于《朱子全书》等事奏折及康熙帝朱批

人作为教习。其满洲、汉军旗分幼童教习清书清语，蒙古旗分幼童兼教习蒙古书与蒙古语，皆教习马步箭，仍令各该佐领及骁骑等不时稽查约束，名为义学。”限于条件，这个决定并未彻底执行，却使京师的八旗教育由上层官员子弟普及至一般旗民。其三是设立盛京左右翼官学。康熙三十年，清朝政府决定：盛京左右两翼，各设官学二所，各旗选俊秀幼童十名，每翼四十名。满学内各二十名，教读满书；汉学内各二十名，教读满汉书，并习马步箭。其四是设立黑龙江两翼官学。康熙三十四年，清朝政府决定：于墨尔根地方两翼各设官学一所，设教官各一员，将新满洲诸佐领下每岁各选幼童一名，教习书义。以上两种官学的设立，又使八旗教育自京师普及东北。

随着八旗教育的发展，康熙时期八旗教育逐渐具备了自己的特点。第一是满汉并学。八旗是以统治民族满洲为主体而建立的一种政治实体。为了维持统治，必须固守本民族的语言文字，因而各种类型的八旗学校都坚持学习满语。并且，作为清朝统治的依靠力量，为了对广大汉人进行有效统治，培养各级八旗官员通晓汉文也实属必要。因而，除层次较低的八旗义学和远在东北的八旗学校之外，各种八旗学校都是满汉并学。第二是重视骑射。清朝以八旗武力为凭借，建立起其对全国的统治。为了维护统治，自入关伊始建立八旗教育机构之日起，清朝政府即将骑射作为八旗教育的一项主要内容。第三是注重实用。如康熙九年，清朝政府以“天文关系重大，必选择得人，令其专心学习，方能通晓精微”，决定“于官学内每旗选取十名，交钦天监分科学习”。

由于康熙帝注重八旗教育并在沟通满汉方面采取一系列积极措施，入关之初一度使清朝政府甚感急迫的满汉翻译问题大致得到解决。康熙十年正月，清朝政府下令：“嗣后内而部院，外而各省将军衙门通事悉罢之。”满汉两个民族之间的语言、文化的隔阂逐步缩小，民族融合步伐进一步加快，满汉公卿士人、文人墨客互相酬唱几乎司空见惯，对于民族矛盾的消释和清朝统治的巩固都起了重要作用。

在大力发展满汉学校的同时，康熙帝非常关心教育机构的管理工作。在各级教官中，学政是掌管一省教育的最高官员，康熙帝尤其重视对于学政的选拔与考核。各省学政，皆由他亲自挑选任命。与此同时，他还多次要求他们实心任事。并且规定：新补学政，一经领敕，次日即须赴任；各省就任学政考试完毕后，必须在十一月内报满到部，如违定限，即题参处；学政考试迟延、限内不能完结者，降一级调用；各省学政要对所有士子负责，秉公办事，不得营私舞弊、考试不公，从而导致“真才沦弃，文治不光”，否则督抚等官即行纠参，严加治罪。对于“士子观法所系”、直接影响受教育者的其他各级教职官员，康熙帝也做出各种规定，严格加以要求。

康熙十八年题准，学政于官员贤否，遵照敕谕，例应考核，文到，各府、州、县掌印官照旧式备造僚属履历，及以前荐奖戒饬缘由，填注考语事实，教官更分年力、志行、学识、教规四款。康熙四十三年，康熙帝针对直省教职官内“不谙文学者甚多”，责问“如此何以训士”，遂令有关部院拿出解决的方法。经过讨论，决定“嗣后教职由部选后，赴抚臣考试，其考居一、二、三、四等令其赴任，五等令归学习，六等革职”。康熙帝还下诏，学臣要对教官加以考试，评定优劣，“如全无文理者”，即行题参。

对于广大就学士子，康熙帝更是谆谆教导，耳提面命。他根据理学家的人才观，提倡士子先品后学。康熙四十一年正月，康熙专门颁发一道《训饬士子文》，对在学诸生提出要求：“躬修实践，砥砺廉隅，敦孝顺以事亲，秉忠贞以立志；穷经考义，勿杂荒诞之谈；取友亲师，悉化骄盈之气；文章归于醇雅，毋事浮华；轨度式于规绳，最防荡轶。”康熙帝还非常关心士人的学习环境，在位期间多次下诏修葺破旧的校舍。康熙二十二年八月，工科给事中许承宣题请修葺天下学宫，“以崇文教”，康熙帝欣然准奏。康熙四十一年正月，康熙帝下诏修葺国子监。康熙四十四年十一月国子监落成时，他又赐书“彝伦堂”匾额。

在康熙帝的热心扶持下，书院发展进入了一个黄金时期。中国古代书院兴起于唐代后期，南宋以后迅速发展，并且历经元、明而不衰，对于教育事业和学术文化的发展都发挥了重要的作用。最初，书院多为私办，与政府设立的学校并行。南宋以后，由于官学没落，封建统治者遂把眼光移向书院，书院也逐渐与科举挂上了钩。至明代后期，官设学校徒具形式，书院便成为向科举考试输送高级人才的主要教育机构。

明末清初，长期的社会动乱使得书院遭受严重破坏，它们或毁于兵燹，或并于僧寺，存者为数极少。为了笼络汉族知识分子，从顺治二年起，清朝政府连年开科取士。这样，一些地区的书院开始恢复，一些新书院也兴建起来。至顺治九年，全国恢复和重建旧有书院十四所，新建书院十一所。但是，由于当时满汉民族矛盾十分尖锐，为了防止汉族士人利用书院讲学进行反清活动，同时，有鉴于明末士大夫借书院讲学而结党营私、批评时政、削弱统治的历史教训，顺治年间清朝政府的书院政策表现出极大的摇摆性。

顺治九年，清朝政府向天下学宫颁行卧碑，对士子严加约束，并下令“各提学官督率教官、生儒，务将平日所习经书义理着实讲求，躬行实践，不许别创书院，群聚徒党及号召他方游食无行之徒，空谈废业”。又下令每乡设立一所社学，择“文义通晓，行谊谨厚者”为社学教师，以满足人们的文化要求。在清朝政府的强力压制下，当时相当一批旧有书院被改为社学，敢于创办书院者寥寥无几。后来随着统治趋于稳固，清朝政府关于书院的禁令才有所松动。顺治十四年，顺治帝从偏沅巡抚袁廓宇之请，下令修复衡阳石鼓书院。受此影响，全国书院数量开始回升。但因时当大乱之后，经济残破，兼之以清朝统治集团内部斗争激烈，往往朝令夕改，所以终顺治朝，全国书院仍呈十分凋敝的局面。修复和重建的前代书院，不过六十一所，至于新建书院，也仅有四十五所。

康熙初年，随着大规模战事的结束，教育事业有了明显的起色。一些有识之士开始自发地兴办书院，并且在社会上产生较大的影响。而在此时，清初以来政府提倡兴办的社学却走上了绝路。社学“不过择一老缝掖督市肆十数童稚，于黉宫廓宇殿阁之间，句读《千（字）文》《百（家）姓》而已”，既不能实现统治者宣传儒学的愿望，又不能满足广大士人的文化需求。因此，康熙二十五年，康熙帝下诏提学查革各地社学，而把教育的中心移到传统教育机构——书院。“三藩之乱”平息以后，康熙帝积极提倡各省兴办书院。先后向各地著名书院赐匾、赐书，几十年间不下十余处。如康熙二十五年，为江西白鹿洞书院、湖南岳麓书院御书“学达性天”匾额，并颁赐《十三经》《廿一史》及日讲各经解义十六种。康熙三十三年，为河南开封游梁书院御书“昌明仁义”匾额。康熙四十一年，为京师金台书院御书“广育群才”匾额。康熙四十二年，为云南昆明书院御书“育才”匾额，为山东济南白雪书院御书“学宗洙泗”匾额。康熙四十四年，为苏州文正书院御书“济时良相”匾额，为杭州崇文书院御书“正学阐教”匾额。康熙五十五年，为杭州敷文书院御书“浙水敷文”匾额，并赐《古文渊鉴》《渊鉴类函》《周易折中》《朱子全书》等；为福州鳌峰书院御书“三山养秀”匾额，并赐经书；为福建尤溪南溪书院御书“文山毓哲”匾额。康熙五十六年，为江西铅山鹅湖书院御书“穷理居敬”匾额。康熙五十八年，为河南开封大梁书院御书“两河文教”匾额，为江西南昌豫章书院御书“章水文渊”匾额。康熙六十一年，为江苏苏州紫阳书院御书“学道还纯”匾额。

在康熙帝的带动下，各省督抚纷纷采取行动，或者亲自在省城建立书院，或者“发金置田”，檄令属下州县建立书院。影响较大者，如康熙十年，安徽巡抚靳辅应安庆士绅之请，下令修复当地的培原书院，改名“修永”，仍命府学教授勤课生童，讲贯理学。康熙二十一年，两江总督于成龙建江宁虹桥书院，“檄江上各士，肄业其中”。康熙二十二年，广西巡抚郝浴建桂林新华亭书院，“属提学道召集生徒，月给廪饩，肄业其中”。康熙二十四年，云贵总督蔡毓荣、浙江巡抚赵士麟分别建立昆明育才书院和杭州敬一书院。知府及以下各级官员也都闻风而动，置办学田，招收生徒，延聘名师，建立书院。如康熙二十年，安徽池州知府喻成龙建池阳书院，“集六邑诸生，肄业其中，置田七百余亩，以为供膳，讲诵极盛”。一些官员还利用政余亲赴书院讲学，如理学名臣汤斌、张伯行皆曾亲临东林书院。有些官员非常倾慕当时的知名学者，为了提高本地书院声望，卑辞厚币，千方百计邀请他们至辖内书院讲学。如康熙初年，直隶内黄知县张沐请孙奇逢主讲于内黄书院，浙江海宁知县许三礼请黄宗羲讲学于海昌书院。而后又有常州知府骆钟麟师事李颙，请他“主东林讲席，继讲于江阴、靖江、宜兴，兴起甚众”。

一时之间，全国出现了兴办书院的热潮，书院数量进一步增长，流风所及，甚至连台湾和少数民族散处的边远地区也先后建立了书院。自康熙二十二年收复台湾至康熙末年的几十年时间里，向无书院的台湾先后兴建了八所书院。康熙四十七年，著名学者李来章在广东“创连山书院，著学规，日进县人申教之，而瑶民之秀者亦知向学，诵读声彻岩谷”。

面对清初以来教育凋敝的现实，康熙帝广设学校，倡建书院，从而使各地义学纷起、书院林立。以书院为例，北宋时只有七十多所，至南宋为四百多所，明朝嘉靖年间书院最多时达到五百多所，但是到了康熙年间，新建、修复以及重建书院激增到近八百所。如果加上顺治年间已经修复和建立的书院，那么，康熙年间书院总数已达九百所左右，且分布于大江南北、长城内外。书院林立，对普及教育、提高全民族的文化素质无疑有很大帮助。

康熙帝振兴教育还对巩固国家统一、发展社会经济起了不可忽视的作用。通过推行教育，儒家学说得到广泛传播，从而为巩固国家统一、发展社会经济提供了较好的思想基础。另外，他还重视八旗教育，兴办八旗官学，允许八旗子弟参加科举考试，对于八旗子弟学习汉族先进文化也起了积极的推动作用，并出现了像纳兰性德、曹雪芹那样著名的文学家，为民族文化的繁荣做出了重要贡献。当然，康熙帝振兴教育也有其局限性。最突出的是，他把教育与科举紧紧相连，教育内容又是程朱理学的一套，教育目的是选拔官吏，封建士人整天死啃“四书五经”，讲究理气、性命，写作八股文，从而严重束缚了思想文化的发展。

出于对民族传统文化的热爱和理政的需要，康熙帝在位期间，还组织文人、学者编纂了规模浩大的典籍。据《清史稿·艺文志》统计，由他组织编修的书籍共六十余种，一万余卷，其中经部十一种、史部十九种、子部十五种、集部十五种。他对每部书都给予认真、具体的指示，从编纂体例、指导思想、资料来源、人员组成等各方面，都做了周密的考虑，甚至亲自动手，整理调查结果，批注读书心得。当时宫内设有几座修书处，例如：蒙养斋专修天文、历数、音律等方面的书籍；佩文、渊鉴两斋，专修经史、文学方面的书籍；满文经馆专门从事满文、蒙文等少数民族文字的翻译。此外，凡编辑、翻译及出版机构，均统领于武英殿总管，其机构设施相当完备。

康熙年间编修的书籍，不但数目众多，而且还以门类齐全和内容广泛著称于时。康熙初期，由于战争较多、政务繁忙，编修书籍以日讲各经解义以及前朝正史、本朝实录和圣训为主。康熙三十年以后，随着国内政局进一步安定、社会经济迅速发展和清朝统治的巩固，这一局面被打破，先后出现了不少传世名作。经部除继续编纂一些说经之书外，康熙帝另辟蹊径，组织学者编修《康熙字典》，不但开辟了清人治学的新方向，而且由于该书有着普遍的使用价值，在社会上也产生了广泛的影响。史部书籍的纂修，也除原来正史、实录之外，别开生面地以方略、地志、会典纂修为重点，对当时大一统的政治形势和当代史的各个方面加以广泛的探索和研究。子部书籍的成绩尤为辉煌，不但内容涉及社会思想、自然科学、文学艺术等许多领域，而且在学术成就上也超越了前代同类著作。至于集部书籍，成就也相当可观，尤其值得称道的是《全唐诗》和《全金诗》的编修和刊刻，既对前代文化成就进行了一番总结，也对清代学者治学产生了深远的影响。康熙帝的这些成就，不但为繁荣和发展民族文化做出了重要的贡献，而且也为他的个人形象增添了一层光彩。下面择其中影响较大的几部书籍略作介绍，以见康熙一朝编定群书的大致情况。

《康熙字典》。这是康熙年间编修的一部重要字书。康熙四十九年三月，康熙帝对大学士陈廷敬等提出了编修汉文字书的初步设想：以往的字书都有一定的缺陷，“明人梅膺祚《字汇》失于简略，张自烈

《正字通》征引繁芜，内多舛驳”，“今欲详略得中，归于至当，增《字汇》之阙遗，删《正字通》之繁冗，勒为成书，垂示永久”。根据康熙帝的谕示，朝廷成立了编书机构，任命张玉书、陈廷敬为总阅官，凌绍雯等二十七人为纂修官，陈世倌为纂修兼校刊官。他们悉取旧籍，次第排纂。切音解义，一本《说文》《玉篇》，兼用《广韵》《集韵》《韵会》《正韵》；其余字书一音一义之可采者，靡有遗逸。至诸书引证未备者，则自经史百子，以及汉、晋、唐、宋、元、明以来诗人文士所述，莫不旁罗博证，使有依据。

历时五载，至康熙五十五年字书修成，康熙帝钦定书名为《字典》，意在使臣民“奉为典常”，“以昭同文之治”，后人遂称其为《康熙字典》。《康熙字典》在中国语言史上占有重要地位，它吸收了历代字书的有益部分，融会综合，并加以补充发展，达到了封建时代字书发展的顶峰。《康熙字典》的突出特点是收字多，达四万七千零三十五字，超过以往任何一部字书。此外，在辨形、注音、释义、引例等方面，它也都比以前的字书完备、缜密、合用。在编排体例方面，《康熙字典》采用《字汇》《正字通》两书行之有效的部首检字法，并将部首及部中之字按笔画为序，查阅较为便捷。正如康熙帝在该书序言中所说：“古今形体之辨，方言声气之殊，部分班列，开卷了然，无一义之不详，一音之不备矣。”但是，由于《康熙字典》系众人合编，仓促成书，不仅体例难于划一，且在注音、释义等方面，亦有失误之处。

《渊鉴类函》。这是一部侧重于查检文章辞藻的类书，共四百四十五卷，康熙四十年由张英、王士禛等纂成，康熙四十九年由康熙帝亲为制序刊行。清代以前，已编有不少供人搜求辞藻的类书，但有些书因系一代所修而内容多有重复，有些书又因分撰于各代而内容互不衔接。明朝人俞安期对古代一些类书作了删除重复的工作，将唐人编修的《艺文类聚》《初学记》《北堂书钞》《白氏六帖》四部类书合编，并酌增此后编成的杜佑《通典》、韩鄂《岁华纪丽》的一些内容，编成二百卷的《唐类函》。康熙三十五年，康熙帝令翰林院官员“可依《唐类函》体例，自唐迄明，辑成完书，以资观览”。具体地说，《渊鉴类函》以《唐类函》为基础，将收书范围扩大到唐以前及唐以后至明嘉靖年间的各种类书、正史、诸子、文集，并分别将新收各书的有关内容按部补入《唐类函》之中，从而使该书成为在时间上通贯古今，在内容上也远较同种类书更为丰富的一部大类书。在部属分类上，该书大体仍悉《唐类函》旧例，变化不大，但在每部之内的体例安排上却较《唐类函》更为完善。原本《唐类函》仅将各部之下有关条文按《艺文类聚》《初学记》《北堂书钞》《白氏六帖》的先后顺序排列，最后殿以诗文。《渊鉴类函》对此重加编排，“以释名、总论、沿革缘起居一，典故居二，对偶居三，摘句居四，诗文居五”排序。由于该书对此前同种类书的成果做了一次整理和总结，因而具有较高的价值。

《佩文韵府》。这是一部专门汇辑诗词歌赋中的辞藻典故的类书，共四百四十卷，康熙五十年由张玉书等纂修成书。在此之前，宋、元之际阴时夫所著的《韵府群玉》和明代凌稚隆所著的《五车韵瑞》都是将诗词歌赋中的辞藻典故汇辑起来并按韵编排的类书，但两书的共同缺点是疏漏不全。《佩文韵府》便是以阴、凌两书为基础并参考其他同类著作加以增补而完成的一部类书。在编排体例上，《佩文韵府》仍袭阴、凌两书之遗规，按韵部次序收录字、词；同音之字，则按平、上、去、入次序排列；每韵部所收之字，先标音训，而后于此字之下收录尾字和它相同的词语、典故若干条，并注明所据书目。所收的词语典故，凡采自阴、凌两书者，均于其前加“韵藻”两字，列于最前面；凡新增的词语典故，则于其前加“增”字，列于所收阴、凌两书条目之后；所收辞藻、典故，皆按二字、三字、四字次序排列，其中各条之下的例证，又以经、史、子、集为序；如果一条辞藻典故同见于数书，则先引早出之书，而将其他各书的例句依次注于其下。所引之对语、摘句，附于该条典故之最后，并将“对语”“摘句”四字各加方框，但不再指明所收词语的出处。该书刊行后，因发现尚有不少字、词遗漏，康熙五十五年又编纂了《韵府拾遗》一书。《佩文韵府》在汇辑诗词歌赋的典故方面对前人的成果进行了一次总结，因而成为清代前期修成的一部有名的类书。

《骈字类编》。康熙五十八年命张廷玉等编纂，共二百四十卷，雍正四年由雍正帝制序刊行，是一部和《佩文韵府》互为经纬、相辅而行的类书，作用和性质也与之大体相同。但在编书体例上，该书仍按以类相从的旧例，按事类分为天地、时令、山水、居处、珍宝、数目、方隅、采色、器物、草木、鸟兽、虫鱼等十二门，另附“人事”一门作为补遗。对于每字之后所引的与此字相同的各条词语，也都齐句首一字，犹似现在的各种词典的排列方式。此外，它和《佩文韵府》不同之处还在于它不像《佩文韵府》对二字、三字、四字词语兼收并蓄，而是仅收两个字的合成词。有此两书并行，读者可以随时以不同方法查出有关词语的典故出处。而且，该书对于所引各书词语，皆一一注明其书名、篇第，这也是该书超出《佩文韵府》的地方。

《子史精华》。康熙六十年命词臣吴士玉等编纂，共一百六十卷，雍正五年刊印行世。该书是将子、史两部古籍中可“资考证，广学问”的有关资料加以汇集而编成的一部类书。在我国古籍中，子、史两部书籍数量最多，内容也极丰富，要查某事、某物的出典很不方便。清代以前，不少学者曾对这两部分古籍中的名言进行摘录，编成一些类书。但是，这些类书多不尽如人意。《子史精华》对前人的同种类书进行增编改造，立三十部、二百七十九目，“自天文、地理、帝德、王功、礼乐、兵刑之大，人伦日用之常，以及九边之殊域，二氏之异教，方术技艺之巧，草木鸟兽之蕃”，名言隽句，采掇靡遗。以大字标其精要，分注详其首尾，原原本本，条理秩然，繁简得中，剪裁有法。因而，后人赞曰：“守兹一帙，可以富拟百城。于子、史两家，诚所谓披沙而拣金、集腋而为裘矣。”

《历象考成》。这是一部天文历算学专著，共四十二卷。康熙帝对自然科学，尤其是天文历算有浓厚的兴趣和较高的造诣，“万幾之暇，留心律历算法，积数十年，博考繁赜，搜抉奥微，参伍错综，一以贯之。爰指授庄亲王（允禄）等率同词臣，于大内蒙养斋编纂，每日进呈，亲加改正，汇辑成书，总一百卷，名为《律历渊源》”。《历象考成》是其第一部。上编十六卷，题《揆天察纪》，阐明理论；下编十卷，题《明时正度》，详述方法；附表十六卷，备运算之用。该书集中西历算之长，采用丹麦天文学家第谷的体系，在编纂上和历算精度上都比明代徐光启编修的《崇祯历书》有所提高，在中国天文学史上有一定的地位。

《全唐诗》。康熙帝下诏编修的一部唐诗总集，共九百卷。唐代是我国诗歌发展的黄金时期，群星璀璨，篇什浩瀚。唐人诗歌总集和各个诗人的别集，唐、宋以后即有人动手汇辑。明朝人胡震亨编成《唐音统签》一千零三十三卷，清初季振宜编成《唐诗》七百一十七卷，采宋元以来所刊刻、传抄的唐人别集，并搜求遗佚，补辑散落，成为网罗面较广的两部唐诗总集。康熙帝喜读唐诗，又以胡、季两书虽初具规模，但多舛漏，于是决定重新编定一部更为完备的唐诗总集——《全唐诗》。康熙四十五年，康熙帝命江宁织造曹寅在扬州天宁寺设立刊刻《全唐诗》的书局，派侍讲彭定求、编修沈三曾等十人从事校订编辑工作，以胡、季两书为基础，“益以内府所藏全唐诗集，又旁采残碑断碣、稗史、杂书之所载，补苴所遗，凡得诗四万八千九百余首，作者二千二百余人”。《全唐诗》相当完备地搜罗了唐代三百年间成集的诗歌或零星的篇章单句，“唐三百年诗人之菁华，咸采撷荟萃于一编之内”，使后人能窥见唐诗的全貌，并且还做了一些校补和订正。《全唐诗》的编修，对于研究唐代文学和历史有很高的参考价值。

《古今图书集成》。《古今图书集成》原名《古今图书汇编》，共计一万卷，署名为“雍正三年蒋廷锡等奉敕撰”，实际编纂者是康熙年间著名学者陈梦雷。陈梦雷，字则震，又字省斋，晚号松鹤老人，别号天一道人，福建侯官人。他自幼聪明好学，康熙九年，未及二十岁即中进士，授翰林院编修。“三藩之乱”时，他正居乡省亲，耿精忠以武力胁迫陈梦雷为官，他拒不接受。事后清朝政府却以逆党罪拟斩，因奉康熙特旨，从宽免死，流戍奉天。康熙三十七年，康熙帝东巡，陈梦雷献诗称旨，蒙恩召还，命侍皇三子允祉读书。恰在此时，康熙帝有意编修一部包罗万象、通贯古今的大型类书，“以宣扬圣朝的文治”。于是允祉向康熙帝推荐由陈梦雷编修，得到了准许。康熙帝对陈的工作“指示训诲，钦定条例”，并亲幸其第，御书“松高枝叶茂，鹤老羽毛新”一联，以示鼓励。从康熙四十年开始，陈梦雷正式编修此书，至康熙四十五年全书初步编成，进呈康熙帝。康熙帝特赐名《古今图书集成》。由于康熙晚年诸王党争，该书迟迟未能修订印行。雍正帝即位后，允祉被贬守护康熙陵墓景陵，七十二岁的白首老翁陈梦雷再次被谪戍关外。雍正帝命蒋廷锡等修订《古今图书集成》，删去陈梦雷之名，于雍正四年正式付梓。

《古今图书集成》全书凡万卷，另有目录四十卷，内分六汇编、三十二典、六千一百零九部。六汇编是历象、方舆、明伦、博物、理学、经济。其中历象汇编包括乾象、岁功、历法、庶征四典，凡一百二十部，计五百四十四卷；方舆汇编包括坤舆、职方、山川、边裔四典，凡一千一百八十七部，计二千一百四十四卷；明伦汇编包括皇极、宫闱、官常、家范、交谊、氏族、人事、闺媛八典，凡二千九百八十七部，计二千六百零四卷；博物汇编包括艺术、神异、禽虫、草木四典，凡一千一百三十部，计一千六百五十六卷；理学汇编包括经籍、学行、文学、字学四典，凡二百三十五部，计一千二百二十卷；经济汇编包括选举、铨衡、食货、礼仪、乐律、戎政、祥刑、考工八典，凡四百五十部，计一千八百三十二卷。在全书层次安排上，部是最基层的单位，每部之下又包括汇考、总论、图、表、列传、艺文、选句、纪事、杂录、外编等项。汇考记述大事，引证各种古书以介绍该部内容之源流；总论采集经、史、子、集各书对该内容的议论；图、表则根据内容需要，分列图、表加以说明；列传记述人物生平；艺文则采集和该部内容有关的诗、文、词、赋等；选句多择俪句，供吟诗作文时借鉴；纪事收录不见于汇考的琐细小事；杂录收不宜收进汇考、总论、艺文的材料；外编则抄录前述各项不好安排的荒唐无稽之事。

《古今图书集成》对古典文献进行了一次分门别类的全面整理和总结，它在中国古代图书事业史上有着重要的地位和影响。首先，由于该书收录范围甚广，遍及经、史、子、集四部古籍，而且在收录过程中，多将原书整篇整段抄入，因而保存了大量的原始资料。其次，该书体例完善，分类详细，也为学者治学提供了极大的方便。再次，由于《古今图书集成》成书时间较《永乐大典》晚了近三个世纪，因而未被《永乐大典》收录的明代和清初的不少佚书赖此保存。此外，该书成于清初，所录各书使用了较早的版本而多存古籍原貌，因此，在校勘古籍方面也有重要的作用。当然，该书也存在明显的缺陷和不足。《古今图书集成》正式编修的时间较短，又系由陈梦雷一人主持，全书脱漏、错误不少。尽管如此，《古今图书集成》仍不失为现存类书中一部规模最大、用处最广、体例也最完整的类书。

康熙帝编修群籍，如同他振兴教育一样，主要目的是要借此统一人们思想、巩固统治。因而，在编修的书籍中，程朱理学之书占了很大分量，其他经、史、子、集四部之书也无不贯穿着维护封建统治的目的。此外，话本小说、有反清色彩的诗文以及治河之书都不在编修范围。这不能不说是他的阶级局限和个人识见的局限。但不可否认的是，在康熙帝的主持和直接参与下，康熙一朝，图书编纂的成果是丰硕的，为后人留下了数十部重要的文化典籍。这批文化遗产，无论是对清代学术的发展，还是对民族文化的传承，都起到了促进作用。

第十章　晚年孜孜　巩固江山

康熙五十年后，康熙帝进入了他的晚年时期。尽管和绝大多数的封建帝王一样，由于康熙帝长期身居高位，不察下情，在其晚年时期，政事逐渐废弛，吏治也大不如前，对于一些事情还做出了错误的决策。但是，作为中国历史上少见的一个英明君主，主观上，他始终以诸葛亮的“鞠躬尽瘁，死而后已”为座右铭，从而在发展生产、关心民生、维护统一等方面都继续做出了重要的贡献。

一　偶兴文狱　钳制思想

康熙帝虽是一代英主，但到了他的晚年，由于皇储之争、太子废立及诸子争储夺嫡，凭空给他制造了不少的烦恼，在考虑和处理一些问题时，便失去了往日的理智、冷静和灵活，并做出了十分错误的处理。其中一个十分典型的事例是康熙五十年至五十二年对戴名世《南山集》案文字狱的处理。

康熙朝文字狱始于康熙元年的庄氏史狱。当时，清朝统治虽已大致确立，但是明朝残余势力仍在各地活动。为了建立和巩固统治，四辅政大臣对有关历史著作中涉及满洲先世的记载严加禁毁，对相关人员也残酷镇压。这些，虽在一个时期中起到了明显的震慑作用，却使满汉隔阂愈加深重，并不利于清朝统治的巩固。因而，康熙帝亲政后，即刻大幅度地改变了四辅政时期的文化政策和民族政策，笼络遗民、调和满汉皆不遗余力，并且也收到了明显的效果。虽然如此，面对民族压迫的客观现实，汉族人民的反抗仍然时有发生。如康熙四十七年，先后发生浙江大岚山朱三太子等起兵反清事件，虽然不久即遭镇压，并于山东拿获改名王老先生之朱三太子，但是这些事件也给康熙帝以极深的刺激。因此，戴名世《南山集》案发生后，康熙帝便一反常态，对之进行了极为严厉的处理。

戴名世，安徽桐城人，早年贫困好学，酷爱历史。他利用在籍教书余暇，搜集大量史料，著成有关明末桐城地方史事的《孑遗录》一书。并且，他还有志撰拟一部明史著作。在搜集材料的过程中，他曾将同乡人方孝标所著的《滇黔纪闻》一书仔细研读。方孝标，原名方玄成，因避讳康熙帝御名，以字行。方孝标是顺治六年进士，历官内弘文院侍读学士，两充会试同考官。顺治十四年江南乡试科场案，方孝标与其父方拱乾皆受牵连，流放宁古塔，后释归。因为顺治年间，方拱乾曾在皇帝面前为吴三桂说过好话，吴三桂不忘旧情，故于此时特邀方孝标南访云贵。方孝标一路游山玩水，刚到贵州，恰逢吴三桂叛乱，被拘留。为了逃出虎口，方孝标乃假装疯癫返回安徽原籍。后来，他将这段经历写下来，取名《滇黔纪闻》，刻入己著《钝斋文集》。

戴名世读过该书六七年后，他的一个学生余湛先碰见了一个叫犁支的和尚。这个和尚原是南明永历帝的宦官，永历帝被害后，这个宦官便剃发为僧，改名犁支。戴名世得知此事，马上赶赴余家，但犁支已经离去，未能会面。戴名世便请余湛先将与犁支的谈话内容详细整理。经过和方孝标《滇黔纪闻》对照，他发现该书不少记载并不准确。为此，康熙二十二年时他专门写了一封《与余生书》给余湛先，对于犁支所述南明史事表示了高度的重视。他在信中说，从前南宋灭亡之际，只据有区区几个海岛，存在时间又十分短暂，而元修《宋史》仍然详细予以记载。明朝灭亡后，弘光帝占有南京，隆武帝占有福建，永历帝占有两广、云贵，地盘不下数千里，时间长达七八年之久，势力和影响都不下于蜀汉昭烈帝刘备占据四川和南宋赵昺之盘踞海岛。而其事迹至今却没有记载，几乎湮没不闻，实在令人痛心。我自己虽有志撰写此段历史，但既无书籍，又每天为衣食奔波，材料无法搜集。而有身份的士大夫们又一心想往上爬，当大官，谁也不关心这些。如果您知道犁支在什么地方，我十分希望您将他找来与我共同探讨此事。

十几年后，戴名世受聘于浙江学政姜棣幕中，得其资助，于原籍南山冈买房一所，田五十余亩，并于康熙四十一年迁居于此。当时，戴氏门人尤云鹗将平时所抄的戴名世文章百余篇，以《南山集偶钞》为名，刊印行世，《与余生书》也收入集中。康熙四十四年，长期处于极度贫困中的戴名世时来运转，以五十三岁之老秀才中顺天乡试第五十九名举人。康熙四十八年，他五十七岁时更是连中会试第一名贡士，殿试一甲第二名榜眼，授翰林院编修，到京供职。岂知伴君如伴虎，就在他踌躇满志之时，一场奇祸正向他逼近。康熙五十年十月，都察院左都御史赵申乔上疏康熙帝，参奏戴名世“妄窃文名，恃才放荡”，并指责他在中举以前“私刻文集，肆口游谈，倒置是非，语多狂悖”。此奏一上，康熙帝大为吃惊。三年前，浙江、山东诸处的反清复明案件，使他记忆犹新，而今就在他身边，竟然还有人为南明政权唱挽歌，争正统，诋毁本朝。在他看来，这不是悖逆大罪又是什么！因而，他立即降旨：“这所参事情，该部严察审明具奏。”这样，刚刚正式担任翰林院编修不过两年的戴名世被投入监狱。

随着案情审查的深入，牵连人数越来越多，戴名世本人“罪行”也愈加严重。其一是将戴案和吴三桂叛乱挂上了钩。戴名世在《与余生书》中提到《滇黔纪闻》作者方孝标时，因为是他的同乡先辈并且做过内弘文院侍读学士，因而只称方学士而不名。而在吴三桂政权中担任重职的方光琛恰好也是安徽人。更为巧合的是，吴三桂叛乱平定后，方光琛及其八个子孙都被清朝政府处死，独有一名叫方学诗的儿子缉拿未获。在满文中，方学士与方学诗同音，因而康熙帝便将《滇黔纪闻》作者方孝标误认为是一直缉拿未获的方光琛之子方学诗。既然如此，戴名世敢于使用叛乱分子方学诗著作中的材料并发表相同的观点，自然是罪不容赦。

尽管在朝不少汉大臣都知道，方孝标原籍桐城，与原籍歙县的方光琛同姓不同宗，而且方学士与方学诗更是风马牛不相及。但是，面对这场风波，谁还敢冒着杀头之罪去向康熙帝说明真实情况。这样一来，戴案性质也就大不一样了。其二是方学士既然就是方学诗，他的亲属怎能逍遥法外。因此，方孝标之子方登峰、方云旅、方世樵以及其族党便被一起拘拿进京。其三是既然戴案性质如此严重，竟然还有一些有名人士如汪灏、方苞、方正玉等敢于为之作序，并为之出资刊刻行世。于是，与戴名世通书之余湛先，有关序文作者及为其刻书之人共一百多人也都牵进案中。经过长期审讯，康熙五十一年正月，刑部提出初步处理意见，“察审戴名世所著《南山集》《孑遗录》内有大逆等语，应即行凌迟。已故方孝标所著《滇黔纪闻》内，亦有大逆等语，应锉其尸骸。戴名世及方孝标之祖、父、子、孙、兄弟及叔伯父兄弟之子，年十六以上者，俱查出解部，即行立斩。其母、女、妻妾、姊妹、子之妻妾、十五岁以下子孙、叔伯父兄弟之子，亦俱查出，给功臣家为奴。方孝标归顺吴逆，身受伪官，迨其投诚，又蒙恩免罪，仍不改悖逆之心，书大逆之言，令该抚将方孝标同族人，不论服之已尽未尽，逐一严查，有职衔者尽皆革退。除已嫁女外，子女一并即解到刑部，发与乌喇、宁古塔、伯都讷等处安插。汪灏、方苞为戴名世悖逆书作序，俱应立斩。方正玉、尤云鹗闻拿自首，应将伊等妻子一并发宁古塔安插。编修刘岩，虽不曾作序，然不将书出首，亦应革职，佥妻流三千里。”康熙帝听过后，提出修改意见。他说，汪灏长期在内廷参与修书，且已革职，从宽免死，但应令其家口入旗。方登峰之父方孝标，曾为吴逆学士。吴三桂之叛，系他从中怂恿；伪朱三太子一案，亦有其名，今又犯法妄行。方氏族人，不可令其留于原籍，应将其没入旗下为奴，或者即行正法，方才允当。根据他的意见，刑部等又反复审拟。康熙五十二年二月，经康熙帝最后批准，将戴名世从宽免其凌迟，即行处斩。方孝标诸子方登峰、方云旅、方世樵俱从宽免死，并其妻、子充发黑龙江。其他牵连人犯，俱从宽免治罪，没入旗下为奴。至此，这场轰动一时的文字狱大案方告结束。

从康熙帝对戴名世案最后处理的情况来看，似乎康熙帝已经发现，戴名世《与余生书》中之方学士并非参加吴三桂叛乱的方学诗。虽然如此，他仍然将错就错，对戴名世及桐城方氏族人进行了严厉的处理。这除了说明他讳言己过之外，也表明，尽管几十年中他极力表示自己不分满汉，为天下之共主，而其基本立场仍然牢牢地站在满洲权贵一边。谁要是敢于否认清朝政权的正统地位或者是对此说三道四，就必然要受到他的严厉惩罚。无可讳言，这是康熙帝一生决策中的一大失误。不过，在其实际执政时期，以文字罪人并予以严厉处理的文字狱案，仅此一起，和后来雍乾两帝滥兴文字狱比较起来，程度轻很多。

二 遣使绝域 关爱游子

中国古代，封建帝王向来皆将居于边境地区的少数民族视同异类，对于旅居国外的少数民族则更以其自弃化外而置之不理，以致民族矛盾、民族战争始终是困扰历代王朝生存和发展的重要问题之一。与之相反，康熙帝在其在位期间，派遣专使探视旅居国外近一个世纪的土尔扈特部人民，从而为加强民族团结、维护祖国统一谱写了新的篇章。

土尔扈特是厄鲁特蒙古四部之一。明末以前，该部一直和准噶尔、和硕特、杜尔伯特三部居于准噶尔地区。明朝崇祯初年，该部因无法忍受绰罗斯部贵族的压迫和控制，在其首领和鄂尔勒克的率领下，离开世代居住的塔尔巴哈台一带地方，几经辗转，定居于伏尔加河下游一带。旅居国外近一个世纪，土尔扈特部人民无时无刻不在思念自己的祖国，他们不顾山险路长，一直和中央政府以及留居原地的厄鲁特各部保持着密切的联系。

崇祯十三年，和鄂尔勒克带领他的儿子书库尔岱青从数千里之外回到塔尔巴哈台，参加准噶尔部台吉巴图尔珲主持的厄鲁特与喀尔喀各部的王公会议。在这次会议上，他和各部首领共同制定了有名的《蒙古—卫拉特法典》，调整了蒙古各部的关系。和鄂尔勒克还和准噶尔部建立了密切的通婚关系，他把女儿嫁给了巴图尔珲台吉，而孙子朋楚克又娶巴图尔珲台吉之女为妻，从而使两部之间的关系得到了改善。

康熙初年，朋楚克之子阿玉奇刚刚登上汗位不久，就遣使向清朝纳贡。在厄鲁特台吉噶尔丹向中央政权发动进攻时，阿玉奇汗坚决站在清朝政府一边。一方面将自己的女儿色特尔札布嫁给策妄阿拉布坦为妻，在厄鲁特内部建立反对噶尔丹的统一战线。另一方面，遣宰桑多尔济札布以所部千人驻防阿尔泰地区，与清军协同作战。康熙三十六年，噶尔丹叛乱平定后，阿玉奇汗又于万里之外专程遣使入京祝捷。然而，继噶尔丹之后，策妄阿拉布坦又割据西北，从而严重阻碍了土尔扈特部人民与中央政府的往来。康熙三十八年，阿玉奇汗遣使进京朝贡，返回途中，使臣被策妄阿拉布坦杀害。康熙四十三年，阿玉奇汗之侄阿拉布珠尔携母进藏熬茶，归途计划取道准噶尔，又被策妄阿拉布坦所拒绝。阿拉布珠尔无路可走，只好遣使北京请求内附。

康熙帝对其十分同情，赐封为固山贝子，并划给他们嘉峪关外一带地方作为游牧地区。面对这种形势，身居异域的土尔扈特部人民焦急万分。为此，他们被迫答应沙皇彼得一世借兵三千与瑞典作战的要求，以巨大的民族牺牲为代价，换取了经过俄国领土，假道西伯利亚向清朝中央政府朝贡的权利。康熙五十年，阿玉奇汗所遣使节萨穆坦等八人历时两年到达北京，面见康熙帝，倾诉了对祖国的依恋之情。

萨穆坦等人的到达，使康熙帝深受感动。为了表达对远离祖国，寄居异域的土尔扈特部人民的关怀之情，决定派遣内阁侍读图理琛等代表清朝政府前往探望。康熙五十一年五月二十日，图理琛一行三十多人离开北京，取道喀尔喀蒙古，进入俄国境内。由于沙皇政府的阻挠，使团在中俄边境俄国一方滞留五个多月，才得到允许借道的通知，继续前行。他们渡过贝加尔湖，穿过西伯利亚，通过寒带的森林和沼泽，行程一万多里，历尽千辛万苦，终于到达里海北边的大草原。康熙五十二年十一月中旬，使团一行行至土尔扈特与俄国相邻重镇萨拉托夫，并将使团到达的消息正式通知阿玉奇汗。

闻知祖国亲人到达的消息，土尔扈特部人民异常激动，十分高兴。阿玉奇汗立即“传集其部落，修治毡帽衣服，预备供给”，并派台吉魏正等前往迎接。康熙五十三年正月，图理琛一行踏上了土尔扈特游牧地，阿拉布珠尔的父亲、阿玉奇汗的哥哥纳札尔玛穆特因为感念朝廷厚待他的儿子，早已在伏尔加河畔恭候，并向使团献上马匹礼物。一路上，使团受到了隆重接待。阿玉奇汗属下台吉、喇嘛都备办宴席跪迎使团。六月初，当使团进入阿玉奇汗驻地玛努托海时，阿玉奇汗特地举行了隆重的欢迎仪式。先由图理琛宣读康熙帝圣旨，问候阿玉奇汗，传达朝廷遣归阿拉布珠尔的决定，然后又递交了康熙帝赏赐阿玉奇汗的礼品，阿玉奇汗则“陈列筵宴，排列牲畜”，热情款待来自祖国的亲人。此后十几天的时间里，为了表达对使团的深厚情谊，阿玉奇汗之妹、鄂齐尔图车臣汗之妻多尔济拉布坦及其所属喇嘛，阿玉奇汗之妻达尔玛巴拉，长子沙克都尔札布和幼子策凌敦多布等，也都分别设宴款待使团一行，向使团赠送了大量的礼品。席间，他们对祖国亲人前来探望表示由衷的感谢，询问了祖国政治、经济各方面的情况，倾诉了土尔扈特人对祖国的深切思念之情，还揭露了沙俄政府暗中阻挠使团行程之事。十几天的时间里，使团一行和土尔扈特部人民都沉浸在亲人相聚的幸福之中。

在圆满完成出使使命之后，康熙五十三年六月中旬，图理琛一行启程回国。基于对祖国的无限深情，阿玉奇汗在为使团一行举行隆重欢送仪式的同时，又再次遣使随同使团进京朝贡。然而，由于沙俄政府的无理阻挠，阿玉奇汗派出的朝贡使者刚刚走到喀山，即被扣留并被迫返回原地，致使这一愿望未能实现。但是土尔扈特部人民对祖国的深情厚谊以及沙俄政府的阻挠、破坏情形却由图理琛一行带回北京。因而，尽管土尔扈特部人民长期旅居国外，清朝政府却一直视之为自己子民，并以各种形式与其保持联系。图理琛本人也以出使见闻著成《异域录》一书，以地理为纲，日月附见，记述了俄国及土尔扈特山川、民风、物产，并绘有地图，翔实地记述了使团与俄国交涉，以及和阿玉奇汗等人的往来情况，加深了中央政府对土尔扈特部人民的了解。与此同时，沙俄政府阻挠土尔扈特部人民与中央政府互相往来的无理行动也更加激起了土尔扈特部人民的愤慨。半个多世纪后，长期积聚的这种民族情绪终于爆发。乾隆三十五年，土尔扈特部数十万人在渥巴锡汗的率领下，彻底摆脱沙俄控制，浩浩荡荡地踏上了返回祖国的征程。在回国途中，他们击退了沙俄军队的追击，战胜了哈萨克、布鲁特等部的骚扰，克服了给养缺乏、疾疫流行等许多难以想象的困难，终于在乾隆三十六年六月进入中国境内并受到了清朝政府的热烈欢迎和妥善安置，实现了他们长期以来要求返回祖国的美好愿望。

三　出兵安藏　巩固统一

康熙五十二年以后，年逾花甲的康熙帝身体状况愈来愈差。就在此时，继噶尔丹之后割据准噶尔地区的策妄阿拉布坦向内地发动入侵。不久之后，他又乘西藏政局混乱之际派兵偷袭西藏，置西藏于自己控制之下。面对这一严峻形势，已经进入迟暮之年的康熙帝又像一头雄狮一样投入了捍卫祖国统一的正义斗争之中。

策妄阿拉布坦是准噶尔台吉僧格之子、噶尔丹之侄。噶尔丹即位后，为了巩固自己的汗位，视僧格诸子如眼中钉、肉中刺，必欲斩尽杀绝而后快。在噶尔丹的打击下，策妄阿拉布坦尽失属地、牛羊，带领少数亲信四处逃窜。为了求生，不得不和清朝中央政府结成统一战线，共同对付噶尔丹。因而噶尔丹败亡之后，清朝政府将噶尔丹遗众交予策妄阿拉布坦，令其在阿尔泰山以西住牧。趁此有利时机，策妄阿拉布坦控制了准噶尔全境。随着势力的增长，他的政治野心也开始膨胀，并做起了称霸西域的美梦。他先是于康熙三十九年出兵青海，而后又与原先共同反对噶尔丹的土尔扈特部反目成仇，阻挠其使者入藏熬茶，进贡北京，并唆使土尔扈特阿玉奇汗之子率众一万五千人投降自己。经过十几年的准备，康熙五十四年，他又派兵两千，向驻守哈密的清朝军队发动了进攻。为此，康熙帝一方面遣使责问其兴兵犯界之罪，一方面又增派驻边部队，兴办西域屯田，积粮练兵，严阵以待。眼见清朝边界防守严密，无隙可乘，策妄阿拉布坦遂以护婿返藏为由，出兵奔袭西藏，使得政局一直十分混乱的西藏又燃起了新的战火。

西藏位处我国西南边陲，俗尚喇嘛教。明朝末年，在当时政界领袖藏巴汗噶玛丹迥旺波的支持下，红教势力炽盛，而黄教却处于异常困难的境地。这时，在厄鲁特各部的共同支持下，崇祯十四年，信奉黄教的和硕特部顾实汗率兵入藏，俘获藏巴汗，控制了西藏政权，黄教也因此得到了复兴。为了借助政府支持以扩大黄教的传播，早在清室入关之前，顾实汗即遣使盛京，建议清统治者将达赖五世招至京师，令其吟诵经文，祈祝国泰民康。顺治九年，由于他的极力促成，达赖五世一行三千余人来到北京，受到顺治帝的隆重接待，并特封达赖五世为“西天大善自在佛所领天下释教普通瓦赤喇怛喇达赖喇嘛”。

顾实汗死后，他的儿子达延汗、孙子达赖汗世居西藏，执掌藏政。康熙四十年，达赖汗长子丹增旺杰继位，他的兄弟拉藏鲁贝起而杀死其兄丹增旺杰，夺据汗位，是为拉藏汗。顾实汗祖孙父子长期专擅藏政引起了达赖五世及其执政官第巴桑结嘉措的强烈不满。为了摆脱控制，康熙二十一年，达赖五世圆寂之后，第巴桑结嘉措匿丧不报，并以达赖名义继续发号施令。直到十五年后，由于人们普遍怀疑和清朝政府遣使诘问，这一真相才被揭示。第巴桑结嘉措被迫拥立仓央嘉措为六世达赖喇嘛，并以第巴身份继续控制达赖喇嘛。为了达到长期专擅藏政的目的，他视拉藏汗如仇敌。康熙四十四年，拉藏汗纠合蒙古各部进军西藏，打败第巴桑结嘉措，并将其处死，从而重新掌握了藏中政教大权。

由于六世达赖喇嘛仓央嘉措为拉藏汗政敌第巴桑结嘉措所拥立，年长后，又耽于酒色，放荡不羁，不守佛门清规。于是拉藏汗上书清朝政府，历数第巴桑结嘉措叛逆经过，并恳请清朝政府废黜仓央嘉措，批准由他寻认的波克塔胡必尔汗即伊希嘉措为达赖喇嘛。因为在噶尔丹叛乱时期，第巴桑结嘉措曾经盗用达赖五世名义不遗余力地支持噶尔丹，所以对于拉藏汗的这些请求，清朝政府全然批准。同时，为了表彰他的功绩，还特派护军统领席柱、学士舒兰前赴西藏，封他为“翊法恭顺汗”。被拉藏汗废黜的原六世达赖喇嘛仓央嘉措，也于康熙四十五年解往北京途中病死。

长期以来，在蒙藏广大人民心目中，达赖喇嘛是至高无上的宗教首领。因而，拉藏汗的废立活动引起了广大僧俗人士的普遍不满。他们纷纷上疏康熙帝，指责拉藏汗所立的伊希嘉措是假达赖喇嘛。康熙帝看到西藏事务复杂，拉藏汗一人难以处理，为了稳定形势，康熙四十八年，康熙帝派侍郎赫寿驻扎西藏，监临达赖喇嘛并协助拉藏汗处理藏中各种事务。康熙五十一年，康熙帝又册封另一黄教首领五世班禅罗桑益西为班禅额尔德尼，借以安定人心。尽管如此，康熙帝的这些努力并没有收到什么成效。康熙四十九年前后，以察罕丹津为首的青海各部台吉，在里塘寻找了新达赖喇嘛的转世灵童噶桑嘉措，并将之迎至西宁塔尔寺，要求康熙帝予以册封。虽然康熙帝未予批准，但是青海蒙古各部的这种做法却使局面更加复杂，同时也使拉藏汗处于极为被动、孤立的地位。

就在蒙藏僧俗贵族卷入真假达赖喇嘛之争而彼此攻讦之时，东进无路的策妄阿拉布坦却抓住机会，认为这是使他称霸青藏的好时机。于是，他一方面暗中与西藏喇嘛联络，煽动西藏百姓反对拉藏汗；一方面又表示愿意与拉藏汗联姻，希望将己女博托洛克配于拉藏汗长子噶尔丹丹衷为妻，以麻痹拉藏汗。最初，拉藏汗颇感疑惑，阻止其子前去成婚。但是其子噶尔丹丹衷成婚心切，兼之真假达赖之争也使拉藏汗在内政、外交中都极觉孤立。为了联络盟友，康熙五十三年，拉藏汗允许其子噶尔丹丹衷去伊犁完婚，从而钻进了策妄阿拉布坦布置的圈套。因为拉藏汗在政治上完全依靠清朝政府，康熙帝得知后，从关心拉藏汗的角度出发，对这一政治婚姻可能导致的后果十分担心。他对侍卫说，拉藏汗的一个儿子前往策妄阿拉布坦处娶亲，一个儿子又远在青海，在西藏仅剩下他一个人，实在是太危险了，即使中央政府全力帮助，在万一发生不测事件的时候，也会因路途遥远，救援不及。

历史的进程完全证明了康熙帝预见的准确性。就在康熙帝说出这些话两年之后，康熙五十五年十一月，策妄阿拉布坦以护送噶尔丹丹衷夫妇返回西藏为托词，出兵六千，由表弟大策凌敦多布率领，取道叶尔羌，越过天山，昼伏夜行。到康熙五十六年七月，经过十个来月的长途行军，这支军队突然出现在藏北高原之上。阿里总管康济鼐立即飞报拉藏汗。如果这时拉藏汗能立即调动军队，积极防御，尚可以逸待劳。但是，由于长期以来的麻痹情绪使他非但对严峻的现实视而不见，反而认为准噶尔军队是送子还藏而毫不戒备，甚至还率领眷属、部下到当雄避暑游玩，日事摆宴享乐，致使准噶尔军队顺利突破西藏边境防线，并迅速深入内地。直到这时，拉藏汗才慌了手脚，仓促调动驻守卫藏的军队到达木北部布防。然而一则因为时间仓促，临时调集之军队未经训练，不堪战阵；二则因为长期以来的蒙藏矛盾，不但蒙藏军队不能协同作战，而且各支军队内部也矛盾重重，离心离德，叛变时有发生，战斗力大为削弱，无法继续抵抗。十月间，不得不自达木退却，固守拉萨。

为了保住最后这个阵地，拉藏汗一方面扩充军队，重新部署防务；一方面令人突出重围，向清朝政府乞援。然而，由于几个月来败报迭传，拉萨城内军民早已成了惊弓之鸟，根本无法抵抗准噶尔军队的进攻。而向清朝政府乞援，也是远水不救近火。十月下旬，准噶尔军队分四路包围了拉萨城。此时，原第巴桑结嘉措部下的许多喇嘛逾城出降，或者四处活动，造谣惑众，瓦解军队斗志。这样，十月三十日，大策凌敦多布下令发动总攻，仅用一夜时间，便攻克全城，拉藏汗被杀，西藏处于准噶尔军队的占领之下。

杀死拉藏汗之后，大策凌敦多布又乘势囚禁了拉藏汗拥立的达赖喇嘛伊希嘉措和班禅五世罗桑益西。同时，还发兵进攻前藏各地，继续在更大范围内烧杀抢掠，并组成了以达克咱为第巴的亲准噶尔政权，企图长期霸占西藏，进而窥视青海、四川和云南等地。准噶尔入侵军队的强盗行径，严重地伤害了西藏广大僧俗的切身利益。囚禁达赖、班禅的罪恶行为激起了广大蒙藏人民的强烈愤慨，同时也严重地破坏了国内各民族的团结和全国政局的安定。为了维护国家的统一，康熙帝毅然调兵安藏，平定策妄阿拉布坦的叛乱。

由于路途遥远，清军信息不灵。康熙五十六年七月，驻守巴里坤的靖逆将军富宁安才得知准噶尔军队入藏的确实消息，随即将之飞奏康熙帝。这时，康熙帝还不了解策妄阿拉布坦的真实意图。他估计准噶尔军队有可能是攻打拉藏汗，扩大控制领土；也有可能是帮助拉藏汗，进犯青海。为此，他令理藩院尚书赫寿致书拉藏汗，劝其警惕策妄阿拉布坦入侵。同时又警告其不得助策妄阿拉布坦侵扰青海。而后他下诏调拨军队增戍成都、西安，并且还令西陲戍边哨卡注意侦察，报告敌情。十月下旬，根据青海亲王罗卜藏丹津的奏报，康熙帝得知了大策凌敦多布侵犯西藏的确实消息。这时，他又诏令都统和礼前往云南，护军统领温普前往打箭炉，“预为防备”。诏令青海台吉等速行领兵防御，并诏令内大臣策旺诺尔布、将军额伦特、侍卫阿齐图统兵驻扎形胜之地，“万一有事，相机而行”。

拉藏汗向清朝政府求救的奏疏在康熙五十七年二月才到达康熙帝手中。至此，西藏情况大明。康熙帝决定，立即出兵救援，并下诏暂停向准噶尔地区发动进攻，而由侍卫色楞率领八旗、绿营及土司军队二千余人征剿西藏。色楞得到进军诏令，即刻率军出发并于五月间到达青藏交界处之穆鲁斯乌苏。在他看来，准噶尔残害西藏，当地百姓想念王师，如大旱之望甘霖，而准噶尔军队“散处无纪”，战斗力不强，由他统率之清军已“二千有余，器械坚锐，马肥饷足”，如待额伦特后续部队到达，则耽误时日，耗费粮草。因而，在不了解地理和敌情的情况下，色楞继续前进，深入藏地。得知这一消息后，康熙帝下令总督额伦特统率后续部队“作速进兵策应”。八月初，两军会合于西藏那曲，即刻陷入准噶尔军的包围之中。清军数次突围不成，力尽粮绝，于当年九月中旬全军覆没，此次援藏之役最后失败了。

援藏之役失败，康熙帝并未气馁，而是认真总结教训，积极准备，对盘踞西藏的策妄阿拉布坦叛军进行了更大规模的军事讨伐。有鉴前次进兵仅以偏师轻兵冒进而导致失败的教训，康熙帝对军事进攻战略重新加以部署。首先，康熙五十七年十月任皇十四子允禵为抚远大将军，率领京师八旗精锐开赴西宁，统一调度各路军队。在当年年底，允禵自京启程时，康熙帝又特准其使用正黄旗旗纛，这就无异于宣布此次出征相当于御驾亲征，增强了全国臣民和出征将士的必胜信心。对于策妄阿拉布坦和盘踞西藏的准噶尔军队，无疑也是一个巨大的心理压力。

由于前线一切事务均由允禵亲自指挥，亲自向皇帝负责，兼之允禵本人有勇有谋，治军有方，短时间内军队战斗力大为提高。同时，也彻底扭转了前线将领之间因事权不一而彼此牵制、互相推诿的局面。其次，增加进剿部队，改前次一路进攻为三路进攻。其中，南路由四川进兵，进攻西藏。为此，他升四川巡抚年羹尧为四川总督，兼管军民，并调拨江宁、荆州驻防满兵进驻成都，听候进藏命令。同时，为了扫清南路进军障碍，还先行派兵招抚原属藏地的里塘、巴塘两个重要据点。中路则以平逆将军延信率领，由青海直向藏北。两路之外，另以原来固守西部边陲之振武将军傅尔丹、靖逆将军富宁安等统率之军队为西路，俟南、中两路进藏之时，向准噶尔本土发动进攻，使其首尾不能相顾。再次，对于选择总攻时间，康熙帝也改变了原先轻率出兵的做法，一直持慎重态度。一直到一年多以后，各项准备工作全然就绪，康熙帝方才下令三路同时出师。康熙帝还改变了原先单纯军事进攻的做法，非常注意发动政治攻势，争取蒙藏广大僧俗的同情和支持，孤立入侵叛军。有鉴于拉藏汗拥立达赖喇嘛伊希嘉措不负众望，而且处于策妄阿拉布坦的控制之下，康熙五十八年九月，康熙帝下诏将青海各部台吉寻找的达赖五世的转世灵童噶桑嘉措封为达赖喇嘛，给以册印。

这一决定不但得到了广大蒙藏人民的热烈拥护，而且也使策妄阿拉布坦失去了军事抵抗和政治反击的任何理由。除此之外，有鉴于初次进藏失败而在广大臣民心中留下的深深阴影，康熙帝还花了极大的精力鼓舞民心士气。针对青海各部台吉不愿入藏作战的畏难心理，康熙帝反复谕示，必待大军入藏，始令噶桑嘉措“登达赖喇嘛之座”。同时，对于广大官员以为“藏地遥远，路途险恶，且有瘴气，不能遽至，宜固守边疆”的看法，他也反复加以训示，指出策妄阿拉布坦目前无理侵犯西藏，如果不予讨伐，势必要进一步侵犯云南、四川、青海、甘肃等内地。那时想固守边疆也是办不到的。他还以清朝开国以来亲自指挥的平定三藩、征剿噶尔丹等几次重大战役为例，说明怯敌不战，必然影响整个战局，只有敢打敢拼，不怕困难，才能夺取最后胜利。由于他的反复解释和鼓励，广大官员将士和青海蒙古各部台吉进一步了解了此次战役的意义，破除了畏难情绪，对于整个战役的胜利起了重要的作用。

康熙五十九年四月，经过一年多的准备，进藏战役拉开了序幕。南路、中路分别于成都和西宁同时出师；与此同时，北路靖逆将军富宁安、祁里德、阿喇衲也兵分三路，向准噶尔腹地发动攻势，短短十几天时间，清军即攻克吐鲁番，并一度到达乌鲁木齐。正在策妄阿拉布坦手忙脚乱地准备迎击之时，南、中两路数万大军也分别由四川和青海进入西藏。其中，南路军队一万人由定西将军噶什图统领。经过长期准备，兼之战前已经招抚了里塘、巴塘等重要据点，藏东乍丫、叉木多等地也闻风归顺，不战而降。因而，八月初，军队已经进抵藏东重镇拉里。八月初四日，这支军队又由拉里出发，直向拉萨。一路之上，连败叛军。包括大策凌敦多布所任命的第巴达克咱在内，先后前来投降。不过二十天光景，清军便进入拉萨。

这时，噶什图等统兵将领传集西藏之大小第巴头目及各寺庙喇嘛聚集一处，宣布康熙帝派兵入藏拯救民生的旨意；封闭仓库，维持城内治安并于拉萨附近军事要地安营扎寨，以防准噶尔叛军逃窜。同时，还将与大策凌敦多布串通一气的一百多名喇嘛加以囚禁，并处死其中五名罪大恶极者，拉萨形势立即安定下来。同时，由平逆将军延信统率的中路大军一万二千人护送噶桑嘉措，这支军队在进军途中也不断取得新胜利。由于该路是进藏正路，大策凌敦多布将主要兵力布置于此，以防清军进攻。于是，在中路南下途中，先后发生了三次大规模的战斗。八月十五日，清军师至扎卜克河地方，当夜敌军来犯，被清军击败。二十日，清军行至扎齐嫩敦尔地方，敌兵二千余人又于夜半前来劫营，清军严阵以待，敌兵见不能取胜，只好撤退。二十二日，师至扎绰马喇地方。当夜黎明时分，贼兵千余人又来劫营，清军立即予以反击，“枪炮矢石齐发，贼兵伤者死者甚众，余贼皆望风而遁”。

三次大规模进攻被粉碎之后，眼见大势已去，大策凌敦多布率领残敌遁回伊犁。九月初八日，平逆将军延信率兵护送达赖六世噶桑嘉措自达木向拉萨进发，与噶什图会师。一路之上，广大僧俗“无不欢欣鼓舞，鼓奏各种乐器”，热烈欢迎大军进藏。面对亲人，他们还历数准噶尔入侵以来“父子分散，夫妇离别，烧杀抢掠”的滔天罪行，并对康熙帝出师平叛表示深深的感谢。九月十五日，满汉大臣、蒙古各部首领，西藏黄教上层喇嘛、贵族齐集布达拉宫，为六世达赖喇嘛噶桑嘉措举行了隆重的坐床典礼，与此同时，将拉藏汗所立之达赖喇嘛伊希嘉措解送北京。至此，出兵安藏之役取得了完全胜利。

当年十月，南、中两路捷报相继传至京师。经过两年的辛苦经营，才取得了如此重大的胜利，康熙帝异常振奋，当即下诏“在事将军以下，兵丁以上，俱着从优议叙”。为了巩固西南边疆，防止准噶尔再度入侵，康熙帝还对善后事宜进行了部署。康熙六十年二月，在平藏大军陆续撤还的同时，他决定留驻满蒙八旗和绿营军队四千人常

抚远大将军西征图卷（局部）

年戍防西藏，由策旺诺尔部署理定西将军印务，统辖驻藏部队，额驸阿宝、都统武格俱参赞军务。他还着手组建西藏地方政府。由于在大军入藏过程中，空布地方第巴阿尔布巴首先投诚并随大军一起进剿，阿里地方第巴康济鼐与准噶尔为敌，准噶尔入藏时，始终未降，准噶尔逃离时，又截其归路，故而康熙帝授此两人为贝子；另一第巴隆布奈亲身归附，也被授予辅国公。次年春，康熙帝下旨，于此三人之外，又加上达赖喇嘛的强佐（总管）扎尔鼐，皆为噶布伦（政务官员），以康济鼐为首席噶布伦。这些部署，不但对于此后数十年西藏地方的安定起了重要的作用，而且清除了长期以来青海和硕特蒙古对西藏事务的影响，改变了第巴独掌政权的局面，调动了西藏各地贵族的积极性。

尤其值得重视的是，新政府官员皆由清朝中央政府直接任命，因而还使中央政府对西藏地方政府的控制进一步加强，为此后雍乾两帝相继经营西藏奠定了重要的基础。

为了纪念安藏之役在维护祖国统一和安定西南边疆中的重要作

用，各部蒙古王、贝勒、贝子、公、台吉以及西藏各部酋长，于康熙六十年九月合词呈请于拉萨建立丰碑，“以纪盛烈，昭垂万世”。康熙帝特允其请并亲制碑文。在碑文中，康熙帝回顾了西藏地方政府和清朝中央政府八十年间互相往来的密切关系，批判了桑结嘉措匿丧不报的错误做法所造成的严重后果，声讨了策妄阿拉布坦入侵西藏、毁坏寺庙、杀戮喇嘛的滔天罪行，歌颂了在清朝政府统一领导下各族人民出兵安藏的重大功绩，并于最后展望了国内各民族团结统一的美好前景。二百多年来，作为康熙帝出兵安藏的历史见证，这座丰碑一直屹立在西藏拉萨布达拉宫前。

和统一台湾、抗击沙俄入侵、征剿噶尔丹、绥抚蒙古各部等历史事迹一样，出兵安藏也是康熙帝一生中的一个重要成就。虽然此事发生在他的晚年，在处理过程中，患病、立储等事都严重地折磨着他的身心，使他做出了一些错误的决策，并使清军蒙受了一些损失。然而，他并未因此而退缩，反而以更加顽强的意志排除干扰，像一个战士一样勇猛地投入了维护祖国统一的战斗之中。在胜利到来的日子里，他的心情格外开朗并写下了欢迎平藏大军凯旋的诗篇。诗称：

去年藏里凯歌回，丹陛今朝宴赏陪。
万里辛勤瞬息过，欢声载道似春雷。

四　镇压起义　强化统治

由于长期实行宽仁政治，在康熙后期，不少地区吏治开始腐败，阶级矛盾日趋尖锐。在这样的情况下，康熙六十年，台湾爆发了一场由朱一贵领导的遍及全岛的农民大起义。

台湾土壤肥沃，物产丰富，和内地一衣带水。康熙二十二年统一台湾后，闽粤一带不少失地百姓冒险渡台，促进了台湾经济的迅速发展。但是，由于距离全国政治中心极远，康熙后期，较之内地，台湾吏治尤为腐败。文武官员平日但知贪婪肥己，剥削小民，空兵冒饷，胥役票差敲诈勒索，比内地更炽。仅每年收纳出入台湾船只的“挂验陋规”至少有白银数千两。其他各种苛捐杂税也“重复征输”，多如牛毛。至于田粮定额，更是内地的数倍。其中，以台湾知府王珍尤为人民切齿。康熙五十九年，凤山知县出缺，由王珍兼管县事，但他却把政事交与其次子办理。征收钱粮时，每石要折银七钱二分，比原已较内地加倍征收的高额田赋又高出两三倍。同时，王珍父子还借各种名目，如狱讼、樵采、使用耕牛等向广大人民苛索。这样，长期郁积在人们心头的愤怒再也无法压抑，纷纷议论“官府短长”，反抗意识普遍增长，人民反抗斗争的时机愈益成熟了。这时，朱一贵开始了农民起义的组织工作。

朱一贵原籍福建长泰，在康熙五十三年移居台湾，先在台湾府充当衙役，后又做佃户。他擅长饲鸭，早晚牧放鸭群都编队出入；性情慷慨，喜欢结交江湖朋友，凡造访者，无不“烹鸭具馔”，人号“小孟尝”，在当地群众中有着极高的威信。眼见台湾各级贪官污吏横行霸道，康熙六十年春，他和好友黄殿等十余人一起结拜密谋反清，并认为“欲举大事，此其时乎”。为了动员群众，朱一贵便以明朝后裔相号召。经过一个多月的准备，康熙六十年四月十九日，他们纠集当地起义人民一千多人，削砍竹子为枪，在乌山头竖旗举事，旗上大书“激变良民大明重兴大元帅朱”字样，主动向当地清军发动进攻。同时，他们还和先期在台南起事反清的杜君英等共结联盟，一场轰轰烈烈的农民大起义就这样爆发了。

闻知起义爆发情况，台湾镇总兵欧阳凯立即派右营游击周应龙率兵前往镇压。周应龙在率兵前进途中，纵兵大掠，激起各乡三万余人义愤。起义军不但未被扑灭，反而势力迅速壮大，并于四月二十七日于高雄赤山大败清兵，周应龙狼狈而逃。与此同时，清军南路参将苗景龙也被义军擒杀。一时间，台湾府内“哗然大震，文武各遣家属宵遁，先后驾舟出鹿儿门，士民相率逃窜”。三十日，台湾镇总兵欧阳凯硬着头皮率军一千五百人出城驻扎，准备与起义军决战，其属下兵丁却闻风丧胆。一夜之间，镇兵自行惊散。次日，在两军决战时，清军百总杨泰在阵前倒戈，刺杀欧阳凯，清军顿时阵容大乱。接着，起义军在混战中阵斩清台协水师副将以下十余人，清军大败，溃不成军。朱一贵、杜君英乘胜攻占台湾府城，分发府库金银，缴获大批军火，士气大振。

与此同时，台湾各地农民也纷纷起义响应。于是，除北路淡水营一处外，全台都处于起义军控制之下，朱一贵义军骤增至三十万人。五月初三日，朱一贵被拥为中兴王，国号大明，建元永和，命兵民蓄发，一切礼仪服饰均仿明朝制度。在登极典礼上，他又分封军师、太师、国师、国公、将军、侯、都督、尚书、辅驾大将军四十余人，其余文武官员不计其数。为防清军卷土重来，朱一贵专派骁勇善战的郑定瑞、苏天威带兵三千、炮十尊分守安平和鹿儿门两处。为了进军内地，又派人前赴澎湖侦察情况并发布反清檄文，豪迈地宣称他将率众“横渡大海，会师北伐，饮马长城，捣彼虏廷，歼其丑类，使胡元之辙复见于今”。消息传到内地，漳、泉一带山野贫民，嚣嚣偶语，四处有揭竿聚众之谋。有产业的人家则惊恐异常，为了躲避战乱，有的从乡下迁往城里，有的又从城里跑到乡下，一片惶惶不安。

闽浙总督觉罗满保闻知起义军占领全台消息后，立即于五月初八日飞折密奏康熙帝。同时，他紧急集结军兵，驰赴厦门，招募丁壮千余人，以防义军进攻。他紧急部署，调兵遣将，委派南澳总兵蓝廷珍，会同福建水师提督施世骠，率领水陆军队进驻澎湖，并于六月十三日入台作战。六月初三日，觉罗满保奏折到达北京，康熙帝在同意军事进剿的同时，特命兵部传谕闽浙总督觉罗满保，对起义人民进行政治招抚。六月上旬，清军一万二千人分乘六百艘兵船向台湾进发，形势开始变得对起义军不利。

就在此时，起义军内部又发生了朱一贵和杜君英之间的内讧。早在朱一贵起义前一个多月，杜君英即在台南发动起义并竖起了“清天夺国”的大旗。起义过程中，由于各路起义军相继加入，杜君英成了南路起义军的领袖，声势“更甚于朱一贵”。因此，攻克台湾府城后，他就想立自己的儿子杜会三为王。但是因为朱一贵在起义军中威信极高，他的目的没有实现，这使他十分不满。因此，杜君英凡事骄横自专，四处烧杀抢劫，不听约束。朱一贵忍无可忍，派兵前去讨伐，虽然打败了杜君英，却严重地消耗了起义军的力量，而且也给清朝军队反扑以可乘之机。六月十六日，蓝廷珍、施世骠率师进抵鹿儿门。这时，守护炮台的义军“左正”苏天威一方面请求援兵，一方面拼力抗拒，炮台火药堆不幸中弹爆炸，起义军伤亡惨重，鹿儿门、安平港先后失守，起义军被迫退保台湾府。几天后，清军于登陆后部署完毕，开始分南北两路向台湾府城发动进攻。

在全副武装的大队清军面前，起义军虽然拼死作战，但因武器落后，损伤惨重，失去了主动出击的能力。六月二十三日，朱一贵被迫率领残部撤离府城，向北转移。正在此时，康熙帝的招降书也到达军前。根据康熙帝“与其大肆剿灭，不如稍看形势，招降为要”的谕旨，清军对起义军进行招降。这样，在清朝军队政治招降和军事围剿双重打击之下，朱一贵十分之九的部下先后降清，起义军处境更加恶化。闰六月初，朱一贵率残部逃至诸罗，旋被当地地主武装设计擒获。其他北路、南路各支义军，不是被清军武力消灭，就是被政治攻势所瓦解。九月中旬，伏匿于罗汉门山下的起义军领导人杜君英、陈福寿先后出降，朱一贵起义最终失败了。

起义失败后，根据康熙帝的诏令，清朝政府对起义军领导人进行了残酷的镇压。其中，起义主要领导人朱一贵、李勇、吴外、陈印、翁飞虎、王玉金、张阿三均照谋反律凌迟处死，六位领导人的祖父、父、子孙、兄弟、同居之人、亲伯叔兄弟之子并其嫡族以至幼子，皆处斩立决。母、女、妻妾、姊妹、子之妻妾也都解至北京，给功臣之家为奴，所有财产入官。杜君英、陈福寿虽系主动投降，也照谋反律与其子侄处以斩立决，母女妻妾分与功臣为奴，财产入官。为了加强镇压力量，康熙帝还规定台湾常驻水师二千、陆军二千，由总兵一人、副将二人统领，并另于澎湖驻兵二千，互相照应。所有兵丁俱从内地调入，“不可令台湾人顶补”。还另从北京派赴台湾巡台御史一员，以便中央政府及时了解台湾情况。除此之外，有鉴于此次人民起义的直接原因是知府王珍以下一批贪官污吏对人民的无厌盘剥，为了缓和人民反抗情绪，康熙帝下诏将原知府王珍剖棺枭首，下诏将“平日并不爱民，但知图利苛索，及盗贼一发，又首先带领家口、弃城退回澎湖”的台厦道梁文煊，同知王礼，知县吴观城、朱夔等发往台湾正法示众。虽然如此，终康熙之世，台湾人民的反抗斗争仍然时有发生，一直到雍正帝即位之后，方才平定下来。

五　普免钱粮　四海升平

康熙帝晚年，由于不察下情，局部地区出现了一些问题，个别决策也出现失误，但是他孜孜求治，社会依然大致安定，生产继续发展。其中，最为时人感戴的是普免天下一年钱粮和“滋生人丁，永不加赋”的政策。正是这些，将康熙帝在位期间的各种善政推向了最高峰，也为其一生政治活动画上了一个完整的句号。

“三藩之乱”平定之后，中国长期处于安定的政治局面之下。兼之康熙帝政治、经济政策都颇为得当，社会经济迅速发展，国家财政状况空前良好。至康熙五十年左右，国家蠲免赈恤总额已达一亿两以上，而国家库存银两仍然长期保持在五千万两以上。这是自明朝万历初年张居正改革以后，中国经济发展中的一个少见的好时期。在这样的情况下，康熙四十九年，康熙帝从关心民生，发展生产的一贯思想出发，普免天下一年地丁钱粮，从而在蠲免活动中迈出了更大的步伐，并将康熙时期多种蠲免赈恤德政推向了最高潮。

康熙四十八年十一月，康熙帝首先向大学士提出了普免天下一年钱粮的设想。他说，康熙朝自入关至今，已经六七十年，由于长期处于安定局面之下，人口增长迅速，而新开田地却相对有限。这就是说，原先一人所有田土，现在却养数家之民，老百姓怎能富裕。因此，他想将康熙四十九年应征地丁钱粮统一安排，分作两年之用，而将康熙五十年天下应征钱粮一概蠲免。如果因为蠲免数额过大，各省用度不足，还可以直接由国库存银拨给。直接掌管天下钱粮的户部尚书希福纳担心影响国家开支，并说，天下应征钱粮，除各省每年必要开支外，解送中央政府者约一千三百余万两。其间又要扣除京城官吏、贵族、军队俸饷和各衙门开支九百余万两，所余不过一二百万两。如果一次普免数量过多，官吏、军队和各衙门公费都将成为问题。针对这种忧虑，康熙帝解释说，今年朝廷曾经普免江浙地丁钱粮八百余万两，数目并不算小，国家开支并未受到什么影响。数目再大一些，看来也不会有什么问题。希福纳回答道，今年蠲免江浙八百余万两而国用未显不足，是他们将各省原欠未缴钱粮六百万两催解北京，才渡过了这个难关。眼见希福纳固执己见，康熙帝转问户部尚书张鹏翮。张鹏翮请让自己与大学士、九卿会商后再上奏结果。康熙帝便令其从速会商上奏。几天之后，有关官员遵旨回奏，为了贯彻康熙帝指示，而又照顾国家财政开支实际情况，提出自康熙五十年起，三年之内将各省地丁钱粮分批蠲免一周，当经康熙帝批准。

康熙四十九年十月，在康熙登基五十年庆典即将到来之际，康熙帝颁诏天下，自明年始，于三年之内，将天下地丁钱粮“普免一周”，并决定于康熙五十年首先蠲免直隶、奉天、浙江、福建、广东、广西、四川、云南、贵州地丁钱粮及历年积欠九百五十六万两。因为蠲免钱粮是以土地为计算依据，恩惠“但及业主，而佃户不准沾恩”，应兵科给事中高遐昌奏请，当年十一月，康熙帝又下诏，自此之后，凡遇蠲免钱粮，业主蠲免七分，佃户蠲免三分，并将此作为法令。康熙五十年十月，下诏轮免山西、河南、陕西、甘肃、湖北、湖南六省次年应征地丁钱粮及历年积欠一千零十五万两。康熙五十一年十月，又下诏轮免江苏、安徽、山东、江西四省康熙五十二年地亩人丁银及历年旧欠银一千二百三十四万八千余两，这是有史以来最大规模的蠲免。由于受惠面遍及全国，不但大大减轻了广大人民的经济负担，起到了保护生产力的重要作用，而且也有力地促进了社会经济的发展。正因如此，几十年后，他的孙子乾隆帝也将此作为重要国策，奉行不渝，六十年中，利用各种礼庆之机，五次普免天下钱粮，三次普免天下漕粮，这些对于康乾盛世的到来起到了重要的作用。

正在普免各省地丁钱粮次第进行之时，康熙五十一年二月，康熙帝又颁发了“滋生人丁，永不加赋”的诏谕。清室入关以后，征收赋税仍循前明旧例，地税、丁银分征。这种赋税征收方法，虽然由来已久，但并不合理。一是穷富负担不均。田多者往往丁少，而丁多者往往田少，蠲免田赋，地主可从中捞取实惠，而穷民则必需缴纳丁银，使贫者愈贫，富者愈富。穷民为了逃避缴纳丁银，往往不报人丁。因而，康熙朝以前，政府往往不能掌握真实的人口数字。康熙帝出巡时也多次发现，一户或有五六丁，止一人交纳钱粮。或有九丁十丁，也不过二三人交纳钱粮，而其余人丁对国家并无差徭。二是无法堵塞官吏贪污途径。当时人口增长迅速，必须逐年造册，而各级官吏为了行私，对上尽量少报，征收丁银时则按数征收，并将差额放入自己腰包，富户甚至还将其丁银转嫁到一般百姓身上。三是不利于社会安定。为了逃避丁银征收，不少穷民四处逃亡流徙。据史书记载，仅康熙四十六年至四十八年，即发生十数次小规模农民起义。人丁管理中的这些现象不但使国家无法摸清人口的真实数字，而且也严重地影响了社会治安。

为此，康熙五十一年二月，康熙帝决定“滋生人丁，永不加赋”。他对大学士、九卿宣布，自今而后，应令各省督抚再行征收丁银时将现今钱粮册内有名丁数冻结，不再增征。此后所生人丁，概不征收钱粮，再行编审时，止将增出实数查明，另造册题报。他还一再宣称，他的目的只是在于查知天下人丁实数，而不是再增收钱粮。由于这一政策的推行，从此之后，各省申报人丁逐渐增加。至康熙六十一年，全国人丁达二千五百三十九万，接近实际丁数。这不但有利于社会秩序的稳定，而且对于赋役制度由地、丁双轨征收向单纯地以地征收的转变创造了条件。正是在此基础上，雍正帝进一步简化赋税完纳手续，实行摊丁入地，从而使赋税进一步合理化了。

此后数年间，在蠲免钱粮，施惠于民方面，他又继续迈出了新的步伐。不仅小规模蠲免赈恤从不间断，而且遍及数省的大规模蠲免也不时进行。如康熙五十六年，全国普遍丰收，无灾可免，康熙帝想来想去，只有各省旧年带征一项尚为民累。为此，他谕令户部：近年人民家计虽然稍稍宽松，但是旧年积欠分年带征，仍然使不少百姓以一年收入纳两年之粮。为此，他下诏将涉及直隶、安徽、江苏、浙江、江西、湖广、陕西、甘肃等地带征地丁屯卫银二百三十九万八千余两及安徽、江苏所属带征漕项银四十九万五千余两、米麦豆一百一十四万六千六百一十余石内，普行蠲免。康熙五十七年、五十九年，又因两征策妄阿拉布坦，将陕西、甘肃、山西等省地丁额赋以及历年积欠分别蠲免。计其总数，又不下四百万石。统计康熙六十一年中，蠲免赈恤总数当在一亿五千万两左右，几乎相当于全国赋税五年总收入。

康熙帝下令普免钱粮和“滋生人丁，永不加赋”，使全国各阶层人民得到实惠，他也因此得到了广大臣民的拥护和爱戴。康熙五十二年三月，康熙帝六十寿诞届期，虽然早在此前他就不准臣民搞什么上尊号、建碑亭之类的庆典，但是广大臣民出于对他的爱戴，仍然自发地搞起了各种庆祝活动。当年三月初，在他巡幸畿甸返京途中，沿途百姓为之“庆贺、保安、祈福者不计其数”。几天后，又有各省年老官员、士庶纷纷进京，叩祝万寿。三月十七日，万寿节前一日，康熙帝奉皇太后自畅春园还宫途中，各省年老官员、士庶夹道罗拜，欢迎御辇。不少高年老人还向他跪献万年酒。身历此境，康熙帝十分感动，停辇慰问，将随身所携食品和寿桃遍赐祝寿老人和各级官员。次日即是万寿节，各种庆典进入了高潮。先是由康熙帝率领群臣向皇太后行庆贺礼，而后，至太和殿升殿，王以下文武百官及致仕给还原品官员向他行庆贺礼。仪式结束后，又由八旗兵丁及各省耆老、士庶齐集午门之外、大清门内叩祝万寿。康熙帝奉皇太后至畅春园，各省耆老、士庶则分集各处诵经跪送。在此同时，康熙帝颁诏天下，宣布恩款条例并大赦天下。

为了答谢各省耆老对自己的爱戴之情，三月下旬，康熙帝分别召集汉大臣、官员、士庶人等，以及八旗满蒙汉军大臣官员、护军兵丁、闲散人等年过九十者四十人，年过八十者七百三十人，年过七十者三千二百一十七人，年过六十五者二千八百五十八人，总计六千八百四十五人大宴于畅春园。宴席开始后，凡八十岁以上老人均令人扶至御前，由康熙帝亲视饮酒。还让他的十几个皇子全部出动，向与宴老人颁赐食品。十岁以上二十岁以下的皇孙和宗室子弟则执爵授饮。宴席结束后，又各赐白金，资送回乡。几天后，又召集了八旗满洲、蒙古、汉军年在七十岁以上的老妇齐集畅春园太后宫门前宴饮，由皇太后和康熙帝亲视颁赐茶果酒食。宴会结束时，又令诸皇子率宗室子弟各赐衣饰、彩缎、素珠、银两。整整十几天的时间里，和全国臣民一样，康熙帝一直沉浸在欢欣之中。因而，对于这一动人场面，在很长一段时间内，康熙帝都难以忘怀。

康熙六十一年，康熙帝已至六十九岁高龄，超过了清朝开国以来的所有帝王。就在位时间而言，也跃居两千多年来各代帝王之首位。前代帝王所竭力追求而很少能够实现的《尚书·洪范》中记载的寿、富、康宁、攸好德、考终命等所谓五福，对康熙帝而言，都已变成现实。而且，在他在位期间，国家由乱而治，不但幅员辽阔，超迈汉唐，而且政局长期安定，人口增长，经济发展迅速，文化繁荣，中国社会出现了少有的太平盛世局面。为了庆祝即位甲子重逢，康熙六十一年新正之际，康熙帝举办了有名的“千叟宴”。当年正月初二日、初五日两天，他先后两次召集八旗满洲、蒙古、汉军及汉人文武大臣官员，还包括致仕退斥人员年在六十五岁以上者一千零二十人，大宴于紫禁城内乾清宫前，命名曰“千叟宴”。其时，鼓乐齐鸣，一千多位老叟一齐向康熙帝行三叩九拜大礼，然后各自入席。席间，为了表示对与宴老人的关怀之情，康熙帝特命诸王、贝勒、贝子、公及闲散宗室等授爵劝饮，分颁食品。

此时，康熙帝回忆几十年来自己带领子民走过的艰辛而又不平凡的途程，环顾瑞雪飘舞、国泰民安的大好形势，不觉文思泉涌，即席挥毫，成《千叟宴诗》一首，满汉大臣官员也都分别依御制诗韵各赋诗篇，纪其盛况。其中，御制诗云：

百里山川积素妍，古稀白发会琼筵。
还须尚齿勿尊爵，且向长眉拜瑞年。
莫讶君臣同健壮，愿偕亿兆共昌延。
万机惟我无休暇，七十衰龄未歇肩。

第十一章　帝王家庭　凡人情结

一　祖孙同心　共度忧患

说到康熙帝的家庭和亲人，第一个自然是他的祖母孝庄太皇太后博尔济吉特氏。博尔济吉特氏，原籍蒙古科尔沁，是贝勒寨桑之女，是一个在清室兴起过程中做出过突出贡献的奇女子。虽然她和她的姑姑（孝端文皇后）、姐姐（宸妃）同嫁皇太极为妻，但是，就对清朝政权的贡献而言，她的作用远在她们两人之上。因而，在她去世之后，不只历代清朝皇帝对她评价极高，有关她在关键历史时刻施展韬略、转危为安的民间传说也充满传奇色彩。

受早婚观念的影响，博尔济吉特氏刚刚十三岁时，就嫁给皇太极为妃。当时，努尔哈赤还在位，她的丈夫皇太极只不过是后金政权中的一个和硕贝勒。而后不久，努尔哈赤去世，皇太极继位，为她走上政治舞台提供了良好的客观环境。崇德三年，她为皇太极生下儿子福临。这样，她在宫中的地位便逐渐上升。与此同时，对于清朝政局的发展也开始发挥作用。崇德七年，明清主力决战于松山。由于皇太极的精心部署，明军统帅洪承畴的十三万人几乎全军覆没，洪承畴本人也成了清军的俘虏。因为洪承畴文武双全，是一个不可多得的人才，皇太极非常希望他能投降清室，以为入关统一储备人才。为此，他先后派出多人软硬兼施，轮番劝降。然而，受忠君观念的影响，任凭说降者磨破嘴皮，洪承畴心如铁石，不为所动，而且还绝食以求一死，使得皇太极束手无策。

为了替丈夫排忧解难，这位奇女子挺身而出，亲至洪承畴囚所，不行威胁，不加利诱，而是以其精辟的政治见解和女性所特有的温柔，晓之以理，动之以情，对洪承畴加以开导和感化，终于使洪承畴回心转意，投降清室，在入关统一过程中发挥了十分突出的作用。对于孝庄文皇后的这一历史功绩，不少野史笔记从“男女授受不亲”的封建观念出发，多有不恭之辞；而清代官修本朝史书也以野史笔记中的不恭之辞有损孝庄文皇后声誉而讳言其事。然而，如果剔除各种野史笔记中的封建礼教糟粕，同时，考虑到清室兴起之初，满蒙少数民族人士尚未受到封建伦理观念的影响，则可看出，这对孝庄文皇后非但不是什么丑闻，恰恰正是她的贡献所在。因此，可以说，早在入关之前，孝庄文皇后即做出过突出的贡献。

崇德八年八月，对清朝政权发展做出过贡献的皇太极突患脑出血去世。这时，以皇太极长子豪格为一方，以努尔哈赤爱子、皇太极少弟多尔衮为另一方，两个集团为了争夺最高权力进行了激烈的角逐。很明显，无论其中哪一派取得胜利，对孝庄文皇后和她的六岁幼子福临来说都不会有什么好处。由于两派势力各不相让，争持不下，为了保持满洲政权的统一，孝庄文皇后凭借她在满洲政权中的影响，巧妙地斡旋于各派势力之间。她一方面紧紧抓住两黄旗不放，作为自己的依靠力量，同时极力拉拢两白旗代表人物多尔衮，并利用他来排斥皇太极长子豪格。这样，经由她的努力，两派各作让步，由孝庄文皇后所生的福临即位，而以郑亲王济尔哈朗、睿亲王多尔衮共同辅政。孝庄文皇后也因此和她的姑姑孝端文皇后并尊为皇太后，成为了这场关键性政治角逐中的实际胜利者。

福临继位后，国内政治形势急剧变化。为了取代明朝统治，统一全国，孝庄皇太后积极支持摄政王多尔衮统兵入关，开创了清朝历史的新纪元。随着清朝政权在政治上和军事上不断取得新胜利，在清朝统一全国过程中做出重要贡献的摄政王多尔衮成了政治舞台上的一颗新星，其地位不断上升，权势也逐渐加大。顺治即位后，多尔衮先后在政权中排除豪格、济尔哈朗等异己势力，同时，又将皇帝印玺信符置于己手。后来，还对忠于皇室的两黄旗骨干加以打击和排斥。其中，尤其令人不能容忍的是自封皇父摄政王，使得孝庄皇太后和顺治帝处境十分难堪。“寡妇门前是非多”，一时之间，有关太后下嫁的各种流言蜚语不胫而走，自京师传到外地，自官宦达于庶民。传来传去，情节愈加丰富，谁出主意谁上奏，谁做媒人谁当司仪，有鼻子有眼，好像亲眼所见一样。在这一桶桶脏水泼来之际，顺治帝和孝庄皇太后这对孤儿寡母的处境可想而知。但是，为了保住自己儿子福临的皇帝宝座，孝庄皇太后尽管背地里垂泪教子，在公开场合却强作欢颜。就是在这样的境遇中，母子两人强挨了七八年。

顺治七年底，多尔衮病死。虽然顺治帝福临刚刚十四岁，但是吃尽摄政王苦头的孝庄皇太后立即做出了顺治帝亲政的决定。凭借手中的权力，她下令将多尔衮削爵夺谥，并严惩其死党，以发泄多年来的积愤。与此同时，为了加强皇室的权力，她还将正白旗收入上三旗，并陆续起用遭到多尔衮打击和排斥的两黄旗大臣。一时之间，皇权迅速加强。为了支持正在进行的统一事业，她自己节衣缩食，将宫中剩余银两赏赐八旗军队。总之，为了清朝统治的巩固和儿子事业的发展，孝庄皇太后已竭尽全力。

顺治帝聪明能干，亲政后，一度政绩斐然，这使孝庄皇太后颇为欣慰。但是因其自幼娇生惯养，任性异常，不谙人情事理，也给孝庄皇太后惹了不少麻烦。其一是违背她的意志，废掉皇后。顺治帝第一个皇后是孝庄皇太后的亲侄女，科尔沁卓礼克图亲王吴克善之女。这位皇后既美丽又聪明，况且又是亲上加亲，孝庄皇太后自是十分满意。但是，顺治帝却看不上这个皇后，娶进来不过两年，便寻找借口，以这桩婚姻是由摄政王多尔衮主持为由而将其降为静妃，改居侧宫。其二是移情别恋，看上了一个皇族子弟的妻子。而在这位皇族子弟为此处罚自己的妻子后，顺治帝竟然莫名其妙地给了那个皇族子弟一个耳光，致使其含愤自杀。贵为天子，妃嫔成群，竟然还干出此等拈花惹草的丑事，实在使孝庄皇太后感到丢人。但是，为了维持自己儿子的声誉和威信，孝庄皇太后只好严加保密，在做好善后事宜后，一乘花轿将那个皇族子弟的妻子接入宫中。对此，顺治帝大为高兴，当即将她册为贤妃，几个月后，又晋皇贵妃并行册立礼，颁诏大赦，上皇太后徽号，晋这个妃子的父亲为三等伯。次年，这个皇贵妃给他生了一个皇子，更使他喜上加喜。但是好景不长，不过几个月，这个儿子殇逝。一年多以后，他所宠爱的这个皇贵妃也因思子心切，忧伤过度而离开人世。为此，顺治帝哭得死去活来，因过度悲伤，神经也显得有点不正常，整天和茆溪森、木陈忞等几个和尚厮混，叫嚷着要出家。就在这个皇贵妃去世两个月后，他竟然真的剃掉了头发。根据满洲旧俗，上至国君下至黎庶一概留辫，而今这位当朝天子竟然剃成一个光葫芦，成何体统！如何能上朝堂以见臣下？顺治帝的这些反常行动，又使孝庄皇太后鬓上增出白发。好不容易从江苏常州请来茆溪森的师傅玉林琇和尚，通过他的劝阻，顺治帝打消了出家的念头。但是，不过两个多月，一场巨大的不幸又降临到她的头上。顺治十八年正月初二日，她的这个年方二十四岁的儿子顺治帝得了天花，五天之后，撒手归西。这样，孝庄皇太后又面临着壮年丧子的厄运。贵为天子之母，竟然不如黎民百姓能享天伦之乐，在孝庄皇太后看来，自己几乎成了最不幸的人。

面对命运的挑战，孝庄皇太后并未屈服，而是变得更加坚强。顺治帝死后，她强忍丧子之痛，立即挑起了挑选继嗣的重任。经过反复思考，她拒绝了从顺治帝众兄弟辈中择贤继立的建议，因为这一计划如果实现，将因新立皇帝与她血缘关系疏远而大大影响她的地位，对于自己的嫡亲孙子、顺治帝的几个皇子也没有好处。在继嗣范围缩小到顺治帝的几个皇子身上时，她又从大局出发，采纳汤若望的建议，以已经出过天花的年方八岁的皇三子玄烨继位为君。因为皇帝尚小，需要辅佐，这时一个名叫周南的生员上书孝庄皇太后，要求她垂帘听政，“以襄盛治之隆”。考虑到历史上母后临朝容易引起政局动荡，对此，她坚决拒绝。同时，为了防止顺治初年宗室专权的历史再度重演，由她主持，任命上三旗之索尼、苏克萨哈、遏必隆、鳌拜四人为辅政大臣。这样，顺治帝死后不过两天，康熙帝玄烨便即位为帝，四位辅政大臣宣誓就职。最高权力机构的成立使得清朝政府又一次渡过了难关，对此，奇女子又一次做出了十分重要的贡献。

康熙帝即位后，孝庄太皇太后把他看作自己的命根子，并对他予以无微不至的关怀。为了照料他的生活起居，孝庄太皇太后让他和自己一起住在慈宁宫。四年之后，又为他操办婚事，将首席辅政大臣索尼的孙女赫舍里氏册封为皇后，使其在朝廷重臣中有了依靠力量，也为数年之后康熙帝清除权臣鳌拜准备了条件。在孝庄太皇太后的精心关怀下，康熙帝健康成长，政治才能也不断提高，亲政之后不久，即以迅雷不及掩耳之势一举擒拿权臣鳌拜，将全部大权夺归己手。

康熙帝亲政之初，孝庄太皇太后考虑他还年轻，政治经验尚不丰富，因而，经常对朝政处理表示关心并发表一些指导性的意见。她有一次对康熙帝说，康熙朝自开国以来，是以武功创天下，目前天下虽然太平，但是，安不忘危，千万不要丢掉武备；在朝诸臣奏事，虽然多数出于忠诚，然而也要注意一些人会假公济私，一定不要带有主观偏见，要对他们的建议加以考虑，千万不要受蒙蔽。她告诫康熙帝，古代哲人说，做一个国君，担子十分重。天下百姓成千上万，天子一人君临其上，生养抚育，莫不眼巴巴地盼望国君给他们想办法。她强调一定要摸索怎样团结百姓，巩固统治的门径，让天下人民都衣食丰足，才能使国祚久远，希望康熙帝行宽仁之政，态度既要温和恭敬，又要严肃稳重，不随便说不负责任的话，勤于政事，发扬光大祖宗传下的事业。对此，康熙帝都认真听取，一一照办。

除此之外，在一些关键时刻，孝庄太皇太后还亲自出面或直接向康熙帝面授谋略。如吴三桂叛乱之初，康熙帝调兵出征。为了鼓舞士气，孝庄太皇太后特发宫中缎匹银两犒军。又如康熙十四年时，察哈尔部布尔尼趁三藩叛乱，朝廷无力北顾之际，也发动叛乱。一时之间，康熙帝计无所出。这时，孝庄太皇太后提出派图海率兵前去讨伐。由于她推荐的人得力，图海出师不久，即将叛乱平定。后又听到各省发生自然灾害，她也不止一次地拿出身边金银加以赈恤。对于康熙帝的身体，她还以一个长辈对儿孙所特有的关心，一直照顾得十分周到。如康熙十八年底，因为筹划平定三藩，连年操劳，康熙帝身体状况下降，孝庄太皇太后就劝他到南苑疗养。在她看来，孙子的事业就是她的事业，为了康熙帝统治的巩固和加强，她已达到献出一切而不惜的地步。

为了报答祖母的养育之恩，康熙帝不但十分崇敬孝庄太皇太后，而且也极为孝顺。孝庄太皇太后身历四朝，亲身经历并处理过许多重要的历史事件，经验十分丰富。因而，每逢朝廷有重大举动或官员升降等，康熙帝多先禀报孝庄太皇太后而后行。有鉴孝庄太皇太后年纪渐老，他还想方设法极尽孝养之情，几乎每天上朝以前或退朝以后，都要到祖母宫中请安，有时一天三次。孝庄太皇太后生辰以及一年三大节，总是率群臣行庆贺礼；有什么喜庆消息，也尽快告知孝庄太皇太后。孝庄太皇太后乘辇外出，启行时，他总是先和侍卫一起推车，出宫后方才上马。路途间遇到上坡，他一定亲自下马推车，即使下雨也不例外。孝庄太皇太后玉辇过桥，他怕桥基不固，总是先行视验。外出巡幸，孝庄太皇太后因年老不能同行，康熙帝则三五天写信一封，派人飞骑进京，向其问安，报告行程途中见闻及思念之情，还致送宫中无法得到的新鲜食品。据统计，康熙二十一年春，康熙帝东巡盛京，两个多月中，致孝庄太皇太后问安信达二十余封。康熙帝还将亲自捕捞的鲢鱼、鲫鱼“设法成段”，一种泡在羊油中，一种用盐腌，派人星夜送到北京。同时送往者还有榛子、山核桃及朝鲜所进柿饼、松子、白果、栗子等。

为了让孝庄太皇太后抒怀，即便有什么忧愁伤心之事，康熙帝也不让她知道。如康熙十一年二月，康熙帝陪同孝庄太皇太后在汤泉疗养，适逢京师报至，报称皇子承祜去世。康熙帝十分悲痛，但怕孝庄太皇太后知道后伤心，在进见孝庄太皇太后时“笑语如常”，并下令值班人员不准诸王前来向她表示慰问。同年十月，在奉孝庄太皇太后于汤泉疗养期间，皇后生病。孝庄太皇太后得知，即刻命康熙帝进京探视。然而一俟皇后病势稍减，康熙帝就又回到孝庄太皇太后身边。康熙十二年五月，孝庄太皇太后生病，病中思念自己的女儿巴林淑慧公主。康熙帝闻知，马上命令侍卫用御轿飞速往迎。见到了自己的亲生女儿，孝庄太皇太后非常高兴，“遂强健如常”。

平定“三藩之乱”后，作为一个成熟的政治家，康熙帝已经完全挑起了处理国家事务的全部重担，而在此时，孝庄太皇太后已年过七十，身体状况愈来愈差。这时，为使孝庄太皇太后健康长寿，除晨昏定省之外，康熙帝对于孝庄太皇太后的衣食起居更加关心。如康熙二十四年九月，康熙帝巡幸塞外，闻知孝庄太皇太后身体违和，即刻星夜回銮，“亲视进药”。由于他照顾周到，不久孝庄太皇太后即恢复健康。康熙二十五年五月，孝庄太皇太后又感染时疫，经过御医尽力调治，迅速好转。康熙帝十分高兴，特地对参与诊治的御医各加升赏。总之，为了孝庄太皇太后晚年幸福和健康长寿，康熙帝几乎费尽了心血。

康熙二十六年十一月，孝庄太皇太后患了重病。因为病势沉重，康熙帝十分焦虑，“亲尝汤药，昼夜不离左右”。同时还传谕内阁，不是紧要事情不必奏闻。眼见孝庄太皇太后病势有增无减，为了使她恢复健康，康熙帝想尽了办法。先是传谕刑部，令内外问刑衙门将在押人犯一律减等发落，以为孝庄太皇太后祈福。随后又亲率王公大臣步诣天坛，祈告上苍保佑孝庄太皇太后恢复健康。一个多月的时间里，他一直住在慈宁宫，寸步不离。一闻孝庄太皇太后声息，即趋至榻前，“凡有所需，手奉以进”。为此，孝庄太皇太后和诸王、贝勒多次劝他回宫休息，他都坚决不肯。虽然康熙帝用尽全力照顾，但是由于年迈，孝庄太皇太后终告不起。康熙二十六年十二月二十五日，这个经历四朝，饱经忧患，对于清朝的兴起和昌盛做出重要贡献的孝庄太皇太后，满怀着对她的嫡亲孙子康熙帝和天下臣民的眷恋之情，最终告别了人世，终年七十五岁。

孝庄太皇太后的去世，使得康熙帝悲痛欲绝。想起半个世纪以来她为清王朝艰苦奋斗、波澜壮阔的一生，想起自己八龄丧父、十岁丧母，全赖祖母无微不至的关心鞠养，才使自己由一个孤儿成为君临天下的皇帝，康熙帝呼天抢地，号啕大哭。当天，康熙帝颁诏于天下，自皇太后、康熙帝以下皇妃、皇子、亲王、文武官员、外藩藩王俱身穿重孝，按时举哀哭临。为了表示对孝庄太皇太后的哀悼之情，康熙帝连破旧例：一是破清朝后妃丧事帝王不割辫之例而自行割辫；二是破梓宫发引不过年关之例而至次年正月十一日始行发引；三是破帝王持服以日易月二十七日，除服之例而坚持持服三年。由于他的坚持，前两项都不得不按他的意见行事，至于他所坚持的服丧三年则因此举会长期影响国务处理，上自皇太后，下至百官一齐加以劝阻。后来京师士民为此伏阙上书者亦不可胜数，这才使康熙帝放弃了原来的想法。国丧期间，由于连日号哭，水浆不进，康熙帝曾几度昏迷。为此，诸王大臣三番五次劝他节哀，都毫无用处。

康熙二十七年正月十一日，康熙帝率领诸子，亲奉孝庄太皇太后梓宫安奉朝阳门外殡宫。发引时，康熙帝于梓宫前步行，沿途哭不停声。安放殡宫事毕，他即在乾清门外搭了一个帐篷居住其中守丧。直到二十七日服满，他才回宫居住并穿青色布衣听政。他还为孝庄太皇太后上尊谥为“孝庄仁宣诚宪恭懿翊天启圣文皇后”。至于陵寝安排，他也遵照孝庄太皇太后临终遗言，下诏于遵化陵区建陵。因为孝庄太皇太后生前十分喜欢康熙帝为她在慈宁宫东新建的五间宫殿。在陵宫建成前，康熙帝特命将此五间宫殿拆掉，以其原料在遵化建立暂安奉殿，并于当年四月，亲奉梓宫安奉于此，拨派专人善加守护。至此，关于孝庄太皇太后的丧事才算结束。

孝庄太皇太后丧事过后，终康熙之世，康熙帝都对孝庄太皇太后思念不已。每逢其忌日，康熙帝一般都亲率诸皇子诣暂安奉殿祭奠举哀；每次祭奠，想起孝庄太皇太后的鞠养之情，都放声痛哭，泪如泉涌。此外，他还爱屋及乌，在他看来，孝庄太皇太后生前居住或行经之地及用过之器物都很有纪念意义。因而，很长一段时间，他不敢从慈宁宫前经过，以免践踏那里的土地。曾经侍奉过孝庄太皇太后的太监、孝庄太皇太后的女儿也都能勾起他对孝庄太皇太后的无限思念。大概就是出于这种对孝庄太皇太后的思慕之忱，终康熙间，康熙帝一直未将孝庄太皇太后梓宫安奉昭西陵地宫。直到雍正帝即位后，才于雍正二年将其下葬。从此，这个生于忧患，为清朝统治的建立和巩固奋斗数十年的孝庄太皇太后，便长眠于昭西陵之下的地宫之中。

二　孝于诸母　友于兄弟

康熙帝即位后，在紫禁城内和他一起生活的，除了他的祖母孝庄太皇太后之外，还有顺治帝的三十多位后妃。按照辈分，她们都是康熙帝的母系长辈。但是，除了他的祖母孝庄太皇太后之外，这些人和当时政局基本绝缘，故而仅择其中地位较高及与康熙帝关系密切者略作介绍，以见其家庭中的大致情况。

康熙帝的生母是慈和皇太后，即顺治帝的孝康章皇后佟氏（后改为佟佳氏）。她是固山额真佟图赖之女。佟图赖的父亲佟养真虽是汉人，但是早在努尔哈赤攻打抚顺之时即已投奔后金。几十年中，佟氏父子追随太祖、太宗、世祖三代皇帝南征北伐，转战东西，卓有功勋。因而，早在入关之前，佟氏一家即深受重用，成为清室的依靠力量。入关之初，满汉畛域极为分明。佟氏以汉人之女而入宫为妃，对于佟氏一家来说是极高的殊荣。孝康章皇后佟氏比顺治帝小两岁，约在顺治八年以后入宫。顺治十一年三月，在她十五岁时，生下了康熙帝。由于顺治帝子嗣甚多，而她当时只是一个普通妃子，因而此后七八年中，一直默默无闻。直到顺治十八年顺治帝死后，康熙帝即位，母以子贵，她才被尊为慈和皇太后。即便如此，一则因为其时孝庄太皇太后年正壮盛，正在全面主持宫中事务，二则在她之上，还有一个顺治帝生前立为皇后的孝惠章皇后，三则此时国务处理，皆由几个辅政大臣主持，所以无论宫中或国家事务，她都没有发言权。她所扮演的角色，实在只是一个时刻关心康熙帝的亲生母亲。而且，因一场意外之疾，这一角色任务她也没有完成。康熙二年二月，她因病去世，终年二十四岁。她死之后，按照满洲旧俗，遗体火化后于当年六月与顺治帝骨灰一起葬入孝陵地宫。当时，清朝皇室给她所上的尊谥是“孝康慈和庄懿恭惠崇天育圣皇后”。

一个年方十岁的孩子，刚刚失去父亲，接着又失去生母，康熙帝涕泪滂沱，痛不欲生。从此，他失去了童年的欢乐，只能在祖母的怀抱里，追忆母亲在时的幸福时刻。父母的过早去世促成了他的早熟，他逐渐变得沉默寡言。在祖母和嫡母面前，他听话懂事，平时努力学习，勤于骑射，不曾沾染任何恶习。在朝堂上，则威而不怒，含而不露。这对他成人以后事业的成功产生了重要的影响。

随着岁月的流逝，康熙帝成年后，少年时期的丧母之痛逐渐淡化。虽然如此，他先后重用了两个舅舅佟国纲和佟国维。康熙十六年，他将慈和皇太后的侄女、佟国维之女收入宫中，封为贵妃，后又将其晋为皇后。康熙二十年，又以慈和皇太后之故，特别加恩，将佟氏一族由汉军镶黄旗抬入满洲镶黄旗，从而开创了后族抬旗的先河。当时，佟国纲进爵一等公，任镶黄旗汉军都统。佟国维任领侍卫内大臣，并参与议政。后来，佟氏诸子鄂伦岱、隆科多也先后担任要职。终康熙一朝，佟氏满门贵盛，恩眷不衰。本为汉军而得以抬入满洲上三旗并在最高中枢机构中居于重要地位，如果不是慈和皇太后，这样的恩宠是断然难以获得的。

除生母之外，和康熙帝关系密切的还有一个顺治帝的孝惠章皇后博尔济吉特氏。她是科尔沁镇国公绰尔济之女。按照辈分来说，是孝庄皇太后的一个侄孙女。顺治十年八月，顺治帝废掉了第一个皇后。在孝庄皇太后的干预下，顺治十一年五月，顺治帝迎娶了这位皇后。当时，这个皇后只有十四岁，而皇三子玄烨也刚刚出生两个月。顺治帝当时非常宠幸后来尊为孝献皇后的董鄂氏皇贵妃，因而这个皇后入宫之后，顺治帝对她并不喜欢。只是赖有孝庄皇太后的保护，她才没有沦落到与第一个皇后相同的下场。顺治十八年正月，顺治帝去世，这个年龄只有二十一岁的皇后便守了寡。而后康熙帝即位，她和康熙帝生母佟氏并尊为皇太后。此后两年，康熙帝生母慈和皇太后便去世了，而她以名分而言，又是康熙帝嫡母，并且无儿无女，因而她和孝庄太皇太后一样，对康熙帝极为关心和爱护。在康熙帝成人过程中，她尽到了一个做母后的责任。

康熙帝对她也十分尊敬，平常时节，向孝庄太皇太后问安之后，即赴皇太后宫中问安。每逢节令生辰，康熙帝率王公大臣向孝庄太皇太后行礼之后，又一起向皇太后行礼。康熙二十二年夏，康熙帝奉孝庄太皇太后北巡期间，特将所猎鹿尾、鹿脯用盐腌好，送至京师，请她品尝。她出生较晚，没有孝庄太皇太后那样复杂的政治经历，兼之康熙帝又非亲生，在康熙帝面前，她十分谦逊。令人代笔给康熙帝写信，总是将皇帝字样出格高写，而于皇太后字样，则“接书其下”。对于国家政事，她也极少发表意见，不去干扰康熙帝，并将主要精力用于关心康熙帝的生活起居。如康熙三十五年十月，康熙帝北巡塞外，她怕塞外天寒冻着康熙帝，特地派人送去皮衣。次年春，康熙帝亲征噶尔丹，在他生日即将到来之时，她又派人专程送去金银茶壶，以表祝贺。这使康熙帝对她愈加孝敬，将原先对待太皇太后的礼遇都转加到她的身上。南巡、北狩以及出关谒陵，无不奉其同行。康熙二十八年，他以皇太后居住之宁寿宫历年已久，特将其拆毁重建，“比旧更加弘敞辉煌”，并奉皇太后迁居于此。康熙三十九年，皇太后六十大寿。康熙帝亲制《万寿无疆赋》并献上佛像、珊瑚、自鸣钟、洋镜、东珠、宋元明名画、金银、币帛等许多珍贵寿礼。此外，他还别出心裁，令御膳房一颗一颗地数出一万粒米，精心做成“万国玉粒饭”和名贵菜肴、果品一起献上。康熙四十九年，孝惠皇太后七十寿辰，康熙帝又举办了隆重的庆祝活动。为了表示自己的孝心，年已五十七岁的康熙帝还亲自在席间跳起了蟒式舞，为寿宴助兴。

康熙五十六年冬，七十七岁的孝惠皇太后重病在床。这时，六十四岁的康熙帝因为国事家事劳瘁，也大病七十余日。但是在知道皇太后病重之后，立即从畅春园还宫，主持护理。十二月初，皇太后病情日益严重。康熙帝又不顾自己病重，在苍震门内架起帐篷，居于其中，用手巾裹头缠足，让内侍抬至宁寿宫向皇太后请安。他跪在皇太后床下，轻呼：“母后，儿臣在此。”此时，病情危笃的皇太后已经不能说话，只是一手遮住光线，一手紧握康熙帝的手。眼见此情，康熙帝不禁泪如雨下。三天之后，皇太后病逝。康熙帝“拊膺哀号，即行割辫，孝服用布，哭泣弗辍”。梓宫发引之日，康熙帝又亲诣宁寿宫前祭奠痛哭，“近侍人员，不忍仰视”，随上尊谥为“孝惠仁宪端懿纯德顺天翊圣章皇后”。康熙五十七年三月，殡宫自京发引，安葬于遵化孝东陵地宫。康熙帝虽因病未能亲送，但在当年十一月，他又亲自谒陵祭奠，“哀恸良久”。在大学士、九卿共议将孝惠皇太后神牌安放太庙、奉先殿时，他又特别指示，因为孝惠皇太后份属嫡母，应将其神牌安设于自己生母孝康皇太后之上。总之，出于感念孝惠皇太后对自己的抚育之恩，对于自己的这个嫡母，康熙帝也极尽孝养之情。

康熙帝兄弟八人，如按出生顺序排列，他们的名字分别是牛钮、福全、玄烨、荣亲王（未命名）、常宁、奇绶、隆禧、永干。其中，顺治帝的皇长子牛钮生于顺治八年，生母是庶妃巴氏。出生之后刚满三月即因病殇逝。其时，康熙帝还没有出生。皇四子荣亲王，顺治十四年生，也只活了三个多月。当时，康熙帝正在襁褓，对其根本没有印象。除此之外，康熙帝还有两个弟弟幼年殇逝，他们是庶妃唐氏所生的皇六子奇绶和庶妃穆克图氏所生的皇八子永干。奇绶生于顺治十六年，康熙四年死去，只活了七岁。永干生于顺治十七年，康熙六年死去，也只活了八岁。由于四个兄弟先后殇逝，和康熙帝一起健康成长的只剩下了他的哥哥即顺治帝的皇二子福全，他的两个弟弟即顺治帝的皇五子常宁和皇七子隆禧。

福全是顺治帝第二子，生于顺治十年，比康熙帝大一岁。康熙六年封裕亲王。而后不久，康熙帝亲政。因为其时鳌拜专政，康熙帝为了加强自己的力量，特命福全参与议政。剪除鳌拜势力后，康熙帝将大权收归己有。这时，福全也就非常知趣地辞去议政大臣之职而安居藩邸。康熙二十九年，康熙帝调动大军北征噶尔丹，他再次得到重用。康熙帝任命他为抚远大将军，并以皇长子允禔为副，出古北口。行前，康熙帝亲制诗篇相赠并举行了隆重的欢送仪式，希望他出师告捷，实现“遐荒安一体，归奏慰予情”。由于福全调度得法，大军出发后一路顺利并于当年八月大败噶尔丹于乌兰布通。康熙帝极为高兴，特地传谕嘉奖。此次战胜之后，福全本应率兵追击，但是因为骄傲情绪滋长，轻信噶尔丹间谍之言，致使错过了追击的有利时机，使噶尔丹远遁而去。同时，由于意见不合，他与皇长子允禔也发生了矛盾。因而还京之后，康熙帝革去他的议政大臣之职并罚其王俸三年，撤其三佐领。退出政界之后，福全建目耕园，读书其中，礼接士大夫。念及兄弟之情，康熙帝对他还是十分敬重和关心，如康熙三十八年南巡返京后，康熙帝特与其并坐于桐树之下，命画工绘像于图，取“同老”之意，称“桐老图”，还专门作《咏桐老图赐裕亲王》一诗相赠。为了让这个兄长开心抒怀，安度余年，康熙四十一年，康熙帝封其长子保泰为世子。次年，福全得了重病，正巡狩塞外的康熙帝闻知此讯，即刻命诸皇子还京，为其侍奉汤药。几天后，噩耗传来，康熙帝也星夜返京，亲临其丧，摘缨痛哭。回宫后，迁居便殿，并辍朝数日，以志哀悼。治丧期间，又数次奉皇太后驾临丧次，并发内帑治丧，予谥曰“宪”。

常宁是顺治帝第五子，庶妃陈氏所生。康熙十年正月，他刚刚十五岁，即被封为恭亲王。康熙十四年十一月，分入正蓝旗并于上三旗带出十五佐领。对于这个弟弟，康熙帝一直颇为关心和爱护。康熙二十二年，常宁府邸不慎失火。康熙帝闻知后，亲临现场指挥灭火。康熙二十四年和二十六年，康熙帝又先后将常宁的两个儿子永寿、满都护封为三等辅国将军和镇国将军。康熙二十九年，康熙帝北征噶尔丹，任命常宁为安北大将军，以简亲王雅布、信郡王鄂札为副，率军出喜峰口。由于他和福全一样，战胜后未能率师穷追敌寇，战役结束后，被革去议政大臣，并受到罚俸三年的处分。从此之后，他安处藩邸，过着逍遥自在的王爷生活。康熙四十二年六月，常宁因病去世，终年四十七岁。当时，康熙帝自塞外得知此信，即刻命诸皇子回京办理丧事。同时，还赐银万两，为其营造坟茔。不久，康熙帝回京，亲临其丧并为其撰写碑文，对他“春秋犹壮，齿发未衰，痰疾忽侵，溘焉凋谢”表示深切的哀悼。

隆禧是顺治帝第七子，庶妃钮氏所生。康熙十三年，他十五岁时受封纯亲王。康熙十四年，分入镶白旗并自上三旗带出十五佐领。因为他在康熙帝几个成人弟兄中最为年幼，康熙帝对他尤为爱怜。但是不幸的是，康熙十八年七月，他刚刚二十岁，便因病死去。这使康熙帝十分悲痛，特为辍朝三日，亲临祭奠，并为他修造坟茔。丧事处理完毕，即以其子富尔祜伦袭爵。但为时不久，这个尚在襁褓之中的王爷又因病死去。至此，纯亲王一支绝嗣，康熙帝无奈，只好下令“不必再议袭封”。虽然如此，为了表示对这个幼弟的怀念之情，每逢忌日，康熙帝仍命大臣或者皇子携带祭品至其坟前祭奠。

除八个弟兄之外，康熙帝还有六个姐妹。但不幸的是，其中五人都在幼年殇逝，健康成人的只有一个顺治帝的皇二女和硕恭悫长公主。她出生于顺治十年十二月，庶妃杨氏所生，按照年龄来说是康熙帝的姐姐。她虽然成了人，一生命运却很不好。康熙初年，辅臣鳌拜权势遮天，孝庄太皇太后和康熙帝虽然恨之入骨，但是为了保住皇帝宝座，也不得不笑脸相迎。这样，这个公主便成了皇室笼络鳌拜一家的牺牲品。康熙六年二月，在她十五岁时，康熙帝将其下嫁辅臣鳌拜的侄子——少傅领侍卫内大臣巴哈之子讷尔杜。然而，不过两年，鳌拜垮台。作为鳌拜集团的骨干成员，巴哈及其子讷尔杜均被削职为民，公主的地位也就一落千丈。康熙十五年正月，康熙帝虽以公主之故，给讷尔杜加上太子少师之衔，但是在七八年前那场事件的阴影里，讷尔杜也只能夹着尾巴做人。康熙二十四年，这个公主去世，终年三十三岁。

三 多妻多子 多福多事

康熙帝早婚，在位时间又格外长，一生之中，后妃众多。据统计，在其后宫中具有后、妃、嫔、贵人、答应、常在名号者不下六十多人。在封建社会中，帝王多妻固然是正常现象，然而，这一数目仍然偏多。不只在清代各帝中绝无仅有，就是在两千多年的历代帝王中也是颇为罕见。毋庸讳言，这是他的失德之处。并且，由于宫中矛盾错综复杂，也凭空给他增加了无数烦恼，从而对康熙政绩也产生了不良的影响。

康熙帝一生先后有过三个皇后，她们分别是孝诚仁皇后赫舍里氏、孝昭仁皇后钮祜禄氏和孝懿仁皇后佟氏。孝诚仁皇后赫舍里氏是他的第一个皇后，生于顺治十年十二月，年龄略大于康熙帝，是辅政大臣索尼的孙女，领侍卫内大臣噶布喇的女儿。康熙初年，四大臣辅政。皇宫之中，只有一个寡妇老太太孝庄太皇太后领着几个青年寡妇和几个不懂人事的小孙子过日子，皇室势孤力单。为了在当朝大臣中培植亲信，孝庄太皇太后一改太宗、世祖两朝皆于蒙古科尔沁博尔济吉特氏家族中择后的传统，把择后目标转向了当朝大臣。当时，索尼是首席辅政大臣，历经三朝，功高资深，为人忠朴。这样，索尼孙女赫舍里氏便成了孝庄太皇太后为康熙帝择后的首先考虑对象。康熙四年七月，行纳聘礼。九月，即为康熙帝举行婚礼，将赫舍里氏立为皇后。当时，康熙帝和赫舍里氏皇后都还不过是十二三岁的孩子。这桩婚姻虽系双方长辈包办，婚后的康熙夫妇却琴瑟相得。

康熙八年十二月，皇后给他生了个儿子承祜。虽然这已是康熙帝的第二个儿子，但因是皇后所生，康熙帝仍然十分高兴。康熙十一年二月，这个孩子不幸殇逝。康熙帝虽然十分悲痛，却极力劝慰赫舍里氏皇后。康熙十一年十月，皇后在京生病，这时，康熙帝正陪同孝庄太皇太后在遵化汤泉疗养，闻知此信，征得孝庄太皇太后同意，康熙帝即刻飞骑进京，直到皇后病情好转，方才放下心来。一年多以后，赫舍里氏再次身怀六甲，并于康熙十三年五月初三日产下皇二子允礽。不幸的是，可能由于产后大出血，生下允礽的当天，赫舍里氏皇后即告别了人世。其时，她刚刚二十二岁。对于赫舍里氏皇后的去世，康熙帝十分悲痛，辍朝五日，以志哀悼，并命诸王以下文武官员及公主王妃以下、八旗二品命妇以上俱齐集举哀，持服二十七日。这时，康熙帝想起与皇后成婚十年以来，皇后“上事太皇太后、皇太后克尽诚孝”“节俭居身，宽仁待下”的许多美德，更加深了对她的无限怀念。为了使她的在天之灵得到安慰，康熙帝特谥其为“仁孝皇后”，并为其举行了十分隆重的丧礼。康熙十五年正月，又下诏于遵化陵区为其修造地宫。康熙二十年三月，景陵地宫修成，康熙帝亲送赫舍里氏皇后和后来去世的孝昭皇后灵柩安放地宫。雍正元年，雍正帝为其再加尊谥为“孝诚恭肃正惠安和俪天襄圣仁皇后”。

康熙帝的第二个皇后是孝昭仁皇后钮祜禄氏。她出身名门，是清初开国功臣额亦都的孙女，辅政大臣遏必隆的女儿。入宫之初，册立为妃。康熙十六年八月，立为皇后。但是不过一年，康熙十七年二月，这个皇后因病去世，也只活了二十多岁。当年三月，赠谥孝昭皇后。康熙二十年三月，安葬景陵地宫。雍正元年九月，再上尊谥曰“孝昭静淑明惠正和钦天顺圣仁皇后”。

康熙帝的第三个皇后是孝懿仁皇后佟佳氏。她是康熙帝生母的侄女，舅舅佟国维之女。康熙十六年八月入宫，即封为贵妃。康熙二十年十二月，晋皇贵妃。康熙二十二年，为康熙帝生皇八女，但不过一个月，此女即殇。康熙二十八年七月，她患了重病。为了让她开心抒怀，康熙帝特将其册立为皇后。然而，这点心理安慰并未使其好转，次日，这位皇后还是离开了人世，年仅三十岁上下。康熙帝赠谥孝懿皇后，安葬景陵地宫。雍正元年，为其再上尊谥为“孝懿温诚端仁宪穆奉天佐圣仁皇后”。

孝懿皇后去世之后，康熙帝虽然年岁不到四十，但自此迄死，一直没有再立皇后。三十多年后，他的儿子雍正帝即位后，又给他另“赠”了一个皇后，这就是雍正帝的生母孝恭仁皇后乌雅氏。乌雅氏生于顺治十七年，是护军统领威武之女，约在康熙十六年前后被选入宫。康熙十七年十月，她十九岁，生下皇四子胤禛。康熙十八年十月，被册为德嫔。康熙十九年，又生下皇六子允祚。康熙二十年十二月，晋封德妃。康熙二十一年，生皇七女。康熙二十二年，生皇九女固伦温宪公主。康熙二十五年，生皇十二女。康熙二十七年，生皇十四子允禵。她是康熙帝后妃中生育子女最多者。康熙帝去世后，雍正帝即位，母以子贵，即为其上尊号为仁寿皇太后。但尚未举行册尊典礼，雍正元年五月，她就突然去世，终年六十四岁。雍正帝特将其谥为“孝恭宣惠温肃定裕赞天承圣仁皇后”，当年九月，将其与康熙帝合葬于景陵地宫。

除这四个皇后之外，康熙帝还册立了两个贵妃。她们是钮祜禄氏贵妃和佟贵妃。钮祜禄氏贵妃是孝昭皇后之妹，康熙二十年十二月被册为皇贵妃。佟贵妃是孝懿皇后之妹，也是康熙帝的表妹。她生于康熙七年，入宫后，于康熙三十九年被册为贵妃。她们之所以被册为贵妃，看来主要是她们死去的姐姐曾是皇后的缘故。钮祜禄氏贵妃先后于康熙二十二年和二十四年生下皇十子允䄉和皇十一女，康熙三十三年十一月去世，谥曰“温僖贵妃”。佟贵妃一生无儿无女，但直到乾隆八年她才去世，活了七十六岁，乾隆帝予谥“悫惠皇贵妃”。

在皇后、贵妃之下，康熙帝还册封了十个妃子、九个嫔、十七个贵人，以及答应、常在等具有后宫名号者二十余人。就族别而言，她们分别来自满、蒙、汉三个民族；就其出身而言，也参差不一，有的出身贵族，有的出身职官，还有的是没入内务府的家奴。其中，生儿育女者，康熙帝在世时，固然沾受一点恩宠，但是雍正帝继位后，她们只能看人脸色吃饭。至于无儿无女者，则大多潦倒一生，死后连姓氏、籍贯、生卒年月也一概不知。封建社会的一夫多妻制度葬送了她们的青春，至今，景陵妃嫔园寝的荒丘野草，还在向人们诉说着这些当年最不幸福的女性们一生中的哀怨。

多妻导致的结果是多子。康熙帝自十四岁开始生子至六十三岁停止生育，五十年中，先后生子三十五人。其中，承瑞、承祜、承庆、赛音察浑、长华、长生、万黼、允禶、允禑、允禨、允禐等十一子皆因早夭未曾与序行次，而与序行次的皇六子允祚、皇十一子允禌、皇十八子允祄、皇十九子允禝又未及成人便已早逝。这样，成人的孩子便只剩下二十人。对于这二十个孩子，康熙帝非常注重教育，一般都为其慎选教师，并亲自教诲督促。教育内容也很广泛，几乎包括经史、诗文、语言、书画、音乐、几何、天文、骑马、射箭、游泳、火器等各个方面。随着他们逐渐成人，他又率领他们南巡、北狩、出关谒陵、巡幸畿甸，以便他们深入实际，了解各地风情和民生疾苦。征讨噶尔丹之役，他命皇太子代理朝政，皇长子允禔、皇三子允祉、皇四子胤禛、皇五子允祺、皇七子允祐、皇八子允禩等几个年长的皇子则受命率兵出征，以艰苦的军旅生活来磨炼他们的意志并培养他们的行政和军事才能。

同时，他还十分注重诸皇子的道德教育，要求他们勤俭为仁，言行一致，为人庄重严肃，不要轻薄佻达。在他的培养下，他的二十个皇子大多文武双全，如皇三子允祉还在文化事业上做出了重要的贡献。然而，随着他们陆续成人，追求权力和财产的欲望也开始强烈，使得康熙帝家庭内部矛盾错综复杂。这使康熙帝十分失望，同时也给他晚年增加了许多烦恼。康熙帝诸子皆是康熙末年至雍正时期政治舞台上互相争斗的主要角色，对于当时和以后的政局发展都产生了重要的影响。于此，对康熙帝诸子成人者逐一介绍，以见康熙帝家庭中一个重要方面的情况。

皇长子允禔本为康熙帝第五子，生母惠妃纳喇氏。因为他是皇长子，从他幼年开始，康熙帝即教以诗书骑射，希望他尽快成长，早挑重担。康熙二十八年，允禔十八岁，康熙帝二次南巡，即携其同行。康熙二十九年北征噶尔丹，康熙帝以裕亲王福全为抚远大将军，并以允禔为副，率师出古北口。康熙三十五年再征噶尔丹，又令他随军行动，负责犒军事宜。康熙三十七年，康熙帝大封诸皇子，即封他为直郡王。并且，康熙帝还写了不少诗篇，对他寄以厚望。但是令康熙帝非常失望的是，康熙四十七年前后，允禔卷入了诸皇子争储夺嫡的斗争中。为了搞垮政敌皇太子允礽，在皇太子被废之前，他即不择手段地大搞秘密活动，找了一个名叫巴汉格隆的喇嘛用法术镇魇皇太子。皇太子被拘禁后，他又不顾兄弟之义，向康熙帝提出杀掉允礽。这使康熙帝极为愤怒，将其卑鄙用心悉加揭露，并下令将他革爵圈禁。从此之后，允禔退出夺嫡之争，雍正帝即位后，对他看管愈为严厉。雍正十二年，允禔死于囚所，终年六十三岁。

皇二子允礽，本为康熙帝第六子，是康熙帝一生倾注心血最多的一个皇子。他生于康熙十三年五月，生母是孝诚仁皇后赫舍里氏。在他出生的当天，他的生母即暴病去世。康熙帝思念亡妻，视他如心肝宝贝。在他一岁多时，即颁诏天下，立他为皇太子。皇太子刚刚懂事，康熙帝便亲自教他识字。在他六岁时，又选定大学士张英、李光地做他的师傅。后来，又让大学士熊赐履授以性理诸书，让当时名儒汤斌、耿介辅导他学习经史诸书。对于皇太子学习，康熙帝也时常过问，关心程度超过其他皇子。随着皇太子年龄的增长，在礼仪规格上，康熙帝也给予其极高的待遇。凡逢元旦生辰令节，诸臣朝见康熙帝完毕，还要再去东宫朝见皇太子。为了提高皇太子在全国臣民中的声望，并培养他的从政能力，康熙帝先后让他代表自己主持一些礼仪活动。康熙帝外出巡幸也令其随驾扈从。同时，还对其生活极表关心。如康熙二十八年底，康熙帝生病，特命皇太子代表自己前往遵化祭奠孝庄太皇太后暂安奉殿。皇太子刚刚出京，康熙帝即十分思念他，并派人“驰赐南方新到春橘、冬笋脯脩”。在康熙帝的精心培养下，太子通满汉文字，娴骑射，声誉鹊起。这使康熙帝特别高兴。康熙三十四年，康熙帝册石氏为皇太子妃，为其完婚。康熙三十五年、三十六年两征噶尔丹，皆命皇太子居京留守，并下令各部院章奏由太子处理。重要事项由诸大臣议定后，报告皇太子。同时，他还在前线和皇太子密切联系。据统计，从康熙三十五年三月至三十六年五月的两次出征期间，康熙帝写给皇太子的信函即达七十六封。其内容，或介绍军队行进和战争进展情况，或介绍敌情及当地气候风情，或告诉他自己身体情况，或嘱咐他代向皇太后请安，向诸皇子、诸王示以关爱。由上述康熙父子交往情况来看，这个时期，康熙帝对皇太子是信任的，皇太子对康熙帝是尊敬的，他们之间的父子关系也是融洽的。

康熙帝虽然对皇太子允礽的成长倾注了极大的心血，然而随着皇太子的逐渐成人并开始参与政务管理，康熙帝父子之间的矛盾也开始产生。其一，皇太子自幼娇生惯养，唯我独尊，赋性奢侈。出于爱子心情，康熙帝虽然让他乳母之夫凌普担任内务府总管，掌管皇室财务，任他花费，但是心中对他这种行径却不大满意。其二，在三征噶尔丹期间，皇太子受命留京居守，一些宵小之徒趁势攀龙附凤，在康熙帝之外形成了第二个政治中心。本来，在封建社会中，在保持与争夺最高权力这一关键问题上，皇、储之间即是一对天然的矛盾，而今一些人如此趋奉皇太子，使得康熙帝十分警惕。在他看来，自己在外栉风沐雨，一心一意为后世创太平，而皇太子允礽却私立中心，实在是不仁不孝。因而，还京之后，即刻将“太子左右用事者置于法”。康熙帝的这一行动深深地刺伤了皇太子。次年三月，康熙帝又普赐从征噶尔丹诸皇子爵位，使得皇太子更为不满。在他看来，皇父处事不公平，诸兄弟随皇父出征，因人成事却受到升赏，自己在皇父出征期间留守京城，处理各种政务，反而受到处罚。在这种思想支配之下，难免会有一些怨望之语。这样，康熙帝和皇太子允礽之间开始出现隔阂。

康熙三十六年以后，康熙帝与允礽之间已出现了裂痕。然而，在康熙帝看来，他和允礽亲为父子，感情基础深厚。允礽虽有毛病，但并无大过。允礽周围不法之人既已处死，他和允礽仍可照前相处。因而，在相当长的时间里，丝毫没有废弃太子之心，反而从长辈对下辈自发的亲情出发，继续对允礽加以关心和爱护。如康熙四十一年九月，康熙帝视察河工，再度携皇太子南巡。刚刚到达山东德州，皇太子允礽因风寒而患了重病。为此，康熙帝十分焦急，亲自指导治疗，还特召皇太子亲信索额图前来侍疾。半月以后，皇太子病体痊愈，为了进一步疗养，康熙帝特地取消了这次南巡而返回京城。然而，和康熙帝的主观愿望相反，康熙帝的这些关怀和爱护并未能使允礽回心转意。允礽继续和他的死党索额图等“潜谋大事”。康熙四十二年，康熙帝南巡返京之后，被迫进行反击，将索额图及其同党拘禁，“其同党之同族子孙在部院任职者皆查明革除职务”。从此，康熙帝和皇太子允礽父子之间的关系愈益恶化。康熙四十七年，康熙帝下诏废掉皇太子，囚禁上驷院。这样，在过了三十多年养尊处优的生活之后，允礽地位一落千丈，由人上人一下子变成阶下囚。

康熙帝虽然废掉皇太子，但是内心却极为痛苦。孝庄太皇太后在世时对自己这个儿子的钟爱，允礽生母孝诚仁皇后去世时痛苦的表情，允礽少年时活泼可爱的情状都一幕一幕地浮现在他的脑海中，搞得他“六夕不能安寝”。虽是帝王，舐犊之情亦所不免。出于这种感情，他改变主意，并于康熙四十八年三月，复立允礽为皇太子。但使康熙帝极为失望的是，允礽虽然复位，却并没有从此次挫折中吸取教训，所作所为依然如故。康熙五十一年十月，康熙帝终于再度废掉皇太子，禁锢咸安宫。至此，当了三十多年皇太子的允礽彻底倒台。尽管如此，念及父子之情，康熙帝在生活上仍然给其以优厚待遇。康熙五十七年七月，允礽妃石氏去世，康熙帝命大学士同翰林院撰文致祭，依礼安葬。一直到康熙帝去世时，他还要胤禛“丰其衣食，以终其身”。对于这个废太子，康熙帝可以说得上仁至义尽了。

雍正帝即位后，允礽被赶出紫禁城，迁到京郊郑家庄居住，并拨派兵丁严加看守。次年十二月，允礽病死，终年五十一岁。雍正帝追谥曰“密”，是为理密亲王，并以其子弘晳袭封理郡王。

皇三子允祉，本为康熙帝第十子，生母荣妃马佳氏。从他十三岁开始，康熙帝即陆续让他参加各种礼仪活动。康熙三十二年，又命他和皇四子胤禛一起往祭曲阜孔庙。康熙帝外出巡幸、谒陵、行围，他和其他皇子一起随驾扈从。康熙三十五年，康熙帝亲征漠西，以他领镶红旗大营，从军征讨。噶尔丹败亡之后，康熙三十七年，康熙帝封他为诚郡王。受康熙帝熏陶，他通晓古代典籍，喜欢自然科学，精于数理天算和音乐。为此，康熙三十七年，康熙帝东巡盛京时，特将当时著名学者陈梦雷赦还京师，辅导允祉读书并创编《古今图书汇编》。同时，允祉还受命编纂了《律历渊源》一书。因为他文化素养较高，康熙帝和他时有唱和之作。康熙四十七年以后，康熙帝因废立太子而陷入深深的烦恼之中。

这时，作为年龄较长的一个皇子，为了替皇父排忧，从康熙四十六年三月开始，他多次请康熙帝临幸他的居处进宴，尽到了一个做儿子的责任，这使康熙帝颇感欣慰。康熙四十八年，康熙帝将其晋封为诚亲王。康熙五十一年，又赐银五千两。康熙五十八年，命他代行祭天。次年，又封他的儿子弘晟为世子。因此，他也遭到了觊觎储位的皇四子胤禛的嫉妒。雍正帝即位之初，先将他发往遵化马兰峪，为康熙帝看护景陵。雍正二年，又革去弘晟世子之职。雍正六年，又寻找借口，将允祉降为郡王，将弘晟圈禁宗人府。雍正八年，又以怡亲王允祥之丧，“允祉后至，无戚容”，夺其爵，圈禁景山永安亭。受尽了雍正帝的凌辱之后，雍正十年闰五月，允祉去世，终年五十六岁。允祉死后，雍正帝命按照郡王规格治丧。直到乾隆二年时，乾隆帝才赐复其郡王原爵，予谥曰“隐”。

皇四子胤禛，本为康熙帝第十一子，生母乌雅氏。胤禛早年先后从大学士张英、顾八代、徐元梦等学习满汉文字、经史典籍。九岁以后，又多次随康熙帝巡幸全国各地。长城内外，大江南北，如孔子故里曲阜，佛教圣地五台山，辽阔的蒙古大草原，山清水秀的江南和朔风呼啸的东北大地都留下了他的足迹。康熙三十五年二月，他还受康熙帝之命，率领镶红旗，从征噶尔丹。康熙三十七年，受封贝勒，康熙四十八年，又晋封亲王。青少年时代的广泛阅历使他积累了丰富的知识和经验。他在康熙帝众多儿子中，最有政治头脑并且工于心计。因而在康熙末年皇、储斗争之中，尽管他对储位的渴望和追求不下于其他任何一个皇子，但是在具体行动中，他既不像皇长子允禔那样赤裸裸地跳出来攻击皇太子允礽，也不像皇八子允禩那样策动群臣向康熙帝要求储位，而是不露声色地暗中积聚力量，网罗亲信，窥伺时机。在表面上，装出了孝敬皇父、友于兄弟的形象，博得了康熙帝对他的好感，称赞他“性量过人”“深明大义”“洵为伟人”，从而在康熙去世后即位为帝。因为他即位后改年号为雍正，后人习称雍正帝。

即位之后，雍正的政治才干得到了充分的发挥。针对康熙末年政务废弛、贪污成风的现象，他勤于政事，大力整顿积弊，先后采取措施严惩贪污，发展生产，奖励垦荒，兴修水利。出于巩固专制统治的需要，他还对统治机构和赋役征收制度进行了大刀阔斧的改革。主要有：首创秘密建储制度，推广奏折使用范围，推行摊丁入地，实行耗羡归公，统一给发各级官吏养廉银，继续限制和压抑旗主权力，设立军机处，打击朋党，并以各种借口大兴文字狱，消灭政治上的异己势力等。为了维护国家独立与统一，他在西南少数民族聚居地区推行改土归流，出兵讨伐青海、准噶尔蒙古贵族和西藏叛乱，还成功地遏制了沙俄的领土扩张行径。在他在位期间，清廷财政情况空前良好，皇权也随之加强，这对于清朝统治的巩固起到了重要的作用。雍正帝以自己的实际行动证明，他是康熙帝最优秀的接班人。雍正帝对清朝统治的巩固虽然做出了突出的贡献，但是由于他在即位之后对于昔日同他竞争储位的手足同胞大打出手，也使他的名声大受影响。

据统计，在他在位期间，被他以各种罪名而黜革囚禁的同胞兄弟有康熙帝的皇长子允禔、皇太子允礽、皇三子允祉、皇八子允禩、皇九子允禟、皇十子允䄉、皇十四子允禵等七人，其中允禔、允礽、允祉、允禩、允禟皆被圈禁至死。而且，为了发泄自己的积愤，他还将允禩、允禟两人分别改名阿其那和塞思黑。为了建立和加强自己的统治，对于政敌加以打击，固属必要，但是他手段残忍，在他生前即引起不少臣民的反感。雍正十三年八月，他带着全国臣民对他复杂的感情，在圆明园突然去世，终年五十八岁。其子弘历即位为乾隆帝，为其上尊谥曰“敬天昌运建中表正文武英明宽仁信毅睿圣大孝至诚宪皇帝”，庙号世宗，乾隆二年，葬于易州泰陵。

皇五子允祺，本为康熙帝第十三子，生母宜嫔郭络罗氏。康熙三十五年征讨噶尔丹，康熙帝以他领正黄旗，随军征讨。康熙三十七年三月，封贝勒。康熙四十八年，晋封恒亲王。康熙五十一年，赐银五千两。康熙五十八年，又封他的儿子弘昇为世子。因为他胆小怕事，没有卷进康熙末年的争储夺嫡斗争，故而雍正初年，雍正帝对他持宽容态度。但因他是雍正帝的死敌、康熙帝的皇九子允禟的同母胞兄，在处死允禟后，雍正五年，雍正帝曾将其子弘祐的世子爵位削去，以示警告。雍正十年闰五月，允祺去世，终年五十四岁，谥曰“温”。

皇七子允祐，本为康熙帝第十五子，生母成妃戴佳氏。康熙三十五年，征讨噶尔丹，康熙帝以他领镶黄旗。当时，他年仅十七岁。康熙三十七年，晋为贝勒。康熙四十八年，又晋封淳郡王。康熙五十一年，他和其他兄弟一样得到康熙帝赐银五千两。他生有残疾，上有兄长，下有弟弟，因而他深知，康熙帝无论怎样建储，也轮不到他。对他来说，受封郡王，于愿足矣。他没有参加康熙末年的储位之争，而是致力于撰拟诗词，研探书法。康熙帝去世时，他曾与闻末命。雍正帝知他没有政治野心，即位后，在对其他弟兄严行打击的同时，对他却持拉拢态度。雍正元年四月，晋封他为淳亲王，并封其子弘曙为世子。雍正八年四月，他因病去世，终年五十一岁，谥曰“度”。

皇八子允禩，本为康熙帝第十六子，生母良妃卫氏。康熙三十五年，康熙帝亲征噶尔丹，允禩当时刚刚十六岁，即随军出征。以此之故，康熙三十七年，他刚刚十八岁，即和诸位兄长一起受封为贝勒。因为他年纪小，又聪明能干，善于联络，康熙帝对他一度颇为欣赏。康熙四十七年，还让他做过一段内务府总管。但是，这些并没有为他开拓辉煌前程，反而成了他的一个沉重的包袱。康熙四十七年初废太子后，他以为自己在康熙帝面前颇受宠爱，先是找算卦先生张明德为自己算命。张明德为了迎合他，说他“日后必然大贵”，于是他又暗中策动诸兄弟和朝臣阿灵阿、鄂伦岱、揆叙、王鸿绪等合疏保举自己为皇太子。经过这番活动，他满以为自己可以稳坐太子宝座，将来前程光芒万丈。不料，他内心的想法被康熙帝看穿，当即对他严加申斥并将他削爵拘禁。后来，康熙帝虽然将他释放，赐还贝勒爵位，但是经此打击，允禩声名大为下降。

康熙帝去世后，因为他是康熙末年争夺储位斗争中的主要角色，雍正帝将他作为主要政敌予以打击。考虑到他在宗室廷臣中影响较大，联络广泛，立即诛杀定会引起强烈反响，雍正帝欲擒故纵，命他在居丧期间总理事务，晋封廉亲王，授理藩院尚书。与此同时，则加紧步伐剪除其党羽，并且不放过任何一个机会对他加以公开指责，以消除他的影响。雍正四年二月，在上述目的渐次实现之际，又逼令他离婚，将他降为民王。随后又削其王爵，革除宗籍，更其名为阿其那，将其圈禁高墙。当年九月，允禩死于囚所，终年四十六岁。因为对他惩治手段实在过分，不少臣民啧有烦言。为了替父补过，乾隆四十三年，乾隆帝下诏将允禩复其原名，收入玉牒，子孙一并序入。其时，距离允禩之死已经五十多年了。

皇九子允禟，本为康熙帝第十七子，与皇五子允祺同母所生。在康熙末年的储位之争中，允禟也是一个主要角色。皇太子允礽被废之初，他和允䄉、允禵一起拥戴允禩，后见允禩受到康熙帝严厉惩罚，声名大损，于是又起自立之意。康熙五十六年十二月，皇太后病重，康熙帝不顾自己重病在身，亲自护理。而允禟则装病，不但不参加护理，反而在背后搞争当皇太子的勾当。雍正帝即位后，为了打击自己的政治对手，召允禵还京，以他出镇西宁。但他却造秘密字码，与同党互相联系。这些罪行被发觉后，雍正四年，雍正帝下令将他革除宗籍，改名塞思黑，逮回北京。当年八月，允禟死于保定囚所，终年四十四岁。直到乾隆四十三年，乾隆帝才下诏将他和允禩一起恢复原名，收入玉牒，子孙一并序入。

皇十子允䄉，本为康熙帝第十八子，温僖贵妃钮祜禄氏所生。康熙四十八年，受封敦郡王。在康熙末年的储位斗争中，他与允禟一起党附允禩，因而深为皇四子胤禛所忌恨。雍正元年，喀尔喀哲布尊丹巴呼图克图叩谒康熙帝梓宫，于京师病故。雍正帝命允䄉护其灵龛北还。允䄉称病不行。同时，又私行禳祷，其祷词中连写“雍正新君”。事为雍正帝所侦知，于是，雍正帝新账旧账一起算，将他夺爵圈禁。直到乾隆帝即位，他才被放出。乾隆二年二月，乾隆帝又封他为辅国公。乾隆六年九月，允䄉去世，终年五十九岁。

皇十二子允祹，本为康熙帝第二十一子，定妃万琉哈氏所生。康熙四十八年，受封贝子。康熙帝外出巡幸，也经常带他随行。由于他没有卷进康熙末年的储位之争，康熙帝对他比较放心。康熙五十六年后，命他署理内务府总管，办理正白旗满蒙汉军三旗事。康熙六十年时，命他出京祭告盛京三陵。康熙六十一年，又把镶黄旗满洲都统的重担交给了他。康熙帝去世时，他曾与闻末命。因而雍正帝即位，即将他晋封履郡王。雍正帝之本意，是想以此对他加以拉拢，使他为自己卖力气，而允裪却无任何表示。于是，雍正二年，雍正帝降其为贝子。不久，又降他为镇国公。直到雍正八年五月，怡亲王允祥死后，因为他在雍正兄弟中年龄较长，才重新晋封他为履郡王。雍正帝去世后，乾隆帝提倡“亲亲睦族”，因而允裪又被晋封履亲王，分管礼部事务，并先后担任宗人府宗令、议政大臣等职。乾隆二十八年七月，允裪去世，终年七十九岁，谥曰“懿”。在康熙的儿子们中，他是最为长寿的一个。

皇十三子允祥，本为康熙帝第二十二子，敬敏皇贵妃张雅氏所生。康熙三十七年，他十三岁，康熙帝即带他出关谒陵。此后的多次巡幸也都让他随驾扈从。他的生母早亡，兄弟又多，康熙帝政务繁忙，对他照顾不到，又无人替他说话，因而直到康熙帝去世，他也没有一官半职。他的四哥胤禛把这些都看在眼里，刚刚即位，即把他作为重点依靠对象，命他与廉亲王允禩一起总理事务，并将他从一个普通皇子超封怡亲王。之后的数年中，又连续加给他九个重要职务。并且对于他的俸禄和礼仪待遇，也格外从优，并特旨封其一子为郡王，由允祥自己于诸子中随意指封。从未受过重用的允祥膺此殊荣，不禁感激涕零，更加卖命地替雍正帝效劳，成了一个铁杆保皇派。雍正四年七月，雍正帝特赐御书“忠敬诚直勤慎廉明”，并说“朕深知王德，觉此八字无一毫过量之词”。雍正七年六月，雍正帝用兵西北，特命他办理西北两路军机，创建军机处，封他为首任军机大臣。十月，为了对他加以褒奖，又命增仪仗一倍。过分忙碌于政务严重地损害了他的身体健康，雍正八年五月，允祥因病去世，年仅四十五岁。这使雍正帝十分悲痛，除亲临祭奠之外，还特为辍朝三日，以志哀悼。雍正帝还特别下诏用其原名胤祥，配享太庙，谥曰“贤”，并命各地建庙祭祀。乾隆三十九年，乾隆帝又下诏其怡亲王爵位世袭，使其后代成为清朝历史上少有的铁帽子王之一。

皇十四子允禵，本为康熙帝第二十三子，与雍正帝同母。康熙四十八年，受封为贝子。康熙五十年，随同康熙帝巡幸塞外。康熙五十一年，康熙帝普赐诸子银两，他也得到白银四千两。他年少聪明，文武双全，深得父母喜爱，在诸兄弟中也有较高的威信。康熙五十七年，侍卫色楞、总督额伦特受命率兵入藏，但因轻敌冒进，全军覆没。消息传到北京，当年十月，康熙帝任命允禵为抚远大将军，率师征讨策妄阿拉布坦。十二月，允禵自京启行，康熙帝举行了隆重的送行仪式，于太和殿亲授印信，命其用正黄旗纛。当时，储位久悬不定，而允禵竟特准使用正黄旗纛，无疑使广大臣民感到，允禵极有可能是康熙帝内定的储君。

当时，允禵年方三十一岁，精力充沛，到前线不久，即显露出他在治军方面的卓越才能。他先是大力整顿军纪，对失职将领分别革职治罪；而后，又汲取上次进兵失败的教训，注意发动政治攻势。一切准备就绪，大军入藏前夕，他率先行动，将行辕自西宁移驻至与西藏交界的穆鲁斯乌苏，逼敌立营。在他的指挥下，两路大军顺利进入拉萨，安藏之役取得了完全的胜利。此次战役结束之后，为了平定策妄阿拉布坦叛乱，允禵移师甘州，进驻吐鲁番，并计划于来年大举进攻准噶尔本部。然而，就在他节节胜利，威望也空前上升之际，康熙帝去世。因为他手握重兵，并且在广大臣民中极有影响，早已对此不快的胤禛刚一即位，即刻令其飞速回京。允禵返京后，便立即落入了雍正帝预先布置的牢笼之中。虽然在形式上，雍正帝给了他一个郡王头衔，而实际上，他不但帝梦成空，而且还无法见到自己的生母，甚至连在京师居住的权利也被剥夺，被雍正帝发往遵化看守景陵。与此同时，雍正帝还颁布多道谕旨，对其严加指责。

雍正四年时，雍正帝的统治地位已经巩固，同时，又发生了“奸民”蔡怀玺于景陵允禵囚所投递“大逆”字帖的案件。为了对其严加看管，雍正帝又下令将允禵父子押回京师，囚禁于景山寿皇殿。但多亏他是雍正帝的同母胞弟，雍正帝才未像对待允禩、允禟那样对他下毒手。直到乾隆帝即位后，他才被放了出来。此时，他已快五十岁了。因为他无罪被囚，乾隆帝对他颇为怜悯。乾隆二年，封他为辅国公。乾隆十二年，晋贝勒。乾隆十三年，又晋封他为恂郡王。但是因为他是乾隆帝亲叔父，为怕对自己的皇权构成威胁，乾隆帝始终未让他管过什么正经事。乾隆二十年六月，尝尽同胞兄弟苦头的恂郡王允禵离开了人世，终年六十八岁，谥曰“勤”。

皇十五子允禑，本为康熙帝第二十五子，顺懿密妃王氏所生。康熙三十九年，他八岁，即随康熙帝巡幸塞外。之后的多次巡幸也都让他随驾扈从。他是康熙帝皇十六子允禄的同母兄长。雍正元年，允禄袭封庄亲王，而他身为兄长却长期未受封爵，可见，他是一个无能之人。直到雍正四年，雍正帝才封他为贝勒，命他接替回京被禁的允禵看守景陵。雍正八年二月，雍正晋封他为愉郡王。在此期间，对于国务处理，他也未曾发挥明显作用。封为郡王后不过一年，即因病去世，终年三十九岁，谥曰“恪”。

皇十六子允禄，本为康熙帝第二十六子，与皇十五子允禑同母。雍正元年，皇太极之孙庄亲王博果铎去世，雍正帝即以允禄袭封庄亲王。由此看来，至少在雍正即位之初，允禄已经投靠雍正帝，不然是不会得到这个肥缺的。当时他年纪尚轻，没有在政治舞台上发挥什么作用。但自雍正八年怡亲王允祥死后，他在皇室中的地位开始上升。雍正帝去世，遗诏特命他与果亲王允礼、重臣鄂尔泰、张廷玉共同辅政，为乾隆帝建立和巩固统治做了不少工作。因而，乾隆初年，乾隆帝特命其食亲王双俸，任封一子为镇国公。受康熙帝熏陶，他青年时期爱学习，通音律，尤喜自然科学，精数学，并且与修《数理精蕴》。这些在乾隆时期也都派上了用场，他曾为乾隆帝改定乐章，以襄文治。允禄在朝廷上备受重用，包括废太子允礽之子理郡王弘晳在内，不少宗室子弟群相趋奉。允禄也大包大揽，有求必应，从而引起了乾隆帝的警觉：为什么宗室子弟都到他家去？他们在搞什么活动，是不是要另立中心？因而，服丧期满，重建军机处时，即将允禄排除在外。乾隆四年，又以他与弘晳往来诡秘而停其亲王双俸，罢都统。从此，允禄长期在家闲居。乾隆三十二年，允禄去世，终年七十三岁，谥曰“恪”。

皇十七子允礼，本为康熙帝第二十七子，纯裕勤妃陈氏所生。康熙四十四年，他九岁，即随康熙帝巡幸塞外。雍正帝即位，他是被拉拢的对象，受封果郡王，掌管理藩院。从此，他竭力为雍正帝效劳。以此之故，雍正六年，他被晋封亲王，并先后管理工部、户部事务。怡亲王允祥死后，他的地位进一步上升。雍正十三年，受命办理苗疆事务。雍正帝去世，他又以宗室重臣身份受诏辅政。为此，乾隆帝特命其食亲王双俸，免宴见叩拜。但是乾隆帝稍稍站住脚跟，即寻找借口，停其食亲王双俸。乾隆三年二月，允礼去世，终年四十二岁，谥曰“毅”。

皇二十子允祎，本为康熙帝第三十子，襄嫔高氏所生。康熙五十五年，他十一岁时，即从康熙帝巡幸塞外。康熙帝去世时，他刚刚十七岁，还没有成年。因而，并未成为雍正帝笼络的对象。直到雍正四年五月，雍正才封他为贝子。雍正八年二月，又施舍给他一个贝勒爵位。他出生较晚，按照年龄可以做雍正帝的儿子，母亲在宫中又无地位。因而，雍正帝根本不把他放在眼里。雍正十二年，雍正命他祭陵，他装病推辞，雍正帝将他臭骂一顿，革去贝勒，降为辅国公。乾隆帝即位后，看他着实可怜，又封他为贝勒，派他像儿子一样去给雍正帝守陵。乾隆二十年，这个无能而又可怜的允祎去世，终年五十岁，谥曰“简靖”。

皇二十一子允禧，本为康熙帝第三十一子，熙嫔陈氏所生。康熙五十九年，他十岁，曾从康熙帝巡幸塞外。而后，康熙帝去世。这样，一对孤儿寡母只好看雍正帝脸色吃饭。雍正八年二月，雍正帝封他为贝子。同年五月，大概是一时高兴，又封他为贝勒。因为他和乾隆帝同年出生，早年又一同读书，因而乾隆帝即位后，封他为慎郡王。由于长期脱离政治旋涡，他对政治斗争可以说是一窍不通，但是写诗画画却十分内行。他自号紫琼道人，又号春浮居士，诗作有《花间堂诗钞》及《紫琼岩诗钞》，绘画“远希董源，近接文徵明”。他乾隆二十三年五月，他因病去世，终年四十八岁，谥曰“靖”。

皇二十二子允祜，本为康熙帝第三十二子，谨嫔色赫图氏所生。他和允禧一样，尽管少年时期锦衣玉食，但在雍正帝即位后，只能夹着尾巴做人。雍正八年，他成人后即被封为贝子；雍正十二年，又被封为贝勒。在政治上他没有成就，文化上也没有建树，几乎是一个多余的人。乾隆八年十二月，他因病去世，终年三十三岁，谥曰“恭勤”。

皇二十三子允祁，本为康熙帝第三十三子，静嫔石氏所生。他十岁时，康熙帝去世。其母是汉军，因而，雍正八年，雍正帝分封诸弟，只给了他一个镇国公。好在乾隆帝幼年随从康熙帝北巡期间，曾和他一起读书、游戏，靠此关系，即位之后，将他晋为贝勒。但是，他实在有点不争气，经常捅乱子。因此，爵位一降再降，又回到了镇国公。直到乾隆四十七年，才重新被封为贝勒。乾隆四十九年十一月，乾隆帝因他是唯一在世的叔父，特为其加郡王衔。次年七月，允祁在为所有的兄长送行完毕之后也离开了人世，终年七十三岁，谥曰“诚”。其时，上距康熙帝去世已经六十三年，他的侄子乾隆帝也已七十五岁了。

皇二十四子允祕，本为康熙帝第三十五子，穆嫔陈氏所生。他是康熙帝的老来子，在他出生之时，康熙帝已经六十三岁。老年得子，康熙帝对他自然十分宠爱。但是好景不长，允祕刚刚七岁，康熙帝即去世，而后不久，他的母亲也因病死去。这样，将他抚养成人的担子自然而然地便落在了雍正帝的身上。长年抚养，彼此之间自然就有了感情。因此，雍正帝和他虽为兄弟，实际上却情同父子。雍正十一年二月，在将自己的两个儿子弘历和弘昼分别封为宝亲王与和亲王的同时，雍正也将这个幼弟封为诚亲王。他和乾隆帝幼时一同读书，选入内廷教读皇子的又都是一时名士，因而他诗作颇佳，其中多有与乾隆帝唱和之作。他虽然比乾隆帝小五岁，论辈分却是他的叔父，因而乾隆年间，人们都尊称他为“太王”。此时，乾隆帝已经五十多岁，哪里能容得这种称呼，闻知此事，十分生气，为此专门下诏严行禁止，乾隆皇帝和允祕的关系也顿时疏远了不少。允祕忧惧交加，于乾隆三十八年因病去世，终年五十八岁，谥曰“恪”。

除了三十多个儿子，康熙帝还有二十个女儿。由于当时医疗条件差，其中十二个女儿早年殇逝或者夭折，只有八个女儿得以成人。受男尊女卑的传统观念影响，康熙帝固然未让这些女儿们参加政治活动，而是通过联姻方式，将她们分别嫁于蒙古贵族王公和在朝大臣子弟，从而使她们在巩固国家统一，加强统治方面发挥了特殊的作用。这里依次简略介绍，以见其女儿们联姻的大致情况。

皇三女固伦荣宪公主，荣妃马佳氏所生，是康熙帝皇三子允祉的同母姐姐。孝庄太皇太后死后，康熙帝对她非常思念，爱屋及乌，对于远嫁蒙古巴林部的孝庄太皇太后的女儿淑慧长公主也十分尊重。为了亲上加亲，康熙三十年，在这个女儿十九岁时，康熙帝将其封为和硕公主，下嫁淑慧长公主之孙乌尔滚。次年，又特地下诏，为公主添设护卫长史，待遇等同贝勒。后来，康熙帝每次巡幸塞外，这个女儿偕同女婿必来请安。有时，康熙帝还借巡幸塞外之际临幸这个女儿家，走走亲戚。因为彼此关系密切，而皇三女在康熙帝成人诸女中，又排行居长。所以，康熙四十八年，这个女儿归宁时，康熙帝特封其为固伦荣宪公主，视同正宫皇后所生之女。康熙六十年，乌尔滚死于西征之役。次年，康熙帝也在北京去世。继位皇帝雍正又是荣宪公主亲弟弟允祉的死对头。雍正五年，她的母亲荣妃又接着去世。这些家庭变故都严重地影响了她的精神和身体。雍正六年四月，固伦荣宪公主去世，终年五十六岁。

皇五女和硕端静公主，贵人兆佳氏所生。康熙三十一年，她十九岁，下嫁喀喇沁杜棱郡王札什之子噶尔臧。不久，依荣宪公主之例，康熙帝也为她添设护卫长史，待遇视同贝勒。此后，康熙帝北巡，她多次偕夫请安，康熙帝也先后两次临幸其第。康熙四十九年三月，她因病去世，终年三十七岁。

皇六女固伦恪静公主，贵人郭络罗氏所生。康熙三十六年，她十九岁，下嫁喀尔喀郡王敦多布多尔济。和她的两个姐姐一样，在康熙帝北巡期间，她也经常偕夫赶至木兰围场向皇父请安。出于对女儿的关心，康熙帝有时也临幸其第。雍正帝即位后，她的地位进一步上升。她的母亲只是一个贵人，身份低贱，况且又是宜妃郭络罗氏的妹妹。宜妃郭络罗氏所生的皇九子允禟又是雍正帝的死对头。按理说，雍正帝无论怎样加恩，也轮不到这个公主头上。然而，出乎人们意料，雍正元年二月，雍正帝特将这个比他只小一岁，而且关系也不密切的公主封为固伦公主。其实，这事也不难解释。当时，雍正帝正计划用兵青海、准噶尔，而这个公主的丈夫敦多布多尔济为此而进献了大量兵丁马驼，同时还战功辉煌。为了使他为朝廷效劳，哪能不管他的妻子呢？雍正八年，敦多布多尔济去世。雍正十三年三月，这个远嫁蒙古近四十年的公主也因病去世，终年五十七岁。

皇九女固伦温宪公主，德妃乌雅氏即孝恭仁皇后所生，是雍正帝的同母妹妹。康熙三十九年，在这个女儿十八岁时，康熙帝将她封为和硕温宪公主，下嫁舅舅佟国维的孙子舜安颜。清朝初年，佟氏与皇室世为婚姻。这次以她下嫁佟氏，显然是要亲上加亲。但是，不幸的是，她出嫁之后还不过两年，便因病去世，年仅二十岁。虽然如此，这桩婚姻却使雍正帝与佟氏一家的距离拉近。康熙末年和雍正初年，雍正帝和隆科多关系近得有点邪乎，说不定就是靠了这层关系。这样，雍正帝即位后，又将她追晋固伦公主。

皇十女固伦纯悫公主，通嫔纳喇氏所生。康熙四十五年，她二十二岁时，康熙帝封她为和硕公主，下嫁喀尔喀台吉策凌。大约是不习惯蒙古大草原的生活，四年之后，便因病去世，年仅二十六岁。遵照她的遗愿，康熙帝特命归葬京师郊外。她的生母当时只是一个贵人，身份低微；她又早年去世，按理来说，她死之后，大概率会被人遗忘。然而，雍正初年，她的丈夫策凌在西北战场屡立奇功，雍正十年九月，又大败噶尔丹策凌于额尔德尼昭，并以此而晋封超勇亲王。以此之故，这个死去已经二十多年的和硕公主也被晋为固伦公主，享受哀荣。乾隆十五年，为维护国家统一而奋斗一生的超勇亲王策凌去世，临终前要求与公主合葬。对此，乾隆帝十分感动并满足了他的要求，还赐谥曰“襄”，配享太庙并下令入祀京师贤良祠。这样，这对结发夫妻便长眠在他们所热爱的京畿之地。

皇十三女和硕温恪公主，敬敏皇贵妃张雅氏所生，是康熙帝皇十三子允祥的同母妹妹。康熙四十五年，她二十岁时，康熙帝将她封为和硕温恪公主，下嫁蒙古翁牛特部杜棱郡王仓津。她一生命运不好，早年丧母，出嫁后不过三年，便走完了一生的全部旅程，年仅二十三岁。

皇十四女和硕悫靖公主，贵人袁氏所生。康熙四十五年，她十八岁，康熙帝封她为和硕悫靖公主，下嫁原振武将军、甘肃提督孙思克之子孙承运。孙氏一家虽是汉人，但是早在清太祖天命年间，孙思克之父孙得功即已归顺。数十年中，父子两代转战南北，为清朝政权的建立和巩固立下了不朽的功勋。康熙三十九年，孙思克去世。康熙帝特赐祭葬，谥“襄武”。灵柩还京之日，康熙帝还令皇长子亲临祭奠，又以其子孙承运袭爵一等男，授散秩大臣。这样的功臣子弟，自然是康熙帝的择婿目标。但是，使康熙帝深觉遗憾的是，十几年后，这个乘龙快婿一病身亡，致使自己的女儿三十来岁便当了寡妇。又过了十几年，和硕悫靖公主也因病去世，终年四十八岁。

皇十五女和硕敦恪公主，也是敬敏皇贵妃张雅氏所生，与允祥及皇十三女和硕温恪公主同母，是康熙帝成人皇女中的老来女。她的命运比她的姐姐和硕温恪公主更为可怜。八岁丧母使其童年生活已十分不幸。十八岁时，康熙帝以其下嫁科尔沁台吉多尔济。但不过一年，她在归宁京师时，便突然患病死去，年仅十九岁。

上述众多皇女之外，康熙帝还在宫中收养了一个养女固伦纯禧公主。这个公主是康熙帝的弟弟恭亲王常宁之女，出生于康熙十年。康熙二十九年，她二十岁时，康熙帝封她为和硕纯禧公主，下嫁科尔沁头等台吉班第。两年后，与荣宪公主一起，添设护卫长史，待遇等同贝勒。康熙帝巡幸塞外，她多次偕夫赶来请安。因为她的丈夫累官内大臣、都统、右翼前锋统领，雍正帝即位后，特晋她为固伦公主。她活的岁数较大，超过了康熙帝的所有亲生女儿，直到乾隆六年，在蒙古大草原上度过了半个多世纪后方才去世，终年七十一岁。

第十二章　英主末路　艰难探索

由于受儒家传统观念影响至深，康熙帝在建储问题上摹古立储，一误再误，从而自尝苦果，这不但大大影响了他晚年的心境和身体健康，而且也严重影响了他的治绩。然而可贵的是，作为一代英主，康熙帝敢于面对现实，善于总结经验教训，并进行了极其艰难的探索，从而在认识上和具体行动上都跳出了前人窠臼，并为清朝的政权建设和巩固做出了新的重要贡献。

一　摹古立储　自尝苦果

康熙十四年六月，平定三藩之役正在进行之际，年仅二十二岁的康熙帝竟出人意料地传谕，要立赫舍里皇后所生的刚满周岁的儿子允礽为皇太子。同年十二月十二日，他派遣官员告祭天地、太庙、社稷。次日，亲御太和殿，举行册立典礼。十四日，在诸王、贝勒、文武大臣进表祝贺之后，又正式颁诏天下，将此事告知四海臣民。当时，平定三藩的战事正在紧张地进行着，康熙帝本人也春秋正富，为何如此紧锣密鼓地将建储行动付诸执行？如果对当时形势加以认真分析，则可看出，康熙帝的这一决定，是数年来在经筵日讲中受儒家经典濡染影响的结果，其目的是进一步加强刚刚确立不久的皇权。

为了保证早期国家中最高统治者一家一姓的长期统治，在权力分配和最高权力延续问题上，儒家总结出了国君在位期间公开建储的基本方式和立嗣以嫡不以长，立嫡以长不以贤的建储基本原则，并大致为此后历代王朝所遵行。清室先世出身为少数民族，而且以八旗立国。因而，入关以前，在选择储君问题上，并没有遵循这些原则，皇帝在位时不预立皇太子，皇帝去世后由八旗旗主公推新君。这种政治体制必然会引起贵族集团内部争夺最高权力的斗争并影响皇权的加强。因而，努尔哈赤死后，出现了诸王争国，皇太极夺位自立的情况。皇太极去世后，又出现了黄、白两旗在争夺最高权力斗争中的尖锐对立和摄政王多尔衮专权的局面。顺治帝亲政后，天子自将上三旗，居重驭轻，从而改变了八旗旗主拥立新君的旧体制，使得康熙帝得以顺利即位。

但是，上三旗势力的增长，在皇权更迭之际，也构成了对皇权的威胁。原来为皇帝所控制的上三旗却以拥立之功，反过来控制了皇帝，出现了倒持太阿的局面。这样，学习儒家经典中关于建储的论述，回顾本朝开国以来最高权力更迭的历史，康熙帝豁然开朗。他感到旗主各自为政固然是皇权削弱的原因，但是在最高权力更迭之际授受制度不健全，又何尝不是在为旗主专权、大臣擅政创造机会？为了使今后最高权力更迭之际，皇权的连续性和稳定性得到保证，一定要按照儒家经典论述，于君主在位期间预立储君。正是出于这种心理，康熙帝清除鳌拜集团之后，在嫡长子允礽刚满周岁，正对三藩用兵，军务繁忙的紧要时刻，颁布了皇太子的册命诏书。其目的很明确，就是将最高权力的延续权也置于己手，以进一步加强皇权。

为了把皇太子允礽培养成为异日的贤君，康熙帝倾注了大量的心血。自册立允礽做皇太子起，作为父亲的康熙帝便成为了允礽的启蒙老师，亲自给皇太子讲授“四书五经”。随着允礽一天天地长大，康熙帝讲授的内容也一步步深化，依然是“煦妪爱惜，亲加训谕”。不仅讲授努尔哈赤、皇太极、顺治帝等先辈创业之艰难，而且也讲守成之不易。偶尔康熙帝还现身说法，以自己作为样板讲授。此外，康熙帝还讲战场上两军对垒、排兵布阵之法。一言以蔽之，“大凡往古成败，人心向背”，康熙帝皆“事事精详指示”。并且，有鉴于自己政务十分繁忙，为了加强对皇太子的教育，皇太子年龄稍长，康熙帝即为其聘请当时名儒、曾为自己经筵讲官的张英、李光地、熊赐履、汤斌等为其辅导。几位大臣受命之后，尽心教导，从而使年幼的允礽系统地接受了儒家传统思想教育。在皇父和师傅们的严格要求下，允礽进步很快。八岁时已通晓满汉两种文字，并能流利地背诵四书。几年后，又能娴熟骑射。成人之后更是身材魁梧，举止大方，仪表不凡。这时，康熙帝又开始让他帮助处理朝中政务。由于他处事认真，恪尽职守，不只康熙帝非常满意，就是满朝文武大臣也个个赞不绝口。

康熙帝明立皇太子，使太子成人后内则助上从政，外则巡幸扈从，不能不说是进一步加强皇权，限制权臣擅政的有力措施。平定三藩后，康熙帝在内政外交方面事事顺手，边防征伐，战绩大著；内政治理，臻于郅治，出现了入关后从未有过的全盛局面，这显然是和明立皇太子之后统治集团核心的稳定有着直接的关系。有鉴于此，康熙二十年以来，康熙帝竭尽全力巩固太子的地位，维护太子的权威，对于藐视皇太子，固守满洲旧俗的臣工，不管他们职位多高，权力多大，也严加打击，毫不留情。如大学士明珠，出身满洲世家，平定三藩之役前，他首倡撤藩，深得康熙帝器重和信任。但是因为他的妹妹嫁于康熙帝为妃，生下了皇长子允禔，因而在允禔和皇太子允礽之间，他明显地站在允禔一方。为此，他和刑部尚书佛伦、大学士余国柱等互相勾结，极力排斥和打击拥护皇太子的臣工，“朝中有侍皇太子者，皆暗中加以斥退”。比如有人向康熙帝推荐汤斌做皇太子的师傅，明珠等人就联合起来，倾陷汤斌，散布谣言，说汤斌没有资格做皇太子的老师。康熙帝察觉此事后，立即对之加以打击。康熙二十七年，他诏令“罢明珠大学士，交领侍卫内大臣酌用”。其他党羽如佛伦、余国柱也分别予以革职处分。总之，为了将皇太子培养成人并巩固其储君地位，康熙帝竭尽全力。

然而，就在康熙帝极力维护皇太子地位之时，随着皇太子年龄的增长和开始从政，他和皇太子之间的矛盾也开始产生。正是这些矛盾的存在和发展，使他饱尝了自己公开建储的苦果，并最终导致康熙帝废掉自己亲手扶起来的皇太子。

康熙帝和皇太子之间的矛盾有着深刻的根源。皇、储矛盾，并不是某一个朝代所特有的现象，而是封建社会中统治者之间不断进行的权力和财产再分配斗争的必然产物。虽然统治者经过长期摸索，总结出了公开立储及嫡长子继位的传统制度，以对最高统治集团中不同身份的人们加以约束。但是受利益驱使，在中国历史上，子弑父、弟弑兄的事例不胜枚举，以嫡长子身份袭位者为数寥寥。而作为中国历史上的一个王朝，清朝当然也不例外。不立储则罢，如果设立储君，必然爆发皇、储之争。康熙帝立储之后十几年的时间里，皇、储矛盾并没有发生，不过这仅仅是皇太子年龄幼小之故。一旦皇太子长大成人并开始从政，必然会在保持和争夺最高权力问题上爆发皇、储之争。除了历史根源之外，清朝政权的特殊情况也使皇、储矛盾找到了生存和发展的土壤。

清室先世出身少数民族，并无立储传统，而是于旧君去世后由八旗旗主共同拥立新君。康熙帝立储，在满洲政权历史上是一个创举。虽然如此，至康熙时期，八和硕贝勒共治国政的习惯势力和心理观念仍然存在。所以，康熙帝颁诏册立允礽为皇太子后，各级满洲贵族，尤其是分到下五旗的康熙帝的其他儿子，从心理上不能接受这一现实，以致允礽成了众矢之的。他们到处散布谣言，在康熙帝面前，也不放过任何一个机会对皇太子加以中伤。而康熙帝在立储时，既未注意吸收先朝经验，不让皇太子参与朝政，又先后分封诸皇子为王，并使他们也都参与国家事务的管理。随着皇太子年龄的增长和开始从政，以及诸王的陆续受封，皇帝与储君、储君与诸王之间的矛盾便势不可免地爆发出来。

康熙二十九年，康熙帝和皇太子允礽之间开始发生摩擦。是年七月，康熙帝亲统大军北征噶尔丹。为了部署乌兰布通之役，康熙帝昼夜忙碌，突然生病，于是急召留居京城的皇太子允礽和皇三子允祉前来侍疾。按照常理，关键时刻，听到父亲生病，允礽应当心急如焚，但是他在见到康熙帝后，却毫无忧戚之意，谈笑如常。这使康熙帝十分不满，当即令其先回京师。为此，康熙帝开始对皇太子礼仪制度加以裁抑。康熙三十三年，康熙帝要率诸皇子祭奉先殿，先令礼部拟定礼仪。按照旧章，皇帝与储君之间的礼仪有着明显的不同，其表现就是皇帝的拜褥在门槛之内，储君的拜褥在门槛之外。但这一次，礼部为讨好允礽，拟定皇太子拜褥也放在槛内，与皇帝相同。康熙帝得知此事，马上谕令尚书沙穆哈将允礽的拜褥移于槛外。沙穆哈听后，面露难色。因为如果遵旨办理，害怕皇太子不满，秋后算账；不遵旨办理，又显属违旨。为求脱身事外，他向康熙帝提出将此旨载入档册。康熙帝听后，洞其肺腑，勃然大怒，立刻下诏罢免其礼部尚书之职。此前，为了树立皇太子在全国臣民中的威信，康熙帝为皇太子专门制定了威严的服饰、仪仗、用物，和皇帝规格相差无几。每年万寿节、冬至、元旦及皇太子千秋节，王公大臣除向自己行三跪九叩大礼外，还要再赴东宫向皇太子行二跪六叩大礼。康熙帝制定这些特殊的皇太子礼仪制度，意在为其日后袭位打下一个良好的基础。可是，自从康熙三十三年以后，因为发生了皇、储矛盾，康熙帝又一改初衷，再也不允许皇太子允礽搞特殊化了。

康熙三十五年以后，康熙帝和皇太子允礽之间的矛盾进一步发展。康熙三十五年、三十六年，康熙帝亲统六军两次西征噶尔丹，其他成年皇子全部随师出征，允礽以皇太子之故受命留守京师。不仅“代行郊祀礼”，而且各部院奏章，停其驰奏御前，听太子处理。事重要，诸大臣议定，启太子。应该说，这是康熙帝对皇太子允礽的最大信任。但是，康熙帝刚离开京城，一些想攀龙附凤的人就向皇太子身边靠拢，而允礽为了扩大羽翼，也对此持来者不拒的态度。康熙帝还京后，了解到其手下之人倚仗主子权势，狐假虎威，任意妄为，不禁大怒，即刻将“太子左右用事者置于法”。此后不久，康熙三十七年，在康熙帝和皇太子允礽失和的情况下，又封皇长子允禔、皇三子允祉为郡王，皇四子、皇五子、皇七子、皇八子俱为贝勒。就康熙帝大封诸皇子的本意而言，未必想以此作为易储的准备。但是诸皇子之受封以及陆续从政，无疑使他们拥有了竞争储位的政治资本，从而形成了康熙季年争储的几支主要势力，这必然使原已因父子之争而失宠的允礽感到极大的威胁。这样，康熙帝和允礽之间的矛盾便带有了浓厚的政治色彩并且进一步激化起来。

康熙帝裁抑太子仪仗及惩戒太子党，其本意是教育皇太子，使他知所遵守和知所不可逾越，分封诸子也并无易储之意，但是其客观效果却使皇太子允礽和康熙帝之间的心理距离愈来愈远。失望之余，康熙帝决定拿皇太子的亲信索额图开刀，以挽救皇太子。康熙四十二年五月，他诏令逮捕索额图，并对他“议论国事，结党妄行”之罪进行了揭露，指斥其为“本朝第一罪人”而严加囚禁。康熙帝还诏令拘禁索额图之子及案情牵连人物，同时还决定，党附皇太子的“诸臣同族子孙在部院者皆夺官”。此番清洗，使得经营多年的太子党顷刻之间基本瓦解。对此，皇太子允礽心中十分难过，但又无可奈何，怨望之意时见辞色。在待人接物时，也变得冷酷无情，自暴自弃。

康熙四十七年夏，他在随同康熙帝北巡塞外期间，对于王公大臣官员，稍不顺眼，动手就打；外藩蒙古向康熙帝进献马匹，他看到哪匹好，下手就夺；对于康熙帝，他也极不尊重。北巡塞外期间，皇十八子允祀病倒。眼看病势愈来愈重，康熙帝心情十分沉重，而皇太子允礽却无任何关爱之举。康熙帝自是不悦，对他加以责备，允礽听罢，反而“忿然大怒”，态度极为恶劣。尤使康熙帝感到问题严重的是，允礽还每夜逼近行宫布城，从裂缝中向内窥视，使得康熙帝“昼夜戒慎，不得安宁，不知今日被鸩，或是明日遇害”。这样，康熙帝心头郁积多年的对皇太子失望不满的怒火再也压抑不住，康熙四十七年九月初四日，在北巡返京途中，康熙帝颁诏，将皇太子允礽拘禁并当众宣布其罪状。同日，下令搜捕索额图之子格尔芬、阿尔吉善及其他太子党，情节严重者立即正法，枭首示众；其他人也都流放盛京。而后，又率众急行进京。九月十六日进京当日，即召集诸王贝勒、九卿、詹事、科道官员齐集午门内，宣谕拘执允礽。十八日，又为此遣官告祭天地、太庙、社稷。二十四日，正式颁诏，告知天下，废黜允礽。同时，将允礽本人由上驷院临时拘禁地移至咸安宫。至此，积累将近二十年的皇、储矛盾终于公开爆发，并发展成康熙帝第一次废黜皇太子的结果。

对康熙帝来说，皇、储矛盾的公开爆发是他的大不幸；可是，对于康熙帝的其他皇子，皇太子允礽被废，则是他们的大幸。真是天赐良机，使他们拥有了争夺储位的机会。这样，为了争夺已经空缺出来的储位，他们或者摩拳擦掌，赤膊上阵，或者暗施伎俩，玩弄阴谋，在康熙帝的心理创口上撒上一把又一把的盐。在这一活动的初期阶段，最为活跃的是皇长子允禔和皇八子允禩。

皇长子允禔生于康熙十一年，比允礽大两岁，因系庶出之子，故未立为皇太子。从他懂事时起，即将太子允礽视为眼中钉，肉中刺。兼之他的舅父明珠身为大学士，手握重权，同时还得到余国柱、佛伦、徐乾学等朝中重臣的附和和支持，从而形成了以他为中心的皇长子集团。皇长子集团的初期活动以明珠等人争权夺利、垄断朝政为主要内容。但至康熙二十七年，为了巩固皇太子允礽的地位，康熙帝罢免明珠等人，刚刚形成的皇长子集团也迅速瓦解。因而，对于储君之位，允禔虽然梦寐以求，但是因为势孤力单，只能待机而发。而后，随着其年龄不断增长，康熙帝使其参与国务处理，他在国家政治生活中的地位开始上升。康熙二十九年至三十六年，康熙帝三征噶尔丹，他皆被委以重任。康熙三十七年，康熙帝特封他为直郡王。随着政治地位的上升，他争夺储位的野心重新开始膨胀，经常造谣中伤，攻击皇太子允礽。

康熙四十年以后，康熙帝和皇太子允礽之间的矛盾不断激化。这时，允禔为了使康熙帝尽快废黜皇太子，大搞阴谋手段，找了一个名叫巴汉格隆的蒙古喇嘛，用旁门左道的法术镇魇皇太子。康熙四十七年，康熙帝在巡幸塞外期间拘禁皇太子，因为允禔在诸皇子中年龄居长，即令他赶到自己身边，担任宿卫任务。这使允禔大喜过望，产生错觉，以为时来运转，储君之位向自己招手了。殊不知，知子莫如父，康熙帝早就看透了允禔的心思，在宣布废黜允礽的同一天即明白宣谕："朕前命直郡王允禔，善护朕躬，并无欲立允禔为皇太子之意。允禔秉性急躁愚顽，岂可立为皇太子。"虽经康熙帝如此明谕，但是允禔仍不死心，并不断玩弄新的手法，企图使康熙帝回心转意，重新考虑。他一方面向康熙帝表示，我们兄弟等，以后要同心合力，"在皇父膝下安然度日"，以骗取康熙帝的好感；另一方面，又对废太子允礽落井下石，于拘禁废太子允礽时，向康熙帝提出："允礽所行卑污，大失人心""今欲诛允礽，不必出自皇父之手"。对于废太子属下人等，他也利用康熙帝委派自己看管允礽之机，肆行凌虐迫害。同时，考虑到皇八子允禩在诸皇子及满汉大臣中声望较高，是自己竞争储位的劲敌，他还向康熙帝揭发"相面人张明德曾相允禩，后必大贵"，以使康熙帝的建储天平向自己一方倾斜。他的这些险恶居心当即被康熙帝看穿，并当着诸皇子的面对其严加斥责："似此不谙君臣大义、不念父子至情之人，洵为乱臣贼子，天理国法，皆所不容。"

半个多月后，允禔指使蒙古喇嘛巴汉格隆镇魇废太子允礽的恶行也被揭发出来。康熙帝大怒，随即派遣侍卫纳拉善等搜检允禔府邸，结果在十几处都挖出了镇魇物件。铁证如山，允禔丑恶嘴脸暴露无遗。故而当年十一月初，康熙帝计划再立储君时，首先即将允禔排除在外，随即又下诏将其革除王爵，严加拘禁。康熙四十八年正月，康熙帝决定再立允礽为皇太子时，考虑到允禔年龄大，势力范围也大，他遂诏令对已在拘禁之中的允禔进一步严加拘禁。当年四月，废太子允礽复位一个月后，康熙帝布置了具体看守方案：第一，委派八旗章京十七人看守允禔。这些人都是足堪信任之人，至于每日需用几人看守，须由十七位章京会议决定。如果值班章京不严加看守，即将看守者族诛，“断不姑宥”。第二，再派贝勒延寿，贝子苏努，公鄂飞，都统辛泰，护军统领图尔海、陈泰，“每日二员，不断看守”。至于如何安排护军看守，“着伊等公议”。另外，尽管负责的六位大臣有贝勒、贝子、公等，职衔品位有高低之别，但在看守允禔问题上，大家职权平等，“并无率领之人，俱系一体看守”，即不能一人说了算，应执行集体决议。第三，由于允禔“生性暴戾，乃不安静之人”，康熙帝又增派领侍卫内大臣“不时巡察”，负责监督。至此，允禔退出夺嫡的历史舞台，一直处于监禁之中，直到雍正十二年死去。

皇太子允礽被废之初，和皇长子允禔一样觊觎储位的还有一个皇八子允禩。他生于康熙二十年，生母是良妃卫氏。康熙三十五年，他刚刚十六岁，即跟随康熙帝西征噶尔丹。以此之故，康熙三十七年，在他十八岁时，即被封为贝勒，成为当时受封皇子中年龄最小的一个。他为人聪明，善于交际，康熙帝对他颇为宠爱，许多臣下也对他怀有好感。废除允礽四天之后，康熙帝便令允禩领内务府总管一职，管理皇室事务。按照清朝常规，每当皇室内部发生诸如皇帝、皇太后去世等重大变故时，皇子或皇帝的兄弟才受命主持内务府工作。因而，这一任命使得允禩产生了错觉。在他看来，允礽被废，允禔被斥，而自己却被任以显职，这不是天赐良机吗？于是他加快了争储的步伐。由于他结交甚广，在康熙帝初废皇太子时，形势也一度对他极为有利。在他周围，集结了一批王公大臣，如皇九子允禟、皇十子允䄉、皇十四子允禵。其中，领侍卫内大臣阿灵阿系遏必隆之子，袭封一等公，他认为允禩的生辰八字是庚戌己丑丁未壬辰，与前代帝王相同，因而衷心拥护允禩。揆叙为明珠之子，因其父支持允禔、攻击允礽而遭到康熙帝的打击，故而改换门庭，拥护允禩。康熙帝的哥哥裕亲王福全也曾称赞允禩“心性好，不务矜夸”。除此之外，散秩大臣鄂伦岱、贝子苏努、首席满大学士马齐、户部汉尚书王鸿绪、内务府苏州织造李煦等也都党附于皇八子允禩，形成所谓皇八子集团。允禩集团由于骨干多，影响大，气焰极为嚣张。

为了实现自己的争储野心，允礽被废之初，允禩以收买人心为主。他接任内务府总管后，负责审理前任内务府总管凌普贪赃枉法一案。凌普原为允礽乳母之夫，担任内务府总管期间，凭借皇太子权势广收贿赂。其不法行为，已招致众人愤恨。允礽被废，凌普也跟着锒铛入狱。允禩接手此案后，认为这是收买人心的好机会，因而有意重罪轻处。这样，不仅凌普对他感激涕零，而且允礽手下的其他人也都认为他宽宏大量。由于允禩对待凌普过于宽容和“心慈手软”，使得康熙帝甚觉不解。直到皇长子允禔在他面前提及相面人张明德为允禩看相，语其“丰神清逸，仁谊敦厚，福寿绵延，诚贵相也，日后一定大贵”，康熙帝才顿时醒悟。

由于允禔的揭发，康熙帝一下子看穿了允禩的居心，允禩所为与允禔相比，是一暗一明，然而，允禩的计谋更阴险，手段更狠毒。这使康熙帝感到，过去这些皇子就串通一气，联手对付允礽。现在允礽被废了，他们下一步的计划又是什么呢？如果允禔与允禩“聚集党羽，杀害允礽，其时但知逞其凶恶，岂暇计及朕躬有碍否耶？”想到这些，康熙帝不寒而栗。为此，康熙帝对他们再次严加指斥并以允禩

“柔奸性成，妄蓄大志……其党羽早相要结，谋害允礽”等罪名，下令“将允禩锁拿”，交予议政处审理。没过多长时间他又革去其贝勒爵位。这样，允禩的争储活动刚刚起步，便也遭到了严重的挫折。

如上所述，康熙帝册立皇太子导致皇、储矛盾已是一误。为此，在册立皇太子三十三年后，他下令废掉皇太子。没有想到，又出现了诸子争储的局面。为了平息诸子争储的火焰，康熙帝决定再次立储。由于他的错误决策，诸子争储的局面非但没有结束，反而使一大批朝臣也卷了进来。康熙四十七年十一月十四日，康熙帝召满汉文武大臣齐集畅春园，表示自己身体近来渐觉虚弱，人生难料，不知哪一天要闭上这双眼。但大清江山，关系甚大，想来想去，找不到合适的代理人。皇太子关系甚大。你们都是我所信赖的大臣，现令你们共同商议，于诸皇子中举荐一人。大阿哥允禔所行甚为乖谬，就不要举荐他了。除此之外，随便你们推举哪一个皇子，我都同意。但是在讨论中不得互相瞻顾，私下探听。同时，要注意让汉大臣畅所欲言。而后，康熙帝又补充说，讨论此事，大学士马齐不必参加。

根据康熙帝的指示，文武大臣分班列坐，开始正式讨论。由于事关重大而且出于突然，不少满汉大臣都认为：“此事关系甚大，非人臣所当言，我等如何可以推举?”就在此时，保举允禩的铁杆分子们一个个却活跃起来。先是领侍卫内大臣阿灵阿站起来说，刚才面奉谕旨，一定要推荐一个皇子。随即鄂伦岱、揆叙、王鸿绪等人也群起附和，“私相计议”，“与诸大臣暗通消息，写‘八阿哥’三字于纸，交内侍梁九功、李玉转奏”。不一会儿，梁、李两内侍传出康熙帝谕旨：立皇太子之事，关系甚大，你们应该认真讨论。八阿哥没有管过政事，近又获罪拘禁，而且其母家又出身微贱，不宜立为皇太子，你们还要对此认真考虑。诸大臣见状，赶紧向梁、李两内侍说：“此事甚大，本非臣等所能定。诸皇子天姿俱聪明过人，臣等在外廷，不能悉知。臣等所仰赖者，惟我皇上。皇上如何指授，臣等无不一意遵行。”

这样，康熙帝要求文武大臣推举皇太子又以推举不得其人而告终结。

康熙帝始而令群臣推荐皇太子，继而又对推荐人予以否定，使得原来局限于皇室内部的矛盾进一步扩大到康熙帝和廷臣之间。由于众多臣工推举正在拘禁中的皇八子允禩，这无异是向康熙帝显示了一次皇八子集团的阵容，如果让这种人做皇太子，岂不是自己又树立起一个强大的对手。因而此次会议之后，康熙帝放下其他事情，一意追查推举允禩的幕后主持人。查问结果，认定荐举允禩为皇太子的策划者是其舅佟国维和大学士马齐。由于他们两人“默喻于众”，其他大臣“畏惧伊等”，方才“依阿立议”，遂对他们加以严厉斥责并对马齐等人做出处理决定：马齐“任用年久，不忍即诛”，“着即交允禩，严行拘禁”，“其同族职官及在部院人员俱革退；世袭之职，亦着除去，不准承袭”。而后不久，康熙帝又发现远离中央的下五旗王公也参加到这场争储活动之中来，于诸皇子之间，“肆行其谗谮交构，机谋百出，凡事端之生，皆由五旗而起”，这就更使康熙帝感到整个问题的严重性。为了结束诸子争储，防止这种混乱的局面进一步发展，使下五旗王公坐收渔翁之利，康熙帝决定再立允礽为皇太子。

从允礽于康熙四十七年九月被废至四十八年三月复出，是什么原因促使康熙帝在短短的半年时间，来了个一百八十度的转弯，从而改变了对允礽的看法呢？

康熙帝初废允礽之时，简直是怒不可遏。废斥后的第六日，他说：“今皇太子所行若此，朕实不胜愤懑，至今六日，未尝安寝。”但是，由于允礽被废，皇、储对立暂时消失，以及一些事件的陆续发生和事件真相的渐次揭露，促使康熙帝前思后想，痛定思痛，从而对允礽的认识逐渐发生变化。其一是康熙四十七年九月康熙帝废掉皇太子之初，皇太子申诉：皇父若说我别样的不是，事事都有，只弑逆的事，我实无此心。康熙帝听后，立即下令将允礽项上的锁链解除。这些表明，康熙帝也觉得自己与允礽之间的关系尚未达到父子彻底决裂绝情的程度，前此自己确实过分看重了允礽弑逆一事。其二是皇太子被废之后，在诸皇子争储过程中，由于互相攻讦，他们对允礽暗中迫害、造谣中伤的一些丑行逐渐暴露，也使康熙帝感到他们为允礽罗列的多项罪状“多属虚诬”。尤其是允禔镇魇皇太子允礽事发后，康熙帝更将前此允礽的一切不仁不孝的反常行动与之相联系，认为皆是允禔加害所致。

康熙帝开始怜悯允礽并开始反思自己废弃允礽所采取的行动了。为此，他万分追悔，思想负担十分沉重。日有所思，夜有所梦，他梦见已故祖母孝庄太皇太后远他而坐，一言不发，“颜色殊不乐”。他还梦见允礽生母赫舍里氏欲言又止，面露难色，似乎想向自己倾诉允礽的受冤情形。一时间，他的精神几近崩溃，饭不甘味，寝不安席，而且无日不伤心落泪，身体也一天天消瘦下去。十月十九日，在朝臣极力劝说下，康熙帝离开紫禁城，去南苑行围。在路上，又回忆起昔日“皇太子及诸阿哥随行之时，不禁伤怀”。这样，康熙帝再也支撑不下去了，二十三日就病倒了。大臣们不敢拖延，当即护驾返回宫中。回宫后，尚未得到安歇，康熙帝就传旨召见允礽。父子相见，谁也没说什么，可是康熙帝却觉得病势去了不少。过了一会儿，康熙帝就令内侍传话给等候在外的大臣们，告之召见允礽一事。他说朕刚刚召见了废太子，从今以后，大家就不要再提以往之事了。允礽现在安养于咸安宫中，每当朕想念他时，还可以随时再召见他。那样的话，朕胸中便不会有郁闷之感了。此后，康熙帝经常召见允礽，每“召见一次，胸中疏快一次”。这样，废掉皇太子之后，康熙帝父子关系的重新弥合使得允礽复位成为可能。

其次，初废太子后，诸皇子之间的争储活动导致了康熙帝重新立储。初废太子后，康熙帝并无尽快重新立储之意。为此，他告诫诸皇子“诸阿哥中，如有钻营谋为皇太子者，即国之贼，法断不容”。然而，他的这些话还没落地，允禔、允禩等人的争储活动即已公开化。

不久，外戚、贵胄及不少朝臣也卷入其中，严重影响了政权机构的正常运转。为了平息诸皇子争储斗争的硝烟烈火，康熙帝觉得必须迅速再立储君。至于立谁为太子，在他看来，允礽仍是最合适的人选，最起码他的嫡长子身份就是堵塞众人之口最有力的理由。因为嫡长子继承大统的原则在中国已经实行两千余年。长期以来，嫡长子本身就是正统的象征，唯此一条就可以得到臣民的认可和拥戴。出于这种考虑，康熙帝决意复立允礽为皇太子。

可是，作为君王，废掉皇太子时没费太多周折，然而想让允礽复出，可就不像初立时那样容易了。怎样使人感觉不到自己是在出尔反尔，怎样使这个弯子转得自然，康熙帝颇为踌躇。经过反复思考，他想了这样一个法子。先将己意含蓄地透露给个别在朝中威望素著的大臣，由这些大臣向在朝大学士、九卿吹风。然后再由康熙帝出面征求立储意见，由臣下奏请允礽复位，自己再俯顺舆情，予以准奏，这样对己、对允礽、对于廷臣都显得光彩体面。为此，康熙四十七年十一月十四日前，康熙帝特召曾经做过允礽师傅的大学士李光地进宫，询问皇太子允礽的病情，如何医治，方可痊愈。李光地回答："徐徐调治，天下之福。"李光地的回答，使得康熙帝非常满意，随即于十四日令诸臣推举新太子人选。同时，还特别谕令不要推举皇长子允禔，以堵塞与议廷臣无嫡立长的传统思维方向，不许大学士马齐与会及谕令汉大臣畅所欲言，以突出李光地的号召力，并有意使汉大臣中建储立嫡的思想占据上风。

然而，出乎康熙帝的预料，皇八子集团重要成员趁此时机，私相计议，胁迫其他大臣共同推举允禩，而被康熙帝视为知己的李光地，为了少惹是非，竟然未向任何人透露康熙帝的召见内情，以致众大臣不知所归，缄口不语。情急之下，康熙帝令内侍梁九功、李玉当众询问李光地为何一言不发，李光地答道："皇上问臣以废太子病，臣奏言：'徐徐调治，天下之福。'臣未尝以此告诸臣。"至此，在场的大臣们恍然大悟，原来康熙帝已经意有所属，是想让臣工推举废太子允礽，只是运作中出了问题，众大臣不明皇帝意向所在，以致使康熙帝处于十分尴尬的境地。

十一月十四日的会议虽使康熙帝处境尴尬，但是最后却使文武大臣明白了康熙帝的建储具体意向。十五日，康熙帝又召科尔沁达尔汉亲王额驸班第、领侍卫内大臣、都统、护军统领、满大学士、尚书等入宫，当众宣读朱笔御书，其大意为：从前拘执允礽时，朕并未与人商议，只认为理所当然，即将其逮捕拘禁，全国臣民都认为朕之所为正确。如今每每想起，总是有点放心不下。对其罪状深入查核，有的符合，有的又全不符合。何况其所患心疾，已经逐渐好转，不但诸臣觉得可惜，朕也觉得可惜。现在他日渐痊愈，这是大家的福气。朕派人对他尽心护理，也经常加以教诲，使之不离朕身边。朕并不计划匆忙地复立允礽为皇太子，只是想让你们知道此事就可以了。朕可以向大家明确表示，允礽对大家决不会有报复的念头。

这无异是允礽复出的前奏曲，康熙帝要允礽复位的意向已经极为明确。次日，康熙帝又召允礽、诸皇子、科尔沁达尔汉亲王额驸班第、领侍卫内大臣、都统、护军统领等入宫，进一步为允礽辩解：今观废皇太子，虽曾有暴怒殴打大臣之事，但并未致人于死，亦未干预国政，“凡此等事，皆由允禔魇魅所致”。康熙帝说完，随即当众释放允礽，并让允礽表示一下自己的态度。允礽遂在众大臣面前表示：“皇父谕旨，至圣至明，凡事俱我不善，人始从而陷之杀之。若念人之仇，不改诸恶，天亦不容。”

允礽复出使得最高统治集团各方的矛盾暂时得以缓解。这样，康熙帝的心理压力顿时减轻，病情也迅速好转。康熙四十八年二月，复出后的允礽又随同皇父巡幸畿甸，开始参加朝中活动。康熙帝看到立储时机已经成熟，遂于同年三月初九日，遣官告祭天地、宗庙、社稷，复立允礽为皇太子。次日，又命大学士温达、李光地为正使，刑部尚书张廷枢、都察院左都御史穆和伦为副使，授允礽皇太子册宝。同日，以礼部尚书富宁安为正使，礼部侍郎铁图为副使，授皇太子妃册宝，复封皇太子妃。

其实，在康熙帝看来，允礽并非是理想的皇太子人选，只是因为形势所迫，他才不得已恢复其皇太子的地位。按照康熙帝的标准，皇太子最起码应具备以下三个条件：一要忠于皇父，不能另立中心；二要为人仁义，将来为政清明；三要孝友为怀，关爱皇父，友于兄弟。允礽起初就是因为不具备这三条最基本的标准，才有了康熙四十七年九月被废的经历。然而，康熙帝面对诸子争储，心急如焚，在没有做好任何准备的情况下，就急令众大臣举荐新太子，结果又出现了新问题，即众大臣保举皇八子允禩。情急之中，康熙帝全盘托出自己的想法，允礽才得以复出。为使复出后的允礽不再与自己在根本利益方面发生冲突，康熙帝先后采取了一些防范措施。

第一，为充分体现立废皇太子之权在于皇帝而不在于诸臣，对揣测上意、条陈保奏之人坚决打击。囚禁之中的允礽被康熙帝频繁召见之后，朝中一些势利之徒开始揣摩康熙帝的心理，以为废太子有复立的可能，遂各上密折，加以保举。但康熙帝绝不会让大权旁落，也不允许有人再依附允礽，日后结成帮派，威胁皇权。因此，究竟立谁为皇太子，臣下不得插手干预，唯有康熙帝一人定夺。然而，充任风宪官的都察院左副都御史劳之辨却对康熙帝的讲话置之不理，又于当年十二月上疏保举废皇太子允礽，请求康熙帝从速颁布新诏，收回废太子的命令，敕令礼部选择吉日早正东宫，布告天下。当即遭到康熙帝的严厉斥责："将朕下旨已行之事，作为己功，行事甚为奸诡。"他随即命革其职，逮赴刑部笞四十板，逐回原籍。这样，劳之辨不仅自讨没趣，连乌纱帽都丢了。

第二，允礽此次复出是带有附加条件的，地位很不稳固。虽然康熙帝将允礽的不法行为，视为允禔镇魇所致，因此对他有所原谅。但是允礽从前纠集党羽，威逼皇权的行动，仍然康熙帝记忆犹新。只是因为康熙帝重病缠身，兼之出现了允禔、允禩争夺储位的新问题，康熙帝甚为无奈，方才“将不可册立之允礽放出”。为此，康熙帝在让允礽复出填补空缺的储位同时，还多次对他加以告诫，警告他如不改正过失，再犯以前已经犯过的罪行，无异于自暴自弃，自寻死路。康熙帝之所以这样讲，其目的仍是不想再为自己树立一个对立面。另外，允礽复位东宫之后，康熙帝对他仍不放心，每有巡幸，必令其随从，“使不得须臾离侧”，不使他有单独活动的机会，以免发生变故。

第三，抬高诸皇子地位，限制储君权力。重立允礽为皇太子的同时，康熙帝还大封诸皇子：封皇三子允祉、皇四子胤禛、皇五子允祺为亲王；皇七子允祐、皇十子允䄉为郡王；皇九子允禟、皇十二子允祹、皇十四子允禵为贝子。康熙四十八年十月，又正式册封允祉为诚亲王，胤禛为雍亲王，允祺为恒亲王，允祐为淳郡王，允䄉为敦郡王。由于诸皇子政治地位提高，他们更有资本与允礽进行斗争。康熙帝大封诸子，从某种意义上来说，也是为了限制储权。

但是，允礽复位之后，皇权与储权的斗争重新开始，原先的太子党重新集结在允礽周围，侵吞康熙帝的权力。其党徒有步军统领托合齐，兵部尚书耿额，刑部尚书齐世武，都统鄂缮、迓图，副都统悟礼等人，大学士嵩祝也倾向于允礽。康熙帝对此深有察觉。康熙五十年十月，康熙帝在御畅春园大西门内箭厅时对王公大臣说：“今国家大臣有为皇太子而援结朋党者，诸大臣皆朕擢用之人，受恩五十年矣。其党附皇太子者，意将何为也?”并召鄂缮、耿额、齐世武查问。他们都矢口否认结党，但康熙帝不容他们抵赖。因为耿额原为索额图家奴，康熙帝气愤地说：“索额图之党，竟不断绝，俱欲为索额图报复。……若不惩治，将为国之乱阶矣!”他当场下诏将鄂缮、耿额、齐世武、悟礼锁拿审问。不过，在这次审问中，康熙帝并没有抓住他们结党的确凿证据。次年四月，户部书办沈天生等串通户部员外郎伊尔赛等包揽湖滩事例额外多索银两案发后，词连齐世武、托合齐等人曾涉嫌太子党一案，康熙帝下诏令宗人府、内阁会同刑部详审，并特别谕示："若或巧辩，尔等即行刑讯。"结果查出齐世武受贿三千两，托合齐受贿二千四百两，耿额受贿一千两。为此，康熙帝对他们做出严肃处理，与主犯沈天生、伊尔赛一样，俱拟绞监候，秋后处决。与此同时，也开始对允礽进行指责：诸事皆因允礽。允礽不仁不孝，徒以言语货财买嘱此辈贪浊谄媚之人，潜通消息，尤属无耻之甚。皇、储矛盾又重新激化起来。

同时，储君与诸皇子之间的矛盾也重新激化。由于允礽有过一次被废的"前科"，在全国臣民中的形象已大大降低，因而在他复出之后，有意争储的各个皇子又都把矛头对准了他，使他重新成为众矢之的。同时，由于他们刚受册封，地位提高，更不将太子放在眼里。另一方面，允礽有过险被夺嫡的遭遇，故对众兄弟格外戒备，时刻提防。因此，他们之间的裂痕远比过去加大了。可想而知，由于诸皇子明里暗中不断活动，允礽的皇太子地位根本不可能稳固。尤其是皇父对允礽尚存疑虑的时候，诸皇子更是抓住这一时机不放。他们的党羽也蠢蠢欲动，为其主子站脚助威。如皇八子党揆叙利用自己的家财，并串通阿灵阿，"合谋买嘱优僮下贱，每于官民燕会之所，将二阿哥肆行污蔑"。所以，当时苏州、扬州等地都有"东宫虽复，将来恐也难定"的预言。被罢斥回江南老家的王鸿绪也说："我京中常有密信来，东宫目下虽然复位，圣心犹在未定。"各种各样的舆论严重影响了康熙帝的视听和决策，难以使康熙帝对允礽产生良好印象。

第四，重新拥有权力和地位的允礽，也不会审时度势，并没有吸取先前失败的教训，仍摆皇太子的派头。他不仅常派家奴到各省富饶之区勒索贡物和美女，而且在饮食、服御、陈设方面，较之康熙帝"殆有倍之"，稍不满足，就向康熙帝诬告当事人。康熙帝出于"感悦其心，冀其迁善”的目的，凡其“欲责之人，朕无不责；欲处之人，朕无不处；欲逐之人，朕无不逐”。只是允礽“所奏欲诛之人”，由于康熙帝施行仁政，而“朕不曾诛”。这样一来，朝中臣工大都首鼠两端，莫衷一是。如若曲从皇太子，逢迎结党，被康熙帝访知，马上就会大祸临头；如若“倾心向主”，不肯曲从于皇太子，储君继位后也会遭到惩罚。因此，朝臣中流传着“两处总是一死”这句话。允礽的胡作非为，不仅严重影响了康熙帝的权威，还导致政出多门，政局混乱。

这样，允礽复立为太子不过三年时间，康熙帝就再也不能容忍了。“自释放皇太子以来，数年之间，朕之心思用尽，容颜清减”。康熙五十一年九月三十日，康熙帝以允礽“自复立以来，狂疾未除，大失人心，祖宗弘业断不可托付此人”之罪名，将允礽拘执看守。十月，下诏禁锢废太子允礽于咸安宫。十一月十六日，以再废太子事遣官告祭天地、太庙、社稷。允礽第二次成为阶下囚。

允礽两次被废给了康熙帝极深的教训。如果说，在初废太子之际，康熙帝尚将此事简单归结为允礽个人的“不仁不孝”，那么，康熙五十一年再废太子后，康熙帝已经意识到皇帝与储君、储君与诸皇子之间的矛盾和斗争，实际上是一场权位之争，这时的康熙帝已经发现，皇、储之间的矛盾之所以不能根除，是因为三十多年前自己所定的建储制度不完善，导致皇、储对立，储权侵犯皇权。因而，康熙五十一年后，已经年逾花甲的康熙帝不仅更加关心自己身后继嗣的人选问题，而且更多地考虑采取什么样的方式册立合适的皇太子，通过什么方法处理好皇权和储权的关系。

二　呕心沥血　艰难探索

康熙五十一年十月，允礽再度被废之后，康熙帝本人处境也十分被动。太子再立再废，变来变去，使得广大臣工对他各种决定的正确性产生了怀疑，大大影响了自己的威信。与此同时，由于太子再度被废，诸皇子争夺储位的斗争又有复起之势。而就当时争夺储位颇力的几个皇子看来，哪个也不是理想人选。如果勉强将其中一个立为皇太子，除了会再给自己树立一个对立面之外，还会引起更多的矛盾，绝不会产生什么好的结果。面对这种形势，康熙帝极觉困惑，十分痛苦。为此，他前思后想，自己在立储过程中，究竟是什么地方，哪个环节出现了问题？怎样才能摆脱目前困境？为什么太子幼小时是那样可爱，年龄一大，开始从政就变了模样？为什么一废太子，诸皇子就将平时温良恭俭让的行为弃置一旁而急不可耐地参加到争储活动之中来？为什么太子被废之后即显得仁而且孝，一旦复出就又变成一副凶恶嘴脸？由本朝而上溯前朝，他又发现皇、储矛盾带有普遍性。为什么公开立储、立嫡立长见之儒家经典而人们却往往不遵守？是儒家经典不适用于实际政治，还是人心不古？如果说它不适用于实际政治，为什么两千年来帝王士大夫皆奉为圭臬？如果说是人心不古，为什么在儒家经典产生之前及其产生的同时代，背离儒家经典规定而行弑逆篡位之事又史不绝书？为此，他对这些问题进行了极其艰难的探索。与此同时，为了防止自己的威信进一步下降，并制止诸皇子之间的争储斗争再度重演，康熙帝一反以前的立场，对于立储一事表示了相当消极的态度：禁言立储并且不立皇太子。

虽然如此，眼见老皇帝年迈，身体一日不如一日，臣下建言立储者还是大有人在。如康熙五十二年二月，再废太子不过四个月，左都御史赵申乔陈奏，“皇太子为国本，应行册立”。康熙五十六年五月，又有大学士王掞密疏请立皇太子，“密折凡数千言”。同年十一月，康熙帝重病之中，大学士王掞及御史陈嘉猷等人再次上疏，请立皇太子。不久，要求立储的队伍进一步扩大到了大学士、九卿。康熙五十七年正月，大学士、九卿等缮折具奏“皇太子系天下根本”，“现今题奏之事，即可命皇太子在皇上左右，禀承皇上谕示，赞襄办理，俟圣躬大安，再亲幾务”。二月，又有九卿、詹事、科道等一般官员以立储事缮折请旨。康熙六十年二三月间，大学士王掞以及监察御史陶彝等十二人又乘康熙帝在位六十年寿诞之际提出“建储一事，尤为钜典，恳皇上独断宸衷，早定储位”。而且由于受传统立嫡立长的建储观念影响，其中不少人的立储目标仍然是废太子允礽。如康熙五十七年正月，康熙帝重病之中，翰林院检讨朱天保即在其父原工部右侍郎朱都纳唆使下，公开上疏，请复立允礽为皇太子。

对这些建言立储的臣工心理加以分析，大致可分两种情况：一种是受传统立储观念影响过深，眼见康熙帝年老多病而又迟迟不立皇太子，对于大清王朝的未来前途，他们表示忧虑。出于这种目的，他们疏请立储。如康熙五十七年，康熙帝大病之中，八御史疏请立储；康熙六十年三月，监察御史陶彝等十二人疏请立储，大致都属这种类型。另一种情况是窥伺时机，进行政治投机。有的臣下看到康熙帝年迈体衰，余日无多，建储一事必定作为头等大事日夜加以考虑，因而他们千方百计地刺探消息，投其所好。以疏请立储为名，推举他们看来是康熙帝的意中人做皇太子，以博他日之荣华富贵。康熙五十二年春癸巳科会试考题为“放太甲于桐宫”。太甲是商汤之孙，即位后胡作非为，大臣伊尹谏之不听，遂将其流放于桐宫。三年之后，太甲悔过，伊尹复将其迎归，授之以政，从而成为一代明主。看到这个题目，一些人欣喜若狂，自以为已经猜到了康熙帝的内心世界：原来康熙帝两废太子允礽并非真废，而是他的一种教育方式，而后再行传位啊！在这种投机心理的支配下，康熙五十六年和五十七年，大学士王掞、翰林院检讨朱天保先后上疏，请立皇太子。其中王掞奏疏虽颇含蓄，但是康熙帝一看就知道其意之所在。而朱天保奏疏则不加任何掩饰，“请复立允礽为皇太子”，并称其“圣而益圣，贤而益贤”。

这时，已经吃尽了立太子苦头的康熙帝再也不想立皇太子了。最初，对于臣下建言者，他还正面加以开导和解释，向他们介绍历史经验，说明不立太子比立太子天下更太平，立太子关系重大，必须慎重从事。他还注意到立太子之弊，如立太子，因地位特殊，太子必然会产生骄纵奢侈恶习。同时，在皇帝之外另立中心，也影响国家事务的处理。如康熙五十二年在左都御史赵申乔疏立太子时，他就解释说：“宋仁宗三十年未立太子，我太祖皇帝并未预立皇太子，太宗皇帝亦未预立皇太子。汉唐以来，太子幼冲，尚保无事，若太子年长，其左右群小，结党营私，鲜有能无事者。……今众皇子，学问见识，不后于人，但年俱长成，已经分封，其所属人员未有不各庇护其主者，即使立之，能保将来无事乎？”“建储大事，朕岂忘怀，但关系甚重，有未可轻立者。昔立允礽为皇太子时，索额图怀私倡议，凡皇太子服御诸物，俱用黄色。所定一切仪注，几与朕相似，骄纵之渐，实由于此，索额图诚本朝第一罪人也。”“今欲立皇太子，必能以朕心为心者方可立之，岂宜轻举？……太子之为国本，朕岂不知？立非其人，关系匪轻。”康熙五十七年，大学士、九卿疏请立储，他又诏令他们“裁定太子仪仗”。显然就是即使再立皇太子，也要对其权力、仪仗加以限制。

后来，康熙帝越来越倾向于不立皇太子。臣下建言立储者，不是寻找借口拖延不办，就是加以申斥，甚至还施以处罚。如康熙五十七年春，康熙帝因为身体不好，连遗诏都已预先公布，唯独对于立太子一事绝口不提。这时，继大学士、九卿之后，又有九卿、詹事、科道以立储事缮折请旨。对此，康熙帝非但不予采纳，反而指责臣下将立储大事视同儿戏，于皇太后丧期之中“乃将大庆之事渎请”。康熙六十年三月，大学士王掞及监察御史陶彝等十二人再次建言立储，康熙帝又大发雷霆，指斥王掞“意欲动摇清朝”，并威胁他们说：“朕并无诛戮大臣之意，大臣自取其死，朕亦无如之何。”而后他又将王掞之子王奕清及其他建言者一并作为额外章京发往西陲。对于怀有个人动机而疏请立储者，康熙帝更加不能容忍。康熙五十七年春，翰林院检讨朱天保在其父朱都纳唆使下上疏要求复立允礽为皇太子。案发后，康熙帝亲加刑讯，了解到他们“希图侥幸，取大富贵”，即刻将朱天保、戴保正法，其父朱都纳等犯永远枷示，“伊等妻子，俱入官”。对于大学士王掞，因为职位尊崇，不便加诛，康熙帝也一再追问其奏疏是否泄露于人，是否有意进行政治投机，并利用一切机会对其本人甚至其先祖都加以指斥。

在此同时，针对这些建言臣工提出的“命皇太子在皇上左右，禀承皇上指示，赞襄办理”的建议，他也严词拒绝，明确表示：“天无二日，民无二主，天下之事，岂可分理乎?”对于臣下普遍关心的他身后的具体继嗣人选，他也只是笼统地表示：“朕万年后，必择一坚固可托之人，与尔等做主，必令尔等倾心悦服，断不致贻累尔诸臣也。”但是他所定的储君究竟是谁，十来年的时间里，他一直没有公开。总之，在处理臣下建言立储问题上，和处理其他问题大不相同，康熙帝的态度一直十分固执，甚至还给人以专横之感。但不可否认的是，由于他的这一态度，和康熙五十一年前皇、储矛盾，诸子争储所导致的混乱局面相反，整整十年的时间里，政局反而安定下来。可以说，通过与臣工传统立储观念的斗争，康熙帝逐渐意识到以前立废太子各种做法之错误，并就此进行了艰难的探索，萌发了秘密立储的思想火花。只是由于时代和环境限制，他的这些思想火花未臻成熟。然而，雍正帝继位后，将这一可贵的思想火花捕捉过来，并将之加以发展，制定了颇为健全的秘密立储制度，为清朝统治的长治久安和中国古代立储思想和制度的发展都做出了重要的贡献。

康熙五十一年再废太子后，在康熙帝禁言立储并进行艰苦探索的同时，由于康熙帝已老迈，面对已经空缺的储位和即将空缺出来的皇位，诸皇子无不垂涎三尺并再次积极投入营求储位斗争之中。不只原先争储斗争中失利的废太子允礽、皇八子允禩如此，即使原先未曾公开营求储位的皇三子允祉、皇四子胤禛、皇九子允禟、皇十四子允禵也都先后进入到这一行列中来。有鉴康熙帝一再禁止诸皇子营求储位，他们活动大多十分秘密。其中，废太子允礽是这一队伍中的重要成员。康熙五十四年，准噶尔台吉策妄阿拉布坦兴兵内犯，康熙帝派富宁安督兵往讨。允礽得知此事后，即在囚所用矾水写信，通过为其福晋看病的医生贺孟頫将信转交给正红旗满洲都统公普奇，希望他出面向康熙帝保举自己为大将军，率兵西征，以图东山再起。与此同时，因为此前哲布尊丹巴呼图克图曾经说过他“灾星未脱”，他也经常打听哲布尊丹巴何时来京。当年十一月，他的这些活动被揭发出来，康熙帝即刻将贺孟頫处斩监候，普奇照前拘禁。而后，又对允礽多次加以指责，表示无意再立允礽。因此，尽管允礽活动甚为积极，又担任储君多年，有着一定的影响，不少臣工也为他复出而四处奔走，但是，三十多年来，他的所作所为早已使康熙帝伤透了心。这样，他谋求恢复储位的活动最终以失败而告终。

初废太子之后，皇八子允禩曾是争储斗争中的主要角色。后来虽因遭到康熙帝的打击而有所收敛，但是，康熙帝再废太子又给他注射了一针兴奋剂。在他看来，他有被廷臣推举为皇太子的光荣历史，允礽再度被废，储位当非他莫属。因而，康熙帝再废太子之初，他就试探着问康熙帝：“我今如何行走，情愿卧病不起。”初废太子后，康熙帝本来是为了防止允禩争夺储位而将允礽复立为皇太子，现在允禩又存此非分之想，康熙帝当即对他严加指斥：“尔不过是一贝勒，何得奏此越分之语以试朕乎？伊以贝勒存此越分之想，探视朕躬，妄行陈奏，岂非大奸大邪乎？”为图报复，在康熙帝外出打猎时，允禩不但不赶赴随行侍候，反而遣人向康熙帝进“将毙之鹰”，把康熙帝气得要死。康熙帝对他进行了更加严厉的公开指责，说他是“辛者库贱妇所生，自幼心高阴险”。再废太子后，“仍望遂其初念，与乱臣贼子等结成党羽，密行险奸，谓朕年已老迈，岁月无多，及至不讳，伊曾为人所保，谁敢争执，遂自谓可保无虞矣”。他还将允礽和允禩作了一番比较说：“二阿哥悖逆，屡失人心，允禩则屡结人心。此人之险，实百倍于二阿哥也”。并因此担心：“后日必有行同狗彘之阿哥，仰赖其恩，为之兴兵构难，逼朕逊位而立允禩。若果如此，朕惟有含笑而殁已耳。”他气愤地表示：“自此朕与允禩父子之恩绝矣。”

在此同时，他还对允禩本人及其党羽分别打击和处罚。允禩的奶公雅齐布夫妇被处决，允禩属下太监冯进朝等被当众夹讯。康熙五十四年正月，康熙帝以允禩“行止卑污，凡行走处俱懒惰不赴”为由而停发他及其属下护卫官员的俸银俸米。同年十一月，又以允禩与其门客何焯往来诡秘、超逾常格而将何焯之翰林院编修并进士、举人头衔一概革去。在康熙帝的打击下，允禩活动由公开转入秘密。他依靠死党到处拉拢人，并散布自己年庚是庚戌己丑丁未壬辰，与前代帝王相同，有君主福分。虽然如此，由于康熙帝对他一直极为厌恶，所以不但在考虑立储对象时将他排除在外，而且对他防范备至。尽管他活动十分积极，也只是无望的努力。

随着形势发展，在康熙帝的严厉打击下，允禩集团开始发生分化。原先皇九子允禟、皇十四子允禵都支持允禩争储并为此而四处奔走。康熙五十二年再废太子后，眼见允禩一再遭到康熙帝打击，争储无望，而他们自己也都长大成人，野心膨胀，于是开始了各自营求储位的活动。如太子再废之初，允禟即对其亲信何图说：“我初生时，有些奇处，妃娘娘曾梦日入怀，又梦见北斗神降。虽然如此，我心甚淡。”并要求亲信为他物色人才，说：“人才难得，你该为留心。”康熙五十六年十二月，皇太后病重，康熙帝忙得焦头烂额，允禟却装病不参加护理，还在暗中继续做着他的皇帝梦，对他的亲信、西洋人穆经远说：“外面的人都说我和八爷（允禩）、十四爷（允禵）三人里头有一个立皇太子，大约在我的身上居多些。我不愿坐天下，所以我装了病。”在此同时，他还收买太监陈福、李增伺察康熙帝动静。并令穆经远代表自己向四川巡抚年羹尧送荷包，说：“允禟相貌大有福气，将来必定要做皇太子的，皇上看他也很重。”他的门客礼科给事中秦道然也常在外面散布允禟“为人宽宏大量，慈祥恺悌”。虽然如此，由于他年纪轻，在争储斗争中起步较晚，势力小，影响也不大。所以在更多的情况下，他是附和允禩、允禵，企图在他们当上皇太子或者继位为君后，自己能捞取较多的好处。

在康熙帝再废太子后争夺储位的斗争中，值得注意的是皇十四子允禵。允禵生于康熙二十七年，与皇四子胤禛同母。康熙四十七年初废太子时，他的年龄不过二十，只是允禩的一个附和者。再废太子后，眼见原先有望立为储君的允禔、允禩，不是遭到囚禁，就是受到指责，因而，在他心中萌发了希望之火并进行了谋夺储位的活动。为了争取在朝官员的支持，他礼贤下士，广泛联络。对于一些有影响的人物如大学士李光地门人陈万策，他还“待以高座，呼以先生”，因而在当时社会上博得了“十四爷礼贤下士”的声誉。康熙五十七年，策妄阿拉布坦入侵西藏，给了他一个崭露头角的机会。当年十月，康熙帝将其由贝子超授王爵，任命他为抚远大将军，率兵西征。为了扩大影响，对敌方形成心理压力，允禵率军出发前，康熙帝亲往堂子行告祭礼。而后，又于出师之日于太和殿向允禵授大将军敕印，并命其乘马出天安门，诸王及二品以上文武官员齐至德胜门军营送行。康熙帝还特准他“用正黄旗旗纛，照依王纛式样”，在军中称大将军王。

自康熙初年以来，从来没有一个皇子膺此殊荣，因而，原先与他一党的允禩、允禟皆认为储位非他莫属，个个欣喜若狂。其间，允禟还多次去允禵家，向他祝贺并赠送银两，嘱其“早成大功，得立为皇太子”。允禟还对他的亲信秦道然等称赞允禵“才德双全，我兄弟内皆不如，将来必大贵”，“十四爷现今出兵，皇上看得很重，将来这皇太子一定是他”。又说：“十四爷若得立皇太子，必然听我几分话。”

允禵本人也自信不疑，他说：“皇父年高，皇太子这个差使想来是我的。”为了及时掌握京师动静，以便采取行动，行前他对允禟说：“皇父年高，好好歹歹，你须时常给我信儿。”到达西北军营后，允禵继续招贤纳士，数次派人礼聘著名学者李塨。出于对自己前途的关心，他又通过临洮知府王景灏的安排，请来算命人张瞎子为自己算命。张瞎子当面奉承他的命相是“元武当权，贵不可言，将来定有九五之尊运气，到三十九岁就大贵了”。允禵更加高兴，特地赏银二十两。康熙五十九年，允禵督率大军入藏，建立了卓越的功勋。但是在康熙六十年回朝入觐时，康熙帝并未将他册立为皇太子，而是令他再回军营，继续经营西疆。允禵本人“立了大功，早正储位”之愿未遂，甚觉不悦。其他党人也颇感失望，并说：“皇父明是不要十四阿哥成功，恐怕成功后难于安顿他。”所有这些史料证明，再废太子之后，皇十四子允禵也参加到争储斗争之中，且是其中最为积极的一个。

在当时诸皇子争夺储位的斗争中，还有一个不大引人注意的角色是皇三子诚亲王允祉。康熙四十七年初废太子之前，他即开始盛邀康熙帝至他府邸进宴。不过当时，他和皇太子允礽关系较好，大约不会有什么非分之想。盛邀康熙帝赴宴，一是作为年长皇子看到父亲心境不好，为其舒心开怀，以尽人子之情；二是如有机会，也为康熙帝和允礽父子之间矛盾做些调和工作。康熙五十一年再废太子，前此，皇长子允禔即已拘禁，在当时诸皇子中，以允祉齿序长。按照传统建储观念，有嫡立嫡，无嫡立长。大约出于这种心理，他也“希冀储位”，

“以储君自命”。但是他实在有点大意，兼之又是一个文化人，康熙五十二年，康熙帝开馆畅春园蒙养斋，命他负责编修律吕、算法诸书，他就一头扎进书堆之中。他的这种态度，虽然得到康熙帝的欣赏，但是耽误了不少时光，使得他在争储斗争中成为最小的一支势力。而后，他发觉这一问题，又派属下孟光祖打着他的旗号，到山西、陕西、四川、湖广、广西等地活动，向各地官员赠送礼物，进行拉票活动。因为方法过于笨拙，不久便被察觉。康熙帝虽然气恼，但是如果依例处理，那么他的所有成年儿子就没有一个好人了，兼之允祉平素尚颇老实本分，康熙帝原谅了他，只将孟光祖处死了事。虽然如此，他的这个把柄却被他的政敌胤禛死死攥住不放，在胤禛即位后，即以此作为主要罪状将其圈禁至死。

上述诸皇子虽皆希冀储位并都参加了康熙末年的争储斗争，然而，他们大都急功近利，志大才疏，不但没有切实可行的行动方案，而且举止张狂。和他们相比，皇四子胤禛则大有超越。在诸皇子争储斗争十分激烈之时，他的活动积极程度绝不亚于他人，但是，“善用兵者隐其形”，他的一切活动都十分秘密。不只康熙帝未察觉，就是其他皇子也被蒙在鼓里。在此同时，他还制订了一套谋夺储位的详细的纲领、计划和措施，分别从几个方面入手，没有任何漏洞。一俟时机成熟，这个平时“静如处子”的雍亲王即刻“动如脱兔”，从而在诸皇子角逐储位斗争中获取了最后的胜利。

综观再废太子后的政局，可以看出，一方面是康熙帝对自己以前立储活动中的错误做法有所认识并加以调整，禁言建储，不立皇太子。这些标志着，经过多次挫折之后，康熙帝的立储思想达到了一个新境界。但是由于受时代局限和传统建储观念影响过深，他的这种新认识还颇为模糊，不能彻底解决现实问题；二是诸皇子谋夺储位的活动有加无减，而且大多还是秘密进行，使人很难彻底查清。这样，繁忙的国务处理，艰难的理论探索，以及时刻提防诸皇子的暗中非法活动成了康熙帝最后十年活动的主要内容。所有这些都使原已因立废太子而受到严重创伤的康熙帝，在心理和身体上进一步受到伤害。早在康熙四十七年初废太子后，康熙帝即“六夕不能安寝”，而后又连病数月。虽经多方调治，身体有所恢复，但是由于日夜忧心，至康熙五十年时，已须发皆白，身上病症也越来越多。康熙五十年五月，康熙帝北巡塞外，即自京师抱病而出，令人扶掖而行。康熙五十四年时，康熙帝因病，右手不能写字，只能左手批折。康熙五十六年秋，康熙帝精神亦大不如前。他自称：“朕近日精神渐不如前，凡事易忘，向有怔忡之症，每一举发，愈觉迷晕。”十一月初，又增腿膝疼痛，并因感染风寒而咳嗽声哑。

之后，皇太后病重去世，康熙帝忧劳焦急，身体更加消瘦，双脚浮肿，病卧床上七十余日，不能行走。一直到次年春季，气候渐暖，康熙帝病情始显好转，开始处理各种国务。虽然如此，毕竟老境来临，总的情况是一年不如一年。如康熙五十七年时，康熙帝说自己稍微早起，就“手颤头摇，观瞻不雅，或遇心跳之时，容颜顿改”。康熙五十八年四月，他又说自己“气血渐衰，精神渐减，办事颇觉疲惫，写字手亦渐颤”。当年冬至祭天，因足疾未愈而诏令皇三子诚亲王允祉代行礼。康熙六十年春，更增“易倦善忘”之症。冬至祀天，又下诏命皇四子雍亲王胤禛代行礼。尽管如此，康熙帝仍然一本初衷，鞠躬尽瘁，死而后已。康熙六十一年，仍巡视畿甸，察吏安民。夏天，又北巡塞北。九月底回到北京后，又忙于处理各种政务。就是在疾病折磨和繁忙的政务处理之中，康熙帝一步一步地走近了自己生命的终点线。

康熙六十一年十月二十一日，返京不过二十几天，康熙帝又赶往南苑行围。因为多日劳累，身体更加虚弱，兼之时值隆冬，气候寒冷，康熙帝感染风寒。十一月初七日，康熙帝回驻畅春园治病。按照惯例，十一月十五日冬至节时，康熙帝须亲往南郊举行祀天大典。因为生病，他下诏命皇四子胤禛代行祀典并令其预先斋戒。多年以来，康熙帝一直疾病缠身却都闯了过来，因而对于此次伤风，他并未在意，而是照常办理各种政务。这月初十日、十一日、十二日，胤禛在斋戒期间，曾经连日遣太监、侍卫问候康熙帝病情，他也只是随随便便地回答“朕体稍愈”。谁知就是这点大意断送了他的性命。

十二日深夜，康熙帝病情急剧恶化。夜半刚过，他便急召皇四子胤禛，命其速赴畅春园，南郊祀典改派公吴尔占恭代。同时，又召皇三子诚亲王允祉、皇七子淳郡王允祐、皇八子贝勒允禩、皇九子贝勒允禟、皇十子敦郡王允䄉、皇十二子贝勒允祹、皇十三子允祥、理藩院尚书隆科多等齐至御榻之侧，将多年以来秘而不宣的立储人选告诉了他们。谕令他们：皇四子胤禛人品贵重，为人行事都符合朕的心愿，一定能够挑起治理天下的重担。兹以他继朕为君，即皇帝之位。这些话刚刚说完，皇四子胤禛也自斋所赶至，趋前请安。康熙帝又告以数日以来自己病势日增之况。眼见皇父已被疾病折磨得奄奄一息，十分痛苦，胤禛饱含热泪，对皇父进行了一番劝慰。至当日（十三日）子时，这个为大清王朝的昌盛和繁荣奋斗六十多年的一代英主康熙帝，满怀着对他的江山和子民的无限眷恋之情告别了人世，在位六十二年，终年六十九岁。

当夜，在康熙帝诸子与理藩院尚书、步军统领隆科多的严密护卫下，康熙帝的遗体从畅春园移回紫禁城乾清宫。为了防止国丧期间可能发生的各种变乱，京城九门被下令关闭。十六日，康熙帝遗诏向全国颁布。十九日，胤禛以登基遣官告祭天地、太庙、社稷坛，京城开禁。二十日，胤禛御太和殿登基，受百官朝贺，改明年为雍正元年。二十八日，为康熙帝上尊谥为“合天弘运文武睿哲恭俭宽裕孝敬诚信功德大成仁皇帝”，庙号“圣祖”。十二月初三日，将其遗体移送景山寿皇殿。雍正元年四月，雍正帝胤禛亲送康熙帝灵柩至遵化山陵，安放享堂。九月，雍正帝再往遵化，将康熙帝灵柩安放景陵地宫。从此，这个对于中国清王朝起过重要推动作用的一代英主康熙帝，便长眠于景陵的地宫之中。

三　雍正继位　青出于蓝

康熙帝的去世虽然为其一生画上了一个句号，但是在他死之后的一段时间里，由他在位期间开始的诸皇子争夺最高权力的斗争仍在继续，为使读者详其首尾始末，于此特设“雍正继位”一节，以为本章之末篇。

雍正帝胤禛在位期间，虽然功业彪炳，不亚乃父；他死之后，有关他的传说也是家喻户晓，童叟皆知；在各种历史著作中，他更是史家讨论的重点。然而，在他即位之前的康熙时期，尤其是康熙末年，康熙帝诸皇子进行激烈争储斗争之时，在时人心目中，有望继位的只是皇太子允礽、皇长子允禔、皇八子允禩、皇十四子允禵等几个风云人物，对于皇四子胤禛，普遍不大关注，印象淡漠。谁也不曾想到，这个默默无闻的雍亲王，竟在康熙帝临危之际，嗣位为君。康熙帝为何对其独加青睐？而作为角逐帝位斗争中的一匹黑马，胤禛又是玩弄了什么手法而使自己一夜之间便成为政治舞台上的中心人物，并使其他对手一败涂地？其实，如果对康熙末年有关史料详加分析，即可看出，胤禛所以在储位之争中得到最后胜利，并非出于偶然，而是他多年以来辛苦经营的合理结果。

胤禛生于康熙十七年，是康熙帝的第十一个儿子。因为在他出生前后，他的七个兄长皆在童年早夭，按照后来的皇子排列次序，他是皇四子。他的生母是乌雅氏，在他出生之时，只是一个一般宫人，因为生子有功，进位德嫔，不久，又晋升为妃。因康熙帝的孝懿仁皇后无子，故他幼年时期由孝懿仁皇后抚育。孝懿仁皇后是一等公佟国维的女儿，康熙帝生母慈和皇太后的侄女，康熙末年担任理藩院尚书、步军统领的隆科多的姐姐。可以想见，这段经历和关系与他在几十年之后的发达有着一定的影响。

青少年时期，在康熙帝的关心下，胤禛受到了良好的教育，学习内容包括满汉蒙文字、经史、骑射等许多科目。年龄稍长，他又随从康熙帝巡幸各地。在他十九岁时，康熙帝亲征噶尔丹，又以胤禛掌管镶红旗大营，经受军旅生活的锻炼。为了培养他的行政才能，康熙帝还派给他一些临时性差使，并于康熙三十七年将他封为贝勒。通过这些，胤禛学到了日后治理天下所必需的文化、历史知识，并具有了一定的行政才干，在皇室中也有了一定的政治地位，为他后来参加储位之争，以及最后打通通向最高权力之路准备了条件。

康熙四十七年九月，在胤禛步入而立之年的时候，发生了康熙帝废掉皇太子的重要历史事件。对此，皇长子允禔、皇八子允禩，这些平素早已在国家政治生活中崭露头角的皇子欣喜若狂，并且都毫不犹豫地投入到竞争储位的斗争。在这场政治风暴中，和这些手足同胞相比较，胤禛显得更为成熟。他深知，虽然康熙帝和允礽父子矛盾由来已久，但是，由于皇父向来为人仁慈宽容，尽管在气头上采取了一些十分激烈的行动，事情过后，念及父子之情，必然会改变态度。况且，多年以来，在诸多弟兄同胞中，自己并非十分引人注目，太子被废对自己没有好处，确定皇太子暂时也轮不到自己头上。兼之康熙帝宣布废掉皇太子是在北巡塞外期间，恰好在此期间，胤禛奉命留京办理事务，未曾陷入这场斗争。因而，对于此次事件，胤禛采取了调和的态度。

他一方面力劝康熙帝息怒以保重身体，并全面考虑事情的影响和后果；另一方面，对于废太子允礽，他也不落井下石，而是在不使自己卷入斗争旋涡的前提下，有机会时，便为允礽说上几句好话。如康熙四十七年九月中旬，康熙帝进京后，将允礽拘押上驷院，他自己则撰拟废弃皇太子的告天文书，写好之后交于负责看管允礽的皇长子允禔、皇四子胤禛、皇九子允禟，让他们交给允礽过目。允礽看过之后，对他们说：我的皇太子是皇父给的，皇父要废就废，何必告天。允禔将此话转奏康熙帝。康熙帝听过后说：做皇帝是受天之命，这样的大事，怎么能不告天，允礽如此胡说，以后他的话就不必转奏了。允禔将这道谕旨传给允礽，允礽又说：皇父若说我别样不是，事事都有，只弑逆的事，我实无此心，须代我奏明。允禔以康熙帝有言在先，拒绝代奏。这时皇九子允禟向胤禛说，这件事关系重大，似应代奏。胤禛即不顾允禔反对，将此上奏康熙帝。本来，康熙帝废掉皇太子的主要原因之一是怀疑他企图加害自己，现在听到此话，立即下令摘除允礽项上锁链，同时，对于允礽的敌对态度也大大缓和下来。

在有分寸地为允礽开脱的同时，胤禛也极力避免触怒允礽的政敌允禔、允禩一伙人，以免被他们视为太子党。他明明知道康熙帝废太子前后，允禔、允禩干了许多见不得人的勾当，但是他却不向康熙帝揭发。康熙帝回心转意对允礽态度缓和下来后，想起胤禛顾全大局的做法，当众称赞他“性量过人”，“深知大义”，“洵为伟人”。这时，胤禛却矢口否认他曾为废太子说过好话，并说“皇父褒嘉之旨，儿臣不敢承受”。对于允禔、允禩公开跳出来竞争储位的做法，他既不表示支持，也不表示反对。同时，他自己也一再表示无意营求储位。正是这种态度，在康熙皇帝初废太子的风波之中，他既未像允礽、允禔、允禩一样受到康熙帝的严厉打击而声名大损，也未像其他年幼皇子一样唯唯诺诺，无所表现。因而，康熙四十八年，他和皇三子允祉、皇五子允祺一起受封为亲王，政治地位大大上升，成为在这场政治风波中获取实惠最多的一个皇子。

康熙五十一年十月，康熙帝颁旨再废皇太子。与此同时，为了防止诸皇子争储斗争重演，康熙皇帝明谕不立储君并禁止臣下就此建言。这时，由于政治地位的提高，胤禛的政治野心也进一步膨胀，并直接投入了争夺储位的斗争。他深知，自己所思所想、所作所为绝不是一个忠臣孝子所当为，因而，他的活动十分秘密。同时，他还制订了一套争夺储位的详细的纲领和计划。

在按照计划进行活动时，康熙帝始终是他最重要的一个工作对象。十来年的时间里，他一直极表顺从孝养之意。对于康熙帝交给他的所有事务，他都尽心尽责地努力完成。考虑到康熙帝晚年心境不好，家庭生活不幸福，他则于康熙帝诞辰或闲暇之日请其临幸圆明园或热河避暑山庄狮子园，举行家庭宴会。席间，父子、翁媳、祖孙欢聚一堂，同座共饮。宴会之后，又请老皇帝赏花或逗孙为乐，使得他享受些天伦之乐。这样，尽管其时康熙帝不建储君，但是在虑及身后之事时，至少已将胤禛作为一个候选目标。对于与自己一起竞争储位的几个对手如皇三子允祉、皇八子允禩、皇九子允禟、皇十四子允禵等，虽然胤禛心中对他们恨入骨髓，但在表面上决不拆台。在此同时，为了迷惑政敌，他还有意与一些僧衲相往还，并自我标榜为“天下第一闲人”，以表示自己与世无争。

而背后，他的主要精力都用于从组织上扩大自己的势力。为此，他不顾康熙帝不许结党的训示，千方百计地招揽官员，有时甚至到了卑辞重礼、不顾身份的地步。经过他的数年经营，以他为核心，形成了一个小集团。这个集团的主要成员有皇十三子允祥、川陕总督年羹尧、步军统领隆科多、湖广提督魏经国、副都统常赉、四川布政使戴铎、河南开归道戴锦、兰州府同知沈廷正、清江理事同知马尔齐哈、内阁中书博尔多等。这个集团人数虽不算多，但活动能力却大得出奇。在胤禛指使下，他们经常出入大学士、九卿、六部官员之门进行游说，甚至还将康熙帝十分信任的大学士李光地也拉到自己一边。兼之其中一些人如年羹尧、隆科多又身处要津，在当时就已成为一支不可忽视的政治势力。正是在这些艰苦细致工作的基础上，胤禛才在康熙帝死后顺利地继位为君，在康熙末年的争储斗争中取得了最后的胜利。

因为胤禛在即位之前十几年的时间里，曾和他的几个政敌进行过激烈的明争暗斗，所以在他继位为君之后，那些失败的对手怀着失望、愤懑的心情制造了不少有关他争储篡位的传言，并通过各种方式在社会上广泛传播以发泄自己的不满。这些传说，由时人载入笔记，而后又由史家载入历史著作，文人演绎成小说，成为聚讼不决的一桩历史公案。这里依据当代史家最新研究成果对之略加辨析，以使读者了解雍正即位之真相。对当时有关雍正即位的各种传言加以归纳，大致有以下三种说法：一是毒杀康熙帝自立说；二是盗改遗诏自立说；三是矫旨即位说。其中第一种说法是：康熙帝在畅春园病重时，“皇上（指雍正帝）进一碗人参汤，不知如何，圣祖皇帝就崩了驾”。第二种说法是：“圣祖皇帝原传十四阿哥允禵天下，皇上将‘十’字改为‘于’字篡了位。”第三种说法是：康熙帝病中，“降旨召允禵来京，其旨为隆科多所隐。先帝殡天之日，允禵不到，隆科多传旨遂立当今”。

据当代一些史家研究，上述三种说法，一条也站不住脚。其中第一种说法是胤禛进有毒的人参汤药杀康熙帝。而据有关史料记载，康熙帝在世期间，最反对喝人参汤。康熙帝此次生病，患的又是重感冒。感冒发烧之际，岂肯以火益火。其中第二种和第三种说法虽然貌似有理，但由于不了解清代皇子称呼方式和诏书起草发送程序，实际上纰缪百出。清代称呼或书写皇子序次时，必于其前加上“皇”字，如皇四子、皇十四子之类。将遗诏“皇位传十四子”改为“皇位传于四子”固甚容易，但如将“皇位传皇十四子”中的“十”改为“于”，只会出现“皇位传皇于四子”的笑话并露出盗改遗诏的马脚，更何况当时首先写就的遗诏是满文而不是汉文，将满文之“十”字改为“于”字绝不像汉文那么容易。另外，为康熙帝起草诏书，按例由内阁撰文，交兵部所管驿站发出。隆科多只是负责宿卫，不是内阁大学士，也不是兵部堂官，无论如何也不能一手遮天，包办一切。由此看来，上述有关胤禛篡位的各种传言都是站不住脚的，至少是不充分的。胤禛继位有着其封建道德意义上的合理性和法制意义上的合法性。

胤禛继位虽使虚悬十载的国本问题得到了最后的解决，但是由于他是在诸皇子角逐储位斗争中登上帝位的，因而在他即位之初，形势仍然相当严峻。至少有两件事是当务之急：一是为康熙帝办好后事，二是确立自己的统治。为此，康熙帝去世之当夜，他即在隆科多等人的严密保护下自京西畅春园返回紫禁城。而后，允祥及其他皇子亦护送康熙帝遗体回大内，安放乾清宫。次日，大殓，发丧成服，自皇太后及嗣皇帝胤禛以下所有满汉文武皆截发成服。为了防止大丧期间发生变乱，京师九门被下令关闭。十六日，遗诏颁于全国。十九日，胤禛以登基告祭天地。二十日，胤禛御太和殿登基。十二月初三日，康熙帝灵柩被移送景山寿皇殿。十二月初九日，二十七日服满，胤禛释去重孝，从乾清宫东庑居丧倚庐移居养心殿。经过胤禛的努力，康熙帝生前所担心的他死之后诸子束甲相攻、争夺帝位的现象并没有发生，雍正帝胤禛的最高统治地位也初步确立下来。

康熙末年，在竞争储位时，碍于当时形势，对于和他竞争储位的对手，胤禛在表面上未曾加以触犯。即位之后，手中有了权力，他便开始对政敌加以打击。为了不激起事变，全面出击显然并不是好策略，因而，对于这些对手，他区别情况，分别加以处理。其中，皇八子允禩在皇宫和廷臣中都影响甚大，是敌对势力中的核心人物，胤禛对其先示笼络，即位之初，即封其为廉亲王，命他与大学士马齐、尚书隆科多、怡亲王允祥一起总理事务，负责处理大丧期间的各种国务。对于皇十四子允禵，因为拥兵在外，对自己统治最为不利。康熙帝去世之次日，胤禛即降旨令其将大将军印敕暂交平郡王讷尔苏署理，火速回京奔丧。十二月，允禵进京，胤禛立即将之置于半囚禁状态。不久之后，他的矛头又指向了皇三子允祉、皇九子允禟，先后下令将允祉亲信、负责编纂《古今图书集成》的陈梦雷和允禟手下太监何玉柱发遣边外，逮捕允禟党羽秦道然。十天之后，又将允禟也发往西宁，代替允禵戍守西疆。而后，随着他的统治地位的日益巩固，对于政敌的打击也更为残酷。在他的打击下，康熙帝皇三子诚亲王允祉、皇八子廉亲王允禩、皇九子允禟、皇十子敦郡王允䄉、皇十四子允禵皆先后被拘禁。其中允祉、允禩、允禟皆被迫害致死。尤为过分的是，他还下令将允禩、允禟分别改名阿其那、塞思黑以示侮辱，并将两人的子孙也革除宗籍。这样，在昔日竞争储位的这些对手纷纷被戮之际，雍正帝的个人专制统治得到了空前的加强。

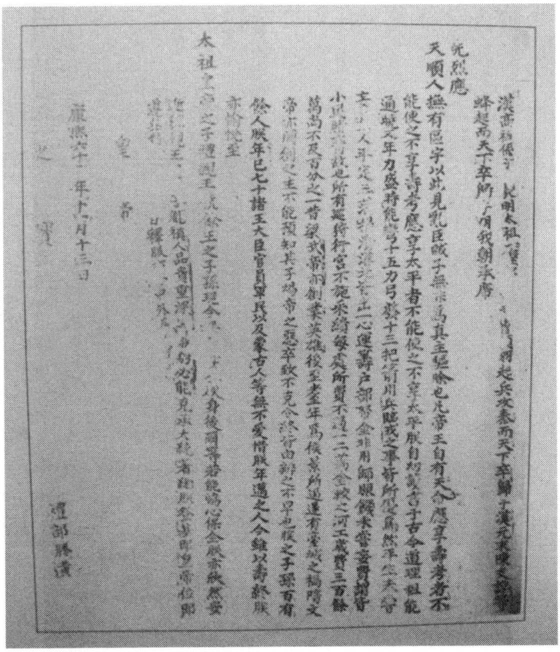

康熙帝遗诏

与此同时，在各种国务处理中，他的政治才干也得到了充分的发挥。针对康熙末年以来朝政废弛、吏治腐败的现象，他“竭虑殚心，朝乾夕惕，励精政治，不惮辛勤”，通过整顿吏治，推广奏折使用范围，制止八旗下人对旗主的私属关系，推行地丁合一、耗羡归公、养廉银，创建军机处和改土归流等重要制度、政策和法令，以一个改革者所当具有的胆略，对当时的封建统治机构和赋役制度进行了大刀阔斧的改革。通过改革，在经济上，当时清廷的财政情况明显好转；在政治上，皇权进一步强化，为乾隆时期清朝统治全盛局面的形成奠定了很好的基础。

在雍正帝的各项改革措施中，特别值得一提的是他所创建的秘密立储制度。作为康熙末年争储活动中的一个主要人物，雍正帝早就看出康熙末年争储斗争的根源在于传统立储制度的不完善，从而导致了政局的混乱并严重削弱了皇权。为了防止类似情况再度出现，经过深思熟虑，雍正元年八月十七日，在他即位九个月后，他召集总理事务王大臣、满汉文武大臣、九卿等至乾清宫，诏谕秘密立储。按照这一规定，由他将储君名单装入密封锦匣之内，当着几位总理事务王大臣之面将匣“置之乾清宫正中世祖章皇帝御书‘正大光明’匾额之后”，直到他死之后，才允许臣下开拆。而后，又另书与之内容相同的谕旨一道存放圆明园，以为异日勘对之用。

在他看来，这一决定对全国臣民而言，解除了因储位空缺而产生的危机感；对储君而言，因为并不知道自己是内定储君，当然也就不会因此而骄横不法，更谈不上敢和皇帝争权；对诸皇子而言，一不知道自己是否为储君，二不知道储君是谁，想要进行攻讦也是无的可发；对宗室重臣而言，因为不知道谁是储君，也就无法攀龙附凤，进行政治投机。皇帝本人却通过这一决定在生前可以不受任何干扰地处理各种国家政务，死后也可以按照自己的意旨实现国家最高权力的顺利过渡。雍正帝的这一做法，是对两千多年以来特别是清朝开国以来传统立储制度的一个重要改革，也是对康熙晚年再废太子后禁言立储思想的完善和发展。正是这一制度的推行，使得此后一百多年的时间里，没有再次出现皇室之内骨肉相残的局面，最高权力过渡一直相当顺利，这对于清朝政权的稳定起了重要的作用。因而，尽管雍正帝曾经不择手段地屠兄戮弟，大大违背了康熙帝的意愿，但是对于这一制度的制定与推行，以及由此而获得的清朝政权的稳定局面，如果康熙帝地下有知，也会为之含笑瞑目的。

第十三章　千秋功过　任人评说

康熙帝在位期间，由于顺应历史发展趋势，在夺取、保持和巩固最高权力的斗争中取得了胜利，在维护国家独立、统一，处理阶级、民族关系的军事和政治斗争中获得了成功，在发展经济文化、推动社会进步方面也取得了令人瞩目的成就。毫无疑问，他是作为一个有成就的帝王而被载入史册的。然而，需要指出的是，康熙帝的事业之所以能够成功，除了政策得当之外，他的一些特有的优良作风和性格也起了重要的作用。这些作风和性格，不但为他的成就增加了一层光彩，而且也使他在中国古代帝王群中居于突出的地位。

一　勤政务实　崇尚节俭

在康熙帝的诸多优良作风中，一个突出的方面是勤政务实。按理来说，作为一国之君，且不说关心百姓生活，就是从巩固自己统治出发，也应照此去做。然而，恰恰是这两点，在中国古代众多的帝王中，除少数创业帝王外，多数都很难做到。他们不是贪恋女色或玩物丧志，就是崇尚浮夸，讲究祥瑞，迷恋上尊号，沉湎炼丹修仙做佛事等。至于明朝后期的几个皇帝，更是一个不如一个，“常处深宫，不与臣下相见，而惟与宦竖相处，既不读书，亦不勤政。所以上下之情壅蔽不通，民间疾苦竟罔闻知”，而且还自欺欺人，粉饰太平，制造升平气象，致使国务处理一塌糊涂。正是利用明末最高统治者的这些严重缺陷，清室才得以崛起于东北，继而以弱克强，挥师入关，取明而代之，建立了新王朝。“殷鉴不远，在夏后之世。”明末帝王怠于政事和崇尚浮夸而致亡国的历史教训为清初统治者树立了一个反面的典型。因而，早在康熙帝亲政之初，他的祖母孝庄太皇太后即告诫他说：“人主居四海臣民之上，所关甚巨。然代天理物，端在躬行，致治兴化，必先修己。”对此，康熙帝牢记不忘。

清除鳌拜集团之后，康熙帝有了施展政治抱负的机会，独自挑起了管理国家事务的重担。此时，由于数年以来四辅政大臣擅权，遗留问题极多，各种重要事务也百废待兴。康熙帝十分清醒地认识到，国家治理能否走上正轨，主要在于国君是否勤政。这样，康熙帝以全副精力投入了各种国务的处理之中。御门听政之外，批阅奏章，四处巡幸，几无闲暇。据他自称：“每年春时，为雨水田禾，时刻不忘，留心究问。直至秋成，始稍释念。至于冬日，内地常恐雪少，口外又恐雪大。”其中，最值得称道的是他的御门听政，康熙帝御门听政始于康熙六年七月亲政之日。自此之后，每日辨色而起，未明求衣，逐日视朝，一直坚持几十年之久。因为康熙帝视朝过早，各级官员为了不迟到，必须于“三四鼓趋赴朝会”。因而平定“三藩之乱”后，一个低级官吏——大理寺司务赵时楫，代表广大官员上疏康熙帝：“自古人君，从未尝每日亲御听政，即定期视朝，亦未有甚早者。”为此，他建议视朝时间改在辰时。视朝时，只令“满汉正佐轮流”，“其余无事官员及闲散衙门官员，停其每日上朝，照旧一月三次上朝”。考虑到广大官员的实际困难，康熙帝将御门听政时间改在辰时，朝见官员也相应减少到有关官员，但是他自己却仍然坚持御门听政。

后来，出于对康熙帝身体的爱护和关心，康熙二十三年、二十九年、三十二年时，先后又有许多臣下上疏，要求康熙帝不必逐日御门听政，如康熙二十三年五月，御史卫执蒲上疏要求，御门听政，或以五日，或以二三日为期。康熙二十九年十月，户科给事中何金蘭要求“请定御门之期，或三日，或五日”，“日烦临御，臣谊难安”。康熙三十二年十二月，大学士等奏请“每日奏章，交送内阁，皇上隔三四日御门一次，听理引见人员与绿头牌启奏诸事”。对于广大臣工的一番美意，康熙帝表示心领，但是考虑到自己身为帝王，应该“先人而忧，后人而乐”，“致治之道，务在精勤，励始图终，勿宜有间”，而不予接受。

由于长期御门听政，形成了固定的生活和工作规律，如不御门听政，康熙帝就觉得不安。如他在康熙三十二年时说：“朕听政三十余年，已成常规，不日日御门理事，即觉不安。若隔三四日，恐渐至倦怠，不能始终如一矣。”即使是在患病期间，他也坚持御门听政。偶因病重，不能临御乾清门听政，他也因为“与诸大臣悬隔，思之如有所失”而谕令臣下进奏乾清宫。他还表示：“朕三十年来，每晨听政，面见诸臣，咨询得失，习以为常。今若行更改，非励精求治、初终罔间之道，且与诸臣接见稍疏，朕衷亦深眷念。”康熙三十四年冬，在他患病期间，大学士伊桑阿等奏请“暂停御乾清门听政”时，他又表示：“朕每日听政，从无间断，闲坐宫中，反觉怀抱不适。尔诸大臣面奏政事，朕意甚快，体中亦佳，今灼艾视前已愈，国政紧要，朕仍照常御门听理。”

在逐日听政的同时，康熙帝还极为注意提高听政的效率和质量，极力避免形式主义。在他看来，听政的主要目的是君臣共同处理国家政务，因而在视朝时，十分重视臣下的意见，多次表示自己“从来不惮改过，惟善是从。即如乾清门听政时，虽朕意已定之事，但视何人之言为是，朕即择而行之”。因此，他要求奏事官员“各抒胸臆，直言无隐，但求事当于理，互相商酌。即小有得失，亦复何伤，朕焉有因议事而加罪者乎？”对于一些官员“不以所见直陈，一切附会，迎合朕意”，则加以批评。即使是在休息时间，他也时时将“天下大事，经营筹划于胸中”，以便御门听政时能正确处理。

御门听政之外，阅览处理各地各衙门所上奏章也是一个重要的政务活动。一般情况下，每日奏章不下百十来本。政务繁忙时，有时多至三四百本。即使政务较为清闲之时，也有二三十本或五六十本。这些奏章，按例由内阁大学士先行阅览，并票拟初步处理意见呈送康熙帝，由他最后决定。对此，康熙帝不是不负责任地不看奏章内容便在内阁所拟票签上打钩画圈，而是将所有奏章通通详加阅览，不遗一字，“见有错字，必行改正，其翻译不堪者，亦改削之”。同时，还对内阁票拟，详加审核，以定可否。即使在病中，也坚持不辍。如康熙二十九年二月，康熙帝身体违和，移居瀛台养病，仍令“部院各衙门奏章，俱交内阁转奏”。当年十月，他患病期间，也“日理奏章，未尝废事”。有时，康熙帝外出巡幸，批阅奏章便成了他处理政务的主要方式。因而，一般情况下，他下令京中奏章三日一达御前。有时还下令两日一送。奏章一到，“随即听览，未尝一有稽留”。如果递本人员迟延时日，还严加处分。如康熙二十三年春，康熙帝视察畿甸，因为当时“户、刑二部启奏之事最为繁冗，皆钱粮刑名所关，若一时不加详阅，恐有遗误”，所以，他下令改此前三日一送的旧例为两日一送。

同年十月，康熙帝东巡曲阜途中，京中奏章未按时至。康熙帝异常焦急，深夜不眠，坐待奏章，并且下令：“今日奏章，不拘时刻，一到，尔等即行呈进，朕宵兴省览。”一直等到四更时分，奏章始到，康熙帝立即摊开批阅，一直到天亮方才处理完毕。康熙四十年六月，康熙帝巡幸塞外，因为京中奏章未能按时抵达御前，康熙帝还特别谕示，派人调查原因，予以处理。巡幸回京后，为了处理在外巡幸期间积攒起来的待理政务，康熙帝更是繁忙异常。他说：“朕历年夏月避暑，九月回銮，所积四月内口外不能办理之事，日夜料理，必在岁内完结。至次年开印，又复速为办理，无致壅积。”康熙五十六年冬，康熙帝大病七十余日，两脚浮肿，右手不能写字，但是为了批答奏章，仍坚持用左手批阅而不假手于人。多年勤政，使他饱尝了帝王生活的甘苦。

康熙五十八年四月，他特地为此向大学士、九卿、詹事、科道官员坦言道：朕自亲政以来，一切重要事务，都是亲自动手处理，从来不敢偷懒。在少壮时期，精力充沛，并不觉得劳苦，而今老境来临，精神渐减，办起事来便觉得疲惫不堪，批答奏章手也发颤。如果还像当年那样办事精详，则力所不及；如果草率处理，心中又非常不安。从来读书人议论历代帝王，多指责他们的过失，批评他们安享富贵，耽于逸乐。朕多年披阅史籍，对历代帝王为人行事也颇留心，觉得做一个国君极为不易。不说别人，即以朕而言，在位六十年，昼夜勤政，即使铁打的身子，也要拖垮，何况血肉之躯。现在在朝供职的年老大臣，年岁大约和朕不相上下。在衙门办事，不过一两个时辰，就可回去休息，有病还可以告假。有的人还无病装病，他的同僚和属员绝不会强迫他继续视事。往年考试武进士，左都御史赵申乔竟然在考场上打瞌睡，侍卫们几次把他唤醒。有朕在场尚且如此，在自己衙门理事就更不用说了。现在天下大小事务，都是由朕一人处理，无可推诿。如果把重要事务交人处理，则断然不可。因此，朕昼夜劳累，须发皆白。虽然如此，也不敢偷懒，从早至晚，没有一点空闲，真是强打精神，硬加支撑啊！朕如此勤政，你们臣下却没有一个人肯为我实心效力。不但如此，说不定还会有不肖之徒见朕年老，精力不够，趁机徇私舞弊，这都是你们应该十分留心的。见我百般勤劳，你们只不过在口头上劝朕安静休养，再不就是搬弄一些颂圣套语，什么“励精图治”“健行不息”“圣不自圣，安愈求安”，这些话，如果对不读书的君主来说，也许他们爱听。朕多年读书，明白事理，这些粉饰之词，六十年来，听得耳朵上都起了茧子。所以朕劝你们还是多办实事，少说废话，才对国家治理有所裨益。

由于长期勤政，康熙帝养成了反对虚夸、讲究务实的作风。对于各地上陈祥瑞，他向来不热心，从来不曾将之宣付史馆。对于不事生产的僧道，康熙帝早年极为鄙薄，认为他们都是一批游手好闲之徒。他还认为秦始皇、汉武帝迷信方术，梁武帝、唐宪宗佞佛都是愚蠢的行为。后来，他对僧道的看法虽然有所变化，但也是敬而远之，从未加以提倡。因而，他在位期间，佛道势力始终没有得到发展，更未能影响中枢决策。他尤其反对无益实政的庆寿典、上尊号等。在位前期，凡逢他自己的寿诞，他一般都诏令停止朝贺，更不搞什么筵宴。三藩叛乱、噶尔丹叛乱平定之后，群臣想给他上尊号，他也都推给了他的祖母孝庄太皇太后和嫡母孝惠皇太后。

康熙四十二年，康熙帝五十寿辰届期。臣下又想搞庆典，上尊号，还要恭进鞍马缎匹等物，康熙帝一概拒绝。他说，如果在京官员如此，地方督抚也一定会效法，后果不堪设想。后来，群臣恭进万寿无疆围屏，他也只收了颂辞，而将围屏退还。与此同时，他还颁布长篇谕旨，指出自己御极四十多年来，“亲历饥馑者不知其几，南北用兵者不知其几，人心向背者不知其几，天变地震者不知其几”，居安思危，自己不应“以名誉称尚为尚”，而当“以海内富庶为心”。

康熙五十一年十月，礼部诸臣以次年恭逢康熙帝六旬万寿，特地会同大学士、九卿、詹事、科道等官议上庆典章程。康熙皇帝览奏后便推辞了。后来，群臣瞒着康熙帝，先期召请直省官员、绅士、耆庶入京庆祝，造成既成事实。盛意难却，为了答谢士民好意，康熙帝才举办了一次大型宴会招待向他祝福的耆老。但是在内心中，对于这种行动，他却是不以为然的。除此之外，对于臣下“陈奏国家之事辄用称颂套语”，康熙帝也十分反感并多次提出批评。认为他们这样做“于朕躬并无裨益”，并要求他们以后“当尽删除称颂套语，将有益于朕躬之处，速为指陈，使事务不致壅积，可以知诸臣之实心报效，而朕之病体亦得调护矣”。

这种勤政务实的作风，不但使得康熙帝的成就超过了中国历史上的多数帝王，而且也对雍正及以后的历朝清帝产生了重要的影响，对于清朝统治的巩固和中国社会的稳定和发展起了重要的作用。

康熙帝一生崇尚节俭。就社会环境而言，当时正值大乱之后，民生凋敝，广大劳动人民以赋税形式向统治者提供的财富有限，使得包括最高统治者在内的各级贵族官吏没有条件任意挥霍。就康熙帝个人而言，早年寄养宫外，未曾受到宫中生活的熏陶和影响。成人之后，又比较系统地接受了儒家经典中有关节俭的思想教育，从而在思想上牢固地树立起节俭是一种美德，奢侈腐化不只有损君德，而且还易于招致祸乱的观点。因此，在他实际执政半个多世纪的时间里，他一直极力克制自己的享乐欲望，个人生活十分朴素，宫中用度一省再省。在他的影响下，贵族、官吏也不敢过分靡费，在社会上普遍形成了节俭的风尚，使得社会财富较多地用于扩大再生产，对于康熙朝政治的健康发展和社会经济的恢复起到了重要的作用。

不少文献都记载了康熙帝自奉俭约的情况。如据法国传教士张诚所记，在北征噶尔丹期间，为了节约军粮，康熙帝曾下令军队每天只吃一顿饭，并自己带头执行。另据《清圣祖实录》记载，一直到晚年，他还拒绝太医要他服用补药的建议，而甘于粗茶淡饭。这一方面是出于养生的需要，一方面也说明他长期养成的节俭习惯不易更改。

对于个人生活，康熙帝十分节俭。对于宫中用度，他也大力裁减。他说：“朕于宫中费用，从来力崇俭约，期以有余，沛恩百姓。若非撙节于平时，安能常行蠲赈之事耶?”如康熙二十四年十月，他命减少宫中的酥油、乳酒之用。康熙二十九年春，他又以天旱而命省减宫人及所用器物，并令查核前明宫所用具奏。大学士等经过查核，回奏道：前明宫中，每年用金花银共九十六万九千四百余两，现在都已用为军饷。又查前明光禄寺每年送交宫中所用各项钱粮二十四万余两，现在每年只用三万余两。明朝年间，宫中每年用去木柴二千六百八十六万余斤，现在每年只用六七百万斤。明朝年间，宫中每年要用红螺炭一千二百零八万斤，现在每年只用一百余万斤。明朝年间，各宫床帐舆轿花毯等项每年共用银二万八千二百余两，现在一概不用。明朝年间，宫殿楼亭共七百八十六座，我朝数目则不及其十分之一。前明建造宫殿，其九层基址以及所有墙垣俱用临清砖，木料俱用楠木。现在紫禁城内只是在万不得已时始行修造房屋。修建时，不但基址不用一块临清砖，所有墙垣也都是寻常砖料，所用木料只是一般松木。而且按照“三礼”规定，天子应有六宫、三夫人、九嫔、二十七世妇、八十一御妻。照此推算，使用宫女当有数千人之多。唐太宗是唐代有名的贤君，历史记载他即位后一次遣散宫人，已经达到三千人。以此估计，其他皇帝所用宫女皆不下数千人。现在除慈宁宫、宁寿宫之外，乾清宫妃嫔以下，使令老媪、洒扫宫女以上，总共算起来，只有一百三十四人。不只三代以下无有，即使三代以上也没有像这样的。

为了限制宫中消费，康熙帝还经常过问宫中开支情况。如康熙三十九年九月，他即因工部报销当月宫中杂项修理钱粮三四万两而提出批评，并诏令以后凡有修理之处，主持官员“俱奏请派出，每月支用钱粮，分晰细数，造册具奏”。在他的干预下，宫中每月用度由明朝末年的一万余两骤降至五六百两，即使再加上一应赏赐等物，“亦不过千金”。与此同时，每次外出巡幸，他也先期诏令，一切需用之物，皆由内府自行备办，不许地方官借端生事，勒索百姓。康熙帝发觉有的督抚为其修造行宫，供备器物并建造御书碑亭等项名色，即令拆毁。除此之外，对于国家非生产性开支，他也多次谕示削减或者制止。如此前光禄寺一年用银一百万两，工部一年用银二百万两，至康熙四十五年时，康熙帝分别将之压缩到十万和二三十万两。此前，理藩院每年赐供应外藩宾客用银八十万两，经过康熙帝谕示裁减浮费，至康熙四十九年，一年只需银八万两。此前户、工两部每年“所用钱粮，其数过多”，康熙帝曾谕示“十日一奏闻”，至康熙四十九年，所用已经极少。对于官吏之间的互相馈赠和不事生产“聚集徒众以千百计”的寺僧，他也严加指斥。在他的影响下，各级贵族之中的奢靡之风有所节制。康熙三十九年，康熙帝说：“朕听政以来，一应服食俱从节俭，诸王大臣亦皆效法，不用金银器皿、金镫等物，此时服用，较从前十分之内，已减九分矣”，原先“葬祭多焚化皮衣，今其风已息”。正是由于康熙帝崇尚节俭的性格，以及他所推行的厉行节俭的政策，至康熙四十年前后，国库存银达到五千万两，跃居清初以来的最高峰，对于社会经济的发展和初步繁荣起了重要的推动作用。

二　仁慈宽厚　道谋大成

作为一个杰出的封建君主，康熙帝的另一个性格特点是仁慈宽厚。如前所述，康熙帝幼失怙恃，未曾像常人一样得到足够的父母亲情之爱，只是在祖母孝庄太皇太后和嫡母孝惠皇太后的精心抚育下，才得成人。作为一个孤儿，康熙帝认为，祖母和嫡母对自己无微不至的关怀和照顾，不是理所应该，而是一种超逾常格的赐予。对此，自己应该终生不忘，并且还应该加倍地予以补偿。因而，从他幼年时起，他即深深地爱着自己的祖母和嫡母。正是幼年时期这种独特的经历，形成了康熙帝最初的仁爱之心。

康熙帝成人之后，处理政务的实际需要和儒家经典的长期熏陶，使得这种最初的仁爱之心进一步得到发展，进而形成了仁慈宽厚的性格。明清之际是一个动荡而混乱的时代。如从清太祖努尔哈赤以七大恨告天起兵伐明开始，至平定“三藩之乱”为止，前后约有六十多年。在这半个多世纪的时间里，阶级矛盾和民族矛盾都异常尖锐，战火连绵不绝。统治集团内部矛盾和斗争也十分激烈，并酿成一次又一次互相残杀的惨剧。如早在后金政权兴起之初，努尔哈赤即先后杀死自己的弟弟舒尔哈齐和长子褚英。努尔哈赤刚刚去世，皇太极和诸贝勒联合起来逼令继母乌拉那拉氏殉葬，而后又杀死了自己的姐姐莽古济格格。多尔衮擅权时期，死于非命的宗室更多。粗略估计，自肃亲王豪格以下不下十余人。顺治帝亲政，又有阿济格等不少宗室被赐自尽或被杀。康熙帝即位之初，辅政大臣为换地之争而彼此反目，辅政大臣苏克萨哈以及许多大臣也身首异处。与此同时，各个阶层之间的人际关系也空前紧张。如果听任这种状态继续发展，势必不利于清朝统治的巩固。

因而，在这个时代出生的康熙帝由衷地盼望着天下安定局面的出现。为此，康熙帝如饥似渴地学习儒家经典，学习历史知识，力图从中学习治国经验，吸取教训。通过学习，康熙帝认识到，“致治之本在宽仁”，“物刚则折，弦急则绝，政苛则国危，法峻则民乱。反是者，有安而无危，有治而无乱”。因此，他总结道：“古之帝王以宽得之多矣，未闻以宽失也。”在这一思想指导下，无论是在统治集团内部，还是对于普通的百姓，康熙帝都采取了颇为宽仁的政策。在皇室内部，除清除鳌拜集团外，终其一生，未曾屠戮一人。而且，对于自己的几个兄弟，还十分友爱。不只平常赐宴、赐诗史不绝书，而且患病、去世，还亲临视疾或祭奠，撰写碑文。对于八旗，因为是自己巩固政权的依靠力量，康熙帝加以爱护。三藩叛乱期间，不少八旗将士战死疆场。康熙十七年三月，康熙帝巡视京畿，发现因为京郊地价腾贵，八旗亡故军士“葬地窄狭，坟墓累累，亦有竟无茔地者”。康熙帝甚觉悯恻并谕示有关部院予以解决。不久之后，他又再次谕示，拨给出征死亡将士葬地，“必平原高燥之处方可”，又要与道路相近，以便亲人祭扫。所拨地亩，不得取之“官员秩卑，小民贫乏者”，以免影响其生计，而应于内务府及诸王大臣溢额地亩中拨出。经大学士等议定，满蒙八旗每佐领给地十五亩，汉军每佐领七亩半，以为葬地。“三藩之乱”平定后，根据八旗户口日繁、生计艰难的现实，他又先后拨出巨额帑银，代偿债务。同时，还多次加以赈济。

对于各级官吏，康熙帝也极为重视。有鉴古来大臣“多不能保其初终”，康熙帝“立志待大臣如手足，不论满汉蒙古，非大奸大恶、法不可容者，皆务全保之”“常以家人父子之谊，相待臣僚”。其中廉洁有声者，还格外予以褒扬。巡幸所至，凡是现任、致仕、革黜在籍官吏皆予接见并各赐御书匾额、诗词和白金、貂裘，以示关怀之情。如逢战事胜利或令节生辰，还邀集在京官员举行宴席。宴席之中，君臣共赋诗章；宴席结束，又各赐内厩名马、御书及缯绮等物。康熙三十九年后，他还特设官卷，用以解决各级官员最关心的子弟科举入仕问题。对于各级官吏的身体健康，康熙帝也十分关心。早在康熙十二年时，他即下诏，大臣有疾，不必奏闻，即可延御医前往调治。后来，对于不少年老有疾官员，他还亲赐药物，希望他们早日痊愈。他老年之时，想起“宿学老臣，辞世者辞世，告退者告退，每每伤心痛哭”。对于自己的近身侍从人员，康熙帝也十分宽厚。其中效力年久者，还录用子孙。如有过失，只要不是有心之过，即曲为宽免，从未咎责一人。如康熙十八年三月，内廷茶膳房遗失不少御用金银器皿，康熙帝得知后，诏令免于赔偿，只令“广储司如数补造”。康熙四十三年八月初二日，康熙帝外出，中午用膳时发觉“膳房所备，止有肉肴，竟忘携带饭食”，随驾的诸皇子都要求处罚有关失职人员，康熙帝却以其为无心之过，给以宽宥。因而，终其一生，他和近身侍从人员关系十分融洽，有的太监和老侍卫还得到他赐予的诗章，彼此之间结下了深厚的友谊。

对于普通百姓，康熙帝更是十分关心。清除鳌拜集团之初，他即下诏永停圈地，革除了入关以来最严重的一个扰民弊政。在此同时，对于因为遭灾而流离失所的穷苦百姓，康熙帝也存恤备至。康熙十六年秋，康熙帝于视察孝诚仁皇后地宫之际巡幸塞外，发现一人僵卧路旁，询问之下，得知此人名叫王四海，为人佣工，还家途中因为腹中饥饿，“卧不能起”。康熙帝立即命人给他热粥喝，待他苏醒之后，又将他携至驻地，送回原籍。康熙十八年冬，京畿饥民乏食，流集京师。因为当时正值三藩叛乱期间，国家财政困难，拿不出更多的钱粮赈济灾民。康熙帝遂诏令京师五城各设粥厂，救济在京饥民，一直持续到次年六月，以俟麦收。与此同时，考虑到天气渐热，疾疫流行，又诏令太医院及五城医生前往诊视。由于天气亢旱，春麦尽皆枯槁，麦收无望，康熙帝又派户部侍郎萨穆哈前往直隶各地赈济在乡饥民，直接秋收，“勿令灾黎有失生理”。对于在京饥民，也依例再次展赈三月，并“遣太医院医生三十员，分治五城抱病饥民”。康熙十九年三月，他听说直隶宣化一带遭受饥荒，“贫民乏食，鬻卖妻子以求自活”，十分焦急，立即派户部郎中明额礼“驰驿速往，会同地方官赈济”。

因为灾荒年月，饥民无食，扒抢之事时有发生，不少穷民触犯法律，身系缧绁。为此，康熙帝对刑狱处理慎而又慎。至康熙二十三年时，全国秋决之犯“尚不及四十人”。对于在押人犯，也屡命御医“给予药物，疗治有疾之人”，并对治病不积极的官员严加批评。“三藩之乱”平定之后，国家经济形势好转，康熙帝开始以更多的财力投入蠲赈事业之中。几十年中，不但地方性的蠲赈史不绝书，而且从康熙三十年以后，蠲赈规模越来越大，涉及地区也越来越广，并进而发展成为康熙五十年时全国性的蠲免。有时，康熙帝还将仁爱之心施于牲畜。康熙二十二年底，礼臣向他奏报来年元旦筵宴事宜。他即指出，过去元旦赐宴，“布设满洲筵席，甚为繁琐，每以一时宴会，多杀牲畜，朕心不忍”，因而谕令以后元旦赐宴，应改满席为汉席。

康熙帝仁慈宽厚的性格，以及由此而推行的政策，对于康熙帝统治的巩固和清朝政治的发展都产生了重要的影响。就统治集团内部而言，历来帝王驾驭臣工，大多采取实用主义的政策，讲究权术。对己有用，则不惜高官厚禄，乃至封妻荫子，对己无用或略有可疑，则诛戮唯恐不尽。因此，对于君上，各级臣工亦多取明哲保身态度，或者阳奉阴违，而置国家事务于不问，使得统治集团内部貌合神离，以致影响统治集团内部稳定，甚或发生变乱。而康熙帝却一反历代君主之所为，使得最高统治集团长期处于稳定状态，避免了因统治集团内部矛盾而触发的社会动乱再度发生。就全国而言，恩沛频施也使明清之际以来十分尖锐的阶级矛盾和民族矛盾都大大缓和，这不但有利于社会的安定和清朝统治的巩固，对于社会经济的恢复和发展也起到了重要的推动作用。

三　一代英主　功业千秋

康熙时期，是中国封建社会发展的一个重要历史时期。这一时期，经过长期的社会动乱，人民普遍盼望太平，渴望过上安定生活。顺应广大人民的这一正当愿望，康熙帝充分发挥了自己的聪明才智，以其坚韧不拔的毅力，完成了历史赋予他的使命，跻身于中国历史上最为优秀的帝王之列。大致来说，他对当时历史发展的作用主要有以下数点：

第一，清除权臣，扭转错误的治国方向。康熙初年，清朝中央政权由四辅政大臣代为摄理。四辅政大臣执政之初，虽然于顺治败政多所匡正，同时，作为一个临时性的政体形式，对于清朝最高权力的承先启后也不无作用。但是，因为这些辅政大臣都出身于满洲上三旗，此前未膺全局之任，识见狭隘。辅政期间，考虑和处理问题，大多出于极深的民族偏见和派别私利，因而，在政务处理中做出了不少错误的决断，对汉族士人、地主阶级和广大人民都普遍地采取高压政策。这样，这一时期，满汉民族矛盾不但没有缓和，反而在一些方面更加尖锐。与此同时，为了派别私利，辅政大臣之间还攻讦内斗，不但导致了满洲统治集团的分裂，也构成了对皇权的严重威胁。如果不加纠正，势必要严重危害清朝统治。在此历史关头，康熙帝经过周密部署，一举剪除鳌拜集团，将最高权力夺归己手。历史上，太阿倒持、皇权旁落的现象曾多次发生，不少帝王机谋算尽，夺回权力。但是由于他们的目的只是夺取权力，因而权力虽然转移，而国家政治却并无起色。与那些前代帝王不同的是，康熙帝不以夺权为最终目的，还利用权力改变辅政大臣执行的错误政策，从而扭转了数年以来错误的治国方向。因而，剪除鳌拜集团不但在当时起到了挽狂澜于既倒的重要作用，而且对于此后清朝政局的健康发展也起到了重要的开创作用。

第二，平定“三藩之乱”，恢复安定政局。康熙帝亲政之初，三藩割据南方。这一局面的形成，固然有其历史的必然性与合理性。但至康熙时期，三藩尚各拥重兵，以致枝大于干，构成了对清朝中央政权的严重威胁，同时也破坏了安定的政治局面。为了改变这种不正常的局面，康熙帝抓住时机，坚持撤藩。而后，在三藩发动叛乱时，尽管三藩气焰嚣张，康熙帝也毫不迟疑地调动军队，大张挞伐。与此同时，他还讲究策略，抓住重点，区别对待，对于叛乱势力进行分化瓦解，各个击破，从而扭转了一个时期中颇为被动的局面。历史上，藩镇割据并不鲜见。由于在位帝王无能，藩镇割据或与该朝相始终，致使国家长期分裂；或者帝王一味地进行讨伐，以致一败涂地，使得藩镇反臣为主，易姓换代。平定三藩的胜利，不但使得历史上的悲剧未能重演，而且也开创了长期安定的政治局面，为经济、文化事业的恢复和发展创造了一个良好的客观环境。

第三，重视边疆开发，维护国家统一。平定“三藩之乱”后，康熙帝并未陶醉于胜利之中，而是将眼光扫向了边疆。其中台湾孤悬海外，地理险要，久为西方殖民者所觊觎，兼之当时郑氏政权又奉明正朔，与清朝政府为敌。故而康熙帝从战略角度出发，进行了统一台湾的军事活动，并于统一台湾之后，设县管理。台湾的统一，不但消除了清朝政权巩固和发展的一个隐患，而且也挫败了西方殖民者从东南沿海侵犯中国的罪恶阴谋，对于安靖海疆，巩固国家统一有着十分重要的意义。对于西藏、新疆和蒙古等大片领土及当地的少数民族地方政权，康熙帝既不像前代一些帝王那样穷兵黩武，毫无道理地发动战争，以致对内加重人民负担，对外破坏少数民族地区的经济发展，也不在少数民族政权兴兵内犯之际屈辱求和，以搜刮人民血汗输贡对方来保住皇帝的宝座，而是从实际出发，承认少数民族政权，允许少数民族有自决的权力。但是如果少数民族地方政权兴兵内犯，或者不服从中央政府命令侵犯其他少数民族地方政权，康熙帝也决不允许。因而，在准噶尔贵族噶尔丹向喀尔喀蒙古和清朝中央政府发动进攻时，他即毅然命将出师，加以讨伐。后来，准噶尔首领策妄阿拉布坦出兵侵犯西藏，当时康熙帝虽然重病在床，但是为了边疆的安靖和国家的统一，仍然再度出兵征讨。这些战争，扩大了中央政权直接控制的领土，加强了中央政权对少数民族地方政权的控制，促进了国内各民族之间经济文化的交流，加快了相互融合的进程，对于巩固国家的统一和促进近代中华民族的最后形成起了重要的作用。

第四，坚持独立，抗击外敌入侵。清朝初年，西方殖民主义势力进一步加紧东侵，除了在中国东南沿海发动了一系列侵略活动之外，沙俄政权还向我国东北地区发动了大规模的侵略活动，强占土地，建立据点，杀戮人民，抢劫财物。凡此种种，都严重地侵犯了我国主权。为了制止其侵略行径，康熙帝极力争取和平谈判解决双方争端，但是也不害怕战争。因此，在谈判中和战场上都获得了胜利，从而与沙俄政府在平等的基础上签订了《尼布楚条约》，划定了中俄东段边界。这些有理、有利、有节的斗争，捍卫了国家的独立，使得中华民族避免了成为殖民主义侵略势力的首批牺牲品的命运，为后来中华民族抗击外来侵略也赢得了时间，就此而言，在捍卫民族独立、抗击外敌入侵方面，康熙帝也做出了重要的贡献。

第五，提倡满汉一体，极力缓和民族矛盾。康熙初年，虽然清室入关已经二十多年，但是由于清朝军事征服过程中的残酷屠杀创痛至深，兼之随后而来的民族高压政策，满汉民族矛盾仍然相当尖锐。不少汉族士人在武装斗争失败后义不事清，他们或远走海外，奔走呼号，继续从事抗清活动；或隐遁山林，著书立说，总结明亡历史教训。与此同时，广大汉族人民的各种零星反抗斗争也仍在继续。对此，四辅政大臣执政时期，曾经变本加厉地推行镇压政策。在继续以军事力量镇压武装反抗的同时，还先后制造了庄氏史狱、江南奏销案、通海案，对广大汉族士人、地主给以残酷打击。这种简单的高压政策，显然不利于民族矛盾的缓和，也不利于清朝统治的巩固。康熙帝亲掌政权之后，立即审时度势，改变政策。对于已仕的汉族官吏极表倚重，在满汉官员发生矛盾时，也不问民族出身，只据事理曲直加以处理。对于义不事清的汉族士人，则先后通过荐举山林隐逸、开博学鸿儒科等，极意加以招徕，授以显职。实在不能招致的，只要他们不在政治上进行反清活动，也不予勉强，并加以保护，甚至还待之以礼。

此外，还先后下令永停圈地，修改逃人法，实行更名田，承认并保护广大汉族地主和劳动人民正当的利益。除了剃发、衣冠之外，对于汉族人民的其他习俗则均表尊重。另一方面，他本人还努力学习汉族先进文化并号召满洲贵族、官员一起学习，以改变他自己和满洲在广大汉族人民心目中的形象。所有这些，固然是出于理政的需要，同时，也是为了取悦汉族人民，征服人心。通过这些政策的实施，康熙时期，汉族人民的地位有所提高，满汉民族融合的步调不断加快，满汉民族矛盾也大大缓和。历史上，在少数民族政权入主中原时期，是否注意处理民族关系，往往直接影响着国家的安危，决定着统治时间的长短。一些少数民族政权如元朝政权在这些方面并不自觉，因而统一全国后，前后存在不过几十年。而清朝却统治全国达二百六十八年之久，成为自秦朝之后在时间长度上仅次于汉、唐、宋、明等汉族王朝而高居其他少数民族政权之首的一个少数民族所建的王朝。对此，作为入关后的第二代君主，康熙帝所采取的处理民族关系的各项政策起了不可忽视的重要作用。

第六，轻徭薄赋，缓和阶级矛盾。作为一个杰出的封建地主阶级政治家，康熙帝十分重视总结历史经验，汲取历史教训。貌似强大的明朝政权亡于一旦给他以极其深刻的教训。为了避免重蹈明亡覆辙，康熙帝在位期间，先后采取各种措施减轻人民负担，将封建国家对人民的剥削控制在一定范围内。其中最值得称道的是在多次蠲免赈济的基础上普免天下钱粮和规定“滋生人丁，永不加赋”，都为亘古所未有。在此同时，他也比较注意整顿吏治，兴廉惩贪，禁止加派私征，限制各级官吏对广大劳动人民的额外剥削。在个人生活上，他也极力抑制自己的享受欲望，以免加重人民负担。所有这些，不但保护了生产力，而且，由于受惠面遍及各个阶级阶层，也大大缓和了封建国家和广大劳动人民之间的矛盾，增加了全国各族人民尤其是广大汉族人民对中央政权的向心力。三代以后，多数王朝都因对广大人民残酷剥削而致变乱甚至亡国，而清朝又是以少数民族入主中原，在入关统一过程中还曾对广大人民反清斗争予以残酷镇压，同时还推行剃发、圈地、投充、逃人法、易衣冠等政策。应该说，较之历史上的其他王朝，广大人民遭受的压迫更为深重。但康熙时期，人民反抗斗争却相对处于低潮，这不能不承认康熙帝的上述政策起了重要的弥补作用。就此而言，在汲取历史经验教训，缓和阶级矛盾方面，康熙帝取得了成功。

第七，发展生产，促进经济繁荣。衡量一个政权统治者对于社会和历史起了进步作用还是滞后作用，一个重要尺度是看他推进经济发展还是破坏经济发展。康熙初年，由于长期战争破坏，以及入关以后清朝统治者推行落后的政策，土地荒芜，人口锐减，经济凋敝。面对经济残破局面，康熙帝亲政之后，先后采取各种措施，恢复和发展生产。其中，永停圈地，实行更名田，调动了广大人民的生产积极性；奖励垦荒，兴修水利，扩大了耕作面积，提高了农作物产量；重视工商，发展海外贸易，也开拓了人民的求生之源。尤为值得称道的是，他还拨出巨帑，大力修治黄河，大大减轻了黄河水患的程度，保护了黄河下游地区经济的发展。所有这些，都在不同程度上促进了生产的发展。在他的努力下，康熙后期，全国耕地面积超过了明朝，人口也增至一亿以上。人民生活相对改善，国家收入逐年增加，国库存银常年维持在五千万两左右，出现了自张居正改革以后百年以来少有的好局面，清朝统治也进入了它的全盛时期。历代帝王多数都是生于深宫长于深宫，对于生产发展，向来漠不关心，能够任其自然发展，不予破坏已属不错，如果在位期间，做出几件有利生产发展的好事则更被史臣诩为明主。而康熙帝一生，冬忧风雪，夏忧雨旸，并采取各种措施促进生产发展，和历史上的那些君主相比，实属凤毛麟角。

第八，重视文教，致力发展民族文化。在努力恢复和发展经济的同时，康熙帝还非常重视文化事业的发展。平定三藩叛乱之后，有鉴各地社学名存实亡，他大力提倡兴办义学，致力于文化知识的普及。与此同时，他还先后为全国各地的著名书院书匾赐额，大力提倡兴办书院，以期促进学术文化的发展。短时间内，全国新建和修复、重建各地书院将及千处，不但在数量上较建立书院最多的南宋和明朝嘉靖年间成倍增长，而且在分布区域上超过元朝。对于八旗子弟学习汉族先进文化，他也奖掖有加，并不遗余力地采取措施普及八旗教育，从而加快了满汉民族融合的步伐，大大提高了八旗子弟的文化素养，并涌现出像纳兰性德这样著名的诗人。为了总结并发展两千多年来的古代文化发展成就，他还先后组织编修《康熙字典》《渊鉴类函》《佩文韵府》《骈字类编》《子史精华》《全唐诗》《全金诗》《古今图书集成》等著名典籍，大大丰富了我国古代文化宝库。这不但对当时文化事业的繁荣起了重要的推动作用，而且对于此后文化事业的发展也产生了深远的影响。此外，还值得称道的是他对自然科学也极表重视和关心。在他在位期间，中国自然科学发展迅速，中西自然科学差距也有所缩小。历史上，朝廷兴办学校，帝王组织修书并不少见，但是将之普及庶民，广至边疆者当属寥寥，重视并亲自研究自然科学者，更是绝无仅有。因此可以说，康熙帝的文化成就无论在深、广两个方面都大大超出了历代帝王。

康熙帝虽然对于中国社会的进步做出了重要的贡献，但是由于他所生活的时代是封建社会后期，他所代表的阶级是地主阶级，他所出身的民族在当时又带有较多落后习俗，兼之以其他个人原因，他的一些思想、行为和政策也对社会发展产生过一些不可忽视的消极影响甚至反动作用。对之略加归纳，约有以下数点：

第一，双重压迫，镇压人民反抗。由于康熙帝出身满洲，政治上又是封建地主阶级利益的集中代表者，因而在处理民族关系和阶级关系时，既实行民族压迫，又实行阶级压迫。就民族关系而言，尽管他反复声称满汉一体，不分畛域，但是，终康熙一朝，满洲一直居于统治地位。对于清室入关后推行的一些民族压迫败政，如圈地、投充、逃人法等，他虽然采取了一些补救措施，但是并未从根本上加以否定，而对于最为汉族人民所反对的剃发、易衣冠则更是顽固坚持。作为一个少数民族统治者，他在民族问题方面还特别敏感，一旦有谁不慎涉及明清鼎革，易姓换代，他就不惜撕下宽仁的面纱而大开杀戒。在处理阶级关系时，他确实曾以封建国家代表者的身份采取过一些措施缓和矛盾，但对于人民武装反抗，如台湾朱一贵起义，尽管他明明知道这是由于贪官污吏苛征暴敛而激变，仍然出动清兵，全力镇压。所有这些，不但充分暴露了他封建专制君主的本性，也对社会发展和进步产生了十分不利的影响。

第二，崇尚宽容，导致吏治腐败。在历代帝王中，康熙帝以宽仁而著名。他所执行的这些政策，在处理统治阶级内部关系时，确实获得了一些成功，保持了政局的长期安定。但是对各级贵族官吏过分宽容，对广大劳动人民来说不啻一场灾难。康熙前期，康熙帝以表彰清官为主，兴廉惩贪，吏治相对清明。但至康熙后期，贪污大案一桩接着一桩，一般亲民官吏也如狼似虎，加征耗银、侵吞公帑，不一而足。生产虽有发展，人民生活依然困苦。对此，康熙帝概以宽容为怀，睁一只眼闭一只眼，使得吏治迅速腐败。据康熙帝自称，他崇尚宽容是充分吸收了历史教训之后总结出来的一条经验。他说："古之帝王以宽得之多矣，未闻以宽失也。"显然，这是不合史实的偏颇之见。正是这些偏颇之见，一定程度上影响了他的治绩，同时，对于社会发展也产生了一些不利的影响。

第三，尊奉程朱，强化思想统治。西汉中期以后，儒家思想即被封建统治阶级确定为正统思想。由于当时处于封建社会上升阶段，兼之以儒家经典的作者和传授者都是封建统治阶级在野派的思想家，因而其中阐发之思想，既对封建统治的合理性充分加以肯定，又对暴君污吏时有指责之辞。因此，这些经典对于封建统治阶级统治人民、约束自己有着普遍的指导意义，对于封建社会前期的发展起了很大的积极作用。宋朝以后，由于封建社会内部的矛盾运动，封建社会进入了它的后期阶段。这时，作为儒家学说的变种，程朱理学兴起。其主要特点是：从积极方面来说，扬弃了早期儒家学说中的神学迷信色彩；从消极方面来说，强调"存天理""灭人欲"，以使广大劳动人民俯首帖耳，永远做封建统治者的顺民。这种学说的出现使得处于风雨飘摇中的封建统治者如获至宝，立即奉为正统思想，历经南宋、元、明，统治思想界三四百年。

由于学术的不断发展，兼之以人民反抗斗争的冲击，明朝中叶以后，程朱理学遭到人们的普遍唾弃，市场越来越小，而后明清鼎革，程朱理学又失去后台支持，更加没落。与此同时，其他各家思想却如雨后春笋，纷纷破土而出。一时之间，思想界出现了颇为活跃的局面。对此，康熙帝不是予以支持，而是从巩固统治的角度出发，重新提倡并大力表彰程朱理学。并且将其他各家学说视为俗学、异学，从而使一度颇为活跃的思想界再度沉寂下来。康熙帝的这种做法，严重桎梏了人民的思想，阻碍了当时社会的进步。同时，对于此后中国思想文化的发展也产生了十分不利的影响。

第四，因循保守，社会进步缓慢。康熙帝早年，在日讲诸臣的指导下，发奋学习儒家经典和各种历史著作。通过学习，康熙帝颇为全面系统地掌握了传统治国理论，在治绩上也大大超出了他的前辈，但也使他不自觉地陷入了儒家思想的窠臼而不能自拔。在他早年，主要表现为盲目摹古，盲目仿汉。凡是见之于儒家经典或汉族王朝曾经施行的，只要有可能，不管是否有用，也不管自己是否理解，概加效法。在继嗣问题上如公开立储，在科举考试问题上如恢复八股，在习俗上如丁忧守制，恢复土葬，允许汉族女人裹足等，都是在这种思想影响下的决策。这种邯郸学步式的学习方法不但使得一些落后制度和习俗长期未予革除，同时也使满洲比较先进的制度和习俗不适当地被放弃。到了晚年，康熙帝又从盲目摹古仿汉变为因循保守。在政事处理中，明明发现一些问题亟待改革却以事无先例而不予办理。即如耗羡征收，地方弊端甚多，而康熙帝却以此前各朝皆无明文规定而听之任之。又如公开立储，在实践中，他也感到问题严重并进行了艰苦的探索，萌发了秘密立储的思想火花。但是由于史无前例，也迟迟不加改定，以致留下了不少后遗症。虽然就总体来看，这些并不是他的思想的主要方面，但是也应承认，对于康熙朝政局的发展，这些思想也确实产生过一些不利的影响。

康熙帝生活的时代虽然是中国封建社会的后期，但是在他出生之前不久发生的满洲入据中原的历史事变，却为中国封建社会后期的发展注入了新的因素，从而使得中国封建社会又出现了一个新的时期。时势造英雄，封建社会后期的发展使得出身于满洲爱新觉罗氏家族的康熙帝成为一个对当时的历史做出重要贡献的人物。对于这位通过个人努力而完成时代使命的历史人物，我们应该给予充分的肯定，而不应该以他身上有某些阶级、民族局限性而过多地加以指责，也不应该超出当时中国社会的现实，对他提出不切实际的要求。可以说，康熙帝是一个中国封建社会后期杰出的地主阶级政治家，在中国古代帝王中也是十分优秀的一位。

后 记

清圣祖爱新觉罗·玄烨（1654—1722，即位之后年号康熙，习称康熙帝）是清朝入关之后的第二代皇帝。他在位期间（1661—1722）实现了国家的统一和国内政局的长期安定。作为这一时期中国政治舞台上的中心人物，在军事、政治、经济、文化诸方面，他做出了重要的贡献，取得了突出的成就。因而，这个充满传奇色彩的杰出历史人物，一直为后人所称颂。为了普及清史知识，2001 年，我们数位同仁合著了《康熙谋略》，由上海的学林出版社出版。目前，该书早已脱销，为满足广大读者需要，在岳麓书社胡宝亮先生的建议下，对其加以修订并更名为《康熙传》，再版行世。因系普及读物，文中少量引用之史料未在文中加注，它们大多采用自《清圣祖实录》《康熙起居注》《康熙朝汉文朱批奏折汇编》等书。另外，文中以年号纪年为主，仅在必要处注以公元纪年，特此说明。值此书稿付梓之际，谨书数语，并向胡宝亮先生表示深深的谢意。

白新良

2014 年 2 月于天津寓所

图书在版编目(CIP)数据

康熙传/白新良著. —长沙:岳麓书社,2024.3

ISBN 978-7-5538-1985-3

Ⅰ.①康… Ⅱ.①白… Ⅲ.①康熙帝(1654—1722)—传记
Ⅳ.①K827=49

中国国家版本馆 CIP 数据核字(2023)第 234000 号

KANGXIZHUAN

康熙传

作　　者:白新良
出 版 人:崔　灿
策划编辑:胡宝亮
责任编辑:蒋小涵
营销编辑:谢一帆　唐　睿
责任校对:舒　舍
封面设计:东合社—安宁

岳麓书社出版发行
地址:湖南省长沙市爱民路 47 号
直销电话:0731-88804152　0731-88885616
邮编:410006

版次:2024 年 3 月第 1 版
印次:2024 年 3 月第 1 次印刷
开本:640mm×960mm　1/32
印张:29
字数:376 千字
ISBN 978-7-5538-1985-3
定价:98.00 元

承印:长沙超峰印刷有限公司

如有印装质量问题,请与本社印务部联系
电话:0731-88884129